आर. गुप्ता® कृत

IGNOU
इंदिरा गांधी राष्ट्रीय मुक्त विश्वविद्यालय

बी. एड.
प्रवेश परीक्षा

पिछले प्रश्न-पत्र (हल सहित)

RPH संपादक मंडल
द्वारा संपादित

2020
EDITION

 रमेश पब्लिशिंग हाउस, नई दिल्ली

प्रकाशक
ओ॰पी॰ गुप्ता, **रमेश पब्लिशिंग हाउस**

प्रशासनिक कार्यालय
12-H, न्यू दरियागंज रोड, ऑफिसर्स मेस के सामने,
नई दिल्ली-110002 ☎ 23261567, 23275224, 23275124

E-mail: info@rameshpublishinghouse.com
Website: www.rameshpublishinghouse.com

विक्रय केन्द्र
• बालाजी मार्किट, नई सड़क, दिल्ली-6 ☎ 23253720, 23282525
• 4457, नई सड़क, दिल्ली-6, ☎ 23918938

© सर्वाधिकार प्रकाशकाधीन हैं।

इस पुस्तक में प्रयुक्त समस्त सामग्री के सभी व्यावसायिक अधिकार प्रकाशक के पास सुरक्षित हैं। अतः इस पुस्तक या इसके किसी भी अंश का पुनर्मुद्रण या व्यावसायिक पुनर्प्रस्तुतिकरण अवैधानिक माना जायेगा।

Indemnification Clause: This book is being sold/distributed subject to the exclusive condition that neither the author nor the publishers, individually or collectively, shall be responsible to indemnify the buyer/user/possessor of this book beyond the selling price of this book for any reason under any circumstances. If you do not agree to it, please do not buy/accept/use/possess this book.

Book Code: R-1732

ISBN: 978-93-5012-517-5

HSN Code: 49011010

अनुक्रमणिका

पिछले प्रश्न-पत्र (हल सहित)

- **IGNOU B.Ed.** प्रवेश परीक्षा, 2019 1–16
- **IGNOU B.Ed.** प्रवेश परीक्षा, 2018 1–16
- **IGNOU B.Ed.** प्रवेश परीक्षा, 2017 1–16
- **IGNOU B.Ed.** प्रवेश परीक्षा, 2015 1–16
- **IGNOU B.Ed.** प्रवेश परीक्षा, 2014 1–16
- **IGNOU B.Ed.** प्रवेश परीक्षा, 2013 17–32
- **IGNOU B.Ed.** प्रवेश परीक्षा, 2012 33–47
- **IGNOU B.Ed.** प्रवेश परीक्षा, 2011 48–66
- **IGNOU B.Ed.** प्रवेश परीक्षा, 2010 67–79
- **IGNOU B.Ed.** प्रवेश परीक्षा, 2009 80–97
- **IGNOU B.Ed.** प्रवेश परीक्षा, 2008 98–113
- **IGNOU B.Ed.** प्रवेश परीक्षा, 2007 114–131
- **IGNOU B.Ed.** प्रवेश परीक्षा, 2006 132–149
- **IGNOU B.Ed.** प्रवेश परीक्षा, 2005 150–166
- **IGNOU B.Ed.** प्रवेश परीक्षा, 2004 167–184

आर॰ गुप्ता® कृत IGNOU B.Ed.
प्रवेश परीक्षा के लिए उपयोगी अन्य पुस्तकें

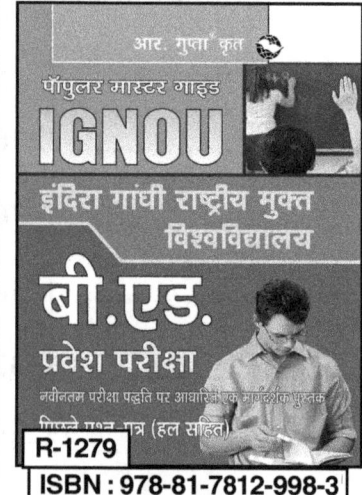
R-1279
ISBN : 978-81-7812-998-3

R-981
ISBN : 978-81-7812-368-4

R-1381
ISBN : 978-93-5012-079-8

R-181
ISBN : 978-93-5012-754-4

R-1722
ISBN : 978-93-5012-507-6

R-977
ISBN : 978-81-7812-361-5

RAMESH PUBLISHING HOUSE
4457, Nai Sarak, Delhi-110006   ☏ 23918938

TO PURCHASE ONLINE LOG ON TO : www.rameshpublishinghouse.com

पिछले प्रश्न-पत्र (हल सहित)

IGNOU B.Ed. प्रवेश परीक्षा, 2019*

भाग-A

खण्ड-I : सामान्य हिन्दी बोध

निर्देश (प्रश्न संख्या 1 से 10): *निम्नलिखित गद्यांश को ध्यानपूर्वक पढ़िए तथा प्रत्येक प्रश्न के सम्मुख दिए गए चार विकल्पों में से सर्वोत्तम उत्तर चुनिए।*

यह 1998 में एक चलचित्र में दिया गया एकालाप है। वक्ता अपने मित्र के अवशेष विसर्जित करने ही वाला है।

"डोनी एक अच्छा गेंदबाज और अच्छा इंसान था। वह हम में से ही एक था। वह एक ऐसा इन्सान था जिसे बाहर घूमना....और गेंदबाजी से प्रेम था और एक सर्फर के रूप में उसने दक्षिण कैलीफोर्निया के लॉ जोला से लॉ कैरिलो और .... पिसमों तक सभी बीच का भ्रमण किया था। वह अपनी पीढ़ी के बहुत से युवा नौजवानों की तरह मर गया, वह अपने समय से पहले मर गया। अपनी इच्छा से ईश्वर आपने उसे ले लिया जैसे कि आपने खेशंग, लांगदोह की पहाड़ी 364 (वियतनाम युद्ध की लड़ाई) में बहुत से तेज, खिल रहे युवाओं को ले लिया।

उन नौजवानों ने अपनी जिन्दगी दे दी और डोनी ने भी। डोनी को गेंदबाजी से प्यार था और साथ ही थोडोर डोनाल्ड कराबोट्टस से भी। और इसलिए हम सोचते थे कि यही तुम्हारी अन्तिम इच्छा रही होगी, हम तुम्हारे अवशेष उसी प्रशान्त महासागर की गोद में सौंपते हैं जिससे तुम्हें बहुत अधिक प्यार था, शुभरात्रि प्यारे राजकुमार।"

1. अनुच्छेद का प्रथम वाक्य "डोनी एक अच्छा गेंदबाज और अच्छा इन्सान था।" है एक :

A. सरल वाक्य B. जटिल वाक्य
C. संयुक्त वाक्य D. जटिल-संयुक्त वाक्य

2. वक्ता की 'गेंदबाजी' के प्रति अभिवृत्ति को बेहतर रूप से परिभाषित करता है :

A. अनादर B. श्रद्धा
C. अवज्ञा D. उदासीन

3. इस परिप्रेक्ष्य में, अन्तिम वाक्य में शब्द 'गोद में' का निकटस्थ समानार्थी होगा :

A. छाती B. आराम
C. पानी D. झाग

4. वाक्य "नौजवानों की तरह मर गया" प्रदर्शित करता है कि :

A. उन्होंने अपने देश के लिए लड़ते हुए अपनी जान दे दी।
B. उन्होंने आत्महत्या की।
C. वे युवावस्था में मर गए।
D. उनकी हत्या की गई।

5. अन्तिम दो वाक्यों में वक्ता के भाव को बेहतर रूप से माना जा सकता है :

A. कुपित B. भ्रमित
C. प्रोत्साहित D. औपचारिक

6. उपर्युक्त अनुच्छेद में डोनी के प्रति वक्ता की अभिवृत्ति मुख्यतः एक :

A. दुखी साहचर्यता की है।
B. पक्षपात रहित विच्छेद की है।
C. स्पष्ट विद्वेष की है।
D. गर्वित विरह की है।

7. वाक्य "अपनी इच्छा से, ईश्वर....", में खेशंग, लाँगदोह तथा पहाड़ी 364 का सन्दर्भ सुझाता है कि :

A. डोनी युद्ध में मारा गया।
B. डोनी को पहाड़ी 364 पर दफन किया गया।
C. वक्ता ने इन स्थानों पर भी अपने मित्र खोए।
D. वक्ता इस स्थानों को याद कर रहा है।

* Online Exam conducted by NTA on 27 July, 2019.

8. इस परिप्रेक्ष्य में, एक पंक्ति का भाव "अपनी इच्छा से, ईश्वर....युवाओं को ले लिया" अच्छे ढंग से व्याख्यायित होता है :
   A. उत्तेजना B. व्याकुल
   C. संतोषी   D. उभयभावी

9. कथन "अपनी इच्छा से, ईश्वर...." में शब्द 'तेज' का सबसे निकटस्थ समानार्थी होगा :
   A. बुद्धिमान B. प्रकाश
   C. जीवंत   D. चमकीला

10. कथन "वह एक ऐसा इन्सान था जिसे बाहर घूमना....." में शब्द 'गेंदबाजी' है एक :
    A. क्रिया   B. विशेषण
    C. क्रियावाचक D. संज्ञा

खण्ड-II : तार्किक एवं विश्लेषणात्मक चिन्तन

निर्देश (प्रश्न संख्या 11 से 14): *निम्नलिखित जानकारी को ध्यानपूर्वक पढ़कर, बाद में लिखे प्रश्न के उत्तर दें।*

एक परिवार में छह सदस्य हैं। A, B, C, D, E तथा F। C, F की बहन है। D, A का पिता है और F, D का पोता है। B, F की माता का देवर है। E, D की बेटी है। परिवार में केवल दो महिलाएँ हैं।

11. A तथा E की बेटी कौन है?
    A. C   B. E
    C. B   D. D

12. F की माँ कौन है?
    A. C   B. E
    C. A   D. B

13. परिवार की दो महिला सदस्य हैं :
    A. D, E   B. A, C
    C. C, E   D. F, C

14. C का चाचा कौन है?
    A. D   B. A
    C. F   D. B

निर्देश (प्रश्न संख्या 15 से 18): *निम्नलिखित प्रश्न में एक श्रेणीक्रम दिया गया है। संभावित विकल्पों में से सही विकल्प चुनकर श्रेणीक्रम पूरा कीजिए।*

15. 2, 9, 28, 65, 126, ?
    A. 210   B. 215
    C. 217   D. 252

16. 15, 32, 67, 138, ?, 568
    A. 276   B. 278
    C. 280   D. 281

17. 19, 29, 41, 55, ?, 89
    A. 69   B. 71
    C. 74   D. 76

18. 64, 63, 49, 49, 48, 36, 36, 35, 25, 25, 24, ?
    A. 16   B. 18
    C. 20   D. 22

19. विलुप्त संख्या ज्ञात कीजिए :

    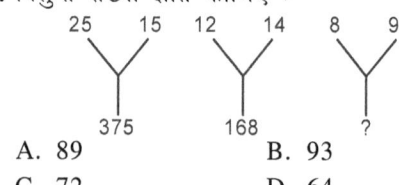

    A. 89   B. 93
    C. 72   D. 64

20. कौन-सा किसी आधार पर, शेष तीनों से भिन्न है?
    A. Edge   B. Corner
    C. Tip   D. Vertex

21. यदि OCCUPATION का कूट रूप QEEWRCVKQP है, तो PROFESSION का कूट क्या होगा?
    A. STQHGUUKQP   B. RTQHGUUKPQ
    C. RTQHGUUKQP   D. RTQGHUUKQP

22. यदि POTENTIAL का कूट रूप 657247314 हो, तो TALENT का कूट क्या होगा?
    A. 714274   B. 714247
    C. 741247   D. 724147

निर्देश (प्रश्न संख्या 23 से 26): *अनुच्छेद को पढ़कर निम्न प्रश्नों के उत्तर दीजिए।*

मरियम, कुन्ती, बेगम, शिल्पी और मीरा पाँच सहेलियाँ हैं। प्रत्येक के पास छह गेंद हैं। मरियम ने तीन गेंद शिल्पी को

दी, जिसने दो-दो गेंद कुन्ती और मीरा को दे दी। बेगम ने चार गेंद मरियम को दी जिसने बदले में तीन-तीन कुन्ती और मीरा को दे दी। कुन्ती ने पाँच गेंद बेगम को दी और मीरा ने चार गेंद शिल्पी को दे दी।

23. किसके पास सबसे ज्यादा गेंद हैं?

A. बेगम B. शिल्पी
C. मीरा D. कुन्ती

24. बेगम के पास कितनी गेंद हैं?

A. 9 B. 6
C. 8 D. 7

25. कुन्ती के पास कितनी गेंद हैं?

A. 6 B. 7
C. 8 D. 9

26. किसके पास सबसे कम गेंद हैं?

A. बेगम B. मीरा
C. मरियम D. कुन्ती

निर्देश (प्रश्न संख्या 27 से 30): *निम्नलिखित अनुच्छेद को पढ़कर निम्न प्रश्नों के उत्तर दीजिए।*

A तथा B क्रिकेट और टेनिस खेलते हैं। B तथा D हॉकी खेलते हैं। A तथा C वॉलीबाल और टेनिस खेलते हैं। C, D तथा E फुटबॉल खेलते हैं।

27. हॉकी तथा फुटबॉल कौन खेलता है?

A. A B. B
C. C D. D

28. क्रिकेट, टेनिस तथा वॉलीबाल कौन खेलता है?

A. A B. B
C. C D. D

29. केवल फुटबॉल कौन खेलता है?

A. E B. D
C. C D. B

30. वॉलीबॉल और फुटबॉल कौन खेलता है?

A. A B. B
C. C D. D

खण्ड-III : शैक्षिक एवं सामान्य चेतना

31. इन्टरनेशनल रिन्युएबल एनर्जी एजेन्सी (IRENA) का मुख्यालय कहाँ है?

A. तेल अवीव शहर, इजराइल
B. पेरिस, फ्रांस
C. तेहरान (ईरान)
D. मसदर शहर, संयुक्त अरब अमीरात

32. ग्रेटर निकोबार के सबसे करीब भौगोलिक दृष्टि से क्या है?

A. सुमात्रा B. बोर्नियो
C. जावा D. श्रीलंका

33. बालिकाओं की शिक्षा के महत्व के प्रति जागरूकता फैलाने के लिए एक बहुस्तरीय वैश्विक अभियान निम्न में से कौन-सा है?

A. गर्ल्स राइजिंग
B. हमारे जीवन का सबसे महत्वपूर्ण भाग : बालिका
C. सेव गर्ल्स : एजूकेट गर्ल्स
D. एजूकेशन फॉर गर्ल्स

34. लॉर्ड मैकाले का सम्बन्ध है :

A. अंग्रेजी माध्यम से अनुदेश प्रारम्भ कराने से
B. सेना में सुधार
C. सती प्रथा का अन्त
D. कानूनी कूटीकरण

35. निम्नलिखित में से क्या संत तुलसीदास द्वारा रचित नहीं है?

A. गीतावली B. कवितावली
C. विनय पत्रिका D. साहित्य रत्न

36. गूगल द्वारा विकसित ब्राउजर कौन-सा है?

A. इन्टरनेट एक्सप्लोरर B. फायरफॉक्स
C. सफारी D. क्रोम

37. "द कोलिशन ईयर्स 1996-2012" किसके द्वारा लिखित पुस्तक है?

A. यशवंत सिन्हा B. पी. चिदम्बरम
C. प्रणव मुखर्जी D. सीताराम येचुरी

38. राष्ट्रीय शिक्षा नीति को संसद द्वारा स्वीकृति दी गई :
A. 1985 B. 1986
C. 1988 D. 1989

39. निम्न में से किस कानून को जवाहरलाल नेहरू ने "दासता का घोषणापत्र" कहा?
A. रेग्युलेटिंग एक्ट, 1773
B. पिट्स इंडिया एक्ट, 1784
C. भारत सरकार एक्ट, 1919
D. भारत सरकार एक्ट, 1935

40. जॉग फॉल कहाँ स्थित है?
A. ताप्ती नदी पर B. शरावती नदी पर
C. कावेरी नदी पर D. भीमा नदी पर

41. सर्व शिक्षा अभियान योजना किस वर्ष प्रारम्भ हुई?
A. 1999-2000 B. 2000-2001
C. 2001-2002 D. 2002-2003

42. यशपाल समिति प्रतिवेदन (1993) को इस नाम से जाना जाता है :
A. लर्निंग द प्लेजर विदइन
B. लर्निंग विदआउट बर्डन
C. लर्निंग टू लर्न
D. लर्निंग टू लिव टूगेदर

43. वर्ष 2016 का ज्ञानपीठ पुरस्कार किसे दिया गया?
A. शंख घोष B. मृदुल गर्ग
C. नामवर सिंह D. शंकर कुरुप

44. एन.सी.ई.आर.टी. द्वारा राष्ट्रीय पाठ्यचर्या रूपरेखा निर्मित की गई थी :
A. 2005 B. 2006
C. 2007 D. 2008

45. स्वामी दयानन्द सरस्वती ने कौन-सी पुस्तक लिखी?
A. सत्यार्थ प्रकाश B. राजयोग
C. गीतांजली D. चतुरंग

46. भारत के सुप्रीम कोर्ट में न्यायाधीशों की संख्या कैसे बढ़ाई जा सकती है?
A. राष्ट्रपति की अधिसूचना द्वारा
B. संसदीय कानून द्वारा
C. भारत के संविधान में संशोधन द्वारा
D. सुप्रीम कोर्ट के एक अभ्यावेदन द्वारा

47. सुकन्या समृद्धि योजना कब लागू हुई?
A. 2014 B. 2015
C. 2016 D. 2017

48. हण्टर आयोग (1882) का मुख्य उद्देश्य था :
A. प्राथमिक शिक्षा की स्थिति का आकलन एवं सुधार सुझाना
B. पुलिस सुधार सुझाना
C. भारत में क्रांतिकारी आन्दोलनों की जाँच करना
D. भारतीय साहित्य का अंग्रेजी में अनुवाद

49. संविधान की धारा '51 K' का सम्बन्ध है :
A. मूल अधिकार से B. मूल कर्तव्यों से
C. बालिका शिक्षा से D. महिला शिक्षा से

50. ऑल इंडिया मुस्लिम लीग की स्थापना किस वर्ष हुई?
A. 1905 B. 1904
C. 1907 D. 1906

51. भारत का 'चावल का कटोरा' किस क्षेत्र को कहाजाता है?
A. पूर्वोत्तर क्षेत्र B. केरल और तमिलनाडु
C. सिंधु-गंगाई मैदान D. कृष्णा-गोदावरी डेल्टा क्षेत्र

52. वीरेन डंगवाल को साहित्य अकादमी पुरस्कार किस पुस्तक के लिए दिया गया?
A. स्याही ताल B. इसी दुनिया में
C. दुष्चक्र में सृष्टा D. कल की बात

53. "जीवन का पहिया" निम्नलिखित में से किसमें एक 'थीम' के रूप में प्रयुक्त हुआ है?
A. वरली चित्रांकन B. थांका चित्रांकन
C. मंजूषा चित्रांकन D. कलमकारी चित्रांकन

54. भारत के प्रथम राष्ट्रपति थे :
A. डॉ. राधाकृष्णन B. डॉ. जाकिर हुसैन
C. डॉ. शंकरदयाल शर्मा D. डॉ. राजेन्द्र प्रसाद

55. हाल ही में, भारत सरकार द्वारा लागू की गई ऊर्जा गंगा परियोजना है :
A. गंगा नदी में गंगाई डॉल्फिन को बचाना।
B. गंगा नदी से जल प्रदूषण दूर करना तथा गंगा नदी का संरक्षण।
C. गंगा बाढ़ प्रभावित मैदानों की सुरक्षा।
D. निवासियों को पाइप से रसोई गैस प्रदान करना।

खण्ड-IV : शिक्षण-अधिगम एवं विद्यालय

56. शिक्षण का उद्देश्य है :
    A. अपेक्षित दिशा में विद्यार्थियों के व्यवहार में परिवर्तन।
    B. विद्यार्थियों के सम्पूर्ण व्यक्तित्व का विकास।
    C. विद्यार्थियों का चरित्र निर्माण।
    D. एक उचित नौकरी में चयनित होना।

57. कक्षा में अनुशासन क्यों होना चाहिए?
    A. बच्चों को लगना चाहिए कि यह अनिवार्य है।
    B. बच्चों को अधिकरण को स्वीकारना चाहिए।
    C. बच्चों को संगठित एवं क्रमबद्ध कार्य का महत्व समझ आना चाहिए।
    D. यदि वे अध्यापक बनना चाहें, तो यह उनकी मदद करेगा।

58. इग्नू के कार्यक्रम किस चैनल पर दिखाए जाते हैं?
    A. मुक्त चैनल
    B. एकलव्य चैनल
    C. ज्ञान दर्शन
    D. व्यास चैनल

59. शिक्षा की श्रेष्ठतम परिभाषा हो सकती है :
    A. तैयारी
    B. ज्ञान प्राप्त करना
    C. अधिगम
    D. बौद्धिक स्वतंत्रता

60. निम्नलिखित में कौन-सी संस्था भारत में अध्यापक शिक्षा में गुणवत्ता की देखभाल करती है?
    A. NCTE
    B. MCI
    C. AICTE
    D. CSIR

61. शब्दकोश है एक :
    A. श्रव्य माध्यम
    B. दृश्य माध्यम
    C. मुद्रित माध्यम
    D. श्रव्य-दृश्य माध्यम

62. नर्सरी कक्षा में पहले दिन के प्रारम्भ के लिए कौन-सा शीर्षक उपयुक्त रहेगा?
    A. मेरा सबसे अच्छा मित्र
    B. मेरा पास-पड़ोस
    C. मेरा विद्यालय
    D. मेरा परिवार

63. एक अच्छा शिक्षक वह है, जो :
    A. बच्चों को सर्वांगीण विकास हेतु प्रोत्साहित करता है।
    B. बच्चों को अपना पाठ आसानी से सीखने में मदद करता है।
    C. बच्चों को परीक्षा उत्तीर्ण करने हेतु तैयार करता है।
    D. कक्षा में अनुशासन स्थापित करता है।

64. यदि एक बच्चा कक्षा में पढ़ाया गया पाठ ठीक से नहीं समझता है तो आप क्या करेंगे?
    A. पाठ को दुहराएंगे।
    B. विद्यार्थियों को अतिरिक्त पुस्तकें/अधिगम सामग्री पढ़ने को कहेंगे।
    C. बच्चे का पूर्व ज्ञान जानेंगे।
    D. बच्चे की पृष्ठभूमि से उदाहरण चुनकर पाठ को पुनः पढ़ाएँगे।

65. शिक्षा के परिप्रेक्ष्य में, समाजीकरण का अर्थ है :
    A. अपने सामाजिक मानक स्वयं बनाना
    B. समाज में बड़ों का सम्मान करना
    C. सामाजिक परिवेश में अनुकूलन एवं समायोजन
    D. सदैव सामाजिक मानकों का अनुपालन

66. शिक्षण का सबसे महत्वपूर्ण उद्देश्य है :
    A. शिक्षकों द्वारा कहा गया बच्चों को समझाना
    B. अपने विषय की पाठ्यवस्तु को पूरा करना
    C. शिक्षण के दौरान बच्चों को आराम से रखना
    D. नियमित रूप से कक्षा लेना

67. कथन 'पुरुष सामान्यतः महिलाओं की तुलना में अधिक बुद्धिमान होते हैं' :
    A. सत्य है
    B. सत्य हो सकता है
    C. लैंगिक भेद प्रदर्शित करता है
    D. बुद्धि के विविध क्षेत्रों के लिए सही है

68. निम्नलिखित में कौन-सा एक 'आउटपुट' उपकरण नहीं है?
    A. कीबोर्ड
    B. विजुअल डिस्प्ले यूनिट
    C. प्रिन्टर
    D. प्लॉटर

69. निम्नलिखित में से क्या एन.सी.ई.आर.टी. का मुख्य उद्देश्य नहीं है?

A. शिक्षकों के सेवापूर्व तथा सेवारत प्रशिक्षण का आयोजन करना।

B. सार्वभौमिक प्रारम्भिक शिक्षा के लक्ष्यों को प्राप्त करने में एक नोडल संस्था की तरह कार्य करना।

C. विद्यालयी शिक्षा के क्षेत्र में शोध को प्रोत्साहन एवं समन्वय करना।

D. शिक्षक शिक्षा कार्यक्रमों के लिए नियम विकसित करना।

70. दत्तकार्य का उद्देश्य होता है :

A. विद्यार्थियों को घरों पर व्यस्त रखना।

B. हस्तलेख में सुधार करना।

C. विद्यार्थियों के अधिगम में माता-पिता की सहभागिता।

D. स्व-अधिगम को प्रोत्साहन।

71. भारत में प्रथम मुक्त विश्वविद्यालय की स्थापना किस राज्य में हुई?

A. आन्ध्र प्रदेश B. दिल्ली

C. हिमाचल प्रदेश D. तमिलनाडु

72. संरचनात्मक आकलन के लिए कौन-सा एक उपयुक्त उपकरण नहीं है?

A. दत्तकार्य B. मौखिक प्रश्न

C. सत्रान्त परीक्षा D. प्रश्नमंच एवं पहेली

73. विद्यालय के विषय में निम्नलिखित में से क्या सही नहीं है?

A. वे सामाजिक परिवर्तन के शक्तिशाली अभिकरण हैं।

B. वे सांस्कृतिक अंतरण की सामाजिक इकाई हैं।

C. वे देश में सामाजिक और आर्थिक परिदृश्य से प्रभावित हैं।

D. वे द्वन्द्व और अलगाव के संभावित माध्यम हैं।

74. अध्यापक एवं अध्येताओं के मध्य अन्तःक्रिया का सबसे बड़ा लाभ क्या है?

A. यह प्रभावी शिक्षण में मदद करता है।

B. यह शिक्षक को सन्तुष्टि प्रदान करता है।

C. यह अध्येताओं को प्रश्न पूछने को प्रोत्साहित करता है।

D. यह बेहतर सामूहिक सम्बन्धों का निर्माण करता है।

75. यदि एक बच्चा अक्सर भाई-बहनों से झगड़ता है, आप एक शिक्षक के रूप में उसकी मदद कैसे करेंगे?

A. विद्यालय में आप उसे दण्ड देंगे।

B. उसकी दूसरों से तुलना कर उसे हतोत्साहित करेंगे।

C. माता-पिता से कठोर कार्यवाही को कहेंगे।

D. उसे अकेले में ले जाकर उसके ऐसे व्यवहार का कारण ढूँढेंगे।

76. एक प्रभावी शिक्षण-अधिगम सहायक सामग्री में निम्न में से कोई एक लक्षण/गुण होता है :

A. यह अच्छी दिखती है।

B. सभी विभागों को जाग्रत करती है।

C. सभी को दिखाई देती है।

D. बनाना आसान होता है।

77. कक्षा में उचित शिक्षण-अधिगम परिवेश के लिए क्या वांछित नहीं है?

A. अध्येता की स्वायत्तता

B. नवाचार हेतु शिक्षक को स्वतंत्रता

C. सतत शिक्षक-अभिभावक संघ की बैठकें

D. गलत व्यवहार पर दंड

78. एक प्रभावी कक्षाकक्ष वातावरण में होता है :

A. विभिन्न प्रकार की शैक्षणिक सहायक सामग्रियाँ

B. सजीव छात्र-शिक्षक अंतःक्रियाः

C. घनघोर सन्नाटा

D. अत्यधिक अनुशासन

79. प्रभावी ढंग से नैतिक मूल्य विद्यार्थियों में विकसित किए जा सकते हैं, जब शिक्षक :

A. सतत मूल्यों की बात करता है।

B. स्वयं उनका अनुपालन करता है।

C. महान व्यक्तियों की कहानी सुनाता है।

D. पठनसामग्री प्रदान करता है।

80. शिक्षण की सफलता निर्भर करती है :

A. अभिप्रेरण कौशल पर

B. मौखिक संप्रेषण कौशलों पर

C. बच्चों की समझ पर

D. बच्चों की पसंद पर

भाग-B

खण्ड-V : (i) विज्ञान

81. एक विद्युत मोटर परिवर्तित करता है :
A. विद्युत ऊर्जा को ताप ऊर्जा में
B. विद्युत ऊर्जा को यांत्रिक ऊर्जा में
C. यांत्रिक ऊर्जा को विद्युत ऊर्जा में
D. यांत्रिक ऊर्जा को ताप ऊर्जा में

82. एक प्रोटीन की सूचना देने वाला DNA का भाग कहलाता है :
A. केन्द्रक   B. गुणसूत्र
C. शीलगुण   D. जीन

83. निम्नलिखित में से कौन-सी ग्रीन हाउस गैस है?
A. सल्फर डाईऑक्साइड   B. नाइट्रोजन डाईऑक्साइड
C. कार्बन डाईऑक्साइड   D. कार्बन मोनोक्साइड

84. निम्नलिखित में से कौन-सा अति अम्लीय तथा अति क्षारीय विलयनों के लिए सही होगा?
A. विलयन में हाइड्रोजन आयन की सान्द्रता 10^{-7} M होगी
B. विलयन लिटमस को लाल कर देंगे।
C. विलयन विद्युत के बहुत अच्छे सुचालक होंगे।
D. विलयन Mg से क्रिया करके हाइड्रोजन मुक्त करेंगे।

85. दृश्यमान प्रकाश के किस रंग में न्यूनतम आवृत्ति होती है?
A. बैंगनी   B. लाल
C. पीला   D. हरा

86. चोट लगने के स्थान पर रक्त जमने में मदद करने वाली रक्त कणिकाएँ हैं :
A. RBC   B. WBC
C. प्लेटलेट्स   D. इओसिनोफिल्स

87. ओजोन छिद्र का परिणाम है :
A. ग्रीन हाउस प्रभाव
B. वैश्विकताप
C. अम्लीय वर्षा
D. UV विकिरण में वृद्धि

88. जिस यौगिक में क्लोरिन की ऑक्सीकरण संख्या +5 हो, उसे चुनिए :
A. $HClO_4$ B. $HClO_3$
C. $HClO_2$ D. $HClO$

89. यदि एक लेंस की फोकस दूरी f है, तो लेंस की शक्ति होगी :
A. $\dfrac{100}{f(\text{सेमी.})}$ B. $\dfrac{10}{f(\text{सेमी.})}$
C. $\dfrac{100}{f(\text{मी.})}$ D. $\dfrac{1}{100 f(\text{सेमी.})}$

90. निम्नलिखित में से कौन-से इलेक्ट्रॉनिक वितरण का आयनी ऊर्जा न्यूनतम होनी चाहिए?
A. $1s^2\, 2s^2\, 2p^6\, 3s^2$ B. $1s^2\, 2s^2\, 2p^6\, 3s^1$
C. $1s^2\, 2s^2\, 2p^6$ D. $1s^2\, 2s^2\, 2p^3$

91. निम्नलिखित में से कौन-सा ऊर्जा का नवीकरणीय स्रोत नहीं है?
A. पवन ऊर्जा   B. सागर ऊर्जा
C. सौर ऊर्जा   D. जीवाश्म ऊर्जा

92. निम्नलिखित में से कौन-सा गुण एक ही तत्व के दो समस्थानिकों के तटस्थ परमाणुओं के लिए अलग है?
A. परमाणु संख्या
B. द्रव्यमान
C. इलेक्ट्रॉनों की संख्या
D. सामान्य रासायनिक प्रतिक्रिया

93. एक बच्चे को अपने पिता से कितने प्रतिशत जीन प्राप्त होते हैं?
A. 25%   B. 50%
C. 75%   D. 100%

94. पौधों में जाइलम जिम्मेदार हैं :
A. जल परिवहन के लिए
B. खाद परिवहन के लिए
C. एमिनो एसिड के परिवहन के लिए
D. ऑक्सीजन के परिवहन के लिए

95. धात्विक चालक का प्रतिरोध :
A. ताप बढ़ने से बढ़ता है।
B. ताप बढ़ने से घटता है।
C. ताप परिवर्तन से परिवर्तित नहीं होता।
D. बहुत अधिक ताप पर शून्य हो जाता है।

96. निम्नलिखित में से कौन-सा जल में आयनी विलयन बनाएगा?
A. CO_2 B. CCl_4
C. O_2 D. NaI

97. ग्रासनली में भोजन के परिचालन का कारण है :
A. लार द्वारा स्निग्धक B. क्रमाकुन्चन
C. गुरुत्वीय खिंचाव D. निस्यंदन

98. जैवनिम्नीकृत अपशिष्ट का किसके उत्पादन में उपयोग हो सकता है?
A. खाद
B. बायोगैस
C. खाद तथा बायोगैस दोनों
D. न खाद, न बायोगैस

99. मनुष्य में वृक्क किस तंत्र का भाग है?
A. पोषण B. श्वसन
C. उत्सर्जन D. परिसंचरण

100. विश्व में सबसे तेजी से घटते प्राकृतिक संसाधन हैं :
A. जल B. वन
C. वायु D. सूर्य का प्रकाश

खण्ड-V : (*ii*) गणित

101. 15, 25, 40 तथा 75 से भाज्य सबसे बड़ी 4 अंक की संख्या होगी?
A. 9000 B. 9200
C. 9400 D. 9600

102. 65.425 तथा 0.03216 के गुणनफल में दशमलव बिन्दु के दाहिनी ओर कितने अंक होंगे?
A. 6 B. 7
C. 8 D. 9

103. 17 कलम ₹ 720 में बेचने पर 5 कलमों के लागत मूल्य के बराबर हानि होती है, तो एक कलम का लागत मूल्य क्या है?
A. ₹ 43 B. ₹ 60
C. ₹ 55 D. ₹ 34

104. एक फल विक्रेता 5 संतरे ₹ 4 में खरीदकर 4 संतरे ₹ 5 में बेचता है, तो उसका लाभ प्रतिशत होगा :
A. 50% B. 48.56%
C. 56.25% D. 62.25%

105. यदि $(5.6)^2 + 5.6\,p + (3.4)^2$ एक पूर्ण वर्ग है तो p का मान क्या होगा?
A. 3.4 B. 9.0
C. 2.2 D. 6.8

106. एक खम्भे की परछाईं उसकी लम्बाई की $\sqrt{3}$ गुनी है, तो सूर्य की ओर उन्नयन कोण होगा :
A. 30° B. 45°
C. 60° D. 75°

107. कितनी दो अंकों की अभाज्य संख्याओं में 1 दूसरा अंक होता है?
A. 03 B. 04
C. 05 D. 06

108. 20 से 50 के बीच की अभाज्य संख्याओं की कुल संख्या होगी?
A. 6 B. 7
C. 8 D. 9

109. $\frac{3.6^2 - 1.4^2}{3.6 - 1.4}$ का मान होगा :
A. 1.2 B. 3.8
C. 5.0 D. 4.0

110. दो संख्याओं का महत्तम समापवर्तक 5 तथा लघुत्तम समापवर्त्य 150 है। यदि एक संख्या 25 है, तो दूसरी संख्या होगी :
A. 45 B. 40
C. 30 D. 20

111. प्रातः 8.30 बजे, एक घड़ी में मिनट और घंटे की सुई के बीच का कोण होगा?
    A. 60° B. 70°
    C. 75° D. 90°

112. यदि एक दुकानदार लगातार 3 बार अपनी सेल (छूट) में 5% की छूट देता है, तो कुल छूट होगी?
    A. 15% B. 12.27%
    C. 17.74% D. 14.26%

113. एक घड़ी दोपहर में चलना प्रारम्भ करती है। 5 बजकर 10 मिनट पर घंटे की सुई मुड़ी होगी?
    A. 145° B. 155°
    C. 160° D. 175°

114. एक फल विक्रेता के पास कुछ संतरे हैं। उसने 30% संतरे बेच दिए फिर भी उस पर 245 संतरे शेष हैं। आरम्भ में उसके पास कितने संतरे थे?
    A. 250 B. 300
    C. 350 D. 400

115. 350 मी. लम्बी एक रेलगाड़ी 45 किमी./घंटे की रफ्तार से चल रही है। कितने समय में वह 140 मी. लम्बे प्लेटफॉर्म को पार कर जाएगी?
    A. 30 सेकण्ड B. 40 सेकण्ड
    C. 45 सेकण्ड D. 50 सेकण्ड

116. यदि $\log \frac{a}{b} + \log \frac{b}{a} = \log(a+b)$ हो, तो :
    A. $a = b$ B. $a + b = 1$
    C. $a - b = 0$ D. $a - b = 1$

117. यदि एक संख्या किसी अन्य संख्या से 10% कम है, जो 200 से 10% अधिक है, तो पहली संख्या क्या है?
    A. 190 B. 198
    C. 202 D. 218

118. निम्न में से कौन सेकंड का घंटे से अनुपात प्रदर्शित करता है?
    A. .00025 B. .00026
    C. .00027 D. .00028

119. 40 किमी./घंटा से दौड़ती रेलगाड़ी एक पोस्ट को 18 से. में पार कर जाती है। रेलगाड़ी की लम्बाई होगी?
    A. 180 मी. B. 200 मी.
    C. 240 मी. D. 360 मी.

120. एक विद्यार्थी परीक्षा में 240 अंक पाकर 60 अंकों से अनुत्तीर्ण हो जाता है, यदि अधिकतम अंक 600 हैं तो उत्तीर्णांक कितने प्रतिशत है?
    A. 36% B. 40%
    C. 45% D. 50%

खण्ड-V : (iii) सामाजिक विज्ञान

121. 'मनसब' शब्द प्रयुक्त होता है :
    A. भूमि का एक खंड B. एक ओहदा
    C. एक दफ्तर D. एक वेतनमान

122. भारत का संविधान अंगीकृत किया गया :
    A. गवर्नर जनरल द्वारा B. ब्रिटिश संसद द्वारा
    C. संविधान सभा द्वारा D. भारतीय संसद द्वारा

123. उत्पाद शुल्क एक कर है :
    A. वस्तुओं की बिक्री पर
    B. वस्तुओं के निर्यात पर
    C. वस्तुओं के उत्पादन पर
    D. वस्तुओं के आयात पर

124. निम्नलिखित में से कौन-सा भारतीय संविधान का मूल लक्षण नहीं है?
    A. राष्ट्रपति की सरकार
    B. संसदीय सरकार
    C. संघीय सरकार
    D. न्यायपालिका की स्वतंत्रता

125. सिमिलिपाल टाइगर रिजर्व स्थित है :
    A. मध्य प्रदेश B. उत्तराखंड
    C. महाराष्ट्र D. ओडिशा

126. भारत में कौन-सा राज्य कोयले का सबसे बड़ा उत्पादक है?
    A. बिहार B. झारखंड
    C. मध्य प्रदेश D. ओडिशा

127. सुपरनोवा है एक :
    A. छोटा तारा B. एक ब्लैक होल
    C. एक उल्का D. एक मृतशील तारा

128. भारतीय संविधान का पिता किसे कहा जाता है?
A. डॉ. बी.आर. अम्बेडकर B. महात्मा गाँधी
C. जवाहरलाल नेहरू D. वल्लभभाई पटेल

129. निम्नलिखित में से कौन-सा गुप्त कालीन सम्राट, युद्ध एवं वैयक्तिक उपलब्धियों में समान रूप से महान था?
A. चन्द्रगुप्त प्रथम B. चन्द्रगुप्त द्वितीय
C. कुमारगुप्त प्रथम D. स्कंदगुप्त

130. भारत में डाक टिकट किस अंग्रेजी गवर्नर जनरल ने प्रारम्भ किए?
A. लॉर्ड डलहौजी B. लॉर्ड ऑकलैंड
C. लॉर्ड कैनिंग D. लॉर्ड विलियम बैंटिंक

131. मुगल शासक बहादुर शाह द्वितीय को अंग्रेजों द्वारा बंदी बनाकर कहाँ भेजा गया?
A. मैन्डले B. अंडमान तथा निकोबार
C. रंगून D. हैदराबाद

132. राज्यसभा के सदस्य :
A. सीधे चुने जाते हैं।
B. अधिकांश नामांकित होते हैं।
C. सीधे तथा अप्रत्यक्ष दोनों तरह से चुने जाते हैं।
D. विधानसभा सदस्यों द्वारा चुने जाते हैं।

133. संविधान की किस धारा ने संसद को अवशिष्ट अधिकार दिए हैं?
A. धारा 45 B. धारा 21A
C. धारा 148 D. धारा 360

134. गांधीसागर बांध किस नदी पर बना है?
A. नर्मदा B. चम्बल
C. ताप्ती D. महानदी

135. भारतीय संघ के राष्ट्रपति को निम्न में से किसके समान संवैधानिक अधिकार प्रदत्त हैं?
A. ब्रिटिश सम्राट B. अमेरिका के राष्ट्रपति
C. मिस्र के राष्ट्रपति D. रूस के राष्ट्रपति

136. राज्यसभा का सभापति कौन होता है?
A. प्रधानमंत्री B. वित्तमंत्री
C. वाणिज्यमंत्री D. भारत का उपराष्ट्रपति

137. अन्तिम मुगल शासक कौन था?
A. बाबर B. हुमायूँ
C. बहादुर शाह जफर D. औरंगजेब

138. निम्नलिखित में कौन-सा राष्ट्रीय राजमार्ग देश में सबसे बड़ा है?
A. राष्ट्रीय राजमार्ग-1 B. राष्ट्रीय राजमार्ग-44
C. राष्ट्रीय राजमार्ग-3 D. राष्ट्रीय राजमार्ग-4

139. वैज्ञानिक समाजवाद का संस्थापक किसे माना जाता है?
A. रूसो B. कार्ल मार्क्स
C. इन्गेल्स D. लेनिन

140. भारत एक ______ है।
A. सामाजिक अर्थव्यवस्था B. पूँजीवादी अर्थव्यवस्था
C. मिश्रित अर्थव्यवस्था D. मुक्त अर्थव्यवस्था

खण्ड-V : (*iv*) English

Directions (Q. Nos. 141-145): *Choose the word that is nearest in meaning to the underlined word.*

141. The <u>treacherous</u> accountant gave away secrets to the rival company.
A. greedy B. perfect
C. faithful D. disloyal

142. The <u>compliant</u> student made sure to compliment her supervisor at every stage:
A. brilliantt B. amicable
C. obliging D. faithful

143. The personalities of the twins are as <u>disparate</u> as day and night.
A. dissimilar B. similar
C. common D. incomprehensiblle

144. Ania is a <u>vociferous</u> defender of labour unions.
A. eloquent B. forceful
C. submissive D. amiable

145. The critic described the painting as <u>insipid</u>.
A. Inspiring B. Uninteresting
C. Significant D. Aesthetic

Directions (Q. Nos. 146-150): *In this group of words, only one word is correctly spelt. Select the one with the correct spelling.*

146. A. Grigarious B. Gregerious C. Gregarious D. Grigerious

147. A. Alleviate B. Allevate C. Aleviate D. Aleeviate

148. A. Transitery B. Transitory C. Transetory D. Transetery

149. A. Erasable B. Erasible C. Erasibal D. Erascible

150. A. Dessonance B. Dissonance C. Desonance D. Disonance

Directions (Q. Nos. 151-154): *Choose the word which is opposite in meaning to the underlined word.*

151. His volatile personality made it difficult to predict his reaction to anything.
A. Capricious B. erratic C. fickle D. calm

152. The character Scrooge in 'A Christmas Carol' is a misanthrope.
A. cynic B. philanthropist C. pessimist D. recluse

153. His prodigal son quickly wasted all of his savings.
A. miserly B. extravagant C. lavish D. wasteful

154. Anita has a reputation for veracity, so everyone trusted her.
A. candour B. exactitude C. dishonesty D. fidelity

Directions (Q. Nos. 155-156): *Select the word in each group that does not properly belong to it.*

155. A. ardent B. enthusiastic C. passionate D. apathetic

156. A. professional B. lay person C. amateur D. novice

Directions (Q. Nos. 157-160): *Pick out the most appropriate word from the given alternatives to fill in the blank to complete the sentence.*

157. Despite the efforts to _____ the discord between the two fractions, the two groups remained sworn enemies.
A. intensify B. exploit C. assuage D. excite

158. To avoid being _____, the teacher often includes jokes and amusing anecdotes in her lectures.
A. amusing B. complex C. eccentric D. monotonous

159. The mines of the gold rush dug so deeply into the mountain that any more excavation could have had _____ consequences, causing a cave-in or a complete collapse.
A. rigid B. devastating C. alienating D. moderate

160. To properly represent its _____ forms, Manu included, in his paper on the history of renaissance Art, over twenty sections each describing a different style.
A. diverse B. simplest C. identical D. singular

खण्ड-V : (*v*) हिन्दी

निर्देश (प्रश्न संख्या 161 से 165): *निम्नलिखित गद्यांश को पढ़कर उसके आधार पर पूछे गए प्रश्नों के उत्तर दीजिए।*

"मैं तारीफ ही करूँगा अश्क जी के होशो-हवास की। उन्होंने ममदू के हाथ से एक टार्च ले ली और उसे इधर-उधर घुमाकर वे कुछ देख रहे थे। टार्चों के सैल जवाब दे रहे थे, पर वे इधर-उधर बजरी पर बार-बार रोशनी डालते और कुछ उठाकर अपने ओवरकोट में डाल लेते। बजरी दिखाई देने लगी थी, यह इस बात का सबूत था कि हम ग्लेशियर के पास आ गए थे। हमारी समझ में कुछ नहीं आया था। राकेश अपनी टार्च बुझाकर धीरे-धीरे हँस रहा था। वह शायद बात समझ गया था। तभी ममदू बोला, "साब, रोशनी बचाकर रखना है। अभी बहुत लम्बा रास्ता है। बीच-बीच में दलदल भी पड़ सकता है...।"

"सर्दियों में जमी बर्फ में दबकर कुछ पत्थर बहुत कीमती

बन जाते हैं।'' अश्क जी ने कहा था। राकेश यह सुनकर बेसाख्ता हँस पड़ा था।

हमारे पैर दो-दो मन के हो गए थे। अब उनसे शरीर और कपड़ों का बोझ उठ नहीं पा रहा था। दलदल पार करके हम सुस्ताने लगे थे। मौत की बर्फीली वादी से हम जरूर निकल आए थे पर अंधेरी घाटियों, सतलंजन के मैदान, पानी से भरे खतरनाक कुंडों में जंगली जानवरों के खतरों से अभी हम पार नहीं हुए थे। जैसे-तैसे हम उस जगह पहुँच गए जहाँ घोड़ेवाले को छोड़कर गए थे। आधी रात हो चुकी थी। हमें खत्म हो गया समझकर वे लौट गए थे। रुकने के लिए कोई जगह नहीं थी। ऊपर से बारिश आ गई थी। गनीमत थी कि हम सतलंजन का मैदान पार कर आए थे....अब ऊबड़-खाबड़ रास्ता आ गया था, जिसके नीचे जगह-जगह पानी के कुंड थे। अंधों की तरह सँभल-सँभलकर चलने के अलावा कोई चारा नहीं था। ममदू सब खतरे उठाता हुआ आगे-आगे चल रहा था। उसकी आवाज आ रही थी, 'हिम्मत कर, साहबा! होश साहबा! सँभल के साहबा!' इसी आवाज के सहारे हम चल रहे थे...कहीं कोई रोशनी नहीं, कहीं कोई पगडंडी नहीं, कोई रास्ता नहीं, कोई सहारा नहीं...बस ममदू की आवाज गूँजती। उसी का सिरा पकड़कर हम चलते जा रहे थे। रोशनी की एक झलक के लिए हम तरस रहे थे।

161. गद्य में 'टार्च के सैल जवाब देने' का क्या अर्थ है?
A. टार्च टूटने वाली थी
B. टार्च हाथ से गिरने वाली थी
C. ठण्ड से सैल लगभग जम गए थे
D. टार्च के सैल समाप्त होना

162. प्रस्तुत गद्य में किस प्रहर की चर्चा की गई है?
A. सुबह B. रात्रि
C. संध्या D. आधी रात

163. पैर दो-दो मन के होने का आशय स्पष्ट कीजिए।
A. हार मानना B. बहुत थकना
C. बोझ मानना D. निराश होना

164. इस गद्य में किस मैदान की चर्चा की है?
A. दलदल B. ग्लेशियर
C. अंधेरी घाटी D. सतलंजन का मैदान

165. रात के अंधेरे में लेखक किसके सहारे चल रहा था?
A. पगडंडी के सहारे
B. ममदू के आवाज के सहारे
C. टार्च के सहारे
D. भगवान भरोसे

निर्देश (प्रश्न संख्या 166 से 170): *निम्नलिखित प्रत्येक प्रश्न के चार-चार विकल्प दिए गए हैं। उनमें से सही विकल्प चुनिए।*

166. उपेक्षा का विलोम है :
A. सापेक्ष B. आदर
C. सम्मान D. अपेक्षा

167. चौराहा में कौन-सा समास है?
A. अव्ययीभाव B. कर्मधारय
C. द्विगु D. बहुब्रीहि

168. 'नूतन ब्रह्मचारी' उपन्यास के लेखक हैं :
A. मिश्रबन्धु B. प्रतापनारायण मिश्र
C. जगमोहन सिंह D. बालकृष्ण भट्ट

169. अश्व का पर्यायवाची है :
A. पद्म B. अनंग
C. बाजि D. इन्दीवर

170. पवन में कौन-सी संधि है?
A. दीर्घ B. गुण
C. अयादि D. यण

171. कौन-से वर्णों को व्यंजन तथा स्वर के मध्य का माना जाता है?
A. अनुस्वार B. आयोग वाह
C. उष्म D. अन्तस्थ

172. *चिरंजीव जोरि जुरै, क्यों न स्नेह गंभीर।*
को घटि ये वृषभानुजा, वे हलधर के वीर।।
में अलंकार है :
A. यमक B. दीपक
C. श्लेष D. उत्प्रेक्षा

173. भावुक शब्द का सन्धि विच्छेद है :
A. भव + आवुक B. भाव + उक
C. भौ + उक D. भावु + उक

174. तत्सम शब्द का चयन कीजिए :
A. अश्रु B. पगड़ी
C. कान D. रेडियो

175. मनमाना में समास है :
 A. अव्ययीभाव B. कर्मधारय
 C. बहुब्रीहि D. द्विगु

176. सर्प में कौन-सा प्रत्यय है?
 A. अ B. अर
 C. अर्प D. सर्

177. "अंग फूले न समाना" मुहावरे का अर्थ है :
 A. बहुत खुश होना
 B. अपनी झूठी प्रशंसा करना
 C. असम्भव कार्य करना
 D. सीने से लगाना

178. 'घी का लड्डू टेढ़ा भी भला' कहावत का अर्थ है :
 A. मुँह पर मीठी-मीठी बातें करना
 B. योग्य व्यक्ति की आलोचना करना
 C. उपयोगी वस्तु का रूप-रंग नहीं देखा जाता
 D. सरल स्वभाव का होना

179. अरविंद दर्शन से प्रभावित कवि हैं :
 A. प्रसाद B. निराला
 C. पंत D. अज्ञेय

180. शुद्ध वर्तनी का चयन कीजिए :
 A. मृत्यूंजय B. म्रित्यन्जय
 C. मृत्युंजय D. मृत्युन्जय

उत्तरमाला

1	2	3	4	5	6	7	8	9	10
C	B	B	A	D	A	C	C	A	D
11	12	13	14	15	16	17	18	19	20
A	B	C	D	C	D	B	A	C	A
21	22	23	24	25	26	27	28	29	30
C	B	B	D	A	C	D	A	A	C
31	32	33	34	35	36	37	38	39	40
D	A	A	A	D	D	C	B	D	B
41	42	43	44	45	46	47	48	49	50
B	B	A	A	A	B	B	A	B	D
51	52	53	54	55	56	57	58	59	60
D	C	B	D	D	A	C	C	D	A
61	62	63	64	65	66	67	68	69	70
C	D	A	D	C	A	C	A	D	D
71	72	73	74	75	76	77	78	79	80
A	C	D	A	D	B	D	B	B	C
81	82	83	84	85	86	87	88	89	90
B	D	C	C	B	C	D	B	A	B
91	92	93	94	95	96	97	98	99	100
D	B	B	A	A	D	B	C	C	B
101	102	103	104	105	106	107	108	109	110
D	C	B	C	D	A	C	B	C	C
111	112	113	114	115	116	117	118	119	120
C	D	B	C	B	B	B	C,D	B	D
121	122	123	124	125	126	127	128	129	130
B	C	C	A	D	B	D	A	B	A

131	132	133	134	135	136	137	138	139	140
C	D	*	B	A	D	C	B	B	C
141	**142**	**143**	**144**	**145**	**146**	**147**	**148**	**149**	**150**
D	C	A	B	B	C	A	B	A	B
151	**152**	**153**	**154**	**155**	**156**	**157**	**158**	**159**	**160**
D	B	A	C	D	A	C	D	B	A
161	**162**	**163**	**164**	**165**	**166**	**167**	**168**	**169**	**170**
D	D	B	D	B	D	C	D	C	C
171	**172**	**173**	**174**	**175**	**176**	**177**	**178**	**179**	**180**
B	C	C	A	A	A	A	C	C	C

व्याख्यात्मक उत्तर

प्रश्न संख्या 11 से 14 तक :

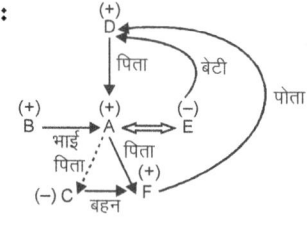

(+) A

15. 2, 9, 28, 65, 126, **[217]**

1^3+1, 2^3+1, 3^3+1, 4^3+1, 5^3+1, 6^3+1

16. 15 →(×2 + 2) 32 →(×2 + 3) 67 →(×2 + 4) 138 →(×2 + 5) **[281]** →(×2 + 6) 568

17. 19, 29, 41, 55, **[71]**, 89

4^2+3, 5^2+4, 6^2+5, 7^2+6, 8^2+7, 9^2+8

18.

<u>64</u>	63	49	<u>49</u>	48	36
↑	↑	↑	↑	↑	↑
8^2	8^2-1	7^2	7^2	7^2-1	6^2
<u>36</u>	35	25	<u>25</u>	24	**[16]**
↑	↑	↑	↑	↑	↑
6^2	6^2-1	5^2	5^2	5^2-1	4^2

19. जिस प्रकार, $25 \times 15 = 375$

$12 \times 14 = 168$

उसी प्रकार, $8 \times 9 = 72$.

21. जिस प्रकार,

O C C U P A T I O N

+2 +2 +2 +2 +2 +2 +2 +2 +2 +2

Q E E W R C V K Q P

उसी प्रकार,

P R O F E S S I O N

+2 +2 +2 +2 +2 +2 +2 +2 +2 +2

[R T Q H G U U K Q P]

22. जिस प्रकार, P O T E N T I A L

↓ 6 5 7 2 4 7 3 1 4

उसी प्रकार, T A L E N T

↓ **[7 1 4 2 4 7]**

प्रश्न संख्या 23 से 26 तक :

	मरियम	कुन्ती	बेगम	शिल्पी	मीरा
आरम्भ में	6	6	6	6	6
Step–1	3	6	6	9	6
Step–2	3	8	6	5	8
Step–3	7	8	2	5	8
Step–4	1	11	2	5	11
Step-5	1	6	7	5	11
Step-6	1	6	7	9	7

प्रश्न संख्या 27 से 30 तक :

	खेल				
खिलाड़ी	**क्रिकेट**	**टेनिस**	**हॉकी**	**वॉलीबॉल**	**फुटबॉल**
A	✓	✓	×	✓	×
B	✓	✓	✓	×	×
C	×	✓	×	✓	✓
D	×	×	✓	×	✓
E	×	×	×	×	✓

101. ल.स. (15, 25, 40, 75)

$= 5 \times 5 \times 3 \times 2 \times 2 \times 2 = 600$

5	15,	25,	40,	75
5	3,	5,	8,	15
3	3,	1,	8,	3
2	1,	1,	8,	1
2	1,	1,	4,	1
2	1,	1,	2,	1
	1,	1,	1,	1

$\because$ चार अंकों की सबसे बड़ी संख्या = 9999

600) 9999 (16
600
3999
3600
399 ← शेषफल

$\therefore$ अभीष्ट संख्या = 9999 – 399 = 9600.

102. दिया है, 65.425 × 0.03216

$= 65425 \times 10^{-3} \times 3216 \times 10^{-5}$

$= (65425 \times 3216) \times 10^{-8}$

अतः दशमलव के बाद 8 अंक होंगे।

103. माना एक कलम का लागत मूल्य $= x$

हानि = 5 कलमों का लागत मूल्य = ₹ $5x$

17 कलमों का लागत मूल्य = $17\ x$

$\therefore$ बिक्री मूल्य = लागत मूल्य – हानि

$17x - 5x = 720$

$12x = 720 \Rightarrow x =$ ₹ 60.

104. एक संतरे का क्रय मूल्य = ₹ $\frac{4}{5}$

एक संतरे का विक्रय मूल्य = ₹ $\frac{5}{4}$

अभीष्ट लाभ प्रतिशत

$$= \frac{\text{विक्रय मूल्य} - \text{क्रय मूल्य}}{\text{क्रय मूल्य}} \times 100$$

$$= \frac{\frac{5}{4} - \frac{4}{5}}{\frac{4}{5}} \times 100 = \frac{\left(\frac{9}{20}\right)}{\left(\frac{4}{5}\right)} \times 100 = \frac{9 \times 5}{80} \times 100$$

= 56.25%.

105. $(5.6)^2 + 5.6p + (3.4)^2$

$= (5.6)^2 + 2 \times 5.6 \times 3.4 + (3.4)^2$

$= (5.6 + 3.4)^2$

$= (9)^2 = 81$ (पूर्ण वर्ग)

तुलना करने पर,

$p = 2 \times 3.4 = 6.8.$

106. माना खम्भे की ऊँचाई $= x$

तब परछाईं की लम्बाई $= \sqrt{3}x$

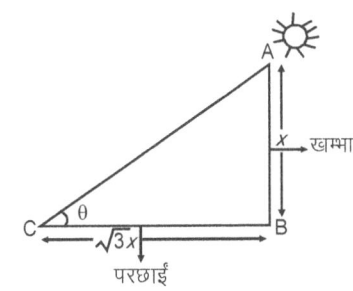

ΔABC में, $\tan\theta = \frac{AB}{BC}$

$\tan\theta = \frac{x}{\sqrt{3}x}$

$\tan\theta = \frac{1}{\sqrt{3}}$

$\tan\theta = \tan 30°$

$\theta = 30°.$

108. 20 और 50 के बीच अभाज्य संख्याएँ

23, 29, 31, 37, 41, 43, 47.

109. $\frac{(3.6)^2 - (1.4)^2}{3.6 - 1.4}$

$$= \frac{(3.6 + 1.4)(3.6 + 1.4)}{(3.6 - 1.4)}$$

$= 3.6 + 1.4 = 5$ [$\because a^2 - b^2 = (a + b)(a - b)$]

110. $\because$ दो संख्याओं का गुणनफल = म.स.प. × ल.स.

25 × दूसरी संख्या = 5 × 150

दूसरी संख्या $= \frac{5 \times 150}{25} = 30.$

111. ∵ घंटे की सुई मिनट की सुई से आगे है

∴ अभीष्ट कोण $= \dfrac{60\,H - 11\,M}{2}$

$= \dfrac{60 \times 8 - 11 \times 30}{2}$

$= \dfrac{480 - 330}{2} = \dfrac{150}{2} = 75°.$

112. माना अंकित मूल्य = ₹ 100

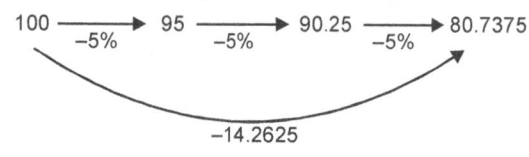

−14.2625

एक छूट $= \dfrac{14.2625}{100} \times 100 = 14.26.$

113. 5 बजकर 10 मिनट तक कुल मिनट

$= 5 \times 60 + 10 = 310$ मिनट

∵ 1 मिनट में घंटे की सुई मुड़ती है $= \left(\dfrac{1}{2}\right)°$

310 मिनट में घंटे की सुई मुड़ेगी

$= \dfrac{1}{2} \times 310 = 155°.$

114. माना प्रारम्भ में फल विक्रेता के पास x संतरे थे

फल विक्रेता के पास शेष बचे संतरे

$= x$ का $(100 - 30)\%$

$= x$ का $70\% = \dfrac{7x}{10}$

प्रश्नानुसार, $\dfrac{7x}{10} = 245$

$x = \dfrac{2450}{7} = 350$

अतः फल विक्रेता के पास प्रारम्भ में 350 संतरे थे।

115. दिया है, रेलगाड़ी की चाल = 45 किमी./घं.

$= 45 \times \dfrac{5}{18} = \dfrac{25}{2}$ मी./से.

कुल तय दूरी = 360 + 140 = 500 मी.

∴ समय $= \dfrac{\text{दूरी}}{\text{चाल}} = \dfrac{500}{\left(\dfrac{25}{2}\right)}$

$= 20 \times 2 = 40$ से.।

116. $\log \dfrac{a}{b} + \log \dfrac{b}{a} = \log(a + b)$

∵ $\log m + \log n = \log mn$

∴ $\log \dfrac{a}{b} \times \dfrac{b}{a} = \log (a + b)$

$\log(a + b) = \log 1$

$\log(a + b) = 0$

∵ $a + b = e^0$

$a + b = 1.$

117. वह संख्या जो 200 से 10% अधिक है

$= 200 \times 110\% = 220$

अतः पहली संख्या $= 220 \times (100 - 10)\%$

$= 220 \times 90\% = 198.$

118. ∵ 1 घंटा = 60 × 60 = 3600 से.

∴ अभीष्ट अनुपात $= \dfrac{1}{3600}$

$= 0.00027$ or $0.00028.$

119. रेलगाड़ी की चाल = 40 किमी./घं.

$= 40 \times \dfrac{5}{18}$

$= \dfrac{200}{18} = \dfrac{100}{9}$ किमी./घं.

∵ रेलगाड़ी की लम्बाई = चाल × समय

$= \dfrac{100}{9} \times 18$

= 200 मी.

120. उत्तीर्णांक अंक = 240 + 60 = 300

∴ उत्तीर्णांक प्रतिशत $= \dfrac{300}{600} \times 100$

$= 50\%.$

पिछले प्रश्न–पत्र (हल सहित)

IGNOU B.Ed. प्रवेश परीक्षा, 2018*

भाग-A

खण्ड-I : सामान्य हिन्दी बोध

निर्देश (प्रश्न संख्या 1 से 10): *निम्नलिखित गद्यांश को ध्यानपूर्वक पढ़िए और प्रश्न के नीचे दिए गए चार विकल्पों में से सर्वोत्तम को चुनिए।*

डिज्नी चलचित्र 'नन्हीं जलपरी' के सबसे महत्वपूर्ण प्रकरण वे हैं जो परम्परागत सोच पर प्रश्न उठाते हैं तथा एक स्वप्न में चलते हैं। एरियल, जो एक नन्हीं जलपरी है, न केवल वास्तविक विचारों (कभी-कभी इसका अर्थ है वे विचार, जो शायद वह सोच नहीं पाती) को व्यक्त करती है वरन् अपने प्रजातिवादी पिता के प्रति विद्रोही है। जब एरियल का प्रेम एक मानव राजकुमार के साथ बढ़ता है, राजा ट्राइडेन्ट क्रोधित होता है। जब एरियल विरोध में स्वर उठाती है और कहती है कि वे उसे नहीं समझते, न उस मनुष्य को जानते हैं, जिसे वह प्यार करती है, ट्राइडेन्ट प्रत्युत्तर देते हैं–"उसे जानना! मुझे उसे जानने की जरूरत नहीं, वह एक मनुष्य है।" सत्य अर्थों में डिज्नी बच्चों को उन पूर्वनिर्धारित विचारों पर प्रश्न उठाने को प्रोत्साहित कर रहा है जो किसी एक समूह के विरुद्ध भी हमें लग सकते हैं।

डिज्नी बच्चों को यह भी सिखाता है कि जिसे वे प्रेम करते हैं, उसे जारी रखो। हम देखते हैं कि एरियल का राजकुमार एरीक से प्रेम अन्य सबसे अधिक महत्वपूर्ण है। मदद के लिए समुद्री जादूगरनी ऊर्सुला के पास जाकर एरियल एक गलती करती है लेकिन कोई भी सच्चा नायक या नायिका कमियों से परे नहीं होते। एरियल स्वयं को, परिवार को तथा पूरे परीलोक को खतरे में डाल देती है, पर हम देखते हैं कि अपने राजकुमार की मदद से वह सबकुछ ठीक करने में कामयाब होती है।

फिल्म के अन्त में जब ऊर्सुला, राजा ट्राइडेन्ट को अपनी बेटी की आत्मा के बदले अपने राज्य का परित्याग करने को विवश करती है, समुद्री जादूगरनी पानी के बाहर विशालकाय और डरावने तरीके में राजा का मुकुट पहनकर और उसके जादुई ट्राइडेन्ट को पकड़कर अमंगलपूर्ण अट्टाहास करती है और घोषणा करती है कि आज से वह सभी जल पुरुषों और महिलाओं की शासक है। वह विजयीपूर्ण मुद्रा में बुदबुदाती है "सच्चे प्रेम के लिए बहुत कुछ!" यद्यपि एरीक अपने जहाजों का कोना सफलतापूर्वक उसकी नाभि से टकरा देता है और उसे परास्त कर देता है। यह नैतिकता इसमें है कि जब हम सब गलतियां करते हैं तो ज्यादा महत्वपूर्ण यह है कि हम उन गलतियों को ठीक कैसे करते हैं, जो हमने दूसरों के साथ की हैं।"

1. लेखक "वे विचार जो शायद वह सोच नहीं पाती।" कथन में कोष्ठक लगाकर क्या दर्शाना चाहता है?
- A. पाठक को एक अतिरिक्त कथन का इशारा देता है।
- B. दर्शाता है कि यह महत्वपूर्ण नहीं है।
- C. एक मजाकिया व्यंग्य शैली प्रदर्शित करता है।
- D. अर्थ में बदलाव को इंगित करता है।

2. एरियल के पिता को 'प्रजातिवादी' कहा गया है क्योंकि वह :
- A. एरीक को नहीं समझता।
- B. एरीक के मनुष्य होने के कारण एरियल के प्रेम का विरोध करता है।
- C. क्रोधित है।
- D. पूर्व नियोजित विचारों के प्रति विद्रोही है।

3. "डिज्नी बच्चों को उन पूर्वनिर्धारित विचारों पर प्रश्न उठाने को प्रोत्साहित कर रहा है जो किसी एक समूह के विरुद्ध हमें लग सकते हैं" इस बात को कौन-सी कल्पित पटकथा सर्वश्रेष्ठ ढंग से प्रदर्शित करती है?
- A. टेलीविजन के विकास पर एक फिल्म
- B. एक फिल्म जो युद्ध का गौरव वर्णित करती है।

* **Held on 16-12-2018.**

C. एक लड़की पर फिल्म जो सर्प के डर से मुक्त होती है।
D. एक रॉक बैंड की यात्राओं को अभिलेखित करती फिल्म।

4. जब ऊर्सुला कहती है "सच्चे प्रेम के लिए बहुत कुछ", यह क्या प्रदर्शित करता है?
   A. वह विशेषज्ञ है।
   B. वह एक पूर्व प्रेम प्रसंग में टूट चुकी है।
   C. उसे विवाह स्वीकार नहीं है।
   D. वह सच्चे प्रेम का मजाक उड़ा रही है।

5. कथन "एरीक अपने जहाजों का कोना सफलतापूर्वक उसकी नाभि से टकरा देता है और उसे परास्त कर देता है" में परास्त करने का अर्थ है :
   A. मारना
   B. प्रेम करना
   C. गायब कर देना
   D. दमन करना

6. लेखक की "नन्हीं जलपरी" के प्रति अभिवृत्ति मुख्यतः .... है :
   A. कुंठित   B. वैरागी
   C. आदरपूर्ण   D. आश्चर्यपूर्ण

7. लेखक का अनुच्छेद में मुख्य बिन्दु है कि :
   A. एरियल को एरीक से विवाह की अनुमति नहीं देनी चाहिए।
   B. 'नन्हीं जलपरी' (फिल्म) बच्चों को सिखाती है कि दिल की सुनो।
   C. डिज्नी की फिल्में सिखाती हैं कि प्रेम, घृणा से बड़ा है।
   D. केवल राजकुमार एरीक ही एरियल को सही प्रकार समझता है।

8. एक जहाज का 'कोना' होता है :
   A. पीछे   B. मध्य में
   C. सामने   D. शीर्ष पर

9. एरियल से क्या गलती हुई?
   A. एरीक से प्रेम
   B. पिता से विद्रोह
   C. ऊर्सुला से मदद लेना
   D. ऊर्सुला को एरीक की सहायता से मार देना

10. कथन "..…समुद्री जादूगरनी, पानी से बाहर निकलती है, विशालकाय और डरावने ...." में 'डरावना' है एक :
    A. क्रियावाचक संज्ञा   B. कृदन्त
    C. विशेषण   D. क्रिया-विशेषण

खण्ड-II : तार्किक एवं विश्लेषणात्मक चिन्तन

निर्देश (प्रश्न संख्या 11 से 14): नीचे दी गई जानकारी को ध्यान से पढ़कर उसके बाद दिए गए प्रश्नों का उत्तर दें :

एक परिवार में छह सदस्य हैं—A, B, C, D, E तथा F। परिवार में दो विवाहित जोड़े हैं। B एक व्यापारी है तथा E का पिता है। F, C का दादा है और प्रॉपर्टी डीलर है। D, E की दादी है और गृहिणी है। C, A की बेटी है। परिवार में एक व्यापारी, एक प्रॉपर्टी डीलर, एक महिला प्रवक्ता, एक गृहिणी तथा दो छात्र हैं।

11. A का व्यवसाय क्या है?
    A. गृहिणी   B. प्रवक्ता
    C. विद्यार्थी   D. व्यापार

12. E की बहन कौन है?
    A. C   B. D
    C. A   D. B

13. निम्नलिखित में से कौन दो विवाहित जोड़े हैं?
    A. AC तथा DF   B. AB तथा EF
    C. AB तथा AC   D. AB तथा DF

14. निम्नलिखित में कौन-सा समूह निश्चित तौर पर पुरुष सदस्यों का है?
    A. BF   B. AB
    C. CD   D. EF

निर्देश (प्रश्न संख्या 15 से 18): निम्नलिखित प्रश्नों में एक श्रेणीक्रम दिया गया है। रिक्त स्थान पर आनेवाला विकल्प, दिए गए विकल्पों में से चुनिए।

15. 10, 40, __?__, 1920, 19200
    A. 80   B. 160
    C. 200   D. 240

16. 0, 7, 26, 63, __?__, 215
    A. 116   B. 128
    C. 124   D. 130

17. 13, 21, 31, 43, 57, 73, __?__.
    A. 87   B. 89
    C. 91   D. 94

18. 4, 5, 8, 9, 10, 27, 16, 17, 64, 25, 26, __?__
    A. 78   B. 94
    C. 112   D. 125

19. खोये हुए अंक को खोजिए :

    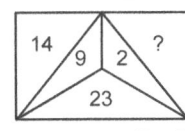

    A. 25   B. 21
    C. 19   D. 7

20. यदि EDUCATION का कूट रूप DCTBZSHNM है, तो PROMOTION का क्या होगा?
    A. OQNNLSHNM   B. NOQLNSHNM
    C. NNOQLSHNM   D. OQNLNSHNM

21. यदि REGISTRATION का कूट रूप 723489719465 है, तो GENERATOR का क्या होगा?
    A. 325721967   B. 352721967
    C. 325271967   D. 325917267

22. एक अर्थ में, कौन एक शेष तीन से भिन्न है?
    A. अगस्त   B. अक्टूबर
    C. मार्च   D. दिसम्बर

निर्देश (प्रश्न संख्या 23 से 26): निम्नलिखित अनुच्छेद पढ़कर प्रश्नों के उत्तर दीजिए :

इरा, वारा, श्वेता, पुष्पा और सरोज पाँच मित्र हैं। प्रत्येक के पास छह गेंदें हैं। वारा ने तीन गेंद पुष्पा को दिए, जिसने चार गेंद सरोज को दिए। सरोज ने पाँच गेंद श्वेता को दिए, जिसने बदले में चार गेंद वारा को दिए। वारा ने 3-3 गेंद इरा और पुष्पा को दिए।

23. वारा के पास कितनी गेंदें हैं?
    A. 2   B. 1
    C. 5   D. 6

24. सरोज के पास कितनी गेंदें हैं?
    A. 2   B. 4
    C. 5   D. 6

25. किसके पास सबसे कम गेंदें हैं?
    A. इरा   B. पुष्पा
    C. सरोज   D. वारा

26. किसके पास सबसे अधिक गेंदें हैं?
    A. इरा   B. श्वेता
    C. सरोज   D. वारा

निर्देश (प्रश्न संख्या 27 से 30): निम्नलिखित अनुच्छेद पढ़कर प्रश्नों के उत्तर दीजिए।

A तथा B वॉलीबॉल और फुटबॉल खेलते हैं। B तथा D टेनिस खेलते हैं। A तथा C हॉकी और टेनिस खेलते हैं। C, D और E क्रिकेट खेलते हैं।

27. कौन वॉलीबॉल, फुटबॉल, टेनिस तथा हॉकी खेलता है?
    A. D   B. C
    C. B   D. A

28. कौन केवल क्रिकेट खेलता है?
    A. A   B. E
    C. C   D. D

29. कौन हॉकी तथा क्रिकेट खेलता है?
    A. A   B. E
    C. C   D. D

30. कौन टेनिस तथा क्रिकेट खेलता है?
    A. A   B. B
    C. C   D. D

खण्ड-III : शैक्षिक एवं सामान्य चेतना

31. शांता कुमार समिति की सिफारिशों का सम्बन्ध है :
    A. फूड कॉरपोरेशन ऑफ इंडिया के पुनर्गठन से
    B. सिक्योरिटी एक्सचेंज बोर्ड ऑफ इंडिया के पुनर्गठन से
    C. सेंट्रल बोर्ड ऑफ फिल्म सर्टिफिकेशन के पुनर्गठन से
    D. उपर्युक्त में से कोई नहीं

32. "एट द क्लोज ऑफ द प्ले" नामक पुस्तक किसकी जीवनी है?
    A. गैरी किर्स्टन
    B. युवराज सिंह
    C. राहुल द्रविड़
    D. रिकी पॉन्टिंग

33. निम्न में से कौन-सी खाड़ी विश्व में सबसे बड़ी है?
A. अदन की खाड़ी B. गुयना की खाड़ी
C. फारस की खाड़ी D. मैक्सिको की खाड़ी

34. "द इंडियन वॉर ऑफ द इंडिपेंडेंस-1857" पुस्तक के लेखक हैं :
A. सर सैयद अहमद खां B. वी.डी. सावरकर
C. एस.आर. शर्मा D. आर.सी. मजूमदार

35. प्रत्येक वर्ष विश्व योग दिवस मनाया जाता है :
A. 20 जून B. 21 जून
C. 22 जून D. 23 जून

36. किसने अदालती भाषा के रूप में पारसी का प्रयोग बंद करके देशज भाषाओं के प्रयोग का आदेश दिया?
A. विलियम बैंटिंक B. कॉर्नवालिस
C. वारेन हेस्टिंग्ज D. जॉन शोर

37. अब्दुल कलाम द्वीप स्थित है :
A. तमिलनाडु B. आंध्र प्रदेश
C. पश्चिम बंगाल D. ओडिशा

38. भारतीय इतिहास के संबंध में "द्विशासन" सिद्धान्त का अर्थ है :
A. केन्द्रीय विधायिका का दो सदनों में विभाजन
B. दोहरी सरकार प्रस्तुत करना अर्थात् केन्द्र तथा राज्य सरकारें
C. दो शासक रखना, एक लंदन में और दूसरा दिल्ली में
D. प्रान्तों की प्रदत्त विषयों को दो वर्गों में बांटना

39. यूनाइटेड नेशन्स सस्टेनेबल डेवलपमेंट सोल्यूशन्स नेटवर्क द्वारा 2017 में प्रकाशित विश्व प्रसन्नता रिपोर्ट में कौन-सा देश शीर्ष पर है?
A. भारत B. डेनमार्क
C. नार्वे D. यू.एस.ए.

40. स्वच्छ सर्वेक्षण, 2017 में कौन-सा शहर भारत का सर्वाधिक स्वच्छ शहर घोषित हुआ है?
A. विशाखापट्टनम B. भोपाल
C. इडुकी D. इन्दौर

41. निम्न में से किस विश्वविद्यालय ने 2017 में अपना शताब्दी वर्ष मनाया है?
A. इलाहाबाद विश्वविद्यालय
B. पटना विश्वविद्यालय
C. बनारस हिन्दू विश्वविद्यालय
D. अलीगढ़ मुस्लिम विश्वविद्यालय

42. विद्यांजली योजना को किसने शुरू किया?
A. युवा मामले एवं खेल मंत्रालय
B. विज्ञान एवं तकनीकी मंत्रालय
C. श्रम एवं रोजगार मंत्रालय
D. मानव संसाधन विकास मंत्रालय

43. जी.एस.टी. लागू करने वाला पहला देश था :
A. फ्रांस B. यू.एस.ए.
C. ब्रिटेन D. जापान

44. 1927 के बटलर आयोग का उद्देश्य था :
A. केन्द्रीय एवं प्रान्तीय सरकारों के अधिकार क्षेत्र को बचाना
B. भारत राज्य के सचिव की शक्तियाँ परिभाषित करना
C. राष्ट्रीय प्रेस पर नियंत्रण करना
D. सर्वोच्च शक्ति तथा शाही राज्य की राजकुमारियों के मध्य सम्बन्धों की जाँच एवं स्पष्टीकरण देना

45. शिक्षा का अधिकार अधिनियम लागू हुआ :
A. 2007 B. 2008
C. 2009 D. 2010

46. "तमसो मा ज्योतिर्गमय" कथन मूल रूप से उद्धृत है :
A. उपनिषद में B. महाकाव्य में
C. पुराण में D. षड्दर्शन में

47. खजुराहो के मन्दिर किसने बनवाए?
A. विजयनगर के राजाओं ने
B. बहमनी राजाओं ने
C. चन्देल राजाओं ने
D. गुप्त राजाओं ने

48. हॉकी इंडिया लीग किस वर्ष में प्रारम्भ हुआ?
A. 2010 B. 2011
C. 2013 D. 2012

49. मध्यकालीन भारत के आर्थिक इतिहास के संदर्भ में, "अराघत्ता" का सम्बन्ध है :
A. बंधुआ मजदूरी से
B. सैन्य अधिकारियों को दी गई भूमि से
C. जमीन की सिंचाई हेतु उपयोग हो रहे जल-पहिये से
D. जल क्षेत्र को उपजाऊ भूमि में बदलने से

50. राष्ट्रीय माध्यमिक शिक्षा अभियान (आर.एम.एस.ए.) योजना का प्रारम्भ हुआ :
A. 2007 B. 2008
C. 2009 D. 2010

51. महिला समाख्य योजना का ध्यान केन्द्रित है :
A. महिला शिक्षा पर
B. किशोर बालिकाओं के मुद्दों पर
C. महिला सशक्तिकरण पर
D. ग्रामीण महिलाओं की स्वास्थ्य समस्याओं पर

52. "सांची स्तूप" मूल रूप से किसने स्थापित किया?
A. सम्राट अशोक B. चन्द्रगुप्त मौर्य
C. हर्षवर्धन D. कनिष्क

53. मानव संसाधन विकास मंत्रालय द्वारा "स्वयं प्रभा" चैनल प्रारम्भ किए गए :
A. 2014 B. 2015
C. 2016 D. 2017

54. दो वर्षीय बी.एड. पाठ्यक्रम हेतु मानक एवं नियम एन.सी.टी.ई. द्वारा कब अधिसूचित हुए?
A. 2013 B. 2014
C. 2015 D. 2016

55. वर्ष 2016 का हिन्दी में साहित्य अकादमी पुरस्कार किसे दिया गया?
A. प्रभा वर्मा B. गीता उपाध्याय
C. नासिरा शर्मा D. स्वराज बीर

खण्ड-IV : शिक्षण-अधिगम एवं विद्यालय

56. संरचनात्मक आकलन का उद्देश्य है :
A. अध्येताओं की निष्पत्ति प्रगति की जाँच
B. विद्यार्थियों के अधिगम उत्पादों का श्रेणीकरण
C. विद्यार्थियों की अधिगम निष्पत्ति को गति प्रदान करना
D. शिक्षक की प्रभाविता पर पृष्ठपोषण देना

57. शिक्षक प्रशिक्षण क्यों आवश्यक है?
A. शिक्षण कौशलों के अर्जन में सहायता
B. विद्यालय संगठन की विधियों की समझ
C. विषयवस्तु ज्ञान के उन्नयन
D. उपर्युक्त सभी

58. अभिनय, किसके शिक्षण के लिए प्रभावी होगा?
A. इतिहास B. विज्ञान
C. भाषा D. उपर्युक्त सभी

59. शिक्षण में सर्वाधिक सन्तुष्टिकारक होता है :
A. बच्चों के प्रति प्रेम का भाव
B. मानवों की सेवा का भाव
C. एक निश्चित आर्थिक लाभ
D. अध्येताओं के सर्वांगीण विकास में योगदान का भाव

60. मानव व्यक्तित्व परिणाम है :
A. घर पर लालन-पालन का
B. आनुवांशिकता एवं पर्यावरण की अंतःक्रिया का
C. केवल परिवेश का
D. केवल आनुवंशिकता का

61. निम्नलिखित में से कौन-सा एक वस्तुनिष्ठ प्रश्न है?
A. लघुउत्तरीय प्रश्न B. मुक्त सिरों वाला प्रश्न
C. सही तथा गलत D. निबन्धात्मक प्रश्न

62. किसे बच्चे का प्रथम शिक्षक माना जाता है?
A. प्रधानाचार्य B. कक्षाध्यापक
C. माता D. अनुदेशक

63. एक शिक्षक जो अपने बच्चों का ध्यान आकर्षित नहीं कर पा रहा है, उसे :
A. अपने पद से त्यागपत्र दे देना चाहिए।
B. अपने अध्येताओं में कमियाँ ढूँढनी चाहिए।
C. बोलकर लिखवाना शुरू करना चाहिए।
D. अपनी शिक्षण विधि का मूल्यांकन कर उसमें सुधार करना चाहिए।

64. श्यामपट्ट को किस श्रेणी की सहायक सामग्री में रखा जा सकता है?
A. श्रव्य सामग्री B. दृश्य सामग्री
C. श्रव्य-दृश्य सामग्री D. उपर्युक्त में से कोई नहीं

65. 10+2+3 प्रकार की शिक्षा व्यवस्था, किसका प्रतिवेदन था?
A. मुदालियर आयोग
B. राष्ट्रीय शिक्षा नीति (1986)
C. कोठारी आयोग
D. राधाकृष्णन आयोग

66. कक्षा में प्रभावी अनुशासन बनाए रखने हेतु एक शिक्षक को :

A. बच्चों को वह करने देना चाहिए, जो वे चाहते हैं।

B. बच्चों से सख्ती से पेश आना चाहिए।

C. बच्चों को रुचिपूर्ण क्रियाकलापों में शामिल करना चाहिए।

D. उनसे चतुराई से और स्पष्ट रूप से निपटना चाहिए।

67. अनौपचारिक शिक्षा है :

A. केवल विद्यालयन B. जीवनपर्यन्त

C. समयबद्ध D. पूर्व नियोजित

68. मानसिक स्वास्थ्य है :

A. कुसमायोजन के लक्षण

B. सम्पूर्ण व्यक्तित्व का समभाव

C. अत्यधिक उत्साह

D. गुस्सा/नाटक करना

69. निम्नलिखित में से क्या तकनीक का मुख्य सॉफ्टवेयर आयाम है?

A. कम्प्यूटर B. टेलीविजन सेट

C. फ्लॉपी D. स्क्रिप्ट

70. संप्रेषण में मनोवैज्ञानिक अवरोध है :

A. शोर B. गलत आग्रहण

C. अस्पष्ट शब्द D. पूर्वज्ञान

71. केब (CABE) का पूर्ण रूप है :

A. Central Administration Board of Education

B. Central Allied Board of Education

C. Central Advisory Board of Education

D. Central Administrative Board of Education

72. निम्नलिखित में से क्या एक पाठ्यसहगामी क्रिया **नहीं** है?

A. एक क्विज (प्रश्नमंच) का आयोजन

B. विद्यालय में आयोजित सांस्कृतिक कार्यक्रम में भाग लेना

C. विद्यालय पुस्तकालय में एक जरनल पढ़ना

D. अभिनय प्रतियोगिता हेतु एक बच्चे को नामित करना

73. मूल्यांकन निर्धारित करता है कि :

A. किस स्तर पर अधिगम उद्देश्य पूरे हुए हैं

B. एक अनुदेशात्मक प्रक्रिया की कमियाँ

C. पुनर्बलन एवं पोषण

D. उपर्युक्त सभी

74. शिक्षा में कार्यानुभव का अर्थ है :

A. बच्चों में कार्य के प्रति उचित अभिवृत्ति विकसित करना

B. जीवनोपयोगी कार्य में भाग लेना

C. विद्यालय जीवन और वास्तविक जीवन के बीच का अन्तर पाटना

D. उपर्युक्त सभी

75. यदि एक बच्चा कक्षा में रुचि नहीं ले रहा है, तो शिक्षक को :

A. उसे अधिक गृहकार्य देना चाहिए।

B. माता-पिता को बताना चाहिए।

C. शिक्षण सामग्री का उपयोग करना चाहिए।

D. अंतःक्रियात्मक क्रियाकलापों द्वारा विद्यार्थियों को शिक्षण-अधिगम में भागीदार बनाना चाहिए।

76. शिक्षण में विद्यार्थियों की अधिकतम भागीदारी सम्भव है :

A. व्याख्यान विधि में

B. पाठ्यपुस्तक विधि में

C. परिचर्चा विधि में

D. श्रव्य-दृश्य सामग्री द्वारा

77. एक अच्छी पाठ्यपुस्तक का मानक **नहीं** होता है :

A. अध्येतामित्रवत होना

B. विषयवस्तु का तर्कपूर्ण क्रम

C. उच्चतम मूल्य

D. अंतःक्रियात्मक भाषा

78. कक्षा में मन्द अध्येताओं को :

A. प्रोत्साहित करें।

B. अनदेखा कर दें।

C. लक्षणानुरूप उपचार करें।

D. आसान दत्तकार्य दें।

79. सबसे खराब कक्षाकक्ष प्रबन्धन रीति है :

A. आत्मानुशासनात्मक B. प्रजातांत्रिक

C. सहयोगात्मक D. भागीदारीपूर्ण

80. क्रमबद्ध ढंग से ज्ञानार्जन की श्रेष्ठतम स्रोत हैं :

A. अधिकरण से B. स्वअनुभव से

C. वैज्ञानिक विधि द्वारा D. विशेषज्ञों के विचार

भाग-B

खण्ड-V : (*i*) विज्ञान

81. उदासीन परमाणु से किसके क्षय द्वारा धनात्मक आयन बनते हैं?

A. न्यूट्रॉन B. नाभिकीय आवेश
C. प्रोटॉन D. इलेक्ट्रॉन

82. निम्नलिखित में कौन-सा कथन **सही** है?
आवर्त सारणी की प्रथम समूह (वर्ग) के तत्व :

A. क्षार धातुएँ कहलाते हैं।
B. निष्क्रिय गैसें होते हैं।
C. धात्विक चमक रखते हैं।
D. प्रकृति में रेडियोधर्मी होते हैं।

83. कोई विलयन यदि अम्ल है, तो निम्न में से कौन-सा गुण प्रदर्शित करेगा?

A. लिटमस को नीला कर देगा
B. फिसलने वाला प्रतीत होगा
C. हाइड्रोजन आयनों की सान्द्रता 10^{-13} M होगी
D. विद्युतधारा का बहुत अच्छा चालक होगा

84. एक आदर्श गैस का इलेक्ट्रॉन वितरण क्या होना चाहिए?

A. $1s^2\ 2s^2\ 2p^6\ 3s^2$ B. $1s^2\ 2s^2\ 2p^6\ 3s^1$
C. $1s^2\ 2s^2\ 2p^6$ D. $1s^2\ 2s^2\ 2p^5$

85. सल्फ्यूरिक अम्ल H_2SO_4 के एक मोल में कितने परमाणु होंगे?

A. $7 \times 6.02 \times 10^{23}$ परमाणु/मोल
B. $5 \times 6.02 \times 10^{23}$ परमाणु/मोल
C. $3 \times 6.02 \times 10^{23}$ परमाणु/मोल
D. $8 \times 6.02 \times 10^{23}$ परमाणु/मोल

86. एक उत्तल लेंस जिसकी फोकस दूरी 50 से.मी. है, की शक्ति होगी :

A. –2 D B. –0.5 D
C. +2 D D. +0.5 D

87. किस रंग के दृश्य प्रकाश की तरंगदैर्ध्य सबसे कम होगी?

A. बैंगनी B. लाल
C. पीला D. हरा

88. एक धात्विक चालक में, विद्युतधारा, किसके आवागमन के कारण होती है?

A. आयन B. ऐम्पियर
C. इलेक्ट्रॉन D. प्रोटॉन

89. एक विद्युत आवेश, समान गति में उत्पन्न करता है :

A. केवल विद्युतीय क्षेत्र
B. केवल चुम्बकीय क्षेत्र
C. विद्युतीय तथा चुम्बकीय क्षेत्र दोनों
D. कोई क्षेत्र उत्पन्न नहीं होता है

90. एक गर्म भट्ठी से उत्पन्न होने वाली विकिरण है :

A. पराबैंगनी B. इन्फ्रारेड
C. X-किरणें D. माइक्रोवेव

91. सामान्य रक्तचाप स्तर (mm Hg) होता है :

A. 120/80 B. 100/60
C. 140/90 D. 90/50

92. उदरीय पाचन प्रभावी ढंग से होता है :

A. अम्लीय माध्यम में
B. क्षारीय माध्यम में
C. उदासीन माध्यम में
D. उच्चक्षारीय माध्यम में

93. एक चिकित्सक किसी व्यक्ति को इंसुलिन का इंजेक्शन लेने को कहता है, क्योंकि :

A. उसका रक्तचाप निम्न है।
B. उसकी हृदयगति धीमी है।
C. उसे ग्वायटर है।
D. उसके रक्त में शर्करा स्तर अधिक है।

94. निम्नलिखित में से कौन-सा एक पादप हारमोन है?

A. इन्सुलिन B. थायरॉक्सिन
C. ऑस्ट्रोजिन D. साइटोकाइनिन

95. यदि एक लम्बे पौधे तथा बौने पौधे के साथ संकरण हो, तो यह संकरण कहलाएगा :

A. द्विसंकरण B. एकसंकरण
C. परिवर्ती D. त्रिसंकरण

96. वंशानुक्रम के अध्ययन से जुड़े अध्ययनक्षेत्र का नाम है :
A. कोशिकाविज्ञान B. उद्भव
C. आनुवांशिकी D. आकारिकी

97. निम्नलिखित में कौन एक खाद्य श्रृंखला है?
A. घास, गेहूँ और आम B. घास, बकरी और मनुष्य
C. बकरी, गाय और हाथी D. घास, मछली और बकरी

98. ओजोन परत में क्षरण का कारण है :
A. क्लोरोफ्लोरोकार्बन B. नाइट्रोजन के ऑक्साइड
C. मेथेन D. उपर्युक्त सभी

99. निम्नलिखित में कौन-सा जीवाश्म ईंधन है?
A. बायोगैस
B. बायोडीजल
C. कोयला तथा पेट्रोलियम
D. परमाणुविक ईंधन

100. पर्यावरण संरक्षण एवं बचाव का मुख्य उद्देश्य है :
A. पौधों का संरक्षण
B. जीवों का संरक्षण
C. ईंधन का संरक्षण
D. जैव विविधता का संरक्षण

खण्ड–V : (*ii*) गणित

101. पहली n तटस्थ संख्याओं का माध्य है :
A. $\frac{n}{2}$ B. $\frac{n(n+1)}{2}$
C. $\frac{n+2}{2}$ D. $\frac{n+1}{2}$

102. पाँचवाँ दशमांश वही है जो है :
A. माध्य B. माध्यिका
C. बहुलक D. ज्यामितीक माध्य

103. धनात्मक झुकाव (skewed) वक्र के लिए, निम्न में से क्या **सत्य** है?
A. माध्य > माध्यिका B. माध्यिका > माध्य
C. माध्य = माध्यिका D. बहुलक > माध्य

104. 25वाँ प्रतिशतांक समान होता है :
A. माध्य B. प्रथम चतुर्थांक
C. माध्यिका D. तीसरा चतुर्थांक

105. यदि एक आयत की प्रत्येक भुजा को 20% बढ़ाया जाए, तो उसके क्षेत्रफल में परिवर्तन होगा :
A. 20% B. 40%
C. 44% D. 56%

106. यदि एक वृत्त की त्रिज्या को 50% बढ़ाया जाए, तो उस वृत्त के क्षेत्रफल में वृद्धि होगी :
A. 25% B. 125%
C. 50% D. 75%

107. अनिल और अंकुर एक कार्य को 12 दिन में कर सकते हैं, अंकुर और हरीश उसी कार्य को 15 दिन में करते हैं और हरीश तथा अनिल 20 दिन में। अनिल अकेले उस कार्य को करने में कितना समय लेगा?
A. 25 दिन B. 35 दिन
C. 30 दिन D. 40 दिन

108. कौन-सी भिन्न सबसे बड़ी है?
A. $\frac{3}{7}$ B. $\frac{5}{9}$
C. $\frac{5}{11}$ D. $\frac{7}{13}$

109. कौन-सी भिन्न सबसे छोटी है?
A. $\frac{5}{6}$ B. $\frac{6}{7}$
C. $\frac{7}{8}$ D. $\frac{8}{9}$

110. 5 के 10% का 5% क्या होगा?
A. 0.25 B. 0.0125
C. 0.0625 D. 0.025

111. एक रेलगाड़ी 180 कि.मी./घंटा की रफ्तार से चलती है। रेलगाड़ी की प्रति सेकेंड रफ्तार होगी :
A. 180 मी. B. 120 मी.
C. 90 मी. D. 50 मी.

112. एक व्यक्ति किसी वस्तु को ₹ 20 में बेचकर 20% लाभ प्राप्त करता है। वस्तु का लागत मूल्य क्या है?
A. ₹ 16 B. ₹ 16.66
C. ₹ 15 D. ₹ 15.87

113. एक विद्यार्थी के अंक गलती से 63 के स्थान पर 83 अंकित हो गए जिससे औसत में $\frac{1}{2}$ की वृद्धि हो गई। कक्षा में विद्यार्थियों की संख्या कितनी है?

A. 35 B. 40
C. 45 D. 50

114. एक फल विक्रेता ने ₹ 3 के 4 संतरे खरीदे और ₹ 4 के 3 संतरे बेचे। उसे कितना प्रतिशत लाभ हुआ?

A. 66 B. 77
C. 88 D. 55

115. एक व्यक्ति की धारा की दिशा में धारा के साथ गति 15 किमी./घंटा है और धारा की गति 1.5 किमी./घंटा है, तो व्यक्ति की धारा के विपरीत क्या गति होगी?

A. 12.0 किमी./घंटा B. 16.5 किमी./घंटा
C. 13.5 किमी./घंटा D. 15.5 किमी./घंटा

116. दो अंकों का अनुपात 2 : 3 और लघुत्तम समापवर्त्य 48 है, तो उन अंकों का योग होगा :

A. 28 B. 36
C. 40 D. 42

117. वह बड़ी से बड़ी लम्बाई क्या हो सकती है जिससे 8 मी., 4 मी. 20 से.मी. तथा 12 मी. 20 से.मी. की छड़ों को पूरा-पूरा मापा जा सके?

A. 10 से.मी. B. 15 से.मी.
C. 20 से.मी. D. 25 से.मी.

118. एक दिन में कितने प्रतिशत समय 4 घंटे होता है?

A. 6% B. 33%
C. 16.66% D. 18.87%

119. एक विद्यार्थी के 125 अंक आए परन्तु वह 40 अंकों से अनुत्तीर्ण हो गया। यदि न्यूनतम उत्तीर्ण प्रतिशत 33% था, तो परीक्षा में अधिकतम अंक थे :

A. 240 B. 360
C. 420 D. 500

120. एक व्यक्ति का वेतन पहले 50 प्रतिशत कम किया गया फिर 50 प्रतिशत बढ़ा दिया गया। कुल परिवर्तन हुआ :

A. 25% वृद्धि B. 33% वृद्धि
C. 25% कमी D. 33% कमी

खण्ड-V : (*iii*) सामाजिक विज्ञान

121. सिख खालसा की स्थापना की गई :

A. गुरु तेग बहादुर B. गुरु नानक
C. गुरु गोबिन्द सिंह D. गुरु हरगोबिन्द

122. बुद्ध के अवशेष संरक्षित हैं, एक :

A. विहार में B. चैत्य में
C. स्तूप में D. मठ में

123. मानव द्वारा प्रयुक्त प्रथम धातु थी :

A. तांबा B. चांदी
C. कांसा D. पीतल

124. निम्नलिखित में से किसने तीनों गोलमेज सम्मेलनों में भाग लिया था?

A. मदन मोहन मालवीय B. एनी बेसेंट
C. महात्मा गाँधी D. बी.आर. अम्बेडकर

125. तुलसीदास किसके समकालीन थे?

A. बाबर B. अकबर
C. जहाँगीर D. शाहजहाँ

126. आकाशीय पिण्डों का अध्ययन कहलाता है :

A. ज्योतिष B. एस्ट्रोनॉटिक्स
C. एस्ट्रोनॉमी D. एस्ट्रोफिजिक्स

127. एक तारा जो नीला दिखाई देता है :

A. चांद से शीतल है
B. सूर्य से अधिक गर्म है
C. सूर्य जितना गर्म है
D. सूर्य से शीतल है

128. दाबमापी में अचानक गिरावट प्रदर्शित करता है :

A. बारिश B. तूफान
C. अच्छा मौसम D. अत्यंत ठंड

129. चंद्रग्रहण होता है, जब :

A. चन्द्रमा सूर्य और पृथ्वी के बीच आ जाता है।
B. पृथ्वी सूर्य और चन्द्रमा के बीच आ जाती है।
C. सूर्य चन्द्रमा और पृथ्वी के बीच आ जाता है।
D. उपर्युक्त में से कोई नहीं।

130. दुनिया की सबसे बड़ी नदी कौन-सी है?
    A. नील B. कांगो
    C. गंगा D. अमेजन

131. भारत की संविधान सभा का संवैधानिक सलाहकार कौन था?
    A. डॉ. बी.एन. राऊ
    B. डॉ. बी.आर. अम्बेडकर
    C. के.एम. मुंशी
    D. एम.सी. शीतलवाड़

132. संविधान के दोनों सदनों के सम्मुख वार्षिक वित्तीय विवरण किसके द्वारा रखा माना जाता है?
    A. राष्ट्रपति B. लोकसभा अध्यक्ष
    C. उपराष्ट्रपति D. वित्त मंत्री

133. भारतीय संविधान के अनुसार सर्वोच्च और अन्तिम न्यायिक अधिकरण क्या है?
    A. संसद B. राष्ट्रपति
    C. उच्चतम न्यायालय D. मंत्री परिषद

134. डॉ. बी.आर. अम्बेडकर द्वारा किन अधिकारों को संविधान का 'हृदय एवं आत्मा' कहा गया?
    A. धार्मिक स्वतंत्रता का अधिकार
    B. सम्पत्ति का अधिकार
    C. समानता का अधिकार
    D. संवैधानिक उपचार का अधिकार

135. ग्राम पंचायत का कौन-सा स्रोत उसकी आय का स्रोत **नहीं** है?
    A. सम्पत्ति कर B. गृह कर
    C. भूमि कर D. वाहन कर

136. अर्थशास्त्र का जनक किसे कहा जाता है?
    A. मैक्स मूलर B. कार्ल मार्क्स
    C. एडम स्मिथ D. उपर्युक्त में से कोई नहीं

137. हरित क्रान्ति का सम्बन्ध है :
    A. कृषि B. विज्ञान एवं प्रौद्योगिकी
    C. दुग्ध उत्पादन D. उद्योग

138. GDR का अर्थ है :
    A. Gross Domestic Ratio
    B. Global Depository Receipt
    C. Global Development Range
    D. Geographically Developed Regions

139. 'लेसिस-फेयर' क्या है?
    A. मिश्रित अर्थव्यवस्था
    B. नियंत्रित अर्थव्यवस्था
    C. आर्थिक मामलों में सरकार का हस्तक्षेप न होना
    D. उपर्युक्त में से कोई नहीं

140. सूचना का अधिकार अधिनियम किस वर्ष लागू हुआ?
    A. 2005 B. 2006
    C. 2007 D. 2008

खण्ड-V : (iv) English

Directions (Q. Nos. 141-145): *Choose the word that is nearest in meaning to the underlined word.*

141. The annual meeting of Philosophy Professors was a gathering of the most <u>erudite</u>.
    A. experienced B. senior
    C. learned D. famous

142. Sarika was so <u>ingenuous</u> that her parents feared that she would be exploited.
    A. genius B. clever
    C. intelligent D. simple

143. Most of the Snakes are <u>innocuous</u>.
    A. harmless B. fast
    C. poisonous D. scary

144. The burglar tried to <u>placate</u> the barking dog.
    A. hit B. pacify
    C. shun D. harm

145. In traditional families, the young <u>venerate</u> their elders.
    A. copy B. follow
    C. revere D. fear

Directions (Q. Nos. 146-150): *In each of the following group of words, only one of them is correctly spelt. Select the one with the correct spelling.*

146. A. vasillate B. vacilate
    C. vasilate D. vacillate

147. A. fluorescence B. flourescence
C. fluroscence D. florscence

148. A. Rapudiate B. Repudiate
C. Repudete D. Repudate

149. A. Pristin B. Prestine
C. Pristine D. Prestin

150. A. Maleable B. Meleable
C. Melleable D. Malleable

Directions (Q. Nos. 151-154): *Choose the word that is opposite in meaning to the underlined word.*

151. Particle physics is an <u>esoteric</u> field of knowledge.
A. Popular B. Abstruse
C. Obscure D. Difficult

152. The life of mayflies seems <u>momentary.</u>
A. Mysterious B. Evanescent
C. Eternal D. Transient

153. The principal was <u>uncompromising</u> on the issue of discipline.
A. Inflexible B. flexible
C. tenacious D. intransigent

154. The store cashier was so <u>lethargic</u> that he always had a long queue in front of him.
A. Apathetic B. Listless
C. Energetic D. Languid

Directions (Q. Nos. 155 and 156): *Select the word in each group that does not belong to it.*

155. A. Loquacious B. Gossipy
C. Verbose D. Amicable

156. A. Unscruplous B. Meticulous
C. Conscientious D. Precise

Directions (Q. Nos. 157-160): *Pick out the most appropriate word from the given alternatives to fill in the blank to complete the sentence.*

157. After Amar betrayed his teammates by giving away their plan to the opposition, they called him _______ .
A. a sycophant B. a traitor
C. an imbecile D. an expert

158. Although Mary receives ______ from critics for her unconventional acting style, she never considers changing to please them.
A. kudos B. appreciation
C. tirades D. empathy

159. Friends often seek Deepika's _______ as she is known for her ability to listen carefully and offer unbiased advice.
A. concern B. empathy
C. attention D. counsel

160. Behavioural theory is _______ in nature as it focuses on observation and direct study of actions.
A. empirical B. didactic
C. theoretical D. obtuse

खण्ड-V : (*v*) हिन्दी

निर्देश (प्रश्न संख्या 161 से 165): *निम्नलिखित गद्यांश को ध्यानपूर्वक पढ़कर उसके आधार पर पूछे गए प्रश्नों के उत्तर दीजिए।*

"एक ही काम अब शेष था। पर्ण कुटी कैसी बनी है, देर से जानने की इच्छा मुझे हो रही थी। सो बट-दादा के केश पकड़कर फिर नीचे उतरा और पास की एक शिला पर बैठकर निश्चिंत हृदय से अपनी इच्छा तृप्त करने लगा। अपनी वस्तु चाहे कितनी ही साधारण क्यों न हो, पर हमारी आँखें उसे बहुत सुंदर रूप में देखती हैं। यही हाल मेरा था। वास्तव में पर्ण-कुटी चाहे कैसी ही रही हो, मुझे वह सुंदर जान पड़ रही थी। इस पर भी कुशा घास एवं वट वृक्ष के सहयोग से वह पर्णशाला मुझे किसी योगाश्रम की पवित्र कुटी-सी मालूम पड़ी। भयंकर जंगल के बीच सिंह-व्याघ्र आदि से रक्षा करने वाली धरती से पंद्रह फीट की ऊँचाई पर बनी पर्ण-कुटी को देखकर मेरा हृदय पुलकित हो उठा। बट-दादा की अनेक भुजाओं ने उसे चारों तरफ से घेरकर अपनी गोद में सुरक्षित बैठाया हुआ था।

161. पर्ण-कुटी किससे बनी थी?
A. बट-दादा के केश से
B. कुशा घास से

C. पत्ते से
D. बट-दादा की भुजाओं से

162. पर्ण-कुटी कहाँ पर बनाई गई थी?
A. आंगन में B. बाग में
C. घर में D. जंगल में

163. लेखक को पर्ण-कुटी सुरक्षित क्यों लगी?
A. क्योंकि यह जंगल में थी।
B. क्योंकि इसे वट वृक्ष की भुजाओं ने चारों ओर से घेर रखा था।
C. क्योंकि यह धरती से पन्द्रह फीट ऊँचाई पर थी।
D. क्योंकि यह कुटी पवित्र-सी मालूम होती थी।

164. लेखक अपनी इच्छा कैसे तृप्त करने लगा?
A. जंगल में घूमकर
B. वट वृक्ष पर बैठकर
C. शिला पर बैठकर पर्णकुटी देखकर
D. झूला-झूल कर

165. ''एक ही काम अब शेष था'' से लेखक का क्या तात्पर्य है?
A. यह जानना कि पर्णकुटी कैसी बनी थी।
B. यह जानना कि पर्णकुटी किससे बनी थी।
C. यह जानना कि पर्णकुटी कैसे बनी थी।
D. यह जानना कि पर्णकुटी कहाँ बनी है।

निर्देश (प्रश्न संख्या 166 से 180): *निम्नलिखित प्रत्येक प्रश्न के चार-चार विकल्प दिए गए हैं। उनमें से सही विकल्प चुनिए।*

166. जिसमें स्वरों का परिवर्तन य्, र्, व में होता है :
A. वृद्धि सन्धि B. यण सन्धि
C. गुण सन्धि D. अयादि सन्धि

167. त्रिफला में कौन-सा समास है?
A. द्वन्द्व B. द्विगु
C. अव्ययीभाव D. बहुव्रीहि

168. हंस का पर्यायवाची है :
A. पुष्कर B. मराल
C. महाग्रीव D. मर्कट

169. 'गूलर का फूल होना' मुहावरे का अर्थ है :
A. बहुत प्रिय होना
B. अवसरवादी होना
C. सदा कुटिल होना
D. दुर्लभ होना

170. 'सहन' में कौन-सा प्रत्यय है?
A. अ B. अन
C. सह D. हन

171. अंतस्थ व्यंजन नहीं है :
A. य B. व
C. ल D. ह

172. 'पृथ्वीकल्प' किसकी रचना है?
A. गिरिजा कुमार माथुर
B. धूमिल
C. कुमार विकल
D. दुष्यंत कुमार

173. आहार का विलोम है :
A. विहार B. अनाहार
C. निराहार D. संहार

174. ''ना सावन सूखा ना भादो हरा'' का क्या अर्थ है?
A. बेकार रहना
B. बारिश न होना
C. सर्वदा एक स्थिति में रहना
D. प्रसिद्ध होना

175. शिल्पगत आधार पर दोहे से उल्टा छन्द है :
A. सोरठा B. शार्दूल
C. चौपाई D. कुण्डलिया

176. *'पूत कपूत तो का धन संचय।*
पूत सूपत तो का धन संचय'।।
में अलंकार है :
A. उपमा B. रूपक
C. भ्रान्तिमान D. अनुप्रास

177. लिपि का विशेषण है :
A. लिपिबद्ध B. लिपिक
C. लिपिक कार्य D. लेखक

178. पुष्पित में प्रत्यय है :
A. इ B. आइ
C. इत् D. अ

179. तत्सम शब्द का चयन कीजिए :
   A. कोसा B. कुपात्र
   C. काहिल D. किसान

180. शुद्ध वर्तनी का चयन कीजिए :
   A. परिणति B. परणति
   C. परणिति D. परीणीत

उत्तरमाला

1	2	3	4	5	6	7	8	9	10
A	B	C	D	D	C	B	C	C	C
11	12	13	14	15	16	17	18	19	20
B	A	D	A	D	C	C	D	B	D
21	22	23	24	25	26	27	28	29	30
C	C	B	C	D	A	D	B	C	D
31	32	33	34	35	36	37	38	39	40
A	D	D	B	B	A	D	A	C	D
41	42	43	44	45	46	47	48	49	50
B	D	A	D	C	A	C	C	C	C
51	52	53	54	55	56	57	58	59	60
A	A	C	B	C	C	D	D	D	B
61	62	63	64	65	66	67	68	69	70
C	C	D	B	B	C	B	B	A	B
71	72	73	74	75	76	77	78	79	80
C	C	D	D	D	C	C	C	D	B
81	82	83	84	85	86	87	88	89	90
D	A	D	C	A	C	A	A	C	B
91	92	93	94	95	96	97	98	99	100
A	A	D	D	B	C	B	A	C	D
101	102	103	104	105	106	107	108	109	110
D	D	A	C	C	B	C	B	A	D
111	112	113	114	115	116	117	118	119	120
D	B	B	B	A	C	C	C	D	C
121	122	123	124	125	126	127	128	129	130
C	C	A	D	B	C	B	B	C	A
131	132	133	134	135	136	137	138	139	140
A	A	C	D	A	C	A	B	C	A
141	142	143	144	145	146	147	148	149	150
C	D	A	B	C	D	A	B	C	D
151	152	153	154	155	156	157	158	159	160
A	C	B	C	D	A	B	C	D	A
161	162	163	164	165	166	167	168	169	170
B	D	B	C	A	B	B	B	D	B
171	172	173	174	175	176	177	178	179	180
D	A	C	C	A	D	A	C	B	A

व्याख्यात्मक उत्तर

11-14.

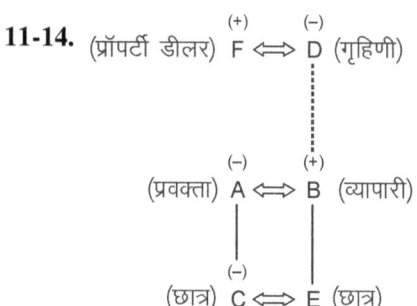

11. A का व्यवसाय प्रवक्ता है।
12. C, E की बहन है।
13. AB और DF.
14. BF.

15. 10 —×4→ 40 —×6→ [240] —×8→ 1920 —×10→ 19200

16. 0, 7, 26, 63, [124], 215
$1^3-1,\ 2^3-1,\ 3^3-1,\ 4^3-1,\ 5^3-1,\ 6^3-1$

17. 13, 21, 31, 43, 57, 73, [91]
(+8, +10, +12, +14, +16, +18; अन्तर +2)

18. 4, 5, 8, 9, 10, 27, 16, 17, 64, 25, 26, [125]
$2^2,\ 2^2+1,\ 2^3,\ 3^2,\ 3^2+1,\ 3^3,\ 4^2,\ 4^2+1,\ 4^3,\ 5^2,\ 5^2+1,\ 5^3$

20. जिस प्रकार,
E D U C A T I O N
↓-1 ↓-1 ↓-1 ↓-1 ↓-1 ↓-1 ↓-1 ↓-1 ↓-1
D C T B Z S H N M

उसी प्रकार से,
P R O M O T I O N
↓-1 ↓-1 ↓-1 ↓-1 ↓-1 ↓-1 ↓-1 ↓-1 ↓-1
[O Q N L N S H N M]

21. जिस प्रकार,
R E G I S T R A T I O N
↓ ↓ ↓ ↓ ↓ ↓ ↓ ↓ ↓ ↓ ↓
7 2 3 4 8 9 7 1 9 4 6 5

उसी प्रकार से,
G E N E R A T O R
↓ ↓ ↓ ↓ ↓ ↓ ↓ ↓
3 2 5 2 7 1 9 6 7

22. विकल्प (C) मार्च, के अलावा अन्य सभी सम संख्या वाले माह हैं।

23-26.

इरा (6 गेंद) – वारा (6 गेंद) – श्वेता (6 गेंद) – पुष्पा (6 गेंद) – सरोज (6 गेंद)

वारा (6 – 3 = 3 गेंद) → पुष्पा (6 + 3 = 9 गेंद)
पुष्पा (9 – 4 = 5 गेंद) → सरोज (6 + 4 = 10 गेंद)
सरोज (10 – 5 = 5 गेंद) → श्वेता (6 + 5 = 11 गेंद)
श्वेता (11 – 4 = 7 गेंद) → वारा (3 + 4 = 7 गेंद)
वारा (7 – 3 = 4 गेंद) → इरा (6 + 3 = 9 गेंद)
वारा (4 – 3 = 1 गेंद) → पुष्पा (5 + 3 = 8 गेंद)

23. 1 **24.** 5 **25.** वारा **26.** इरा

27-30.

	वॉलीबॉल	फुटबॉल	टेनिस	हॉकी	क्रिकेट
A	✔	✔	✔	✔	✗
B	✔	✔	✔	✗	✗
C	✗	✗	✔	✔	✔
D	✗	✗	✔	✗	✔
E	✗	✗	✗	✗	✔

27. A **28.** E **29.** C **30.** D

101. प्रथम n प्राकृतिक संख्याओं का योग
$$= \frac{n(n+1)}{2}$$
∴ माध्य $= \dfrac{\text{sum}}{n} = \dfrac{n+1}{2}$.

105. माना, आयत की प्रारम्भिक लम्बाई और चौड़ाई क्रमशः x और y है।
∴ प्रारम्भिक क्षेत्रफल $= xy$ वर्ग इकाई

नई लम्बाई = $120\%x = \frac{6}{5}x$

नई चौड़ाई = $120\%y = \frac{6}{5}y$

$\therefore$ नया क्षेत्रफल (A') = $\left(\frac{6}{5}x\right)\left(\frac{6}{5}y\right) = \frac{36}{25}xy$

क्षेत्रफल में प्रतिशत वृद्धि

$= \frac{A'-A}{A} \times 100 = \frac{\frac{36}{25}xy - xy}{xy} \times 100$

$= \frac{36-25}{25} \times 100 = 44\%.$

106. माना प्रारम्भिक त्रिज्या = r

प्रारम्भिक क्षेत्रफल (A) = πr^2

नई त्रिज्या = $150\% r = \frac{3}{2}r$

नया क्षेत्रफल (A') = $\pi\left(\frac{3}{2}r\right)^2 = \frac{9}{4}\pi r^2$

क्षेत्रफल में प्रतिशत वृद्धि

$= \frac{A'-A}{A} \times 100 = \frac{\frac{9}{4}\pi r^2 - \pi r^2}{\pi r^2} \times 100$

$= \frac{5}{4} \times 100 = 125\%.$

107. अनिल और अंकुर द्वारा एक दिन में किया गया कार्य

$= \frac{1}{12}$

अंकुर और हरीश द्वारा एक दिन में किया गया कार्य

$= \frac{1}{15}$

हरीश और अनिल द्वारा एक दिन में किया गया कार्य

$= \frac{1}{20}$

2(अनिल + अंकुर + हरीश) द्वारा एक दिन में किया गया कार्य

$= \frac{1}{12} + \frac{1}{15} + \frac{1}{20} = \frac{5+4+3}{60} = \frac{12}{60}$

अनिल + अंकुर + हरीश द्वारा एक दिन में किया गया कार्य

$= \frac{1}{10}$

अनिल द्वारा एक दिन में किया गया कार्य

$= \frac{1}{10} - \frac{1}{15} = \frac{1}{30}$

$\therefore$ अनिल कार्य को 30 दिनों में पूरा कर सकता है।

108. A. $\frac{3}{7} = 0.43$ B. $\frac{5}{9} = 0.56$

C. $\frac{5}{11} = 0.45$ D. $\frac{7}{13} = 0.54$

$\frac{3}{7} < \frac{5}{11} < \frac{7}{13} < \frac{5}{9}$

$\therefore \frac{5}{9}$ भिन्न सबसे बड़ी है।

109. A. $\frac{5}{6} = 0.83$ B. $\frac{6}{7} = 0.86$

C. $\frac{7}{8} = 0.87$ D. $\frac{8}{9} = 0.89$

$\frac{5}{6} < \frac{6}{7} < \frac{7}{8} < \frac{8}{9}$

$\therefore \frac{5}{6}$ भिन्न सबसे छोटी है।

110. $(5 \times 10\%) \times 5\%$

$= \left(\frac{5 \times 10}{100}\right) \times 5\% = \frac{0.5 \times 5}{100} = 0.025.$

111. चाल = 180 किमी./घंटा

$= 180 \times \frac{5}{18}$ मी. प्रति सेकेण्ड

$\left[\because 1 \text{ किमी./घंटा} = \frac{5}{18} \text{ मी. प्रति सेकेंड}\right]$

= 50 मी. प्रति सेकेंड

112. दिया है,

विक्रय मूल्य = ₹ 20

लाभ = 20%

∴ प्रतिशत लाभ = $\dfrac{\text{विक्रय मूल्य} - \text{क्रय मूल्य}}{\text{क्रय मूल्य}} \times 100$

$20 = \dfrac{20 - \text{क्रय मूल्य}}{\text{क्रय मूल्य}} \times 100$

$\dfrac{1}{5} = \dfrac{20 - \text{क्रय मूल्य}}{\text{क्रय मूल्य}}$

क्रय मूल्य = $100 - 5$ क्रय मूल्य

6 क्रय मूल्य = 100

क्रय मूल्य = ₹ 16.66.

113. माना कक्षा में छात्रों की संख्या x है और अंकों का औसत y है।

तब, $xy - 63 + 83 = x\left(y + \dfrac{1}{2}\right)$

$xy + 20 = xy + 0.5x$

$20 = 0.5x$

∴ $x = 40$.

114. एक सन्तरे का क्रय मूल्य = ₹ $\dfrac{3}{4}$

एक सन्तरे का विक्रय मूल्य = ₹ $\dfrac{4}{3}$

प्रतिशत लाभ = $\dfrac{\text{विक्रय मूल्य} - \text{क्रय मूल्य}}{\text{क्रय मूल्य}} \times 100$

$= \dfrac{\dfrac{4}{3} - \dfrac{3}{4}}{\dfrac{3}{4}} \times 100 = \dfrac{\dfrac{7}{12}}{\dfrac{3}{4}} \times 100$

$= \dfrac{7 \times 4}{12 \times 3} \times 100 = \dfrac{7}{9} \times 100$

$= 77.77\% \approx 77\%$.

115. माना शान्त जल में आदमी और धारा की गति क्रमशः x किमी./घं. और y किमी./घं. है।

तब, $x + y = 15$ किमी./घं. ...(i)

और धारा की गति (y) = 1.5 किमी./घं.

∴ $x = 15 - 1.5 = 13.5$ किमी./घं.

धारा के विपरीत आदमी की गति

$= x - y$

$= 13.5 - 1.5 = 12$ किमी./घं.

116. माना दो संख्याएँ $2x$ और $3x$ हैं।

तब,

ल.स. $(2x, 3x) = 48$

$6x = 48$

$x = 8$

∴ संख्याएँ 16 और 24 हैं।

अतः संख्याओं का योग

$= 16 + 24 = 40$

117. छड़ों को पूरा-पूरा मापने के लिए बड़ी से बड़ी संभावित लम्बाई

= म.स.प. (8 मी., 4 मी. 20 से.मी., 12 मी. 20 से.मी.)

= म.स.प. (800 से.मी., 420 से.मी., 1220 से.मी.)

= 20 से.मी.

118. ∵ एक दिन = 24 घंटे

∴ अभीष्ट प्रतिशत = $\dfrac{4}{24} \times 100 = 16.66\%$.

119. माना परीक्षा में अधिकतम अंक x थे

तब, $x \times 33\% = 125 + 40$

$x \times 33\% = 165$

$x = \dfrac{165 \times 100}{33} = 500$.

120. माना व्यक्ति का प्रारम्भिक वेतन ₹ 100 है।

तब,

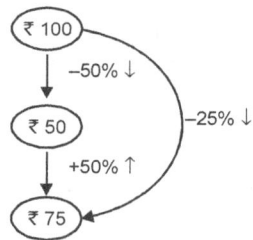

∴ वेतन में कुल परिवर्तन = 25% कमी।

पिछले प्रश्न–पत्र (हल सहित)

IGNOU B.Ed. प्रवेश परीक्षा, 2017*

भाग-A

खण्ड-I : सामान्य हिन्दी बोध

निर्देश (प्रश्न संख्या 1 से 10): निम्नलिखित गद्यांश को ध्यानपूर्वक पढ़िए और प्रश्न में दिए गए चार विकल्पों में से सर्वोत्तम उत्तर चुनिए।

भवन निर्माण में अत्यधिक प्रयोग होने वाली सीमेंट-टाइलों और सीमेंट-पेंट के निर्माण के लिए सफेद सीमेंट आधारभूत कच्ची सामग्री है। इसलिए सफेद सीमेंट के मुख्य उपभोक्ता सीमेंट टाइल और सीमेंट पेंट की विनिर्माण इकाइयाँ हैं। ये उपभोक्ता जो अधिकांशतः छोटे पैमाने के क्षेत्रों से हैं, अल्पकाल में ही सीमेंट की कीमतों में अत्यधिक वृद्धि के कारण संकट का सामना कर रहे हैं। देश में सफेद और सलेटी सीमेंट का वर्तमान वार्षिक लाइसेंस-प्राप्त उत्पादन लगभग 3.5 लाख टन है और इसकी औसत माँग 2–2.5 टन है। इसका मतलब एक लाख टन या उससे अधिक उत्पादन अतिरिक्त क्षमता है। अतः कीमत में वृद्धि अपर्याप्त उत्पादन क्षमता के कारण उत्पन्न होने वाली समस्या नहीं बल्कि विनिर्माता द्वारा अपने हित में सृजित की गई दिखावटी कमी है।

सीमेंट की कीमत में निरंतर तीव्र वृद्धि का मुख्य कारण इसका विनियंत्रण है। सीमेंट-टाइल और सीमेंट-पेंट विनिर्माण व्यवसाय में कड़ी प्रतिस्पर्धा भी है। इस स्थिति में आगे कीमतों को संशोधित करने से बाजार-स्थितियों पर गंभीर प्रतिकूल प्रभाव पड़ सकते हैं। सरकार को उपयुक्त नियंत्रण सुनिश्चित करने के लिए पर्याप्त कदम उठाने चाहिए। अन्यथा इसे सीमेंट के आयात की अनुमति देनी चाहिए।

1. सफेद सीमेंट की कीमतें क्यों बढ़ रही हैं?
   A. क्योंकि सरकार सीमेंट के कोटे (नियतांश) को नियंत्रित कर रही है।
   B. सफेद सीमेंट के निर्यात के कारण।
   C. सफेद सीमेंट का बहुतायत में प्रयोग होने के कारण।
   D. उपर्युक्त में से कोई नहीं

2. गद्यांश के अनुसार निम्नलिखित में से कौन-सा कथन सही नहीं है?
   A. सफेद सीमेंट की कीमतों में बढ़ोतरी से सीमेंट पेंट की कीमत में वृद्धि होगी।
   B. सफेद सीमेंट नियंत्रित उत्पाद है।
   C. सफेद सीमेंट की कीमत में वृद्धि उत्पादन समस्या के कारण नहीं है।
   D. सफेद सीमेंट की कीमत बढ़ाने से सीमेंट टाइल का बाजार गड़बड़ा जाएगा।

3. गद्यांश में वर्णित के अनुसार सीमेंट टाइल विनिर्माता किस संकट का सामना कर रहे हैं?
   A. सफेद सीमेंट की कीमत बहुत कम है।
   B. सफेद सीमेंट अच्छी क्वालिटी का नहीं है।
   C. सफेद सीमेंट का उपयोग बहुत अधिक है।
   D. सफेद सीमेंट की कीमतें बहुत ज्यादा हैं।

4. निम्नलिखित में से कौन-सा शब्द गद्यांश में प्रयुक्त 'अतिरिक्त' शब्द का समानार्थी है?
   A. आलसी   B. सुस्त
   C. बड़ा   D. अत्यधिक

5. गद्यांश के अनुसार निम्नलिखित में से कौन-सा सही है?
   A. पेंट के विनिर्माण में सफेद सीमेंट का प्रयोग नहीं होता।
   B. सफेद सीमेंट टाइल विनिर्माण का गौण भाग है।
   C. टाइल निर्माण के लिए सफेद सीमेंट अत्यंत महत्वपूर्ण है।
   D. सफेद सीमेंट का इस्तेमाल केवल पेंट बनाने के लिए होता है।

6. निम्नलिखित में से कौन-सा शब्द गद्यांश में प्रयुक्त 'दिखावटी' शब्द का समानार्थी है?
   A. अप्राकृतिक   B. दीर्घकालीन
   C. जानबूझकर   D. व्यावहारिक

* Held on 24-09-2017.

7. कीमतें कम करने के लिए लेखक का क्या सुझाव है?
   A. सरकार का सफेद सीमेंट बाजार पर नियंत्रण होना चाहिए।
   B. उत्पादन क्षमता को बढ़ाया जाना चाहिए।
   C. अन्य क्षेत्रों में सफेद सीमेंट के प्रयोग को घटा देना चाहिए।
   D. सीमेंट पेंट और टाइलों के विनिर्माताओं के बीच की प्रतियोगिता को कम करना चाहिए।

8. निम्नलिखित में से कौन-सा शब्द गद्यांश में वर्णित 'आधारभूत' शब्द का विपरीतार्थक है?
   A. सजीव   B. अमहत्वपूर्ण
   C. अम्लीय   D. अंतिम

9. गद्यांश के अनुसार निम्नलिखित में से कौन-सा सही है?
   A. सीमेंट उत्पादन क्षमता उसके उपयोग की तुलना में ज्यादा है।
   B. सीमेंट उत्पादन क्षमता उसके उपयोग की तुलना में कम है।
   C. सीमेंट उत्पादन क्षमता उसके उपयोग के बराबर है।
   D. सीमेंट उत्पादन क्षमता उसके उपयोग की तुलना में दुगुनी है।

10. सीमेंट के विदेशों में व्यापार के संबंध में गद्यांश से क्या अनुमान लगाया जा सकता है?
   A. वर्तमान में देश सीमेंट का निर्यात कर रहा है।
   B. वर्तमान में देश सीमेंट का आयात कर रहा है।
   C. वर्तमान में देश सीमेंट का आयात व निर्यात दोनों कर रहा है।
   D. वर्तमान में देश सीमेंट का न आयात कर रहा है और न निर्यात।

खण्ड-II : तार्किक एवं विश्लेषणात्मक चिन्तन

निर्देश (प्रश्न संख्या 11 से 14): *निम्नलिखित सूचना को ध्यानपूर्वक पढ़िए तथा दिए गए प्रश्नों के उत्तर दीजिए।*

एक परिवार में छह सदस्य—M, N, O, P, Q तथा R हैं। परिवार में दो विवाहित युगल हैं। N एक व्यापारी है और Q का पिता है। R, O का दादा है और एक प्रॉपर्टी डीलर है। P, Q की दादी है और एक गृहिणी है। O, M की पुत्री है। परिवार में एक व्यापारी है, एक प्रॉपर्टी डीलर है, एक महिला लेक्चरर और दो विद्यार्थी हैं।

11. M का ससुर कौन है?
   A. P   B. R
   C. N   D. O

12. M का व्यवसाय क्या है?
   A. गृहिणी   B. विद्यार्थी
   C. लेक्चरर   D. प्रॉपर्टी डीलर

13. Q की बहन कौन है?
   A. O   B. P
   C. M   D. N

14. निम्न में से दो विवाहित युगल कौन-से हैं?
   A. MO तथा QR   B. MN तथा PR
   C. PR तथा OQ   D. MN तथा QR

15. लुप्त संख्या को ज्ञात कीजिए।

   7 [3 / 40] 10   4 [8 / 24] 6   5 [9 / ?] 4

   A. 46   B. 32
   C. 20   D. 16

निर्देश (प्रश्न संख्या 16 से 19): *निम्नलिखित प्रश्नों में एक श्रृंखला दी गई है तथा दिए गए विकल्पों में से उचित उत्तर चुनकर लुप्त संख्या ज्ञात कीजिए।*

16. 7, 21, 43, __?__, 111, 157, 211
   A. 73   B. 71
   C. 75   D. 77

17. 6, 24, 60, 114, 186, __?__.
   A. 276   B. 290
   C. 272   D. 280

18. 7, 13, 21, 31, 43, __?__.
   A. 53   B. 55
   C. 57   D. 59

19. 3, 15, 35, 63, __?__.
   A. 69   B. 79
   C. 89   D. 99

20. यदि PUZZLE का कूट LEPUZZ है, तो MENTAL का कूट होगा :
   A. ZZOPEM   B. ZENSOM
   C. ALMENT   D. MOSNET

21. CONFRONTATION का कूट 5931793484693 है तो TORONTO का कूट होगा :
   A. 4797347   B. 4393743
   C. 4898348   D. 4979349

22. कौन-सा युग्म अन्य से किसी एक प्रकार से भिन्न है?
   A. कस्बा–शैंडी
   B. गाँव–मॉल
   C. नगर–मार्केट
   D. आर्केड–दुकान

निर्देश (प्रश्न संख्या 23 से 26): *निम्नलिखित खण्ड को पढ़कर दिए गए प्रश्नों के उत्तर दीजिए।*

गीता, सीता, प्रमीला, भावना और नफीसा पांच मित्र हैं। प्रत्येक के पास छह (6) गेंदें हैं। गीता ने 3 गेंदें नफीसा को दीं जिसने 4 गेंदें प्रमीला को दे दीं। भावना ने दो गेंदें सीता को दीं जिसने 3 गेंदें गीता को दे दीं। प्रमीला ने 4 गेंदें भावना को दीं जिसने 2-2 गेंदें नफीसा और गीता को दे दीं।

23. नफीसा के पास कितनी गेंदें हैं?
   A. 4   B. 5
   C. 6   D. 7

24. सीता के पास कितनी गेंदें हैं?
   A. 4   B. 5
   C. 6   D. 7

25. किसके पास सबसे कम गेंदें हैं?
   A. भावना   B. नफीसा
   C. सीता   D. प्रमीला

26. किसके पास सबसे ज्यादा गेंदें हैं?
   A. प्रमीला   B. नफीसा
   C. सीता   D. गीता

निर्देश (प्रश्न संख्या 27 से 30): *निम्नलिखित खंड पढ़ें तथा दिए गए प्रश्नों के उत्तर दें।*

A तथा B क्रिकेट एवं हॉकी खेलते हैं। B तथा D टेनिस खेलते हैं। A तथा C वॉलीबॉल एवं टेनिस खेलते हैं। C तथा D तथा E फुटबॉल खेलते हैं।

27. कौन क्रिकेट, हॉकी तथा वॉलीबॉल खेलता है?
   A. A   B. B
   C. C   D. D

28. कौन केवल फुटबॉल खेलता है?
   A. A   B. B
   C. D   D. E

29. कौन टेनिस तथा फुटबॉल खेलता है?
   A. A   B. B
   C. C   D. D

30. कौन वॉलीबॉल तथा फुटबॉल खेलता है?
   A. A   B. B
   C. C   D. D

खण्ड-III : शैक्षिक एवं सामान्य चेतना

31. विश्व जनसंख्या दिवस मनाया जाता है :
   A. 19 जुलाई   B. 11 जुलाई
   C. 15 जुलाई   D. 17 जुलाई

32. गांधीजी ने अछूतों के मंदिर में प्रवेश के अधिकार के लिए नाटकीय प्रयास किया:
   A. 1940 में   B. 1935 में
   C. 1930 में   D. 1920 में

33. मुक्त शैक्षणिक संसाधनों के राष्ट्रीय कोष (NROER) का प्रबंधन किया जा रहा है :
   A. इग्नू द्वारा   B. एन.सी.ई.आर.टी. द्वारा
   C. यू.जी.सी. द्वारा   D. न्यूपा द्वारा

34. 'वन्दे मातरम्' नामक क्रान्तिकारी पत्र के संपादक कौन थे?
   A. श्यामजी कृष्ण वर्मा   B. भीकाजी कामा
   C. वी.डी. सावरकर   D. जी.डी. सावरकर

35. 26 जून, 1945 को कितने देशों ने संयुक्त राष्ट्र घोषणापत्र पर हस्ताक्षर किए :
   A. 64   B. 61
   C. 52   D. 51

36. निम्न में से किसने "भारतीय संघवाद" को "सहकारी संघवाद" कहा?
   A. के.सी. व्हेरे
   B. मॉरिस जोन्स
   C. ग्रानविल आस्टिन
   D. जेनिंग्स

37. 17 जून, 2015 को राष्ट्रीय मंत्रिपरिषद ने 'सभी के घर' कब तक उपलब्ध कराना प्रस्तावित किया?
   A. 2030   B. 2025
   C. 2022   D. 2018

38. 17 सितम्बर, 2015 को जारी वैश्विक नवाचार सूचकांक (GIL) 2015 में कौन-से देश ने शीर्षस्थान प्राप्त किया?
A. स्विट्जरलैंड B. यूनाइटेड किंगडम
C. स्वीडन D. नीदरलैंड

39. संयुक्त राष्ट्र बाल कोष (यूनीसेफ) का मुख्यालय स्थित है :
A. पेरिस (फ्रांस)
B. वियना (ऑस्ट्रिया)
C. न्यूयार्क सिटी (अमेरिका)
D. ब्रूसेल्स (बेल्जियम)

40. 2016 के ओलम्पिक खेल किस नगर में हो रहे हैं?
A. सियोल B. बार्सीलोना
C. रियो-द-जिनेरियो D. लॉस एंजेल्स

41. 'साक्षर-भारत' का मुख्य लक्ष्य है:
A. 'सभी के लिए शिक्षा' को प्रोत्साहन
B. प्रौढ़ शिक्षा को प्रोत्साहन
C. व्यवसायिक शिक्षा को प्रोत्साहन
D. महिलाओं की शिक्षा को प्रोत्साहन

42. संविधान के किस अनुच्छेद के अनुसार, राष्ट्रपति को अध्यादेश जारी करने का अधिकार है?
A. अनुच्छेद 356 B. अनुच्छेद 360
C. अनुच्छेद 200 D. अनुच्छेद 123

43. शिक्षा का अधिकार अधिनियम, 2009 मुख्यतः सम्बन्धित है:
A. उच्च शिक्षा B. प्राथमिक शिक्षा
C. माध्यमिक शिक्षा D. उच्चतर माध्यमिक शिक्षा

44. 'फंडामेंटल यूनिटी ऑफ इंडिया' पुस्तक के लेखक हैं :
A. राधाकुमुद मुखर्जी B. जवाहरलाल नेहरू
C. रजनी कोठारी D. मैक्स वेबर

45. भाषा के आधार पर राज्य पुनर्गठन आयोग ने अपना प्रतिवेदन किस वर्ष दिया?
A. 1953 B. 1954
C. 1955 D. 1956

46. जुलाई, 2015 में जारी संयुक्त राष्ट्र की रिपोर्ट के अनुसार, 2022 तक विश्व में सर्वाधिक जनसंख्या वाला देश होगा?
A. भारत B. चीन
C. पाकिस्तान D. बांग्लादेश

47. सितम्बर, 2015 में एक 'रोबोट पत्रकार' द्वारा लिखी पहली रिपोर्ट किस देश में प्रकाशित हुई?
A. जापान B. चीन
C. जर्मनी D. स्विट्जरलैंड

48. 1907 में मैडम कामा ने कहाँ पहली बार तिरंगा लहराया था?
A. लंदन B. पेरिस
C. मॉस्को D. स्टुटगार्ट

49. भारत में शिक्षक शिक्षा में सुधार हेतु किस समिति/आयोग ने विशिष्ट प्रतिवेदन दिए हैं?
A. हंसा मेहता समिति B. राधा कृष्णन आयोग
C. न्यायमूर्ति वर्मा आयोग D. राष्ट्रीय ज्ञान आयोग

50. "IEDSS" का विस्तृत रूप है :
A. इन्टरनेशनल एजुकेशन फॉर डिसएडवान्टेज्ड एट सोशल स्टेज
B. इंटीग्रेटेड एजुकेशन फॉर डिसएब्लड एट सेकेन्डरी स्टेज
C. इन्कलूसिव एजुकेशन फॉर डिसएडवान्टेज्ड एट सेकेन्डरी स्टेज
D. इन्क्लूसिव एजुकेशन फॉर डिसएब्लड एट सेकेन्डरी स्टेज

51. संसद के दोनों सदनों के संयुक्त सत्र की अध्यक्षता कौन करता है?
A. राष्ट्रपति B. प्रधानमंत्री
C. राज्यसभा अध्यक्ष D. लोकसभा अध्यक्ष

52. संविधान की कौन-सी धारा मुख्यमंत्री के कर्तव्यों को परिभाषित करती है?
A. धारा 162 B. धारा 164
C. धारा 165 D. धारा 167

53. सूर्य से पृथ्वी तक प्रकाश पहुँचता है?
A. 8 मिनट में B. 2 मिनट में
C. 6 मिनट में D. 4 मिनट में

54. गांधी की सत्याग्रह युक्ति में अन्तिम पद क्या था?
A. बहिष्कार B. घेराव
C. व्रत D. हड़ताल

55. केन्द्र तथा राज्य के बीच वित्त का बँटवारा किसकी सलाह पर होता है?
A. योजना आयोग B. जन लेखा समिति
C. वित्त आयोग D. राष्ट्रीय विकास परिषद

खण्ड-IV : शिक्षण-अधिगम एवं विद्यालय

56. शिक्षा के उद्देश्यों का निर्धारण दायित्व है :
    A. अभिभावकों का   B. अध्यापकों का
    C. शिक्षार्थियों का   D. समाज का

57. विद्यालय अपने कार्यक्रमों की सहायता से शिक्षार्थियों की मदद करता है :
    A. संस्कृति ग्रहण करने में
    B. संस्कृति का विरोध करने में
    C. अन्य संस्कृतियों की उपेक्षा करने में
    D. उन्हें संस्कृति सम्पन्न करने में

58. सभी शिक्षार्थियों को गृहकार्य में रुचि उत्पन्न करने के लिए, वे होने चाहिए :
    A. एक समान स्तर के
    B. शिक्षार्थियों की योग्यता के अनुसार
    C. केवल पुस्तक में से
    D. पुस्तक के बाहर से

59. नवोदय विद्यालयों की स्थापना की गई है ___ के लिए।
    A. ग्रामीण क्षेत्रों में विद्यालयों की संख्या बढ़ाने हेतु
    B. ग्रामीण क्षेत्रों में अच्छी शिक्षा प्रदान करने के लिए
    C. सर्व शिक्षा अभियान की पूर्ति हेतु
    D. ग्रामीण क्षेत्रों में शिक्षा में अपव्यय रोकने हेतु

60. एक प्रभावी शिक्षक की गुणवत्ता का सबसे महत्वपूर्ण गुण है :
    A. पढ़ाए जाने वाले विषय का गहन ज्ञान
    B. एक सख्त अनुशासक
    C. शिक्षार्थियों के साथ अच्छा समन्वय
    D. एक अच्छा प्रेरक होना

61. 'बेसिक शिक्षा' की धारणा का प्रतिपादन किया गया :
    A. डॉ. जाकिर हुसैन द्वारा   B. डॉ. राजेन्द्र प्रसाद द्वारा
    C. महात्मा गाँधी द्वारा   D. रवीन्द्रनाथ टैगोर द्वारा

62. शिक्षण-अधिगम प्रक्रिया में व्यक्तिगत ध्यान महत्वपूर्ण है क्योंकि :
    A. शिक्षार्थी समूह में हमेशा अच्छा सीखता है।
    B. अध्यापक प्रशिक्षण कार्यक्रमों द्वारा ऐसा कहा गया।
    C. इससे अध्यापकों द्वारा प्रत्येक शिक्षार्थी को अनुशासित करने के अच्छे मौके प्रदान होते हैं।
    D. बालकों का विकास भिन्न-भिन्न दरों से होता है और भिन्न-भिन्न प्रकार से सीखते हैं।

63. यदि कोई बच्चा बाएँ हाथ से लिखता है और इससे काम करने में सुगम है, तो उसे :
    A. हतोत्साहित करना चाहिए।
    B. बाएँ हाथ से लिखवाना चाहिए।
    C. उसकी प्राथमिकता को अनुमति देनी चाहिए।
    D. चिकित्सा सहायता लेने हेतु भेजा जाना चाहिए।

64. अधिगम के विषय में निम्न में से कौन-सा कथन सही है?
    A. बच्चों द्वारा गलतियाँ करना दर्शाता है कि कोई अधिगम नहीं हुआ है।
    B. अधिगम उसी वातावरण में प्रभावशाली होता है जो शिक्षार्थियों के लिए संवेगात्मक सकारात्मक और उन्हें संतुष्ट करने वाला हो।
    C. अधिगम, अधिगम के किसी भी स्तर पर संवेगात्मक कारकों से प्रभावित नहीं होता।
    D. अधिगम मूलभूत रूप से एक मानसिक गतिविधि है।

65. गृह कार्य देने का लाभ यह है कि शिक्षार्थी _____ ।
    A. घर पर व्यस्त रहते हैं।
    B. घर पर पढ़ते हैं।
    C. उनकी तरक्की का आकलन किया जा सके।
    D. स्वअध्ययन की आदत विकसित हो सके।

66. एक क्षेत्र भ्रमण का आयोजन किया जाता है :
    A. एक भ्रमण हेतु
    B. अन्य लोगों को कार्य करते हुए देखने हेतु
    C. क्रिया का अर्थ जानने हेतु
    D. उपरोक्त सभी

67. शिक्षार्थी सुस्त होते हैं :
    A. प्रोजेक्ट विधि में
    B. खोज विधि में
    C. व्याख्यान विधि में
    D. प्रश्नात्मक (अन्वेषण) विधि में

68. प्रदर्शन प्रभाव का अर्थ है :
    A. विज्ञापनों का प्रभाव   B. उपयोग की नकल का प्रभाव
    C. मनोरंजन का प्रभाव   D. प्रयोग का प्रभाव

69. डिसलैक्सिया है :
    A. शारीरिक अक्षमता जिसमें अक्षम उंगलियों से लिखने की योग्यता प्रभावित होती है।

B. कम दिखाई देने से सम्बन्धित पढ़ने की अक्षमता का प्रकार।
C. सामान्य बोध (बुद्धि) के बावजूद तीव्र गति एवं उचित संप्रेषण से पढ़ने में कठिनाई।
D. श्रवण दोष से सम्बन्धित भाषा आधारित अधिगम कठिनाई।

70. यदि अपनी कक्षा में किसी शिक्षार्थी को खराब कपड़े पहने पाते हैं तो आप करेंगे :
A. शिक्षार्थी को कक्षा में उपस्थित न रहने को कहेंगे।
B. उसका मजाक उड़ाएँगे।
C. उसको कक्षा में ऐसे कपड़े नहीं पहनने के लिए परामर्श देंगे।
D. उसकी ओर ध्यान नहीं देंगे।

71. कुछ शिक्षार्थी अध्ययन में पिछड़े हैं। उनकी ओर आपका रवैया कैसा रहेगा?
A. कठोर
B. सहानुभूतिपूर्ण
C. उदारतापूर्ण
D. प्रेमपूर्ण

72. खेल थैरेपी बालकों के अध्ययन में अपनाई जाती है क्योंकि:
A. शैक्षिक प्रक्रिया मनोरंजक बनाने हेतु
B. बालक की आंतरिक रुझान एवं अन्तर्द्वंद्व समझने हेतु
C. शिक्षा को अधिक गतिविधि आधारित बनाने हेतु
D. शिक्षा में खेल गतिविधियों के महत्व को उजागर करने हेतु

73. अधिगम सम्बन्धी विद्यार्थियों की समस्याओं का सबसे अच्छा समाधान है :
A. कठोर परिश्रम का सुझाव
B. पुस्तकालय में निर्देशित अध्ययन
C. प्राइवेट ट्यूशन का सुझाव
D. निदानात्मक अध्यापन

74. भारत जैसे लोकतान्त्रिक देश में, विद्यालयों को ध्यान देना चाहिए :
A. व्यक्तिगत जीवन में कठिनाइयों का सामना करने के लिए गुण विकसित करने में
B. एक अच्छे नागरिक के गुण विकसित करने में
C. शैक्षिक गुणवत्ता की तैयारी करने में
D. देश द्वारा पोषित विभिन्न मूल्य विकास में

75. यह स्पष्ट रूप में माना जा सकता है कि एक शिक्षार्थी नियम समझता/समझती है यदि वह :
A. इसके और उदाहरण दे पाए।
B. जिन समस्याओं के समाधान में इसका उपयोग हो सकता है उसमें उपयोग करे।
C. इसे पुनः पहचान पाए यदि वह फिर से सामना करता है।
D. जब पूछा जाए इन नियमों को पुनः याद कर पाए।

76. आपके समय सारिणी के कार्यवाहक होने के नाते आपके द्वारा निवेदन के बावजूद एक शिक्षक हमेशा देर से आता है। ऐसी स्थिति में आप क्या करेंगे?
A. अन्य शिक्षकों की उपस्थिति में उसकी बदनामी करेंगे।
B. उसे समय पर आने का परामर्श देंगे।
C. प्रधानाध्यापक को सूचित करेंगे।
D. उससे बेखबर रहेंगे।

77. 'प्रत्येक शिक्षार्थी अपने आप में अनोखा है' का अर्थ है :
A. कोई भी दो शिक्षार्थी अपनी योग्यता, रुचि और गुणों में एक जैसे नहीं हैं।
B. शिक्षार्थियों में न ही कोई समान गुण होते हैं, न ही वे समान लक्ष्य साझा करते हैं।
C. सभी शिक्षार्थियों के लिए एक समान पाठ्यचर्या संभव नहीं है।
D. एक भिन्नता वाली कक्षा में शिक्षार्थियों की प्रतिभाओं का विकास असंभव है।

78. अन्तः सेवा शिक्षक प्रशिक्षण को और प्रभावी बनाया जा सकता है _____ द्वारा।
A. पहले से उचित रूप में तैयार किया गया प्रशिक्षण पैकेज का उपयोग करके।
B. इसे रिहायशी कार्यक्रम बनाकर।
C. सहयोगी रुख अपना कर
D. प्रशिक्षण के अनुवर्तन क्रियाकलाप अपना कर।

79. एन.सी.टी.ई. की बी.एड. पाठ्यक्रम की रूपरेखा 2014 में निम्नलिखित में से किस पर बल दिया गया है?
A. आई.टी. (सूचना तकनीकी)
B. आई.सी.टी. (सूचना और संप्रेषण तकनीकी)
C. ई.टी. (शैक्षिक तकनीकी)
D. सी.टी. (संप्रेषण तकनीकी)

80. फिल्म देखते समय एक मानव कितनी इंद्रियों का उपयोग करता है?
A. 1
B. 2
C. 3
D. 4

भाग-B

खण्ड-V : (*i*) विज्ञान

81. अपवर्तन के नियम के अनुसार (i = आगमन कोण, r = अपवर्तन कोण)

A. $\frac{i}{r}$ = एक स्थिरांक

B. $\frac{\sin i}{\sin r}$ = एक स्थिरांक

C. $\sin i = \sin r$

D. i एवं r आपस में संबंधित नहीं हैं

82. प्रकाश संश्लेषण हेतु एक हरे पौधे को निम्न की आवश्यकता होती है :

A. CO_2 B. प्रकाश
C. क्लोरोफिल D. उपर्युक्त सभी

83. जलीय पौधे हाइड्रिला में स्टोमेटा :

A. पत्तियों पर होते हैं B. तने पर होते हैं
C. जड़ों पर स्थित हैं D. अनुपस्थित होते हैं

84. उत्तल दर्पण द्वारा बन सकते हैं :

A. केवल वास्तविक प्रतिबिम्ब
B. केवल आभासी प्रतिबिम्ब
C. वास्तविक एवं आभासी दोनों प्रकार के प्रतिबिम्ब
D. केवल आवर्धित प्रतिबिम्ब

85. दाब की इकाई है :

A. न्यूटन B. न्यूटन प्रति वर्ग मीटर
C. प्रति वर्ग मीटर D. जूल

86. लकवा (Polio) है :

A. भोजन से फैलने वाली बीमारी
B. जल से फैलने वाली बीमारी
C. वायु से फैलने वाली बीमारी
D. उपर्युक्त में कोई नहीं

87. दो तार A तथा B एक ही धातु के बने हुए तथा एक ही लम्बाई के हैं परन्तु उनके व्यास 1 : 2 के अनुपात में हैं। उनके प्रतिरोधों R_A तथा R_B में संबंध होगा :

A. 1 : 4 B. 1 : 2
C. 2 : 1 D. 4 : 1

88. आइंस्टीन के अनुसार ऊर्जा (E), धारिता (M) एवं प्रकाश के वेग (C) में निम्न संबंध है :

A. $E = M \times C$ B. $E = MC^2$
C. $E = M + C^2$ D. $E + M = C$

89. पौधों की कोशिकाएँ निम्न कार्य कर सकती हैं:

A. साँस लेना (Breathing) तथा श्वसन
B. श्वसन एवं प्रकाश संश्लेषण
C. साँस लेना एवं प्रकाश संश्लेषण
D. उपर्युक्त सभी

90. X-किरणों की तरंगदैर्ध्य दृश्य प्रकाश की तरंगदैर्ध्य से कम है एवं

A. इसका वेग दृश्य प्रकाश के वेग से ज्यादा है
B. इसकी आवृत्ति दृश्य प्रकाश की आवृत्ति से ज्यादा है
C. इसकी गति दृश्य प्रकाश की गति से कम है
D. इसकी आवृत्ति दृश्य प्रकाश की आवृत्ति से कम है

91. pH चार्ट के अंतिम सिरों पर दिखने वाले रंग हैं :

A. लाल एवं नीला B. लाल एवं हरा
C. हरा एवं नीला D. पीला एवं हरा

92. HIV है :

A. एक बीमारी B. एक वैक्सीन
C. एक विषाणु D. एक इंजेक्शन

93. एक वस्तु को कई द्रवों में तौला जाता है जिनके आपेक्षिक घनत्व क्रमशः 1.1, 1.2, 1.3 एवं 1.4 हैं। इसका भार आपेक्षित घनत्व के द्रव में सबसे कम होगा :

A. 1.1 B. 1.2
C. 1.3 D. 1.4

94. एक अवतल लैन्स निम्न प्रकार के प्रतिबिम्ब बनाता है :

A. आभासी प्रतिबिम्ब
B. छोटा प्रतिबिम्ब
C. सीधा प्रतिबिम्ब
D. उपर्युक्त सभी प्रकार के प्रतिबिम्ब

95. यदि 2 Ohm तथा 1 Ohm प्रतिरोध वाले दो तार समान्तर क्रम में जोड़ दिए जाएँ तो उनका कुल प्रतिरोध होगा :

A. < 1 Ohm B. 1 Ohm
C. 2 Ohm D. > 2 Ohm

96. यदि लाल लिटमस एसिटिक एसिड घोल में डाला जाए तो :

A. यह हरा हो जाएगा B. यह नीला हो जाएगा

C. यह लाल रहेगा D. यह रंगहीन हो जाएगा

97. पृथ्वी पर ऊर्जा का अन्तिम मुख्य स्रोत है :

A. कोयला B. जीवाश्म तेल

C. सूर्य D. वायु

98. विद्युत ऊर्जा की व्यापारिक इकाई है :

A. हॉर्स पॉवर B. किलो-वाट-घंटा

C. जूल D. वाट घंटा

99. वनों के काटने का परिणाम हुआ है :

A. वर्षा की कमी

B. प्राकृतिक संसाधनों की कमी

C. जंगली पशु-पक्षियों के जीवन को संकट

D. उपर्युक्त सभी

100. क्लोरोफ्लोरोकार्बन का उपयोग :

A. वायुमंडल में ओजोन परत को सुदृढ़ करता है

B. ओजोन परत को घटाता है

C. ओजोन परत को प्रभावित नहीं करता

D. नुकसानदायक नहीं है

खण्ड-V : (*ii*) गणित

101. $\sin 60° \cos 30° + \sin 30° \cos 60°$ का मान होगा :

A. $\frac{1}{2}$ B. 1

C. –1 D. 2

102. $9 \sec^2 A - 9 \tan^2 A$ का मान होगा :

A. 0 B. 1

C. 8 D. 9

103. एक 7 मी. ऊँची इमारत के शीर्ष का एक केबल टॉवर के शीर्ष का कोण 60° है तथा इसके तल का झुकाव कोण 45° है। टॉवर की ऊँचाई क्या है?

A. $5(\sqrt{3}+1)$ मी. B. $5(\sqrt{3}-1)$ मी.

C. $7(\sqrt{3}-1)$ मी. D. $7(\sqrt{3}+1)$ मी.

104. 0 से 50 के बीच के विषम अंकों का योग होगा :

A. 425 B. 525

C. 625 D. 725

105. $\frac{\sqrt{441}}{3} \times \frac{\sqrt{225}}{5} \times \frac{64}{\sqrt{256}}$ का मान है :

A. 21 B. 28

C. 48 D. 84

106. $\frac{6^{2/3} \times \sqrt[3]{6^7}}{\sqrt[3]{6^6}}$ का मान है :

A. 6 B. 36

C. 216 D. 18

107. एक जार में 24 रंगीन कंचे हैं। कुछ हरे हैं और शेष नीले। यदि यादृच्छिक रूप से एक कंचा चुना जाए तो हरे कंचे के होने की संभाव्यता $\frac{2}{3}$ है, जार में कितने नीले कंचे हैं?

A. 4 B. 6

C. 8 D. 10

108. एक पाँसा दो बार फेंका गया। कम-से-कम एक बार 5 (पाँच) आने की संभाव्यता है :

A. $\frac{25}{36}$ B. $\frac{11}{36}$

C. $\frac{5}{36}$ D. $\frac{10}{36}$

109. दो समान त्रिभुजों की भुजाओं का अनुपात 4 : 9 है। दोनों त्रिभुजों के क्षेत्रफलों में अनुपात होगा :

A. 2 : 3 B. 4 : 9

C. 81 : 16 D. 16 : 81

110. एक कार के प्रत्येक पहिए का व्यास 80 से.मी. है। कार 10 मिनट तक 66 कि.मी. प्रति घंटा की दर से दौड़ती है। प्रत्येक पहिए द्वारा लगाए गए चक्करों की संख्या होगी?

A. 2640 B. 3960

C. 4375 D. 4875

111. 6 से.मी., 8 से.मी. तथा 10 से.मी. त्रिज्या वाले धात्विक गोलों को पिघलाकर एक ठोस गोलाभ बनाया गया तो इसकी त्रिज्या होगी :

A. 8 से.मी. B. 12 से.मी.

C. 14 से.मी. D. 16 से.मी.

112. 14 से.मी. ऊँचाई वाले गोलाकार बेलन का वक्राकार धरातल क्षेत्रफल 88 वर्ग से.मी. है। इस बेलन के आधार का व्यास होगा :

A. 4 से.मी. B. 3 से.मी.

C. 2 से.मी. D. 1 से.मी.

113. 500 मी. लम्बी एक रेलगाड़ी, 800 मी. लम्बे प्लेटफार्म को 1 मिनट 5 सेकेण्ड में पार करती है। रेलगाड़ी की गति है :

A. 55 कि.मी./घं. B. 65 कि.मी./घं.

C. 70 कि.मी./घं. D. 72 कि.मी./घं.

114. पिता-पुत्र की आयु का अनुपात 7 : 3 है। उनकी आयु का गुणनफल 756 है। 6 वर्ष बाद उनकी आयु का अनुपात होगा :

A. 2 : 1 B. 5 : 2

C. 11 : 7 D. 13 : 9

115. दो अंक 7 : 4 के अनुपात में हैं। यदि छोटे अंक में 12 जोड़ा जाए तो अनुपात 7 : 5 हो जाता है, बड़ी संख्या है :

A. 77 B. 84

C. 91 D. 98

116. किसी परीक्षा को उत्तीर्ण करने के लिए न्यूनतम 33% अंक चाहिए। एक विद्यार्थी को 210 अंक मिले और वह 21 अंकों से अनुत्तीर्ण हो गया। परीक्षा के कुल अंक हैं :

A. 700 B. 600

C. 550 D. 500

117. एक दुकानदार ने किसी वस्तु का विक्रय मूल्य, क्रय मूल्य से 20% अधिक रखा तथा ग्राहक को कुछ छूट प्रदान की। यदि उसे 8% का लाभ हुआ तो छूट की दर है ____ ।

A. 5% B. 6%

C. 10% D. 12%

118. एक शंक्वाकार टेंट का व्यास 14 मी. तथा ऊँचाई 4.5 मी. है और पार्श्व रेखा 6 मी. है। टेंट के लिए आवश्यक कपड़ा चाहिए :

A. 108 वर्ग मी. B. 132 वर्ग मी.

C. 224 वर्ग मी. D. 264 वर्ग मी.

119. एक त्रिभुज की दो भुजाएँ 8 से.मी. तथा 11 से.मी. हैं, और परिमाप 32 से.मी., इसका क्षेत्रफल क्या होगा?

A. $3\sqrt{40}$ वर्ग से.मी. B. $5\sqrt{48}$ वर्ग से.मी.

C. $8\sqrt{30}$ वर्ग से.मी. D. 50 वर्ग से.मी.

120. एक वृत्त के केन्द्र से 5 से.मी. दूर स्थित एक त्रिज्य खंड की बिन्दु A से लम्बाई 4 से.मी. है। वृत्त की त्रिज्या है :

A. 2 से.मी. B. 3 से.मी.

C. 4 से.मी. D. 4.5 से.मी.

खण्ड-V : (*iii*) सामाजिक विज्ञान

121. सैय्यद वंश का अंतिम शासक कौन था?

A. मुबारक शाह B. मुहम्मद शाह

C. अमीर खुसरो D. आलम शाह

122. अस्पृश्यता को समाप्त करने के लिए संविधान में कौन-सा अनुच्छेद है?

A. अनुच्छेद 16 B. अनुच्छेद 22

C. अनुच्छेद 29 D. अनुच्छेद 17

123. पृथ्वी पर सबसे गहरा बिंदु कौन-सा है?

A. जावा ट्रेन्च B. पुरतो राइस

C. मेरीआना ट्रेन्च D. लिपके द्वीप

124. मलेशिया की मुद्रा क्या है?

A. डॉलर B. पेसको

C. रिनगिट D. भाट

125. नाटक *मालविकाग्निमित्र* किसके द्वारा लिखा गया?

A. विशाखदत्त B. कालिदास

C. कनिष्क D. हरिसेन

126. क्षेत्रीय पार्टी 'शिवसेना' की स्थापना किसके द्वारा की गई?

A. देवेन्द्र फडणवीस B. बाल ठाकरे

C. शरद यादव D. सुशील कुमार मोदी

127. हुदहुद चक्रवात से कौन-सा देश प्रभावित हुआ था?

A. इंडोनेशिया B. सिंगापुर

C. मलेशिया D. इंडिया (भारत)

128. भारत में नीति आयोग के अध्यक्ष कौन हैं?

A. राष्ट्रपति B. उप-राष्ट्रपति

C. प्रधानमंत्री D. वित्त मंत्री

129. निम्नलिखित में से कौन-सा बढ़ा हुआ कर है?
A. आयकर　B. कस्टम टैक्स
C. बिक्री कर　D. पूँजी लाभ कर

130. भूटान की मुद्रा कौन-सी है?
A. रुपया　B. दीनार
C. टका　D. नगुलट्रम

131. प्रसिद्ध तमिल साहित्यिक कार्य *कलिंगाट्टपारानी* किसके द्वारा किया गया?
A. कल्लाडानार　B. अमरभूजंगा
C. गाँगेकंडा　D. जयागोनडान

132. प्रसिद्ध साहित्यिक कार्य *सूर्या सिद्धान्त* किसके द्वारा लिखा गया?
A. वाराहमिहिर　B. आर्यभट्ट
C. वृद्धा वागाभट्ट　D. मेघदूत

133. लोकसभा निर्वाचन की वर्तमान सुरक्षा जमा राशि कितनी है?
A. ₹ 25,000　B. ₹ 50,000
C. ₹ 10,000　D. ₹ 5,000

134. भारतीय राष्ट्रीय कांग्रेस की प्रथम महिला अध्यक्ष कौन थीं?
A. सरोजिनी नायडू　B. इन्दिरा गाँधी
C. प्रतिभा पाटिल　D. राजकुमारी अमृत कौर

135. रिजर्व बैंक ऑफ इंडिया के वर्तमान गवर्नर कौन हैं?
A. रघुराम राजन　B. मनमोहन सिंह
C. अरुण जेटली　D. इनमें से कोई नहीं

136. भोपाल गैस त्रासदी के दौरान कौन-सी गैस का रिसाव हुआ था?
A. मीथेन　B. मिथाइल आइसोसायनेट
C. एसिटीलिन　D. अमोनिया

137. IGNOU (इग्नू) की स्थापना कब हुई?
A. 1971　B. 1977
C. 1985　D. 1989

138. विश्व के कौन-से महासागर से सबसे अधिक व्यापार किया जाता है?
A. प्रशांत महासागर　B. आर्कटिक महासागर
C. अटलांटिक महासागर　D. हिन्द महासागर

139. विश्व में तीसरा सबसे बड़ा देश कौन-सा है?
A. कनाडा　B. संयुक्त राज्य अमरीका
C. चीन　D. ब्राजील

140. कृषिजनित खाद्य पदार्थों जैसे घी, शहद इत्यादि की गुणवत्ता के प्रमाणन के लिए मानक का निर्धारण कौन करता है?
A. आई.एस.आई.　B. एगमार्क
C. बी.आई.एस.　D. डी.पी.टी.

खण्ड-V : (*iv*) English

Directions (Q. Nos. 141-145): *Choose the word that is nearest in meaning to the underlined word.*

141. A good dictionary is <u>indispensable</u> for learning a language.
A. Desirable　B. Helpful
C. Valuable　D. Essential

142. The police have succeeded in arresting Rajiv's <u>assassin.</u>
A. Opponent　B. Enemy
C. Murderer　D. Rival

143. Grandmother suffers from <u>chronic</u> arthritis.
A. Of long duration　B. Painful
C. Occasional　D. Symptomatic

144. Radha is an able but <u>diffident</u> student.
A. Difficult　B. Shy and meek
C. Confused　D. Confident

145. His <u>judicious</u> handling of the matter saved the situation from going out of control.
A. Reasonable　B. Amicable
C. Cautious　D. Nervous

Directions (Qs. No. 146-150): *In each of the following group of words, only one word is correctly spelt. Select the word with the correct spelling.*

146. A. Reminesent　B. Reminescent
C. Reminisent　D. Reminiscent

147. A. Hygeine B. Higeine
     C. Hygiene D. Hygien
148. A. Harrassment B. Harasment
     C. Harrasment D. Harassment
149. A. Spontanity B. Spontaneity
     C. Spontaniety D. Sponteneity
150. A. Museam B. Muzeum
     C. Museum D. Musium

Directions (Q. Nos. 151-154): *Choose the word which is opposite in meaning to the underlined word.*

151. The culprit <u>acknowledged</u> his guilt.
     A. Accepted B. Avoided
     C. Repulsed D. Denied
152. Though an <u>amateur,</u> he is a first class player.
     A. Renowned B. Seasoned
     C. Professional D. Mature
153. The <u>initial</u> estimate of the project was very high.
     A. Final B. Full
     C. Total D. Rough
154. She found his behaviour towards her distinctly <u>hostile</u>.
     A. Graceful B. Friendly
     C. Cheerful D. Sweet

Directions (Q. Nos. 155 and 156): *Select the word in each group which does not properly belong to it.*

155. A. Conspicuous B. Conscript
     C. Clear D. Visible
156. A. Perfection B. Reflection
     C. Inspection D. Retrospection

Directions (Q. Nos. 157-160): *Pick out the most appropriate word from the given alternatives to fill in the blank to complete the sentence.*

157. We _____ trouble on our borders.
     A. Comprehend B. Apprehend
     C. Supplement D. Complement
158. The police _____ the mob.
     A. Scattered B. Disbanded
     C. Drove D. Dispersed
159. His tutor went _____ endless trouble to prepare him _____ the test.
     A. over : before B. over : against
     C. through : in D. through : for
160. He went _____ the room and sat down _____ the sofa.
     A. to : in B. into : on
     C. from : upto D. in : on

खण्ड-V : (v) हिन्दी

निर्देश (प्रश्न संख्या 161 से 165): *निम्नलिखित गद्यांश को ध्यानपूर्वक पढ़कर उसके आधार पर पूछे गए प्रश्नों के उत्तर दीजिए।*

"सुधार जिस अवस्था में हो, उससे अच्छी अवस्था आने की प्रेरणा हर आदमी में मौजूद रहती है। हममें जो कमजोरियाँ हैं, वह मर्ज की तरह हमसे चिपटी हुई हैं जैसे शारीरिक स्वास्थ्य एक प्राकृतिक बात है और रोग उसका उल्टा, उसी तरह नैतिक और मानसिक स्वास्थ्य भी प्राकृतिक बात है और हम मानसिक तथा नैतिक गिरावट से उसी तरह संतुष्ट नहीं रहते, जैसे कोई रोगी अपने रोग से संतुष्ट नहीं रहता" जैसे वह किसी चिकित्सक की तलाश में रहता है। उसी तरह हम भी इस फिक्र में रहते हैं कि किसी तरह अपनी कमजोरियों को दूर फेंककर अधिक अच्छे मनुष्य बनें। इसीलिए हम साधु-फकीरों की खोज में रहते हैं। पूजा-पाठ करते हैं, बड़े-बूढ़ों के पास बैठते हैं, विद्वानों के व्याख्यान सुनते हैं और साहित्य का अध्ययन करते हैं।

हमारी सारी कमजोरियों की जिम्मेदारी हमारी कुरुचि और प्रेम भाव से वंचित होने पर है। जहाँ सच्चा सौन्दर्य-प्रेम है, जहाँ प्रेम की विस्तृति है, वहाँ कमजोरियाँ कहाँ रह सकती हैं? प्रेम ही तो आध्यात्मिक भोजन है और सारी कमजोरियाँ इसी भोजन के न मिलने अथवा दूषित भोजन के मिलने से पैदा होती हैं। कलाकार हममें सौन्दर्य की अनुभूति उत्पन्न करता है और प्रेम की उष्णता। उसका एक वाक्य, एक शब्द, एक संकेत इस तरह हमारे अन्दर जा बैठता है कि हमारा अंतःकरण प्रकाशित हो जाता है। पर जब तक कलाकार खुद सौन्दर्य-प्रेम से छककर मस्त न हो और उसकी आत्मा स्वयं इस ज्योति से प्रकाशित न हो, वह हमें प्रकाश कैसे दे सकता है?

161. उपर्युक्त गद्यांश के माध्यम से लेखक ने पाठकों को क्या बताया है?
A. प्रत्येक मनुष्य की कमजोरियाँ
B. प्रत्येक मनुष्य की अच्छाइयाँ
C. शारीरिक स्वास्थ्य
D. जीवन में प्रेम का महत्व

162. लेखक के अनुसार सत्संग, पूजा-पाठ करने, व्याख्यान सुनने और साहित्य का अध्ययन करने का प्रमुख उद्देश्य क्या है?
A. निर्वाण प्राप्ति
B. अपनी कमजोरियों को दूर कर अच्छा मनुष्य बनना
C. मनोकामनाएँ पूरी करना
D. धनवान बनना

163. गद्यांश के अनुसार हमारी सारी कमजोरियों का कारण क्या है?
A. काम और क्रोध
B. लोभ और मोह
C. कुरुचि और प्रेमभाव से वंचित होना
D. उपर्युक्त में से कोई नहीं

164. लेखक के अनुसार आध्यात्मिक भोजन क्या है?
A. प्रेम　　B. पूजा और उपवास
C. कठोर तप　　D. प्रवचन सुनना व नाचना

165. लेखक के अनुसार हमें कलाकार से क्या प्राप्त होता है?
A. मनोरंजन
B. उमंग और आनन्द
C. अभिनय कला
D. सौन्दर्य की अनुभूति और प्रेम की उष्णता

निर्देश (प्रश्न संख्या 166 से 180): *निम्नलिखित प्रत्येक प्रश्न के चार-चार विकल्प दिए गए हैं। उनमें से सही विकल्प चुनिए।*

166. आक का तत्सम शब्द है :
A. अकउआ　　B. अर्क
C. अकर्ज　　D. औक

167. प्रतिक्षण में समास है :
A. अव्ययीभाव　　B. कर्मधारय
C. तत्पुरुष　　D. द्वन्द्व

168. चन्द्रोदय में सन्धि है :
A. दीर्घ　　B. गुण
C. यण　　D. वृद्धि

169. धूमिल में प्रत्यय है :
A. ल　　B. लु
C. इल　　D. मिल

170. इनमें से कौन-सा शब्द जंगल का पर्यायवाची है :
A. विटप　　B. द्रुम
C. शून्य　　D. कान्तार

171. गृहीत का विलोम है :
A. त्याज्य　　B. ग्रहण
C. व्यक्त　　D. ग्राह्य

172. *या मुरलीधर की अधरान-धरी अधार न धरौंगी!*
उपरोक्त पद्यांश में अलंकार है :
A. रूपक　　B. यमक
C. उपमा　　D. उत्प्रेक्षा

173. "सखीन सों देत उराहनो नित्य सो चित्त संकोच सने लहिए" में है :
A. बरवै　　B. छप्पय
C. चौपाई　　D. सवैया

174. 'सरस्वती कंठाभरण' के रचयिता हैं :
A. अप्पय दीक्षित　　B. महिमभट्ट
C. भोजराज　　D. राजशेखर

175. अनुपस्थित शब्द में किस उपसर्ग का प्रयोग हुआ है?
A. अनु　　B. अन्
C. अ　　D. अनुप

176. उष्ण वर्ण हैं :
A. ट, ठ, ड, ढ　　B. श, ष, स, ह
C. प, फ, ब, भ　　D. च, छ, ज, झ

177. 'अक्ल के पीछे लट्ठ लिए फिरना' मुहावरे का अर्थ है :
A. मूर्खतापूर्ण कार्य करना　　B. झगड़ालू प्रवृत्ति का होना
C. मनमानी करना　　D. उद्दंडतापूर्ण कार्य करना

178. सदैव में है :
A. दीर्घ संधि　　B. वृद्धि संधि
C. यण संधि　　D. गुण संधि

179. अनारदाना है :

A. अधिकरण तत्पुरुष
B. अपादान तत्पुरुष
C. सम्बन्ध तत्पुरुष
D. संप्रदान तत्पुरुष

180. ''कौआ चला हंस की चाल'' कहावत का अर्थ है :

A. किसी दुष्ट व्यक्ति द्वारा अच्छे व्यवहार का प्रदर्शन करना
B. कौआ चालाक होता है
C. सभ्य व्यक्ति द्वारा चालाकी का प्रदर्शन
D. अच्छे-बुरे का भेद न होना

उत्तरमाला

1	2	3	4	5	6	7	8	9	10
D	B	D	D	C	C	A	B	A	D
11	12	13	14	15	16	17	18	19	20
B	C	A	B	D	A	A	C	D	C
21	22	23	24	25	26	27	28	29	30
D	A	D	B	A	D	A	D	D	C
31	32	33	34	35	36	37	38	39	40
B	*	B	B	D	C	C	A	C	C
41	42	43	44	45	46	47	48	49	50
D	D	B	A	C	A	B	D	C	D
51	52	53	54	55	56	57	58	59	60
A	D	A	C	C	B	D	B	B	C
61	62	63	64	65	66	67	68	69	70
C	D	C	B	D	D	C	B	C	C
71	72	73	74	75	76	77	78	79	80
B	B	D	D	B	C	A	C	B	C
81	82	83	84	85	86	87	88	89	90
B	D	A	B	B	D	D	B	B	A
91	92	93	94	95	96	97	98	99	100
A	C	A	D	A	C	C	B	D	B
101	102	103	104	105	106	107	108	109	110
B	D	D	C	D	A	C	B	D	C
111	112	113	114	115	116	117	118	119	120
B	C	D	A	B	A	C	B	C	B
121	122	123	124	125	126	127	128	129	130
D	D	C	C	B	B	D	C	A	D
131	132	133	134	135	136	137	138	139	140
D	B	C	A	D	B	C	D	B	B
141	142	143	144	145	146	147	148	149	150
D	C	A	B	A	D	C	D	B	C
151	152	153	154	155	156	157	158	159	160
D	C	A	B	B	D	B	D	D	B
161	162	163	164	165	166	167	168	169	170
D	B	C	A	D	C	A	B	C	A
171	172	173	174	175	176	177	178	179	180
A	A	B	C	B	B	A	D	C	A

व्याख्यात्मक उत्तर

15. $7 \overset{3}{\boxed{40}} 10 = 10 \times 7 - 10 \times 3 = 40$

$4 \overset{8}{\boxed{24}} 6 = 6 \times 8 - 6 \times 4 = 24$

$5 \overset{9}{\boxed{?}} 4 = 4 \times 9 - 4 \times 5 = 16$

अतः प्रश्नचिह्न के स्थान पर 16 होगा।

16. 7 21 43 [73] 111 157 211

+14 +22 +30 +38 +46 +54

+8 +8 +8 +8 +8

अतः प्रश्नचिह्न के स्थान पर 73 होगा।

17. 6 24 60 114 186 [276]

+18 +36 +54 +72 +90

+18 +18 +18 +18

अतः प्रश्नचिह्न के स्थान पर 276 होगा।

18. 7 13 21 31 43 [57]

+6 +8 +10 +12 +14

+2 +2 +2 +2

अतः प्रश्नचिह्न के स्थान पर 57 होगा।

19. 3 15 35 63 [99]

+12 +20 +28 +36

+8 +8 +8

अतः प्रश्नचिह्न के स्थान पर 99 होगा।

20. ∵ P U Z Z L E को
↓ ↓ ↓ ↓ ↓ ↓
L E P U Z Z लिखा जाता है

तब, M E N T A L को
↓ ↓ ↓ ↓ ↓ ↓
A L M E N T लिखा जाएगा।

21. C O N F R O N T A T I O N को
↓ ↓ ↓ ↓ ↓ ↓ ↓ ↓ ↓ ↓ ↓ ↓ ↓
5 9 3 1 7 9 3 4 8 4 6 9 3 लिखा जाता है

तब, T O R O N T O को
↓ ↓ ↓ ↓ ↓ ↓ ↓
4 9 7 9 3 4 9 लिखा जाएगा।

प्रश्न 23 से 26 तक

गीता	6 – 3 + 3 + 2	8
सीता	6 + 2 – 3	5
प्रोमीला	6 + 4 – 4	6
भावना	6 – 2 + 4 – 2 – 2	4
नफीसा	6 + 3 – 4 + 2	7

23. नफीसा के पास 7 गेंदें हैं।

24. सीता के पास 5 गेंदें हैं।

25. भावना के पास सबसे कम गेंदें हैं।

26. गीता के पास सबसे अधिक गेंदें हैं।

प्रश्न 27 से 30 तक

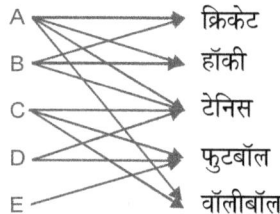

27. A क्रिकेट, हॉकी तथा वॉलीबॉल खेलता है।

28. E केवल फुटबॉल खेलता है।

29. D टेनिस तथा फुटबॉल खेलता है।

30. C वॉलीबॉल तथा फुटबॉल खेलता है।

101. $\sin 60^\circ . \cos 30^\circ + \sin 30^\circ . \cos 60^\circ$
$= \sin (60^\circ + 30^\circ)$
$= \sin 90^\circ = 1.$

102. $9 \sec^2 A - 9 \tan^2 A$
$= 9 (\sec^2 A - \tan^2 A)$
$= 9 \times 1 = 9.$

103.

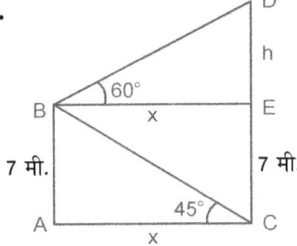

Δ ABC में,

$\tan 45° = \frac{7}{x} \Rightarrow 1 = \frac{7}{x} \Rightarrow x = 7$ ...(*i*)

Δ BDE में,

$\tan 60° = \frac{h}{x} \Rightarrow \sqrt{3} = \frac{h}{x} \Rightarrow x = \frac{h}{\sqrt{3}}$ ...(*ii*)

समीकरण (*i*) तथा (*ii*) से,

$\frac{h}{\sqrt{3}} = 7 \Rightarrow h = 7\sqrt{3}$

$\therefore$ मीनार की ऊँचाई = $h + 7$

$= 7\sqrt{3}+7 = 7\left(\sqrt{3}+1\right)$ मी.

104. 1, 3, 5, 7, 9, 11, 13 49

$49 = a + (n-1)d$

$\Rightarrow 49 = 1 + (n-1) \times 2$

$\Rightarrow 49 = 1 + 2n - 2 = 2n - 1$

$\Rightarrow 2n = 50 \Rightarrow n = 25$

$S_n = \frac{n}{2}\{2a+(n-1)d\}$

$S_{25} = \frac{25}{2}\{2\times1+(25-1)\times2\}$

$= \frac{25}{2}\{2+48\} = \frac{25}{2}\times50$

$= 25 \times 25 = 625.$

105. $\frac{\sqrt{441}}{3}\times\frac{\sqrt{225}}{5}\times\frac{64}{\sqrt{256}} = \frac{21}{3}\times\frac{15}{5}\times\frac{64}{16}$

$= 7 \times 3 \times 4 = 84.$

106. $\frac{6^{2/3}\times\sqrt[3]{6^7}}{\sqrt[3]{6^6}} = \frac{6^{2/3}\times6^{7/3}}{6^{6/3}} = \frac{6^3}{6^2}$

$= 6^{3-2} = 6^1 = 6.$

107. माना कि हरे रंग के कंचों की संख्या = x

$\therefore$ नीले रंग के कंचों की संख्या = $24 - x$

हरे कंचों की प्रायिकता = $\frac{x}{24}$

$\Rightarrow \frac{2}{3} = \frac{x}{24}$

$\Rightarrow 3x = 48 \Rightarrow x = 16$

$\because$ हरे कंचों की संख्या = 16

$\therefore$ नीले कंचों की संख्या = 24 − 16 = 8.

109. $\frac{\Delta ABC \text{ का क्षेत्रफल}}{\Delta DEF \text{ का क्षेत्रफल}} = \frac{AB^2}{DE^2}$

$= \frac{(4)^2}{(9)^2} = 16:81.$

110. $C = 2\pi r = 2\times\frac{22}{7}\times40$ सेमी.

10 मिनट में तय की गई दूरी

$= \frac{10\times66\times1000\times100}{60} = 11 \times 100000$ सेमी.

पूर्ण चक्करों की संख्या

$= \frac{11\times100000\times7}{44\times40} = \frac{2500\times7}{4}$

$= 625 \times 7 = 4375.$

111. $\frac{4}{3}\pi\left(6^3+8^3+10^3\right) = \frac{4}{3}\pi R^3$

$\Rightarrow R^3 = 216 + 512 + 1000$

$\Rightarrow R^3 = 1728$

$\Rightarrow R = \sqrt[3]{1728} = 12$ सेमी.

112. बेलन के वक्रपृष्ठ का क्षेत्रफल = $2\pi rh$

$\Rightarrow 88 = 2\times\frac{22}{7}\times r\times14$

$\Rightarrow r = \frac{88\times7}{44\times14} = 1$ सेमी.

$\therefore$ व्यास = $2r = 2 \times 1 = 2$ सेमी.

113. गति = $\frac{\text{दूरी}}{\text{समय}} = \left(\frac{500+800}{60+5}\right)$ मी./से.

$= \frac{1300}{65} = 20$ मी./से. $= 20\times\frac{18}{5}$ किमी./घंटा

= 72 किमी./घंटा

अतः ट्रेन की गति = 72 किमी./घंटा

114. माना कि पिता की आयु = $7x$ वर्ष
तथा पुत्र की आयु = $3x$ वर्ष
प्रश्नानुसार,
$$7x \times 3x = 756$$
$$\Rightarrow 21x^2 = 756$$
$$\Rightarrow x^2 = 36$$
$$\Rightarrow x = 6$$
पिता की आयु = $7 \times 6 = 42$ वर्ष
पुत्र की आयु = $3 \times 6 = 18$ वर्ष
6 वर्ष के बाद उनके आयु का अनुपात
$$= \frac{42+6}{18+6} = \frac{48}{24} = 2 : 1.$$

115. माना कि संख्याएँ x तथा y हैं
$$\frac{x}{y} = \frac{7}{4}$$
$$\Rightarrow 4x = 7y \Rightarrow x = \frac{7y}{4}$$
$$\frac{x}{y+12} = \frac{7}{5}$$
$$5x = 7y + 87$$
$$5 \times \frac{7y}{4} = 7(y+12)$$
$$\Rightarrow 5y = 4y + 48 \Rightarrow y = 48$$
$$x = \frac{7y}{4} = \frac{7 \times 48}{4} = 84$$
अतः बड़ी संख्या = 84.

116. माना कि परीक्षा के कुल अंक = x
प्रश्नानुसार,
x का $33\% = 210 + 21 = 231$
$$\Rightarrow x \times \frac{33}{100} = 231$$
$$\Rightarrow x = \frac{231 \times 100}{33}$$
$$= 7 \times 100 = 700$$
अतः परीक्षा के पूर्णांक = 700.

117. माना कि क्रय मूल्य = ₹ 100
अंकित मूल्य = ₹ 120
माना कि छूट = ₹ x
∴ विक्रय मूल्य = अंकित मूल्य − छूट = $120 - x$
लाभ = $120 - x - 100 = ₹ 20 - x$
लाभ % = $\frac{\text{लाभ}}{\text{क्रय मूल्य}} \times 100$
$$\Rightarrow 8 = \frac{20-x}{100} \times 100$$
$$\Rightarrow 20 - x = 8 \Rightarrow x = 12$$
अतः छूट की दर = $\frac{12}{120} \times 100 = 10\%$.

118. अभीष्ट कपड़े की लम्बाई
$= \pi r l = \frac{22}{7} \times 7 \times 6 = 132$ वर्ग मी.

119.

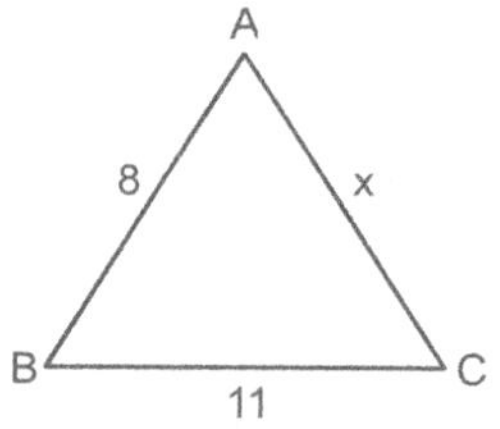

$x + 8 + 11 = 32$
$\Rightarrow x + 19 = 32 \Rightarrow x = 13$
∴ $s = \frac{13+8+11}{2} = 16$
त्रिभुज का क्षेत्रफल $= \sqrt{s(s-a)(s-b)(s-c)}$
$= \sqrt{16(16-11)(16-13)(16-8)}$
$= \sqrt{16 \times 5 \times 3 \times 8}$
$= 8\sqrt{30}$ वर्ग सेमी.
अतः त्रिभुज का क्षेत्रफल = $8\sqrt{30}$ वर्ग सेमी.

120.

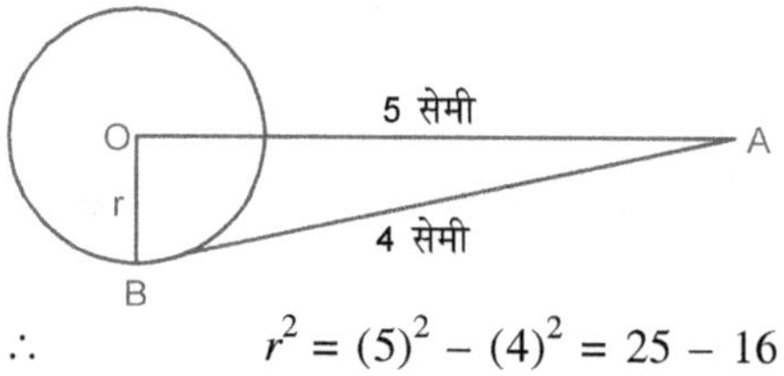

∴ $r^2 = (5)^2 - (4)^2 = 25 - 16 = 9$
$\Rightarrow r = 3$ सेमी.
अतः वृत्त की त्रिज्या = 3 सेमी.

पिछले प्रश्न-पत्र (हल सहित)

IGNOU B.Ed. प्रवेश परीक्षा, 2015*

भाग-अ

खंड-I : सामान्य हिन्दी बोध

निर्देश (प्र.सं. 1 से 10 तक): *निम्नलिखित अवतरण को ध्यानपूर्वक पढ़ें और चार विकल्पों में से सही उत्तर का चयन करें।*

डोनी एक अच्छा गेंदबाज था, और एक अच्छा आदमी भी। वह हमलोगों में से एक था। वह एक ऐसा आदमी था जो खुले मैदान ......, और गेंदबाजी को पसंद करता था, और एक सर्फर के रूप में उसने दक्षिणी कैलिफोर्निया के समुद्र तटों का पता लगाया, ला जोला से लियो कैरिल्लो और ..... पिस्मो तक। अपनी पीढ़ी के युवाओं की तरह उसकी भी मृत्यु हो गई, समय से पूर्व उसकी मृत्यु हो गई। अपनी शरण में, ईश्वर, आपने उसे ले लिया, जैसा कि आपने हिल 364 के की सन्ह लैंगडॉक पर तीव्र बुद्धि वाले खिलते हुए युवाओं को ले लिया था। ये युवक अपनी जान से हाथ धो बैठे थे। वैसा ही डोनी के साथ भी हुआ, जो गेंदबाजी पसंद करता था। और इस प्रकार, थिओडोर डोनाल्ड काराबोटसोस, जो हम सोचते हैं उसके अनुसार आपकी मृत्यु इच्छा हो सकती है अच्छी तरह किया गया हो, हम आपके अंतिम नश्वर अवशेष को प्रशांत महासागर में आलिंगनबद्ध करने को दृढ़ संकल्पित हैं, जिसे तुम बहुत ज्यादा प्यार करते हो। शुभ रात्रि, प्यारे राजकुमार।

1. इस अवतरण में, डोनी के प्रति वक्ता का मनोभाव मुख्य रूप से यह है:
    A. शोकयुक्त प्रशस्ति   B. निष्पक्ष अनासक्ति
    C. स्पष्ट विरोधाभाव   D. मगन उदासी

2. वक्ता का गेंदबाजी के प्रति मनोभाव का इस रूप में सर्वश्रेष्ठ वर्णन किया जा सकता है?
    A. उदासीनता   B. आदर
    C. अनादर   D. अवमान

3. संदर्भ में, "अपनी शरण में, ईश्वर, आपने उसे ले लिया, जैसा कि आपने की सन्ह, लैंगडॉक, हिल 364 पर तीव्र बुद्धि वाले खिलते हुए युवाओं को ले लिया था।" का स्वर किस रूप में सबसे अच्छी तरह वर्णन किया जा सकता है?
    A. व्यग्र   B. विफल कर दिया
    C. ईश्वरेच्छाधीन   D. उभयभावी

4. अंतिम के दो वाक्यों में, वक्ता का स्वर किस रूप में सबसे अच्छी तरह वर्णन किया जा सकता है?
    A. चिढ़   B. उलझन
    C. जिज्ञासु   D. पवित्र

5. "......... जैसा कि आपने तीव्र बुद्धि वाले खिलते हुए युवाओं ...." में तीव्र बुद्धि का निकटतम अर्थ है:
    A. प्रकाश   B. बुद्धिमान
    C. ज्वलंत   D. चकाचौंध

6. "प्रशान्त महासागर में आलिंगनबद्ध" में आलिंगनबद्ध का निकटतम अर्थ है:
    A. वक्ष   B. स्तंभ
    C. सुगति   D. कदम

7. "हिल 364 के, की सन्ह, लैंगडॉक पर" का संदर्भ संकेत देता है:
    A. डोनी को हिल 364 पर दफनाया जाएगा
    B. डोनी लड़ाई में मारा गया
    C. वक्ता इन स्थलों को याद करता है
    D. वक्ता इन स्थलों पर अपने दोस्तों को खो दिया है

8. ईश्वर संदर्भित है:
    A. हिल 364 के राजा के रूप में
    B. कैलिफोर्निया के राज्यपाल के रूप में
    C. भगवान के रूप में
    D. यू.एस.ए. के राष्ट्रपति के रूप में

*Held on 20-09-2015

9. ''डोनी एक अच्छा गेंदवाज था, और एक अच्छा आदमी भी'' क्या है?

A. साधारण वाक्य B. जटिल वाक्य

C. मिश्रित वाक्य D. जटिल-मिश्रित वाक्य

10. ''वह एक ऐसा आदमी था जो खुले मैदान को पसंद करता था ...... और गेंदबाजी .....,'' यहाँ गेंदबाजी है:

A. क्रिया B. संज्ञा

C. विशेषण D. क्रिया-विशेषण

खंड-II : तार्किक एवं विश्लेषणात्मक तर्कशक्ति

निर्देश (प्र.सं. 11–14) : *निम्नलिखित सूचनाओं को ध्यान से पढ़ें और दिए गए प्रश्नों के उत्तर दें।*

एक परिवार में छः सदस्य M, N, O, P, Q और R हैं। O, R की बहन है, N, R की माँ का बहनोई है, P, M का पिता है और R, P का पोता है। परिवार में दो महिलाएं हैं।

11. R की मां कौन है?

A. N B. O

C. Q D. P

12. परिवार में कितनी पीढ़ी के सदस्य हैं?

A. दो B. तीन

C. चार D. या तो दो या तीन

13. परिवार में दो महिला सदस्य हैं:

A. P, Q B. N, Q

C. R, O D. O, Q

14. M और Q की पुत्री कौन है?

A. P B. R

C. N D. O

15. लुप्त संख्या का पता लगाएं:

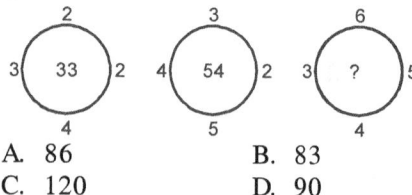

A. 86 B. 83

C. 120 D. 90

निर्देश (प्र.सं. 16–19) : *निम्नलिखित प्रश्नों में एक श्रृंखला दी जा रही है। लुप्त पद को भरने के लिए विकल्पों में से सही पद का चयन करें।*

16. 0, 7, 26, 63, ?, 215

A. 104 B. 124

C. 126 D. 134

17. 3, 16, 42, 81, 133, ?

A. 166 B. 185

C. 198 D. 208

18. 1, 8, 27, ?, 125, 216

A. 54 B. 64

C. 84 D. 100

19. 2, 9, 23, 51, 107, ?

A. 214 B. 216

C. 218 D. 219

20. निम्नलिखित में से कौन-सी जोड़ी अन्य से किसी प्रकार से अलग है?

A. जंगल – हाथी B. समुद्र – मगरमच्छ

C. यात्री – सामान D. कक्षा – छात्र

21. यदि 'Family' 316459 और 'Sister' 747820 के रूप में कूटबद्ध हों तो 'Mistress' को कूटबद्ध इस रूप में किया जाएगा:

A. 64870277 B. 64708277

C. 64782077 D. 64780277

22. यदि 'boy' को AAQQZZ के रूप में कूटबद्ध किया जाता है तो 'cat' को किस रूप में कूटबद्ध किया जाएगा?

A. CCBBUU B. BBCCTT

C. BBCCUU D. BBCCSS

निर्देश (प्र.सं. 23–27) : *निम्नलिखित अनुच्छेद को पढ़ें और दिए गए प्रश्नों के उत्तर दें।*

A और B क्रिकेट और टेनिस खेलते हैं, B और E हॉकी खेलते हैं, A और C वॉलीबॉल खेलते हैं, C और D हॉकी और टेनिस खेलते हैं तथा C और E फुटबॉल खेलते हैं।

23. कौन टेनिस नहीं खेलता है?

A. B B. D

C. E D. C

24. कौन क्रिकेट, टेनिस और वॉलीबॉल खेलता है?

A. C B. D

C. E D. A

25. कौन हॉकी, क्रिकेट और टेनिस खेलता है?

A. A B. B

C. C D. D

26. कौन केवल हॉकी और टेनिस खेलता है?
    A. A
    B. C
    C. D
    D. E

27. कौन वॉलीबॉल, हॉकी, टेनिस और फुटबॉल खेलता है?
    A. A
    B. C
    C. D
    D. B

निर्देश (प्र.सं. 28–30) : *निम्नलिखित अनुच्छेद को पढ़ें और दिए गए प्रश्नों के उत्तर दें।*

A, B, C, D और E प्रत्येक के पास सात गेंदें हैं। B, E को दो गेंदें देता है, जो A को एक गेंद देता है। C, D को तीन गेंदें देता है, जो A को दो गेंदें देता है। E, B को तीन गेंदें देता है, जो C को दो गेंदें देता है। B, D को पाँच गेंदें देता है।

28. A के पास कितनी गेंदें हैं?
    A. 5
    B. 6
    C. 10
    D. 13

29. C के पास कितनी गेंदें हैं?
    A. 6
    B. 5
    C. 1
    D. 10

30. किसके पास अब अधिकतम संख्या में गेंदें हैं?
    A. A
    B. D
    C. C
    D. E

खंड-III : शैक्षिक एवं सामान्य जागरूकता

31. भारत में लोक सभा के अध्यक्ष का चुनाव होता है:
    A. लोक सभा के सदस्यों द्वारा
    B. लोक सभा एवं राज्य सभा के सदस्यों द्वारा
    C. मंत्रिपरिषद् द्वारा
    D. राज्य विधानसभाओं के अध्यक्षों द्वारा

32. स्वतंत्र भारत का संविधान तैयार करने का दायित्व किसे सौंपा गया थाः
    A. लोक सभा
    B. राज्य सभा
    C. संविधान सभा
    D. संसद एवं राज्य विधान सभाएं

33. हमारे संविधान का संशोधित अनुच्छेद 45 राज्यों को बढ़ावा देने का निर्देश देता है।
    A. पूर्व स्कूली शिक्षा
    B. प्राथमिक शिक्षा
    C. मूलभूत शिक्षा
    D. अनौपचारिक शिक्षा

34. NCTE के नियमों के अनुसार, एक वरिष्ठ माध्यमिक शिक्षक के पास होना चाहिए:
    A. स्नातकोत्तर की डिग्री
    B. बी.एड. के साथ स्नातकोत्तर की डिग्री
    C. एम.एड. के साथ स्नातकोत्तर की डिग्री
    D. एम.फिल. के साथ स्नातकोत्तर की डिग्री

35. त्रिभाषा सूत्र क्या संकेत देता है?
    A. विद्यालयों में तीन भाषाओं को पढ़ाया जाना चाहिए।
    B. परीक्षाएं तीन भाषाओं में आयोजित की जानी चाहिए।
    C. उच्च स्तर पर तीन भाषाओं के अध्ययन को अनिवार्य बनाया जाना चाहिए।
    D. प्रत्येक छात्र के लिए विद्यालय में तीन भाषाएं होनी चाहिए।

36. मुक्त विश्वविद्यालय क्या है?
    एक विश्वविद्यालय जो .... के द्वारा शिक्षा प्रदान करता है।
    A. दूरस्थ प्रणाली
    B. पत्राचार प्रणाली
    C. कक्षाओं में आमने-सामने बातचीत
    D. खुली किताब की परीक्षा का आयोजन

37. किसके जन्म दिन के अवसर पर भारत में, शिक्षा दिवस मनाया जाता है?
    A. मौलाना अबुल कलाम आजाद
    B. डॉ. जाकिर हुसैन
    C. डॉ. एस. राधाकृष्णन
    D. डॉ. बी.आर. अम्बेडकर

38. भारत में लोक सभा के सदस्यों को चुना जाता है:
    A. भारत के सभी नागरिकों द्वारा
    B. 21 वर्ष की आयु से ऊपर के नागरिकों द्वारा
    C. पंजीकृत मतदाताओं द्वारा
    D. भारत के शिक्षित नागरिकों द्वारा

39. हरित क्रांति ने भारत को किस क्षेत्र में आत्मनिर्भर बनाया?
   A. दुग्ध उत्पादन   B. हरे पेड़-पौधे
   C. खाद्यान्नों के उत्पादन D. हरे वन

40. सर्व शिक्षा अभियान का उद्देश्य है:
   A. स्कूलों में सभी लड़कियों का नामांकन
   B. स्कूलों में सभी लड़कों का नामांकन
   C. स्कूलों में सभी बच्चों का नामांकन
   D. सभी बच्चों द्वारा प्राथमिक शिक्षा में नामांकन और उसका पूर्णरूपेण समापन

41. किसके द्वारा भारत में केन्द्रीय विश्वविद्यालयों की स्थापना की जाती है?
   A. केन्द्रीय मंत्रिमंडल के प्रस्ताव द्वारा
   B. मंत्रिपरिषद् के प्रस्ताव द्वारा
   C. केन्द्रीय शिक्षा सलाहकार बोर्ड (CABE) के प्रस्ताव द्वारा
   D. संसद के अधिनियम द्वारा

42. निम्नलिखित में से किस प्राधिकरण को RTE अधिनियम, 2009 के तहत् शिकायतों के निवारण की जिम्मेदारी सौंपी गई है?
   A. CABE   B. NCERT
   C. NCPCR   D. NCHR

43. 18 वर्ष से कम उम्र के बच्चों के लिए लागू किशोर न्याय अधिनियम में अधिकतम सजा का क्या प्रावधान है?
   A. दो वर्ष   B. तीन वर्ष
   C. पाँच वर्ष D. छः वर्ष

44. मोंटेसरी का नाम किससे जुड़ा हुआ है?
   A. पूर्व-स्कूली शिक्षा B. विशेष शिक्षा
   C. माध्यमिक शिक्षा   D. प्राथमिक शिक्षा

45. राष्ट्रीय शैक्षिक योजना एवं प्रशासन विश्वविद्यालय (NUEPA) की जिम्मेदारी है:
   A. विश्वविद्यालयों की स्थापना करना
   B. स्कूलों तथा कॉलेजों पर शासन करना
   C. शैक्षिक योजना से संबंधित अनुसंधान का संचालन करना
   D. उच्च शिक्षण संस्थानों का मूल्यांकन

46. किसके द्वारा विद्यालयों में शारीरिक दंड को निषेध किया गया है?
   A. आर.टी.ई. अधिनियम, 2009
   B. घरेलू हिंसा अधिनियम, 2005
   C. बाल श्रम निषेध अधिनियम
   D. किशोर न्याय अधिनियम

47. आचार्य चाणक्य गुरुकुल में एक शिक्षक थे जो स्थित था:
   A. तक्षशिला   B. नालंदा
   C. विक्रमशिला   D. वैशाली

48. निम्न में से कौन विटामिन D का महत्वपूर्ण स्रोत है?
   A. सूर्य   B. मिनरल वाटर
   C. मल्टीग्रेन ब्रेड D. फल और सब्जियाँ

49. वैज्ञानिक दृष्टिकोण का अर्थ है:
   A. तर्क के आधार पर निर्णय लेने की मनोवृत्ति
   B. विज्ञान के अध्ययन में रुचि
   C. वैज्ञानिक प्रयोगों को हाथ में लेने की योग्यता
   D. वैज्ञानिक विषयों पर बोलने की योग्यता

50. किसने शिल्प केंद्रित शिक्षा की वकालत की?
   A. लाला लाजपत राय B. बी.आर. अम्बेडकर
   C. महात्मा गांधी   D. महात्मा फुले

51. वर्ष 1975 में भारत में आंतरिक आपातकाल की स्थिति की घोषणा का अनुमोदन किसके द्वारा किया गया था?
   A. भारत के प्रधानमंत्री B. लोकसभा के अध्यक्ष
   C. आर्मी स्टाफ चीफ   D. भारत के राष्ट्रपति

52. वर्ष 1989 में राजीव गांधी के बाद भारत का प्रधानमंत्री कौन बना?
   A. वी.पी. सिंह   B. पी.वी. नरसिम्हा राव
   C. चरण सिंह   D. चंद्रशेखर

53. उच्च रक्तचाप रोग को इस रूप में भी जाना जाता है:
   A. निम्न रक्तचाप   B. उच्च रक्तचाप
   C. माइग्रेन   D. गठिया

54. टी.वी. धारावाहिक 'भारत की खोज' पुस्तक 'डिस्कवरी ऑफ इंडिया' पर आधारित है, जो लिखी गई है:
   A. एम.एन. राय द्वारा
   B. महात्मा गांधी द्वारा
   C. लाला लाजपत राय द्वारा
   D. जवाहर लाल नेहरू द्वारा

55. व्यापक मूल्यांकन का अर्थ है:
A. सभी स्कूली विषयों का मूल्यांकन
B. शैक्षिक तथा सह-शैक्षिक क्षेत्रों में छात्रों के प्रदर्शन का मूल्यांकन
C. प्रश्न-पत्र जिसमें सभी प्रकार के प्रश्नों का समावेश हो
D. प्रश्न-पत्र जिसमें संपूर्ण पाठ्यक्रम से प्रश्नों का समावेश हो

खंड-IV : शिक्षण-अधिगम और विद्यालय

56. स्कूल में सह-पाठ्यक्रम गतिविधियों का प्रमुख उद्देश्य है:
A. संतुलित व्यक्तित्व को प्राप्त करने के लिए छात्रों की मदद करना
B. कक्षा की सामान्य दिनचर्या से राहत प्रदान करना
C. दुनियादारी के लिए छात्रों को दिशा-निर्देश प्रदान करना
D. छात्रों की आवश्यकताओं के लिए प्रत्यधिकृत संतुष्टि प्रदान करना

57. स्कूल के अध्ययन-सूची (पाठ्यक्रम) की योजना किसके संगत होनी चाहिए?
A. अतीत में स्कूल की सामान्य संस्कृति
B. छात्रों का लक्ष्य, उद्देश्य और रुचि
C. शिक्षक का प्रशिक्षण और रुचि
D. विभिन्न विषयों में उपलब्ध पाठ्य पुस्तक

58. स्कूल पर्यवेक्षण की प्रभाविता का आकलन इनके अनुसार किया जाना चाहिए:
A. अधिक से अधिक समुदाय की संतुष्टि
B. अधिक से अधिक व्यक्तिगत संतुष्टि
C. कक्षा दुर्व्यवहार में कमी
D. शिक्षा के लक्ष्यों की ओर अधिक से अधिक छात्रों की प्रगति

59. शिक्षक का पहला कर्तव्य किसके प्रति है?
A. समुदाय
B. विद्यार्थियों
C. विषय जो वह पढ़ाता/पढ़ाती है
D. स्कूल के प्राधिकारी वर्ग

60. शिक्षक का सबसे महत्वपूर्ण कार्य है:
A. छात्रों के विकास पर पूर्ण ध्यान देना
B. उपचारात्मक सहायता (जब भी आवश्यक हो) प्रदान करना
C. प्रभावी शिक्षा प्रदान करना
D. कक्षा में व्यवस्था और अनुशासन बनाए रखना

61. स्कूली बच्चे उस शिक्षक से शैक्षिक दृष्टि से सबसे बुरी तरह प्रभावित होते हैं जो:
A. भावनात्मक रूप से अपरिपक्व व्यक्ति है
B. अपने विषय को आंशिक रूप से समझता है अथवा आंशिक पकड़ है
C. विषय-वस्तु को एकीकृत नहीं कर सकता
D. तार्किक रूप से अपने विषय को संगठित नहीं कर सकता

62. कक्षा-अनुशासन का प्रमुख लक्ष्य .... को बढ़ावा देना है।
A. अच्छे अध्ययन की स्थिति
B. अच्छे विद्यार्थी आचरण
C. कक्षा में शांति और व्यवस्था
D. छात्रों की ओर से आत्मनिर्भरता

63. जैसा कि कक्षा के लिए लागू होता है, अभिप्रेरण में शिक्षक की भूमिका अनिवार्य रूप से .... का विषय है।
A. बच्चों में आवश्यकताओं को जागृत करना
B. जागरूक और चेतन विद्यार्थियों की ऊर्जा को रचनात्मक दिशा की ओर प्रवाहित करना
C. नई रुचि पैदा करना
D. उसके साथ आकर्षक प्रोत्साहन देता है जो छात्रों के पहुँच में हो

64. शिक्षक को एक नया विषय या पाठ विकसित करने में किसके साथ शुरूआत करनी चाहिए?
A. विषय का सिंहावलोकन
B. विषय के महत्व की व्याख्या

C. छात्रों में पहले से कुछ रुचि होना
D. शिक्षक की स्वयं की रुचि

65. यदि छात्र मानसिक कार्य से थका दिख रहा है, तो शिक्षक को चाहिए:
A. कार्य की मात्रा कम कर देना जिसे छात्र को करना है
B. उसे विविध प्रकार के कार्य प्रदान करना
C. उसे दृढ़ता विकसित करने के लिए प्रोत्साहन देना और थकान के बावजूद जारी रखने के लिए कहना
D. पुरस्कारों के आकर्षण में वृद्धि करना जिसे प्राप्त किया जाता है

66. कक्षा अनुशासन उन्मुख होना चाहिए:
A. सामाजिक अनुरूपता
B. व्यक्तिगत और सामाजिक समायोजन
C. आत्मनिर्भरता
D. स्वीकार्य कक्षा व्यवहार

67. किसी पाठ को प्रभावी बनाने के क्रम में, शिक्षक के लिए यह आवश्यक है कि:
A. बच्चों के अनुभव से सामग्री को जोड़ना
B. निहित वस्तु को इस प्रकार व्यवस्थित करना कि बच्चे उसे समझ सकें
C. पाठ को यथाक्रम बनाने की योजना तैयार करना
D. उदाहरणों और पूर्णविवरण प्रस्तुत करते हुए पाठ की व्याख्या करना

68. जब एक बच्चा विषय-वस्तु से संबंधित प्रश्न पूछता है, शिक्षक को सामान्यतया:
A. बच्चे की उत्सुकता को शांत करने के लिए सीधा उत्तर देना चाहिए
B. पाठ्य-पुस्तक अथवा अन्य संदर्भ का उल्लेख करना चाहिए
C. उस प्रश्न को दूसरे बच्चे की ओर उत्तर देने के लिए कहना चाहिए
D. उसे खुद के जबाब तलाशने में सहायता पहुँचाना चाहिए

69. बहिष्कृत बच्चा कैसा होता है?
A. आक्रामक
B. नकारात्मक
C. पढ़ाई से जी चुरानेवाला
D. निडर एवं साहसी

70. स्कूली शिक्षा के मूल्यांकन का महत्वपूर्ण पहलू है:
A. परीक्षण की तैयारी
B. प्रदर्शन की पर्याप्तता का निर्णय
C. विकास का माप
D. ग्रेड निर्दिष्ट करना

71. स्कूल के संदर्भ में, सतत और व्यापक मूल्यांक (CCE) संकेत देता है:
A. शिक्षकों के प्रदर्शन की सतत निगरानी
B. अधिगम के दोनों शैक्षिक एवं सह-शैक्षिक पहलुओं का आकलन
C. शिक्षकों को अभिभावकों और स्कूल के प्रति जवाबदेह बनाना
D. कुल अनुदेशात्मक समय के ऊपर आकलन नहीं फैला होना चाहिए

72. एक शैक्षिक संस्थान का अच्छा 'मुखिया' वह है जो:
A. समझता है कि अच्छा शैक्षिक प्रशासन क्या है और पूरी दृढ़ता से इसके सिद्धांतों को लागू करता है
B. अनुशासन के प्रति व्यक्तिगत रूप से सावधान रहता है और कदाचार अथवा दुर्व्यवहार के साथ समझौता नहीं करता है
C. अपने दृष्टिकोण में लचीला होता है तथा सहयोगात्मक ढंग से मानव संवेदना सहित कार्य करता है
D. कर्मचारियों और छात्रों को स्वच्छंदता प्रदान करता है और उनके मामलों में कम-से-कम हस्तक्षेप करता है

73. शिक्षा में स्वतंत्रता का तात्पर्य है:
A. छात्रों को किसी भी गतिविधि के लिए स्वीकृति दी जानी चाहिए यदि यह अधिगम की सुविधा प्रदान करती हो
B. छात्रों को अध्ययन के किसी भी पाठ्यक्रम में शामिल होने की स्वीकृति दी जानी चाहिए जिसमें उनकी रुचि हो
C. छात्रों को किसी भी गतिविधि में भाग लेने की स्वीकृति दी जानी चाहिए जिसे वे पसंद करते हैं अथवा रुचि रखते हैं
D. उपरोक्त सभी निहित हैं

74. राजनीतिक नारा "सभी मनुष्य समान हैं", का वास्तव में अर्थ है कि:

A. एक खास नजरिए से, सभी मनुष्य समान हैं
B. सभी मनुष्यों के साथ उचित अथवा निष्पक्ष बर्ताव किए जाने की आवश्यकता है
C. सभी मनुष्यों को समान अवसर दिए जाने की आवश्यकता है
D. सभी मनुष्यों को समान बर्ताव (व्यवहार) दिए जाने की आवश्यकता है

75. शिक्षा के उद्देश्यों में मददगार नहीं हैं:
A. बाल विकास की समझ
B. शिक्षण सामग्री का चयन
C. अधिगम अनुभवों का अभिकल्पन
D. मूल्यांकन के साधनों की तैयारी

76. निम्नलिखित विधियों में से कौन-सी विधि मौजूदा ज्ञान है जिसका उपयोग निष्कर्ष निकालने के लिए किया जाता है?
A. आगमनात्मक तर्क विधि
B. निगमनात्मक तर्क विधि
C. सर्वेक्षण विधि
D. अन्वेषण विधि

77. शिक्षक के लिए छात्र का आदर शुरुआत में ही शिक्षक के .... से उत्पन्न होना चाहिए।
A. कानूनी अधिकार
B. वयस्क के रूप में प्रतिष्ठा
C. व्यक्तिगत निष्ठा और सद्भावना
D. अभिभावक के विकल्प के रूप में हैसियत

78. वैज्ञानिक प्रक्रिया का महत्वपूर्ण पहलू है:
A. समस्या B. परिकल्पना
C. विधि D. परिणाम

79. एक बच्चा जो संख्या को गलत तरीके से पढ़ता है, के पास निम्नलिखित अधिगम अक्षमता है:
A. डिस्क्रेसिस B. डिस्लेक्सिया
C. डिस्पेपसिया D. डिस्केलकुलिया

80. निम्न में से कौन अवधारणा प्राप्त करने के क्रम में पहले आता है?
A. सारग्रहण B. विभेदीकरण
C. अनुभवीकरण D. सामान्यीकरण

भाग-ब*

खंड-V : (*i*) : विज्ञान

81. मानव में बड़ी आंत कार्यान्वित करता है:
A. अवशोषण B. सम्मिलन/आत्मसातकरण
C. वसा का पाचन D. कार्बोहाइड्रेट का पाचन

82. रंध्र के छिद्रों के खुलने और बंद होने की प्रक्रिया निर्भर करती है:
A. ऑक्सीजन
B. तापक्रम
C. रक्षक कोशिकाओं में पानी
D. रंध्र में CO_2 की सांद्रता

83. अम्ल वर्षा होती है, क्योंकि:
A. सूर्य वातावरण के ऊपरी सतह को गर्म करता है
B. जीवाश्म ईंधनों के जलने से वातावरण में कार्बन, नाइट्रोजन और सल्फर के ऑक्साइड मुक्त होते हैं
C. बादलों के आपसी घर्षण के कारण विद्युतीय आवेश पैदा होते हैं
D. पृथ्वी के वायुमंडल में अम्ल होता है

84. ताप विद्युत संयंत्रों में इस्तेमाल ईंधन है:
A. जल B. यूरेनियम
C. बायोमास D. जीवाश्म ईंधन

85. चुम्बकीय क्षेत्र की तीव्रता का एस.आई. मात्रक है:
A. गॉस B. टॉर
C. टेस्ला D. न्यूटन

86. स्वपोषी जीवों में शामिल है:
A. जीवाणु और विषाणु
B. जीवाणु और कवक
C. हरे पौधे और कुछ जीवाणु
D. हरे पौधे और सभी जीवाणु

87. अमोनिया (NH_3) के एक अणु में है:
A. केवल एकल-बंधन
B. केवल द्वि-बंधन

*पार्ट 'B' से किसी एक विषय का उत्तर देना है।

C. केवल त्रि-बंधन

D. दो द्वि-बंधन और एक एकल-बंधन

88. पानी में शराब की घुलनशीलता का कारण है:

A. शराब का घनत्व कम होना

B. शराब की उड़नशील प्रकृति

C. आयनीकरण

D. हाइड्रोजन बंधन

89. निम्नलिखित में से किसमें सबसे ज्यादा अधातु की विशेषता है?

A. N
B. O
C. C
D. F

90. अधिकांश कवकों और जीवाणुओं में प्रजनन की सामान्य विधि कौन-सी है?

A. युग्मक विखंडन
B. बीजाणु निर्माण
C. निषेचन
D. बहु विखंडन

91. निम्नलिखित रोगों में से कौन-सा रोग यौन संचारित नहीं है?

A. सिफलिस
B. हेपेटाइटिस
C. एचआईवी-एड्स
D. गोनोरिया

92. आर्कियोप्टेरिक्स के जीवाश्म अवशेष किसके बीच एक संयोजन कड़ी हैं?

A. सरीसृपों और स्तनधारियों

B. सरीसृपों और पक्षियों

C. मछलियों और उभयचरों

D. उभयचरों और सरीसृपों

93. एक लेंस की अभिसरण क्षमता एस.आई. पद्धति में है:

A. से.मी.
B. मि.मी.
C. डायोप्टर
D. शक्ति

94. परावर्तन का नियम सबसे उपयुक्त किसके लिए है?

A. केवल समतल दर्पण

B. केवल अवतल दर्पण

C. केवल ऊत्तल दर्पण

D. सभी दर्पण भले ही उनकी आकृति पृथक हों

95. निम्न में से कौन पर्यावरण के जैविक घटक का उदाहरण है?

A. जल
B. तापक्रम
C. हवा
D. वनस्पतियां

96. एक पारिस्थितिकी तंत्र में शामिल हैं:

A. सभी जीवित जीवधारी

B. सभी गैर-जीवित जीवधारी

C. जीवित और गैर-जीवित दोनों जीवधारी

D. किसी समय जीवित और किसी समय गैर-जीवित जीवधारी

97. असत्य कथन का चयन करें:

A. वन विभिन्न प्रकार के उत्पाद प्रदान करते हैं

B. वन में अत्यधिक पौधों की विविधताएं हैं

C. वन मिट्टी का संरक्षण नहीं करते हैं

D. वन जल का संरक्षण करते हैं

98. निम्नलिखित में से कौन अम्लीय प्रकृति का है?

A. नींबू का रस
B. मानव रक्त
C. नींबू पानी
D. एन्टासिड

99. 6W प्रतिरोधकों का उपयोग कर 2W प्रतिरोध प्राप्त करने के लिए इनके किस संख्या की आवश्यकता है?

A. 2
B. 3
C. 4
D. 6

100. बड़े पैमाने पर पवन चक्की का उपयोग किया जाता है:

A. दिल्ली
B. कन्याकुमारी
C. डेनमार्क
D. केन्या

(*ii*) : गणित

101. यदि $x + \frac{1}{x} = 4$ है, तो $x^2 + \frac{1}{x^2}$ होगा:

A. 8
B. 12
C. 14
D. 16

102. $\frac{\sqrt{729}+\sqrt{441}}{\sqrt{729}-\sqrt{441}}$ का मान है:

A. 8
B. $\frac{1}{8}$
C. 80
D. $\sqrt{\frac{1170}{288}}$

103. दो लोग एक 75 मीटर ऊँची मीनार के दोनों ओर से क्रमशः 30° और 60° के उन्नयन कोण पर मीनार

के शीर्ष का निरीक्षण करते हैं। दोनों लोगों के बीच की दूरी है:

A. $25\sqrt{3}$ मी. B. $50\sqrt{3}$ मी.
C. $75\sqrt{3}$ मी. D. $100\sqrt{3}$ मी.

104. sin 25° cos 65° + cos 25° sin 65° का मान है:

A. $\frac{1}{2}$ B. –1
C. 1 D. 2

105. $2 \tan^2 45° + \cos^2 30° - \sin^2 60°$ का मान है:

A. 2 B. 1
C. $\frac{1}{2}$ D. –1

106. एक समांतर श्रेणी का पहला और अंतिम पद क्रमशः 5 और 45 है। समांतर श्रेणी में कितने पद सार्व अन्तर 4 के साथ होंगे?

A. 11 B. 8
C. 10 D. 12

107. पहले 8 पर्यवेक्षणों का माध्य 8 है और अंतिम 8 पर्यवेक्षणों का माध्य 20 है। यदि सभी 15 पर्यवेक्षणों का माध्य 19 हो तो 8 वाँ पर्यवेक्षण होगा:

A. 17 B. 18
C. 19 D. 20

108. एक हॉकी मैच में, एक खिलाड़ी 30 मैचों में 6 गोल करने की क्षमता रखता था। उस खिलाड़ी की एक गोल करने की संभाव्यता क्या है?

A. 0.6 B. 0.5
C. 0.3 D. 0.2

109. एक त्रिभुज की भुजाएं क्रमशः 5 से.मी., 12 सें.मी., 13 सें.मी. हैं। त्रिभुज का क्षेत्रफल होगा:

A. 24 वर्ग से.मी. B. 30 वर्ग से.मी.
C. 36 वर्ग से.मी. D. 40 वर्ग से.मी.

110. एक शंकु का व्यास 14 सें.मी. है और इसकी तिर्यक ऊँचाई 9 सें.मी. है। इसके वक्र सतह का क्षेत्रफल होगा:

A. 126 वर्ग से.मी. B. 198 वर्ग से.मी.
C. 296 वर्ग से.मी. D. 396 वर्ग से.मी.

111. 4.2 सें.मी. त्रिज्या वाली एक गोलाकार धातु की गेंद पिघलाई जाती है और इसे 6 सें.मी. त्रिज्या वाले एक बेलन के रूप में ढ़ाला जाता है। बेलन की ऊँचाई होगी:

A. 2.74 सें.मी. B. 3.24 सें.मी.
C. 3.74 सें.मी. D. 4.24 सें.मी.

112. 6 सें.मी. त्रिज्या और 60° के वृत्त खंड का क्षेत्रफल है:

A. $\frac{99}{7}$ वर्ग सें.मी. B. $\frac{164}{7}$ वर्ग सें.मी.
C. $\frac{66}{7}$ वर्ग सें.मी. D. $\frac{132}{7}$ वर्ग सें.मी.

113. एक द्रुतगामी ट्रेन समरूप गति से 420 कि.मी. की दूरी तय करती है। अपनी गति को 10 कि.मी./घंटा बढ़ाते हुए उसी यात्रा के लिए एक घंटा कम समय लेती है। ट्रेन की वास्तविक गति है:

A. 45 कि.मी./घंटा B. 50 कि.मी./घंटा
C. 55 कि.मी./घंटा D. 60 कि.मी./घंटा

114. एक पिता अपने पुत्र से 25 वर्ष बड़ा है। दस वर्ष पूर्व, पिता और पुत्र की आयु का अनुपात 2 : 1 था। पुत्र की वर्तमान आयु है:

A. 25 वर्ष B. 30 वर्ष
C. 35 वर्ष D. 40 वर्ष

115. एक परीक्षा का न्यूनतम अर्हतांक 45% है। एक छात्र 300 अंक प्राप्त करता है लेकिन 60 अंकों से अनुत्तीर्ण हो जाता है। परीक्षा का कुल अंक है:

A. 700 B. 800
C. 900 D. 1000

116. 50 किलोग्राम वजन वाले मिश्रण में, ताम्बा और जस्ता का अनुपात 3 : 2 है। मिश्रण में 5 किलोग्राम जस्ता और मिलाया गया। ताम्बा और जस्ता का नया अनुपात होगा:

A. 6 : 5 B. 5 : 6
C. 4 : 3 D. 3 : 4

117. एक वृद्धाश्रम में 300 लोग रहते हैं। यदि प्रत्येक को प्रतिदिन 200 ग्राम राशन दिया जाता है, तो यह 36 दिनों के लिए काफी है। यदि वृद्धाश्रम में 100 और लोग शामिल होते हैं और राशन घटाकर प्रतिदिन 180 ग्राम कर दिया जाता है, तो राशन पर्याप्त होगा:

A. 26 दिन B. 30 दिन
C. 32 दिन D. 40 दिन

118. मोहन ₹ 121 में एक कलम खरीदता है। यदि थोक व्यापारी की लागत ₹ 100 है और दूकानदार तथा थोक

व्यापारी समान दर से लाभ कमाते हैं, तो उनके लाभ का प्रतिशत होगाः

A. 10% B. 11%
C. 9.5% D. 8.5%

119. दिए गए चार अलग-अलग बिंदुओं में से कोई तीन संरेख नहीं हैं। तो रेखाओं की संख्या जिन्हें उनके ऊपर से खींची जा सकती हैः

A. 2 B. 4
C. 6 D. 8

120. वृत्तों को संकेन्द्रित कहा जाता है, यदि

A. उनकी त्रिज्याएं समान हों
B. उनकी त्रिज्याएं अलग हों
C. उनके केन्द्र संरेख हों
D. उनके केन्द्र समान हों

(*iii*) : सामाजिक विज्ञान

121. सामान्य घाटा के लिए प्रविष्टि लेख्यांकित होता हैः

A. बैलेंस शीट B. लाभ-हानि खाता
C. ट्रेडिंग खाता D. उपरोक्त में से कोई नहीं

122. नवीन पूंजी निर्गत को शामिल किया जाता हैः

A. सेकेण्डरी मार्केट B. प्राइमरी मार्केट
C. ब्लैक मार्केट D. उपरोक्त में से कोई नहीं

123. संविधान का कौन-सा अनुच्छेद संसद को संविधान में संशोधन करने की शक्ति प्रदान करता है?

A. 376 B. 370
C. 368 D. 390

124. किसे आधुनिक भारत में स्थानीय स्वशासन का जनक माना जाता है?

A. रिपन B. मेयो
C. लिट्टन D. कर्जन

125. पहली बार सन् 1875 में आर्य समाज की स्थापना कहाँ हुई?

A. अमृतसर B. लाहौर
C. बम्बई D. दिल्ली

126. कहाँ से विपुल धन प्राप्त करने के बाद अलाउद्दीन खिलजी ने दिल्ली के सिंहासन पर कब्जा किया?

A. चंदेरी B. गुजरात
C. देवगिरि D. मदुरै

127. उष्णकटिबंधीय घासभूमि कहा जाता हैः

A. पंपास B. लानोस
C. सवाना D. उपरोक्त में से कोई नहीं

128. प्रायद्वीपीय क्षेत्र की सबसे बड़ी नदी प्रणाली कौन-सी है?

A. गोदावरी B. कावेरी
C. नर्मदा D. महानदी

129. बुलन्द दरवाजा संबद्ध हैः

A. शेरशाह B. बाबर
C. अकबर D. जहांगीर

130. किस सुल्तान का सेनापति मलिक काफूर था?

A. बलबन B. अलाउद्दीन खिलजी
C. मोहम्मद बिन तुगलक D. फिरोज शाह तुगलक

131. भारतीय उप-महाद्वीप मूलतः हिस्सा थाः

A. जुरैसिक लैंड B. अंगारा लैंड
C. आर्यावर्त D. गोंडवाना लैंड

132. स्वेज राष्ट्रीय नहर, भूमध्य सागर को .... के साथ जोड़ता है।

A. अटलांटिक महासागर B. प्रशांत महासागर
C. उत्तरी सागर D. लाल सागर

133. कार्ल मार्क्स की पुस्तक 'दास कैपिटल' प्रकाशित हुआ थाः

A. 1857 B. 1862
C. 1867 D. 1872

134. विपणन कानून को किसने प्रतिपादित किया?

A. एडम स्मिथ B. जे.बी.से
C. टी.आर. माल्थस D. उपरोक्त में से कोई नहीं

135. डॉक्ट्रिन ऑफ लैप्स के जनक थेः

A. लॉर्ड विलियम बैंटिंक B. लॉर्ड डलहौजी
C. लॉर्ड रिपन D. लॉर्ड कर्जन

136. अर्थशास्त्र में, 'उपयोगिता' और 'सार्थकता' शब्द का अभिप्राय हैः

A. एक ही अर्थ में B. अलग-अलग अर्थ में
C. विपरीत अर्थ में D. उपरोक्त में से कोई नहीं

137. निम्नलिखित में से कौन स्वतंत्र भारत की पहली महिला राज्यपाल थीं?

A. सरोजिनी नायडू B. सुचेता कृपलानी
C. इंदिरा गांधी D. विजया लक्ष्मी पंडित

138. निम्न में से कौन समान वर्षा के स्थलों को जोड़ने वाली रेखाओं को प्रदर्शित करता है?
A. आइसोहाइप्स B. आइसोहेलाइन्स
C. आइसोबार D. आइसोहाइट्स

139. फैजाबाद में सन् 1857 के विद्रोह का नेतृत्व किसने किया?
A. अहमदुल्लाह B. बख्त खान
C. खान बहादुर खान D. नाना साहेब

140. एक अर्थव्यवस्था में 'मुद्रा का मूल्य' और 'मूल्य स्तर' के बीच क्या संबंध है?
A. प्रत्यक्ष B. उल्टा
C. आनुपातिक D. स्थिर

(*iv*) : अंग्रेजी

Choose the most appropriate response out of the four choices given after every question. Each question carries one mark.

Directions (Qs. 141 and 142): *In each of the following questions, some alternatives have been suggested for the idioms/phrase. Choose the option which best expresses the meaning.*

141. "By leaps and bounds"
A. Rapidly B. Slowly
C. Peacefully D. Strongly

142. "A bolt from the blue"
A. Something unexpected
B. Something unpleasant
C. Something horrible
D. Something unexpected and unpleasant

143. Out of the four alternatives, choose the one which can be substituted for "One who is good at many things".
A. Versatile B. Universal
C. Cosmopolitan D. Secular

144. Choose the correctly spelt word
A. Manufactre B. Manufacture
C. Monufacture D. Manufactuer

145. Choose the correctly spelt word.
A. Aggregete B. Agrregete
C. Aggregate D. Agregate

146. Choose the indirect form of the following sentence.
Rajan said, "O that I were a child again!"
A. Rajan exclaimed with wonder that he was a child again.
B. Rajan wondered that were he a child again.
C. Rajan wished that he had been a child again.
D. Rajan wished that he were a child again.

147. Choose the indirect form of the following sentence:
The manager said, "Well, what can I do for you?"
A. The manager asked what he could do for him.
B. The manager exclaimed what he could do for you.
C. The manager wanted to know what he could do for you.
D. The manager said that he couldn't do anything for him.

148. The passive voice of "Who is creating this mess?" is
A. Who has created this mess?
B. By whom has this mess been created?
C. By whom this mess is being created?
D. By whom is this mess being created?

149. The active voice of "The clown was laughed at by them." is
A. They were laughing at the clown.
B. The were laughing on the clown.
C. They laughed at the clown.
D. They were laughed at by the clown.

Directions (Qs. 150 to 152): *Choose the most appropriate words to fill in the blanks.*

150. Ramesh .... the business deal without wasting any time.
A. damaged B. facilitated
C. clinched D. expressed

151. I complimented him .... his success in the examination.

A. through B. on
C. about D. for

152. The dramatist must cater .... the taste of the audience.
A. to B. over
C. into D. for

153. Who said *"A thing of beauty is a joy forever"*?
A. Frost B. Shelley
C. Keats D. Coleridge

154. Which one of the following is considered the last play of Shakespeare?
A. Cymbeline B. Pericles
C. The Winter's Tale D. Henry-VIII

155. Which one of the following poems is composed by John Keats?
A. Ode to Duty
B. Ode to the West Wind
C. Ode to a Nightingale
D. Ode on Solitude

156. Who is known as "The Prince of English Essayists"?
A. Lamb B. Addison
C. Eliot D. Steele

157. Shakespeare's "Measure for Measure" is a
A. Romance B. Tragi-Comedy
C. Dumb show D. Mime

158. Who said that *"Hell is a city much like London"*?
A. Shelley B. Frost
C. Keats D. Coleridge

159. In the sentence "I shall write to you when I have time," ***when I have time*** is a
A. Noun clause B. Adverb clause
C. Adjective clause D. None of these

160. In the sentence, "The boy who topped the class is my brother," ***who topped the class*** is a
A. Noun clause B. Adverb clause
C. Adjective clause D. None of these

(*v*) : हिन्दी

निर्देश (प्रश्न सं. 161-165): *निम्नलिखित गद्यांश को ध्यानपूर्वक पढ़कर उसके आधार पर पूछे गये प्रश्नों के उत्तर दीजिए।*

"आज हम इस असमंजस में पड़े हैं और यह निश्चय नहीं कर पाए हैं कि हम किस ओर चलेंगे और हमारा ध्येय क्या है? स्वभावतः ऐसी अवस्था में हमारे पैर लड़खड़ाते हैं। हमारे विचार में भारत के लिए और सारे संसार के लिए सुख और शांति का एक ही रास्ता है और वह है अहिंसा और आत्मवाद का। अपनी दुर्बलता के कारण हम उसे ग्रहण न कर सके, पर उसके सिद्धांतों को तो हमें स्वीकार कर ही लेना चाहिए और उसके प्रवर्तन का इंतजाम करना चाहिए। यदि हम सिद्धांत ही न मानेंगे तो उसके प्रवर्तन की आशा कैसे की जा सकती है? जहाँ तक मैंने महात्मा गाँधी के सिद्धांत को समझा है, वह इसी आत्मवाद और अहिंसा के, जिसे वे सत्य भी कहा करते थे, मानने वाले और प्रवर्तक थे। उसे ही कुछ लोग आज गाँधीवाद का नाम भी दे रहे हैं। यद्यपि महात्मा गाँधी ने बार-बार यह कहा था कि 'वे किसी नए सिद्धांत या वाद के प्रवर्तक नहीं हैं और उन्होंने अपने जीवन में प्राचीन सिद्धांतों का अमल कर दिखाने का यत्न किया है।' विचार कर देखा जाए तो जितने सिद्धांत अन्य देशों, अन्य-अन्य कालों और स्थितियों में भिन्न-भिन्न नामों और धर्मों से प्रचलित हुए हैं, सभी अन्तिम और मार्मिक अन्वेषण के बाद इसी तत्त्व या सिद्धांत में समाविष्ट पाए जाते हैं। केवल भौतिकवाद इनसे अलग है। हमें असमंजस की स्थिति से बाहर निकलकर निश्चय कर लेना है कि हम अहिंसावाद, आत्मवाद और गाँधीवाद के अनुयायी और समर्थक हैं न कि भौतिकवाद के। प्रेय और श्रेय में से हमें श्रेय को चुनना है। श्रेय ही हितकर है, भले ही वह कठिन और श्रमसाध्य हो। इसके विपरीत प्रेय आरंभ में भले ही आकर्षक दिखाई दे, उसका अन्तिम परिणाम अहितकर होता है।"

161. हमारे पैर लड़खड़ाते हैं, क्योंकि हम
A. लक्ष्य से अनजान और दिशाहीन हैं
B. अशक्त और दुर्बल हैं
C. भौतिकवाद में आस्था रखते हैं
D. अकर्मण्य हैं

162. लेखक के विचार में विश्व में सुख-समृद्धि और शांति स्थापित हो सकती है, केवल
A. अहिंसा और अनात्मवाद द्वारा
B. अनिश्चय और असमंजस की स्थिति से उबरकर
C. भौतिकवाद और अनात्मवाद को समन्वित करके
D. अहिंसा और आत्मवाद को अपनाकर

163. अहिंसा एवं सत्य के मार्ग में सबसे बड़ी बाधा है
A. असत्य मार्ग का सरल होना
B. सत्य के मार्ग की दुर्गमता
C. हिंसा के प्रति सहज आकर्षण
D. मनुष्य की अपनी दुर्बलता

164. हमें स्वयं को किस दुविधा से मुक्त करना चाहिए?
A. लक्ष्य और दिशा की
B. श्रेय और प्रेय की
C. गाँधीवाद और भौतिकवाद की
D. सिद्धांत और व्यवहार की

165. विश्व की विभिन्न विचारधाराएँ और प्रमुख वाद अंततः किस तत्त्व में समाविष्ट पाए जाते हैं?
A. सत्य में B. सुख-साधना में
C. धार्मिक-आस्था में D. शांति-अन्वेषण में

निर्देश (प्रश्न सं. 166-180): *निम्नलिखित प्रत्येक प्रश्न के चार-चार विकल्प दिए गए हैं। उनमें से सही विकल्प चुनिए।*

166. इनमें से किस कवि ने भ्रमरगीत प्रसंग को अपनी रचनाओं में स्थान ***नहीं*** दिया?
A. रसखान B. सूरदास
C. रत्नाकर D. नंददास

167. इनमें से किस वाक्य की क्रिया सकर्मक है?
A. रमेश का आचरण अच्छा है।
B. वह रात भर जागता रहा।
C. आकाशवाणी से यह समाचार प्रसारित हुआ।
D. आपसे मिलकर बड़ी प्रसन्नता हुई।

168. इनमें से कौन-सा शब्द विशेषण ***नहीं*** है?
A. दिग्भ्रम B. दिग्भ्रमित
C. दिग्भ्रांत D. उद्भ्रांत

169. इनमें से कौन-सा शब्द शेष तीन से भिन्न है?
A. संपृक्त B. संयुक्त
C. संलीन D. संश्लिष्ट

170. इनमें से कौन-सा शब्द अरबी-फारसी का ***नहीं*** है?
A. नतीजा B. भरपूर
C. कायम D. तहजीब

171. इनमें से किस शब्द में 'अव' उपसर्ग 'हीन' का अर्थ ***नहीं*** देता?
A. अवमूल्यन B. अवनति
C. अवमानना D. अवधान

172. तुम्हारा परीक्षा में प्रथम आना तो ऐसा है जैसे ....।
A. ऊँट के मुँह में जीरा
B. घोड़े की बला तबेले के सिर
C. अंधे के हाथ बटेर लगना
D. अंधा क्या जाने बसंत की बहार

173. 'विजन वन बल्लरी पर, सोती थी सुहाग भरी' में अलंकार हैं:
A. अनुप्रास, विरोधाभास
B. अनुप्रास, मानवीकरण
C. पुनरूक्तिप्रकाश, मानवीकरण
D. विरोधाभास, पुनरूक्तिप्रकाश

174. इनमें से कौन-सा शब्द स्त्रीलिंग है?
A. अंबार B. भरमार
C. भंडार D. कोठार

175. इनमें से कौन-सा भाव शेष तीन से भिन्न है?
A. पीड़ा B. वेदना
C. अवसाद D. करुणा

176. इनमें से कौन-सा वाक्य ***अशुद्ध*** है?
A. वे तो वहाँ जाने के लिए तैयार ही नहीं हैं।
B. मुझे आशा है कि आप मेरे सुझावों पर विचार करेंगे।
C. दो-चार साल बाद ये तो नहीं होंगे, लेकिन ये होगा।
D. इस पुस्तक में ऐसा क्या है कि तुम इसे छोड़ ही नहीं रहे।

177. इनमें में किस वाक्य में भाववाच्य का प्रयोग हुआ है?
A. आज बच्चों को इनाम दिया गया।
B. कल विद्यालय में छुट्टी नहीं है।
C. हवा के झोंके से खिड़की खुल गई।
D. इस गर्मी में सोया नहीं जाएगा।

178. इनमें से किसमें 'अ' उपसर्ग का प्रयोग हुआ है?
A. अरमान B. अम्लान
C. अपमान D. अनुमान

179. इनमें से कौन-सा शब्द प्रत्यय रहित है?
A. मलयानिल B. स्वप्निल
C. उर्मिल D. स्नेहिल

180. इनमें से किसमें बहुव्रीहि समास ***नहीं*** है?
A. वज्रायुध B. दिगंबर
C. वाचस्पति D. श्वेतांबर

उत्तरमाला

1 A	2 B	3 C	4 D	5 B	6 C	7 D	8 C	9 B	10 B
11 C	12 B	13 D	14 D	15 A	16 B	17 C	18 B	19 D	20 C
21 D	22 C	23 C	24 D	25 B	26 C	27 B	28 C	29 A	30 B
31 A	32 C	33 B	34 B	35 A	36 A	37 A	38 B	39 C	40 D
41 D	42 C	43 B	44 D	45 C	46 A	47 A	48 A	49 A	50 C
51 D	52 A	53 B	54 D	55 B	56 A	57 B	58 D	59 B	60 A
61 A	62 D	63 B	64 C	65 B	66 C	67 C	68 D	69 A	70 C
71 B	72 A	73 A	74 B	75 A	76 B	77 C	78 C	79 D	80 C
81 A	82 C	83 B	84 D	85 C	86 C	87 A	88 D	89 D	90 B
91 B	92 B	93 C	94 D	95 D	96 C	97 C	98 A	99 B	100 B
101 C	102 A	103 D	104 C	105 A	106 A	107 C	108 D	109 B	110 B
111 A	112 D	113 D	114 C	115 B	116 A	117 B	118 A	119 C	120 D
121 C	122 B	123 C	124 A	125 C	126 C	127 C	128 A	129 C	130 B
131 D	132 D	133 C	134 B	135 B	136 B	137 A	138 D	139 A	140 B
141 A	142 A	143 A	144 B	145 C	146 C	147 A	148 D	149 C	150 C
151 B	152 A	153 C	154 D	155 C	156 A	157 B	158 A	159 B	160 C
161 A	162 D	163 D	164 B	165 A	166 A	167 C	168 A	169 A	170 B
171 D	172 C	173 B	174 B	175 D	176 C	177 D	178 B	179 C	180 C

कुछ चुने हुए प्रश्नों के व्याख्यात्मक उत्तर

11-14. दिए गए आंकड़े पर आधारित फैमली ट्री इस प्रकार है:

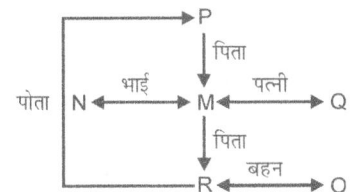

15.

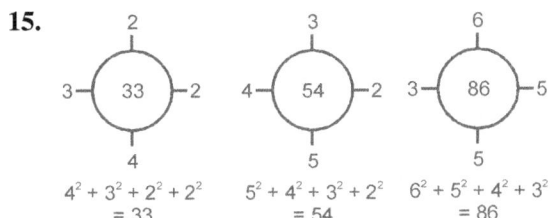

$4^2 + 3^2 + 2^2 + 2^2 = 33$
$5^2 + 4^2 + 3^2 + 2^2 = 54$
$6^2 + 5^2 + 4^2 + 3^2 = 86$

16. 0, 7, 26, 63, 124, 215
$1^3-1=0$, $2^3-1=7$, $3^3-1=26$, $4^3-1=63$, $5^3-1=124$, $6^3-1=215$

17. 3, 16, 42, 81, 133, **198**
+(13×1), +(13×2), +(13×3), +(13×4), +(13×5)

18. 1, 8, 27, **64**, 125, 216
$(1)^3, (2)^3, (3)^3, (4)^3, (5)^3, (6)^3$

19. 2, 9, 23, 51, 107, **219**
+(7×2⁰), +(7×2¹), +(7×2²), +(7×2³), +(7×2⁴)

21. दी गई जानकारियों के अनुसार:

अक्षर F A M I L Y S T E R
कूट   3 1 6 4 5 9 7 8 2 0

अतः शब्द का कूट '64780277' है।

22. जिस प्रकार

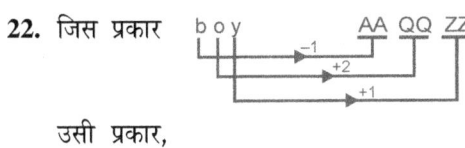

उसी प्रकार,

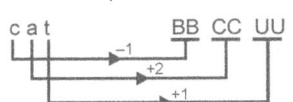

23-27.

	A	B	C	D	E
क्रिकेट	✓	✓			
टेनिस	✓	✓	✓	✓	
हॉकी		✓	✓	✓	✓
वॉलीबॉल	✓		✓		
फुटबॉल			✓		✓

101. $\because x - \dfrac{1}{x} = 4$

$\therefore x^2 + \dfrac{1}{x^2} = \left(x - \dfrac{1}{x}\right)^2 - 2(x)\left(\dfrac{1}{x}\right)$

$= (4)^2 - 2 = 14$

102. $\dfrac{\sqrt{729} + \sqrt{441}}{\sqrt{729} - \sqrt{441}} = \dfrac{27 + 21}{27 - 21} = \dfrac{48}{6} = 8$

103.

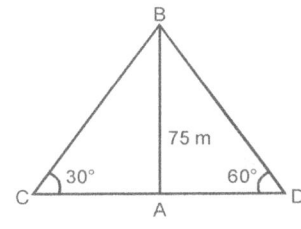

$\tan 30° = \dfrac{75}{x}$

$\Rightarrow \dfrac{1}{\sqrt{3}} = \dfrac{75}{x}$

$\Rightarrow x = 75\sqrt{3}$ मी.

$\tan 60° = \dfrac{75}{y} \Rightarrow \sqrt{3} = \dfrac{75}{y}$

$\Rightarrow y = \dfrac{75}{\sqrt{3}} \times \dfrac{\sqrt{3}}{\sqrt{3}} = 25\sqrt{3}$

$\therefore x + y = 75\sqrt{3} + 25\sqrt{3} = 100\sqrt{3}$ मी.

अतः दोनों के बीच की दूरी $= 100\sqrt{3}$ मी.

104. $\sin 25° \times \cos 65° + \cos 25° \times \sin 65°$
$= \sin(25° + 65°) = \sin 90° = 1$

105. $2\tan^2 45° + \cos^2 30 - \sin^2 60$
$= 2 \times (1)^2 + \left(\dfrac{\sqrt{3}}{2}\right)^2 - \left(\dfrac{\sqrt{3}}{2}\right)^2 = 2$

106. ए.पी. का nवां पद $= a + (n-1)d$
$\Rightarrow 45 = 5 + (n-1)4 \Rightarrow 45 - 5 = 4n - 4$
$\Rightarrow 40 + 4 = 4n \Rightarrow 4n = 44 \Rightarrow n = 11$

107. प्रथम 8 पर्यवेक्षणों का कुल योग $= 8 \times 18 = 144$
अंतिम 8 पर्यवेक्षणों का कुल योग $= 20 \times 8 = 160$
15 पर्यवेक्षणों का कुल योग $= 15 \times 19 = 285$
इस प्रकार, 8वां पर्यवेक्षण
$= (144 + 160) - (285) = 304 - 285 = 19$

108. अभीष्ट संभाव्यता $= \dfrac{6}{30} = \dfrac{1}{5} = 0.2$

109. $s = \dfrac{a+b+c}{2} = \dfrac{5+12+13}{2} = \dfrac{30}{2} = 15$
त्रिभुज का क्षेत्रफल
$= \sqrt{s(s-a)(s-b)(s-c)}$
$= \sqrt{15(15-5)(15-12)(15-13)}$
$= \sqrt{15 \times 10 \times 3 \times 2} = \sqrt{900} = 30$ वर्ग सें.मी.

110. शंकु के वक्र सतह का क्षेत्रफल
$= \pi r l = \dfrac{22}{7} \times 7 \times 9 = 198$ वर्ग सें.मी.

111. बेलन का आयतन = गोले का आयतन
$\Rightarrow \pi \times r^2 \times h = \dfrac{4}{3}\pi r^3$
$\Rightarrow 6 \times 6 \times h = \dfrac{4}{3} \times 4.2 \times 4.2 \times 4.2$
$\Rightarrow h = \dfrac{4 \times 42 \times 42 \times 42}{3 \times 6 \times 6 \times 1000}$
$= \dfrac{4 \times 14 \times 7 \times 7}{1000} = \dfrac{56 \times 49}{1000} = \dfrac{2744}{1000}$
$= 2.744$ सें.मी. ≈ 2.74 सें.मी.

112. वृत्तखंड का क्षेत्रफल $= \dfrac{\theta}{360°} \times \pi r^2$
$= \dfrac{60}{360} \times \dfrac{22}{7} \times 6 \times 6 = \dfrac{132}{7}$ वर्ग सें.मी.

113. माना कि, ट्रेन की वास्तविक गति $= x$ किमी/घंटा
प्रश्नानुसार,
$\dfrac{420}{x} - \dfrac{420}{x+10} = 1$
$\Rightarrow 420(x + 10 - x) = x^2 + 10x$
$\Rightarrow x^2 + 10x - 4200 = 0$
$x = \dfrac{-10 \pm \sqrt{100 + 4 \times 4200}}{2} = \dfrac{-10 \pm \sqrt{16900}}{2}$
$= \dfrac{-10 \pm 130}{2} = 60$ किमी./घंटा

114. माना कि पुत्र की वर्तमान आयु $= x$ वर्ष
पिता की आयु $= (x + 25)$ वर्ष
प्रश्नानुसार,
$\dfrac{x + 25 - 10}{x - 10} = \dfrac{2}{1}$
$\Rightarrow \dfrac{x + 15}{x - 10} = \dfrac{2}{1}$
$\Rightarrow 2x - 20 = x + 15$
$\Rightarrow x = 35$
अतः, पुत्र की वर्तमान आयु $= 35$ वर्ष

115. माना कि परीक्षा का कुल पूर्णांक $= x$
प्रश्नानुसार,
x का $45\% = 300 + 60$
$\Rightarrow x \times \dfrac{45}{100} = 360$
$\Rightarrow x = \dfrac{360 \times 100}{45} = 800$

117. दिनों की अभीष्ट संख्या
$= \dfrac{300 \times 200 \times 36}{400 \times 180} = 30$ दिन

119. 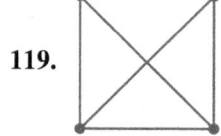 रेखाओं की अभीष्ट संख्या = 6

120.  वे वृत्त जिनके केन्द्र संरेख हों लेकिन उनकी त्रिज्याएं अलग हों, संकेन्द्रित वृत्त कहलाते हैं।

पिछले प्रश्न-पत्र (हल सहित)

IGNOU B.Ed. प्रवेश परीक्षा, 2014

भाग-अ

खंड-I : सामान्य हिन्दी बोध

निर्देश (प्र.सं. 1 से 10 तक): *दिए गए गद्यांश को ध्यान पूर्वक पढ़िए और नीचे दिए गए प्रश्नों के चार उत्तरों में से एक सही उत्तर चुनिए—*

डिजनी फिल्म 'द लिटिल मरमेड' की सबसे महत्वपूर्ण विषय-वस्तुओं में सपनों को बढ़ावा देना और पारम्परिक चिन्तन पर सवाल उठाना मुख्य है। छोटी जलपरी एरियल न केवल असली विचारों को ही प्रदर्शित करती है (जैसा कि बहुतों का मानना है कि उसमें इसकी कमी है), बल्कि वह अपने वंशवादी पिता के विरुद्ध विद्रोह भी करती है। जब एरियल मानव राजकुमार के प्रति अपना प्रेम प्रकट करती है तो, राजा ट्राइडेन्ट क्रोधित हो जाता है। जब एरियल गुस्से में बताती है कि वह उसको नहीं समझता है अथवा उस आदमी को जानता भी नहीं है जिसे वह प्यार करती है, तो ट्राइडेन्ट उत्तर देता है, "उसे जानूँ? मुझे उसको जानने की आवश्यकता नहीं! वह एक मानव है!" एक अति यथार्थ रूप में डिजनी बच्चों को पहले से स्थापित विचारों पर प्रश्न करने हेतु प्रोत्साहित करता है जो कि किसी विशेष समूह के प्रति हमारे अन्दर भरे होते हैं।

डिजनी बच्चों को वही करने को प्रोत्साहित करता है जिसे बच्चे पसंद करते हैं। हम देखते हैं कि अन्य सभी की तुलना में एरियल का राजकुमार एरिक के प्रति प्रेम सबसे महत्वपूर्ण है। एरियल द्वारा समुद्री चुड़ैल उरसुला से सहायता माँगना एक भूल थी। परन्तु कोई भी सच्चा नायक अथवा नायिका त्रुटिहीन नहीं है। एरियल स्वयं को, अपने परिवार को, अपने साथियों को खतरे में डाल देती है, परन्तु हम देखते हैं कि अपने राजकुमार की सहायता से वह सब कुछ ठीक कर लेती है।

फिल्म के अन्त में, जब उरसुला राजा ट्राइडेन्ट को उसकी बेटी की जान के बदले राज्य को छोड़ने को बाध्य करती है, तो डरावनी और दैत्याकार समुद्री चुड़ैल पानी से बाहर आती है। वह राजा का मुकुट पहने हुए, और उसका जादुई त्रिशूल लिए हुए होती है। वह कुटिल हँसी हँसती है और घोषणा करती है कि वह जल के सभी नरों और मादाओं की शासक है। "यह सब सच्चे प्यार के लिए!" वह विजय भाव से चिल्लाती है। एरिक किसी प्रकार अपने जहाज को साहसपूर्वक सीधे उसके उदर के पार ले जाने में सफल हो जाता है और उसे अभिभूत कर देता है। यहाँ हमें शिक्षा मिलती है कि यद्यपि हम सभी गलतियाँ करते हैं, यह महत्वपूर्ण है कि हम दूसरों के प्रति की गई गलतियों को किस प्रकार ठीक करते हैं।

1. लेखक का इस गद्यांश में मुख्य बिन्दु है—
   A. एरियल को राजकुमार एरिक को शादी करने की अनुमति नहीं देनी चाहिए थी
   B. केवल राजकुमार एरिक ही एरियल को समझता था
   C. एरियल ने सत्य विचारों का प्रदर्शन किया
   D. *द लिटिल मरमेड* बच्चों को सिखाती है कि वे अपने दिल की सुनें

2. लेखक ने टिप्पणी (जैसा कि बहुतों का मानना है कि उसमें इसकी कमी है) को कोष्ठक में क्यों लिखा है?
   A. पाठक को एक अतिरिक्त टिप्पणी दर्शाने हेतु
   B. यह दर्शाने के लिए कि यह महत्वपूर्ण नहीं है
   C. मनोदशा को दर्शाने के लिए
   D. अर्थ के बदलाव को दर्शाने के लिए

3. एरियल के पिता को 'वंशवादी' कहा गया है क्योंकि
   A. वह एरिक को नहीं जानता था
   B. एरिक के मानव होने के कारण वह उसके प्रेम का विरोध करता था
   C. एरियल को नहीं समझता था
   D. क्रोधित था

4. निम्न में से कौन-सी पंक्तियाँ ''डिजनी बच्चों को पहले से स्थापित विचारों पर प्रश्न उठाने हेतु प्रोत्साहित करता है, जो किसी समूह के विरुद्ध हमारे अन्दर भरे होते हैं'' में दिए कथन की सही व्याख्या करता है–

A. आई-पॉड के विकास के बारे में एक फिल्म

B. एक फिल्म जो युद्ध की भयावहता को दर्शाती है

C. एक लड़की के बारे में फिल्म जो साँपों से डरती है और अन्त में डर को जीत लेती है

D. एक फिल्म जो रॉक बैण्ड की यात्रा का लेखा-जोखा करती है

5. उरसुला का कथन ''यह सब सच्चे प्यार के लिए'' से मुख्यतः पता चलता है कि–

A. विवाह उसके लिए अस्वीकार्य था

B. वह सच्चे प्रेम का मजाक उड़ाती है

C. वह वंशवादी है

D. ट्राइडेन्ट उसका सच्चा प्यार था

6. ''अभिभूत करना'' का समीपस्थ अर्थ है

A. प्यारा B. सफल

C. विनाश D. हराना

7. लेखक का *''द लिटिल मरमेड''* के प्रति रवैया मुख्यतः है–

A. सम्मान B. कुण्ठा

C. आत्मसंयम D. उभयवृत्ति

8. डिजनी फिल्म *''द लिटिल मरमेड''* की सबसे महत्वपूर्ण विषय-वस्तुओं में सपनों को बढ़ावा देना और पारम्परिक चिन्तन पर सवाल उठाना है। इस वाक्य में 'विचार' शब्द निम्न में से क्या है?

A. क्रिया B. संज्ञा

C. विशेषण D. क्रिया विशेषण

9. प्रश्न 8 में ''प्रश्न उठाना'' शब्द-विचार की दृष्टि से क्या है?

A. क्रिया B. संज्ञा

C. विशेषण D. क्रिया विशेषण

10. जब एरियल मानव राजकुमार के प्रति अपने प्रेम को प्रकट करती है, तो राजा ट्राइडेंट क्रोधित हो जाता है, यह है–

A. साधारण वाक्य B. जटिल वाक्य

C. संयुक्त वाक्य D. संयुक्त-जटिल वाक्य

खंड-II : तार्किक एवं विश्लेषणात्मक तर्कशक्ति

निर्देश (प्र.सं. 11–15) : *छः व्यक्तियों A, B, C, D, E एवं F ने एक बहस में भाग लिया। छः सदस्यों में से दो महिलाएं थीं, E और उसकी अविवाहित बहन बहस में भाग लेने वाली इस वर्ष की नई सदस्य थीं। D का पति पिछली बार की बहस का विजेता था और उसने इस वर्ष भी बहस में भाग लिया, A और C पिछले वर्ष के उपविजेता रहे; इस वर्ष का विजेता न तो नये प्रतिभागी हैं और न ही पिछले वर्ष के विजेता। किसी कारण से B ने बहस बीच में ही छोड़ दी, बहस के अन्त में, C ने A से अधिक अंक प्राप्त किए किन्तु E तथा F से कम।*

उपर्युक्त सूचना के आधार पर निम्नलिखित प्रश्नों के उत्तर दीजिए।

11. D का पति कौन है?

A. A B. B

C. E D. C

12. पिछले वर्ष विजेता कौन था?

A. A B. B

C. D D. E

13. E की बहन कौन है?

A. C B. D

C. F D. A

14. इस वर्ष बहस का विजेता कौन था?

A. B B. C

C. D D. A

15. लुप्त संख्या ज्ञात कीजिए :

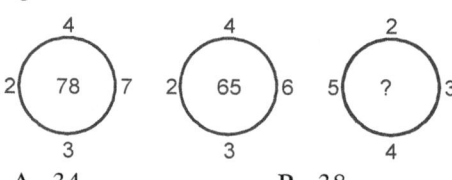

A. 34 B. 38

C. 48 D. 52

निर्देश (प्र.सं. 16–19) : *निम्न में से प्रत्येक प्रश्न में एक अपूर्ण संख्या श्रेणी को एक खाली स्थान सहित दिया गया है। दिए गए विकल्पों में से लुप्त संख्या ज्ञात कीजिए।*

16. 1, 8, 27, 64, ?, 216
    A. 85   B. 125
    C. 155   D. 205

17. 2, 11, 38, 119, ?
    A. 357   B. 380
    C. 362   D. 418

18. 4, 15, 37, 70, ?, 169
    A. 103   B. 106
    C. 117   D. 114

19. 29, 54, 103, 200, 393, ?
    A. 586   B. 490
    C. 678   D. 778

20. निम्न युग्म में से कौन-सा एक अन्य से भिन्न है?
    A. दूध – मक्खन   B. दवात – स्याही
    C. गन्ना – चीनी   D. नारियल – तेल

21. यदि 'Family' को कूट भाषा में 316459 और 'Sister' को 747820 लिखा जाता है, तो 'Mystery' को उसी कूट भाषा में लिखेंगे :
    A. 6987209   B. 6798209
    C. 6978209   D. 6972809

22. यदि GIRL कूट भाषा में HHJJQQNN लिखा जाता है, तो FOND को उसी कूट भाषा में लिखेंगे :
    A. GGPPMMEE   B. GGPPMMFF
    C. GGNNMMFF   D. GGPPNNFF

निर्देश (प्र.सं. 23–27) : नीचे दिए गये प्रश्नों के उत्तर देने के लिए निम्न गद्यांश को पढ़िए–

A और B फुटबॉल व हॉकी खेलते हैं। C और E टेनिस और क्रिकेट खेलते हैं। A और D टेनिस व वॉलीबॉल खेलते हैं। B और E क्रिकेट खेलते हैं। C और E वॉलीबॉल खेलते हैं। C और D हॉकी खेलते हैं। D और E फुटबॉल और क्रिकेट खेलते हैं।

23. क्रिकेट कौन नहीं खेलता है?
    A. A   B. B
    C. C   D. E

24. फुटबॉल, टेनिस व हॉकी कौन खेलता है?
    A. D   B. C
    C. B   D. E

25. कौन केवल टेनिस, हॉकी, क्रिकेट व वॉलीबॉल खेलता है?
    A. A   B. B
    C. C   D. D

26. कौन केवल फुटबॉल, हॉकी और क्रिकेट खेलता है?
    A. A   B. B
    C. C   D. D

27. निम्न में से कौन हॉकी के अलावा सभी खेल खेलता है?
    A. B   B. E
    C. D   D. C

निर्देश (प्र.सं. 28–30) : निम्न गद्यांश को पढ़कर दिए गये प्रश्नों के उत्तर दीजिए।

A, B, C, D और E सभी के पास 6 गेंदें हैं। B दो गेंद E को देता है उसने एक गेंद D को दी। A चार गेंद C को देता है जो दो गेंद B को देता है। B तीन गेंद D को दे देता है जो एक गेंद A को दे देता है।

28. B के पास कितनी गेंदें हैं?
    A. 2   B. 8
    C. 7   D. 3

29. C के पास कितनी गेंदें हैं?
    A. 3   B. 7
    C. 8   D. 9

30. अब, सबसे अधिक गेंदें किसके पास हैं?
    A. B   B. C
    C. D   D. E

खंड-III : शैक्षिक एवं सामान्य जागरूकता

31. आरटीई अधिनियम 2009 किस आयु वर्ग के बच्चों को निःशुल्क एवं अनिवार्य शिक्षा का अधिकार देता है?
    A. 3–11 वर्ष   B. 6–14 वर्ष
    C. 6–11 वर्ष   D. 3–14 वर्ष

32. भारत में राज्य सभा के सदस्यों का चुनाव किसके सदस्यों द्वारा किया जाता है?
    A. म्यूनिसिपल कमेटी एवं कार्पोरेशन
    B. जिला परिषद
    C. राज्य विधान सभा
    D. पंचायत

33. हमारे संविधान में वर्णित विभिन्न सरकारों के कार्यों की सूचियों में से किस सूची में विद्यालयी शिक्षा को शामिल किया गया है?

A. राज्य सूची
B. संघीय सूची
C. समवर्ती सूची
D. उपरोक्त में से कोई नहीं

34. भारत में कोई नया राज्य बनाने के लिए विधान (Bill) को पास होना चाहिए
A. विधान सभा में
B. लोक सभा में
C. राज्य सभा में
D. राज्य सभा एवं लोक सभा दोनों में

35. जिला शिक्षण एवं प्रशिक्षण संस्थान (DIETs) की स्थापना निम्न में किसकी गुणवत्ता सुधारने हेतु की गई?
A. प्रारम्भिक शिक्षा
B. माध्यमिक शिक्षा
C. प्राथमिक शिक्षा
D. पूर्व विद्यालयी शिक्षा (Pre-School Education)

36. संविधान सभा जिसने स्वतंत्र भारत के संविधान को बनाया, के अध्यक्ष कौन थे?
A. बी.आर. अम्बेडकर
B. राजेन्द्र प्रसाद
C. जवाहर लाल नेहरू
D. सरोजिनी नायडू

37. शिक्षा का 10 + 2 + 3 प्रारूप किसके द्वारा अनुशंसित किया गया?
A. शिक्षा आयोग 1964–1966
B. माध्यमिक शिक्षा आयोग 1952–1953
C. विश्वविद्यालय शिक्षा आयोग 1948–1949
D. राष्ट्रीय शिक्षक आयोग 1983–1984

38. विद्यालयी शिक्षा के लिए कौन-सा संगठन राष्ट्रीय पाठ्यक्रम की रूपरेखा (NCF) तैयार करता है?
A. एनसीईआरटी
B. सीबीएसई
C. एनयूईपीए
D. एनसीटीई

39. हमारे संविधान में, निःशुल्क और अनिवार्य प्राथमिक शिक्षा को किस धारा में शामिल किया गया है?
A. नागरिकों के मूलभूत अधिकार
B. राज्य के नीति निदेशक तत्व
C. मानवाधिकार
D. बाल अधिकार

40. स्वतंत्र बांग्लादेश बनने के समय भारत के प्रधानमंत्री कौन थे?
A. वी.पी. सिंह
B. इंदिरा गांधी
C. मोरारजी देसाई
D. आई.के. गुजराल

41. भारत छोड़ो आन्दोलन का उद्देश्य क्या था?
A. पूर्ण स्वतंत्रता प्राप्त करना
B. प्रभावशाली स्थिति प्राप्त करना
C. केन्द्रीय विधान परिषद में ज्यादा से ज्यादा प्रतिनिधित्व प्राप्त करना
D. सरकार में और अधिक भारतीयों के रोजगार को सुनिश्चित करना

42. भारतीय संविधान के अनुच्छेद 51 में शामिल है :
A. नागरिकों के मूलभूत अधिकार
B. नागरिकों के कर्तव्य
C. बाल अधिकार
D. मानवाधिकार

43. "वेदों की ओर लौटो" यह नारा किसने दिया?
A. स्वामी विवेकानन्द
B. स्वामी दयानन्द
C. राजा राम मोहन राय
D. श्री अरबिंदो

44. निम्न में से कौन-सा संगठन विद्यालयी शिक्षा से सम्बन्धित नहीं है?
A. सीबीएसई (CBSE)
B. एससीईआरटी (SCERT)
C. एआईसीटीई (AICTE)
D. डीआईईटी (DIET)

45. नवोदय विद्यालयों की स्थापना किस उद्देश्य के लिए की गई?
A. बच्चों को आवासीय सुविधा उपलब्ध कराना
B. अनुसूचित जन जातियों को गुणवत्ता युक्त शिक्षा उपलब्ध कराना
C. अल्पसंख्यकों को गुणवत्ता युक्त शिक्षा उपलब्ध कराना
D. आवासीय परिसर में प्रतिभाशाली विद्यार्थियों को गुणवत्ता युक्त शिक्षा उपलब्ध कराना

46. निम्न में से प्रतिष्ठित व्यक्तियों को दिया जाने वाला सर्वोच्च नागरिक पुरस्कार है
 A. पद्म विभूषण B. परमवीर चक्र
 C. भारत रत्न D. महावीर चक्र

47. अध्यापक शिक्षण संस्थान को मान्यता देने वाला संगठन कौन-सा है?
 A. एनसीटीई (NCTE)
 B. एनसीईआरटी (NCERT)
 C. एससीईआरटी (SCERT)
 D. यूजीसी (UGC)

48. 'गाइड' फिल्म इसी नाम के उपन्यास पर आधारित थी, वह निम्न में से किसके द्वारा लिखा गया था?
 A. आर.के. नारायण B. चेतन भगत
 C. मुल्क राज आनन्द D. झुम्पा लाहिरी

49. महात्मा गांधी के अनुसार प्राथमिक स्तर पर किस प्रकार का शिक्षण माध्यम प्रयोग होना चाहिए।
 A. राज्य की स्थानीय भाषा
 B. हिन्दी
 C. अंग्रेजी
 D. बच्चे की मातृभाषा

50. निम्न में से कौन एक उत्तर-पूर्वी भारत का राज्य नहीं है?
 A. मिजोरम
 B. त्रिपुरा
 C. अंडमान एवं निकोबार द्वीप समूह
 D. नागालैण्ड

51. निम्न में से किसे 15वीं लोकसभा के अन्तिम सत्र में पास किया गया?
 A. सूचना का अधिकार विधेयक
 B. शिक्षा का अधिकार विधेयक
 C. रेहड़ी-पटरी विधेयक
 D. रोजगार का अधिकार विधेयक

52. भारत में शिक्षक दिवस किसके जन्मदिन के उपलक्ष्य में मनाया जाता है?
 A. डॉ. जाकिर हुसैन B. डॉ. राधाकृष्णन
 C. जवाहर लाल नेहरू D. श्री अरबिंदो

53. निम्न में से कौन-सा देश सार्क (SAARC) का सदस्य नहीं है?
 A. नेपाल B. पाकिस्तान
 C. भूटान D. चीन

54. भारत एक गणतंत्र है क्योंकि
 A. राज्य का अध्यक्ष लोगों द्वारा चुना जाता है
 B. प्रधानमंत्री लोगों द्वारा चुना जाता है
 C. प्रधानमंत्री का चुनाव राज्यों के अध्यक्षों द्वारा होता है
 D. संसद के बहुमत द्वारा प्रधानमंत्री को समर्थन दिया जाता है

55. निम्न में से भारत का कौन-सा राज्य 1947 में आजाद नहीं हुआ था?
 A. गुजरात B. गोवा
 C. हिमाचल प्रदेश D. पश्चिम बंगाल

खंड-IV : शिक्षण-अधिगम और विद्यालय

56. किसी लोकतांत्रिक कक्षा में एक अध्यापक का कार्य है—
 A. विद्यार्थियों को बिना किसी सलाह और हस्तक्षेप के पूर्णरूपेण स्वतंत्र चुनाव की अनुमति देना
 B. विभिन्न विकल्पों से विद्यार्थियों को यह बताना कि उनमें बुद्धिमत्तापूर्ण चुनाव क्या है
 C. बढ़ते हुए विकल्पों के बीच बच्चों को चुनाव करने के योग्य बनाना
 D. बच्चों तथा स्वयं, दोनों के लिए चुनाव करना

57. अधिगम में प्रभावपूर्ण होने के लिए, उद्देश्य निम्न में से किसके अनुरूप अर्थपूर्ण होना चाहिए
 A. पाठ्यचर्या उद्देश्य
 B. बौद्धिक विचारों का समावेशन
 C. विद्यार्थियों की आवश्यकताएं तथा उद्देश्य
 D. विद्यालय का स्तर

58. कक्षा में अभिप्रेरण की कुंजी है
 A. विषय-वस्तु की अन्तर्निहित रुचि
 B. अध्यापक का व्यक्तित्व

C. कक्षा का भावनात्मक वातावरण
D. पाठ्यचर्या के अनुभवों की उपयुक्तता

59. कार्य अनुभव कार्यक्रम का मुख्य कार्य विद्यालयों में उपलब्ध कराना है
A. कार्य अनुभव सहित युवा
B. बेहतर कामगारों सहित उद्योग और व्यापार
C. अधिक विद्यार्थियों को नियंत्रित करने हेतु शिक्षकों को स्वतंत्रता
D. व्यावसायिक परामर्श देने हेतु उचित आधार

60. किसी विद्यार्थी की एक समस्या है। वह अध्यापक से पूछता/पूछती है "मैं क्या करुं?" अध्यापक को चाहिए कि वह
A. उसकी क्षमताओं को ध्यान में रखते हुए विद्यार्थी को प्रक्रिया का मार्ग बताए
B. विद्यार्थी को बताना कि यदि वह उसके स्थान पर होता तो वह क्या करता
C. विद्यार्थी से ऐसे प्रश्न पूछना जो उन्हें फैसला लेने के लिए आवश्यक सूचना उपलब्ध कराएं
D. विद्यार्थी से स्वयं को पहचानने के लिए कहना, जिससे कि वह अपनी हल करने की क्षमता को पहचान सके

61. योग्यता समूहन की सर्वश्रेष्ठ व्यक्त राय है कि
A. यह किसी व्यक्ति के पहल और नेतृत्व को प्रेरित करता है
B. यह व्यक्तिगत मतभेदों की समस्या को समाप्त कर देता है
C. यह बच्चे को अपनी क्षमताओं के अधिकतम उपयोग को प्रोत्साहित करता है
D. इसे स्वीकारने अथवा नकारने के पहले और अधिक जाँचना होता है

62. आधुनिक शिक्षकों के अनुसार, अनुशासन का अर्थ है
A. कार्यों को प्रभावित करने वाले नियमों से
B. सकारात्मक एवं संरचनात्मक व्यवहार को विकसित करने का तरीका
C. कक्षा में आज्ञाकारिता तथा अनुकूलता पर जोर देकर नियंत्रण करना
D. विद्यार्थियों के अभद्र-व्यवहार को नियंत्रित करना

63. सामाजिक विकास आवश्यक रूप से निम्न में किसका मामला है?
A. सामाजिक नियमों की माँग के साथ अनुकूलता
B. सामाजिक सुरक्षा एवं स्वीकारोक्ति की उपलब्धि
C. किसी एक व्यक्ति के उद्देश्य का सामाजिक नियमों के साथ समायोजन
D. सामाजिक दक्षता का विकास

64. दो लड़कों का समान I.Q. 120 है। इससे निष्कर्ष निकाला जा सकता है
A. दोनों हाई स्कूल और कॉलेज में पास हो जाएंगे
B. दोनों के पिता सामान्य बुद्धिमत्ता से ऊपर हैं
C. दोनों की योग्यता समान स्तर की होगी
D. उपरोक्त में से कोई भी आवश्यक रूप से सत्य नहीं है

65. निम्न में से कौन-सा अधिगम का उत्पाद नहीं है?
A. व्यवहार B. धारणा
C. विकास D. कौशल

66. निरापद रूप से यह माना जा सकता है कि जब विद्यार्थी किसी सिद्धांत को समझ जाता/जाती है तब वह–
A. विशिष्ट बहुविकल्पीय प्रश्नों के उत्तर दे सकता है
B. इसके उपयुक्त उदाहरण दे सकता है
C. इसे मौखिक रूप से दोहराता है
D. इन्हें उन समस्याओं को हल करने के लिए प्रयोग करता है जिस पर यह लागू होता है

67. एक अति-सुरक्षित और प्रभुत्वकारी बच्चा निम्न में से किसके समान होता है?
A. उग्र B. अपराधी
C. झगड़ालू D. असामाजिक

68. अध्यापन में सबसे बड़ी संतुष्टि शायद यह है कि इसमें होती है
A. समाज सेवा की अनुभूति
B. लोगों के विकास में सहयोग की अनुभूति
C. बच्चों से तथा बच्चों के द्वारा प्रेम की भावना
D. एक अध्यापक के रूप में शक्ति तथा स्तर की अनुभूति

69. अंकों के स्थान पर ग्रेड (grades) दिए जाने को प्रस्तावित किया जाता है क्योंकि
A. यह सम्पूर्णता में शिक्षा के स्तर को सुधारेगा
B. इससे अधिगम और शिक्षण दोनों सुगम होंगे
C. विद्यार्थियों में अंकों के आधार पर अन्तर समाप्त होगा
D. अंकों की अपेक्षा ग्रेड देना अधिक सुविधाजनक है

70. निम्न में से क्या अध्यापन के विषय में सत्य नहीं है?
A. अध्यापन के फलस्वरूप बच्चे सीखते हैं
B. अध्यापन का उद्देश्य होता है कि कोई कुछ सीखे
C. शिक्षार्थी तथा अध्यापक के मध्य एक विशेष सम्बन्ध के रूप में चिह्नित किया जाता है
D. अध्यापन आवश्यक है परन्तु अधिगम के लिये पर्याप्त बाध्यता नहीं है

71. अत्यंत उपयुक्त उत्तर छांटो–
ज्ञान के अधिग्रहण के सम्बन्ध में लोग कहते हैं कि
A. इन्द्रिय बोध ज्ञान का एकमात्र मान्य स्रोत है
B. केवल ''कारण'' से ही हमें सच्चा ज्ञान प्राप्त होता है
C. यह कारण और बोध के कारण होता है कि हम संसार के सच्चे ज्ञान को प्राप्त कर सकते हैं
D. हम ज्ञान प्राप्त नहीं करते हैं क्योंकि यह बाहर पड़ा हुआ नहीं होता है बल्कि हमें इसे खुद तैयार करना होता है

72. बाल-केन्द्रित शिक्षा का अर्थ है
A. पाठ्यचर्या को बच्चे से विमर्श करके तैयार करना
B. शैक्षिक अनुभवों को इस प्रकार संयोजित करना जैसा कि बच्चे चाहते हैं
C. अध्यापन में विद्यार्थियों को अधिकतम भागीदारी के रूप में संगठित करना
D. विद्यार्थी को अपने अधिकार के लिए स्वतंत्र छोड़ना, जिससे कि वह अपनी अधिगम की योजना बिना अध्यापक की सहायता के स्वयं तैयार कर सकें

73. निम्न में से कौन-सा अकेला महत्वपूर्ण कारक किसी नये शिक्षक की सफलता के लिए आवश्यक है?
A. उसका व्यवहार और दृष्टिकोण
B. उसका व्यक्तित्व तथा कक्षा से संवाद स्थापित करना
C. उसकी बोलने की तथा संगठनात्मक क्षमता
D. उसकी विद्वता तथा बौद्धिक क्षमता

74. अध्यापकों का मुख्य उत्तरदायित्व है
A. शैक्षिक अनुभवों की योजना बनाना
B. अभिभावकों के साथ सम्बन्धों को बढ़ाना
C. अध्यापन की तकनीकों के साथ प्रयोग करना
D. प्रबन्धकीय नीतियों को लागू करना

75. जब विद्यालय के बच्चे नटखट, उग्र, उद्दंड अथवा भावशून्य हों तो अध्यापक को सबसे पहले गौर करना चाहिए
A. उस घर का वातावरण जहाँ से वे आये हैं
B. उनको दिये गये कार्य की उपयुक्तता और उनसे की गयी माँग
C. समाज और घर के कम करके आँके गये प्रभावों को
D. कक्षा की सामाजिक संरचना

76. सामान्यतया बच्चे के उग्र व्यवहार से निपटने के लिए सर्वाधिक प्रभावकारी दृष्टिकोण है
A. जब वह उग्रता दिखाता है तो उसे उसी समय उपयुक्त दण्ड दिया जाना
B. उसकी उग्रता को उचित प्रतियोगिता के क्षेत्र में लगवाया जाए
C. उसके उग्र व्यवहार की अनदेखी करना तथा अच्छे व्यवहार लिए इनाम देना
D. इस बात पर जोर देना कि वह अपने अवांछनीय व्यवहार के लिए माफी मांगे

77. निम्न में से कौन विकास पर आनुवंशिकता के उच्चतम बिन्दु के प्रभाव की व्याख्या करता है?
A. आनुवंशिकता निर्धारित करती है कि कितना जिएंगे
B. आनुवंशिकता निर्धारित करती है कि हम कितना जी सकते हैं
C. आनुवंशिकता प्राथमिक निर्धारक है कि हम कितना जिएंगे
D. आनुवंशिकता प्राथमिक निर्धारक है कि हम कितना जी सकते हैं

78. बच्चे में सृजनशीलता का सबसे बड़ा अवरोधक है
A. वयस्कों द्वारा अपने मानदण्डों के अनुरूप अनुकूलता तथा सम्पूर्णता पर जोर डालना
B. वयस्कों की ओर से आवश्यक प्रेरणा देने में असफलता
C. परिपूर्णता हेतु आवश्यक प्रयासों के प्रति अनिच्छा
D. उसकी लघु अवधिक एकाग्रता और जल्दी हतोत्साहित होना

79. एक बच्चा जो व्हील चेयर प्रयोग करता है
A. संस्थागत विद्यालय में नहीं होना चाहिए
B. उसको विकलांगों के लिए विशिष्ट विद्यालय में अध्ययन करना चाहिए
C. उसको सामान्य बच्चों के साथ ही नियमित विद्यालय में ही अध्ययन कराना चाहिए
D. उसको नियमित विद्यालय में ही शिक्षा दी जाए परन्तु विभाग अलग होना चाहिए

80. किसी शिक्षक द्वारा तैयार परीक्षण तथा मानकीकृत परीक्षण के मध्य मुख्य अन्तर किस क्षेत्र में होता है?
A. वस्तुगतता
B. मापदण्ड
C. विक्रेयता
D. सम्पूर्ण गुण

भाग-ब

खंड-V : (*i*) विज्ञान

81. निम्न में से कौन एक भौतिक परिवर्तन नहीं है?
A. जल के उबालने से वाष्प का बनना
B. बर्फ का पिघलकर जल में परिवर्तन
C. जल में लवण का विघटन
D. द्रवित पैट्रोलियम गैस (LPG) का दहन

82. निम्न में से कौन अम्लता के बढ़ते हुए सही क्रम को दर्शाता है :
A. जल < एसीटिक अम्ल < हाइड्रोक्लोरिक अम्ल
B. जल < हाइड्रोक्लोरिक अम्ल < एसीटिक अम्ल
C. एसीटिक अम्ल < जल < हाइड्रोक्लोरिक अम्ल
D. हाइड्रोक्लोरिक अम्ल < जल < एसीटिक अम्ल

83. धातुओं को पतले तारों में ढालने की योग्यता को कहते हैं–
A. तन्यता
B. आघातवर्धनीयता
C. ध्वनिकता
D. चालकता

84. गन मेटल में होता है
A. Cu = 60%, Sn = 40%
B. Cu = 80%, Sn = 20%
C. Cu = 70%, Sn = 30%
D. Cu = 90%, Sn = 10%

85. एमआरआई (MRI) है–
A. मैग्नेट्स रेजोनेंट इमेजिंग
B. मैग्नेटिक रेजोनेंस इमेजिंग
C. मैग्नेटिक रडार इमेजिंग
D. मैग्नेटिक रैडियल इमेजिंग

86. $\frac{1}{5}\Omega$ के पाँच प्रतिरोधों को आपस में जोड़कर अधिकतम कितना प्रतिरोध प्राप्त किया जा सकता है?
A. $\frac{1}{5}\Omega$
B. $10\ \Omega$
C. $5\ \Omega$
D. $1\ \Omega$

87. निम्न में से कौन पौधों की वृद्धि से सम्बन्धित नहीं है?
A. आक्सिन
B. जिबरेलिन
C. साइटोकाइनिन
D. एब्सिसिक अम्ल

88. न्यूरोन में वैद्युत संकेत का रासायनिक संकेत में परिवर्तन कहाँ होता है?
A. कोशिका काय
B. एक्सोनल सिरा
C. डेन्ड्राइटिक सिरा
D. एक्सॉन

89. एल्कोहल का सेवन बहुत हानिकारक है और यह स्वास्थ्य खराब कर देती है। ''एल्कोहल के सेवन'' का मतलब है–
A. मिथाइल एल्कोहल का सेवन
B. इथाईल एल्कोहल का सेवन
C. प्रोपाइल एल्कोहल का सेवन
D. आइसोप्रोपाइल एल्कोहल का सेवन

90. निम्न में से कौन-सा तत्व आसानी से इलेक्ट्रॉन का त्याग नहीं करता है–
A. Mg
B. Na
C. K
D. Ca

91. पराग नलिका की लम्बाई निम्न में से किस के बीच दूरी पर निर्भर करती है?
A. परागकण और जायांग की ऊपरी सतह पर
B. परागकण एवं जायांग व अण्डाणु की ऊपरी सतह पर

C. परागकोश में परागकण और जायांग की ऊपरी सतह पर
D. जायांग की ऊपरी सतह और वर्तिका की निचली सतह पर

92. गोनोरिया किस जीवाणु द्वारा होता है
A. *निसेरिया गोनोरिया* B. *ट्रेपोनेमा पैलिडम*
C. *लैक्टोबैसिलस* D. *स्ट्रेप्टोकोकस*

93. निम्न में से कौन प्राकृतिक संसाधन नहीं है
A. मृदा B. जल
C. विद्युत D. वायु

94. निम्न में से कौन "बायोडायवरसिटी हॉट स्पॉट" है
A. नदियाँ B. जंगल
C. रेगिस्तान D. सागर

95. ओजोन परत के क्षयन का मुख्य कारक है–
A. क्लोरोफ्लोरोकार्बन B. कार्बन मोनोक्साइड
C. मीथेन D. पीड़कनाशी

96. किस समूह के जीव खाद्य श्रृंखला के घटक नहीं हैं?
A. घास, शेर, खरगोश
B. प्लवक, मानव, मछली, टिड्डा
C. भेड़िया, घास, साँप, चीता
D. मेंढ़क, साँप, बाज, घास, टिड्डा

97. खतरे के निशान हेतु लाल प्रकाश प्रयोग किया जाता है क्योंकि
A. इसकी तरंग दैर्ध्य उच्च होती है
B. यह दूर तक जा सकती है
C. इसका प्रकीर्णन बहुत कम होता है
D. यह बहुत लम्बी दूरी तय करने के बाद प्रकीर्णित होता है

98. तारों का टिमटिमाना किस वातावरणीय घटना के अनुसार होता है?
A. जल की बूँदों के कारण प्रकाश का विसरण
B. विभिन्न अपवर्तनांकों वाली वायुमण्डलीय तहों में अपवर्तन के कारण
C. धूल के कणों द्वारा प्रकाश का प्रकीर्णन
D. बादलों के कारण प्रकाश का आन्तरिक परावर्तन

99. शरीर में लसिका ग्रंथि का मुख्य कार्य क्या है?
A. लाल रुधिर कणिकाओं का निर्माण
B. रोगाणुओं को इकट्ठा करना और उन्हें नष्ट करना
C. हार्मोन का स्रावण
D. पुरानी और विक्षत लाल रुधिर कणिकाओं को नष्ट करना

100. पाचन गुहा में खाने में सबसे पहले भोजन में कौन-सा एन्जाइम मिलता है?
A. पेप्सिन B. सेल्यूलोज
C. एमाइलेज D. ट्रिप्सिन

खंड-V : (*ii*) गणित

101. यदि $x-\frac{1}{x}=9$ हो, तो $x^2+\frac{1}{x^2}$ का मान होगा–
A. 83 B. 81
C. 79 D. 72

102. $\frac{\sqrt{32}+\sqrt{48}}{\sqrt{8}+\sqrt{12}}$ का मान ज्ञात कीजिए।
A. 2 B. $\sqrt{2}$
C. 4 D. 8

103. एक वृक्ष, जिसकी ऊँचाई 15 मीटर है आंधी से टूट जाता है। आंधी द्वारा टूटे हुए वृक्ष का ऊपरी भाग भूमि से 60° का कोण बनाता है। जमीन से टूटे हुए वृक्ष की ऊँचाई ज्ञात कीजिए।
A. 5.96 मी. B. 5.19 मी.
C. 6.96 मी. D. 6.19 मी.

104. sec A (1 – sin A) (sec A + tan A) का मान ज्ञात कीजिए।
A. –1 B. 1
C. 2 D. $\frac{1}{2}$

105. $\frac{5\cos^2 60° + 4\sec^2 30° - \tan^2 45°}{\sin^2 30° + \cos^2 30°}$ का मान है–
A. $\frac{37}{12}$ B. $\frac{47}{12}$
C. $\frac{57}{12}$ D. $\frac{67}{12}$

106. समान्तर श्रेणी (A.P.) का दूसरा तथा तीसरा पद क्रमशः 14 तथा 18 हैं। प्रथम से 51 पदों का योगफल ज्ञात कीजिए।

A. 5610 B. 5614
C. 5606 D. 5618

107. प्रथम आठ अभाज्य संख्याओं का औसत ज्ञात कीजिए।

A. 7.425 B. 8.625
C. 9.625 D. 10.425

108. एक सिक्के को 100 बार उछाला गया। उछालने पर 58 बार चित (head) तथा 42 बार पट (tail) आया। एक बार चित आने की प्रायिकता ज्ञात कीजिए।

A. $\frac{50}{100}$ B. $\frac{42}{100}$
C. $\frac{58}{100}$ D. $\frac{42}{58}$

109. किसी त्रिभुज की भुजाएं 13 सेमी., 14 सेमी. तथा 15 सेमी. हैं। त्रिभुज का क्षेत्रफल ज्ञात कीजिए।

A. 42 वर्ग सेमी B. 21 वर्ग सेमी
C. 63 वर्ग सेमी D. 84 वर्ग सेमी

110. एक अर्द्धगोला तथा एक शंकु (जिनकी त्रिज्याएं 3.5 सेमी. बराबर हैं) से एक खिलौना बनाया गया है जिसकी ऊँचाई 15.5 सेमी. है। खिलौने का सम्पूर्ण पृष्ठ क्षेत्रफल ज्ञात कीजिए।

A. 214.5 वर्ग सेमी B. 146.5 वर्ग सेमी
C. 324.5 वर्ग सेमी D. 114.5 वर्ग सेमी

111. तीन गोलाकार धातुएँ जिनकी त्रिज्याएँ क्रमशः 6 सेमी., 8 सेमी. और 10 सेमी. हैं, पिघलाकर एक ठोस गोला बनाया गया। ठोस गोले की त्रिज्या ज्ञात कीजिए।

A. 8 सेमी. B. 10 सेमी.
C. 12 सेमी. D. 14 सेमी.

112. एक वृत्त की परिधि 22 सेमी. है। वृत्त के एक चतुर्थांश का क्षेत्रफल ज्ञात कीजिए।

A. $\frac{77}{4}$ वर्ग सेमी. B. $\frac{77}{8}$ वर्ग सेमी.
C. $\frac{154}{3}$ वर्ग सेमी. D. $\frac{154}{6}$ वर्ग सेमी.

113. एक रेलगाड़ी 360 किमी. की दूरी एक निश्चित समान चाल से तय करती है। रेलगाड़ी की चाल 5 किमी/घंटा बढ़ा दी जाती है तो वह इस दूरी को तय करने में एक घंटे का कम समय लेती है। रेलगाड़ी की वास्तविक चाल ज्ञात कीजिए।

A. 45 किमी/घंटा B. 40 किमी/घंटा
C. 50 किमी/घंटा D. 60 किमी/घंटा

114. वर्तमान में किसी पुत्र एवं पिता की आयु के बीच का अनुपात 2 : 1 है। 15 वर्ष पहले यह अनुपात 3 : 1 था। पिता की वर्तमान आयु क्या है?

A. 70 वर्ष B. 65 वर्ष
C. 55 वर्ष D. 60 वर्ष

115. एक परीक्षा में उत्तीर्ण होने के लिए 40% अंक चाहिए। यदि एक विद्यार्थी उस परीक्षा में 200 अंक प्राप्त करता है और 40 अंकों से फेल होता है तो बताइये परीक्षा में कुल कितने अंक होंगे।

A. 600 B. 550
C. 500 D. 450

116. सीमेंट और बालू के 60 किग्रा. मिश्रण में सीमेंट और बालू का अनुपात 3 : 1 है। इस मिश्रण में 15 किग्रा. सीमेंट और मिलाने के बाद अब सीमेंट और बालू का अनुपात कितना होगा?

A. 1 : 4 B. 3 : 2
C. 4 : 1 D. 2 : 3

117. किसी छात्रावास में 400 छात्र हैं। 200 ग्रा. राशन प्रतिदिन प्रत्येक छात्र को देने पर सामग्री 30 दिन चलती है। छात्रावास में 100 छात्र बढ़ जाने से राशन घटाकर प्रत्येक छात्र को 150 ग्रा. प्रतिदिन कर दिया गया। अब वह सामग्री कितने दिनों में समाप्त हो जाएगी?

A. 30 दिन B. 32 दिन
C. 35 दिन D. 40 दिन

118. अब्दुल ने एक साईकिल ₹ 4,176 में खरीदी। इस पर खुदरा विक्रेता तथा थोक विक्रेता को 20 प्रतिशत लाभ हुआ तथा निर्माता को 16 प्रतिशत लाभ हुआ। निर्माता का लागत मूल्य ज्ञात कीजिए।

A. ₹ 3,200 B. ₹ 3,000
C. ₹ 2,700 D. ₹ 2,500

119. तीन अलग-अलग अरैखिक बिन्दुएं दी गई हैं। उनसे अधिकतम कितनी रेखाएँ खींची जा सकती हैं?

A. 2 B. 3
C. 4 D. 5

120. किसी वृत्त में कितने व्यास होते हैं?

A. 1 B. 2
C. 10 D. अनगिनत

खंड-V : (*iii*) सामाजिक विज्ञान

121. मूल्यांकन की किस इकाई को 'पेपर गोल्ड' के नाम से जाना जाता है?
A. पेट्रोडॉलर B. एसडीआर
C. यूरोडॉलर D. जीडीआर

122. वह समुद्रतट जो केरल राज्य की सीमा को निर्धारित करता है, को जाना जाता है–
A. कोंकण तट B. मालाबार तट
C. कोरोमण्डल तट D. कनारा तट

123. विश्व आर्थिक मंच के संस्थापक कौन हैं?
A. क्लॉस स्खाव B. जॉन केनेथ गॉलब्रेथ
C. रॉबर्ट जॉएलिक D. पॉल क्रुगमेन

124. वहनीय विकास का सिद्धांत सम्बन्धित है
A. उपभोग स्तर से
B. निकासी योग्य स्तर से
C. सामाजिक समता से
D. उपरोक्त में से कोई नहीं

125. संविधान की 17वीं अनुसूची सम्बन्धित है–
A. कानूनी समानता
B. सार्वजनिक रोजगार के मामलों में अवसर की समानता
C. उपाधियों का उन्मूलन
D. अस्पृश्यता उन्मूलन

126. 'शैडो कैबिनेट'' का प्रयोग सबसे पहले हुआ–
A. यू.एस.ए. B. ग्रेट ब्रिटेन
C. इटली D. फ्रांस

127. भारतीय नागरिकता अधिनियम लागू हुआ–
A. 1950 B. 1952
C. 1955 D. 1960

128. शक सम्वत् जो 78 ई. में प्रारम्भ हुई वह दर्शाती है–
A. कनिष्क शासन B. हर्ष की समृद्धि
C. शिवाजी शासन D. चन्द्रगुप्त शासन

129. 'गेटवे ऑफ इण्डिया' की नींव कब रखी गयी
A. 1911 B. 1927
C. 1857 D. 1947

130. अलमाटी बाँध निम्न में से किस नदी पर स्थित है–
A. गोदावरी B. कावेरी
C. कृष्णा D. महानदी

131. निम्न में से भारत के सबसे नये पर्वत कौन-से हैं?
A. अरावली B. हिमालय
C. नीलगिरी D. विन्ध्याचल

132. अर्थशास्त्र में ग्रेशम का नियम सम्बन्धित है–
A. माँग की पूर्ति
B. मूद्रा परिचालन
C. आपूर्ति का उपभोग
D. माल एवं सेवाओं का वितरण

133. उद्‌घाटित प्राथमिकता सिद्धांत (रिविल्ड प्रिफेरेंस थ्योरी) का प्रतिपादन किसने किया?
A. एडम स्मिथ B. मार्शल
C. पी.ए. सैमुएलसन D. जे.एस. मिल

134. इण्डियन इंडीपेंडेंस लीग का गठन किसके द्वारा किया गया?
A. रास बिहारी बोस B. एस.एम. जोशी
C. अरुणा आसफ अली D. जय प्रकाश नारायण

135. जातीय व्यवस्था की व्याख्या मिलती है–
A. ऋग्वेद B. सामवेद
C. यजुर्वेद D. इनमें में से कोई नहीं

136. पल्लवों की राजधानी थी–
A. अरकॉट B. काँची
C. मालखेड़ D. बनारस

137. प्राचीन मध्य भारत में, 'जीतल' पद किस से संबंधित है?
A. बाट B. आहार
C. सिक्का D. खेल

138. निम्न में से कौन खरीफ की फसल नहीं है–
A. चावल B. मूँगफली
C. मक्का D. जौ

139. निम्न में से कौन भूबद्ध सागर है–
A. तिमोर सागर B. आरफुरा सागर
C. ग्रीन लैण्ड सागर D. अरल सागर

140. निम्न में से कौन-सा जलडमरूमध्य अफ्रीका से यूरोप को अलग करता है?
A. बेरिंग B. डोवर
C. जिब्राल्टर D. मलक्का

खंड-V : (iv) : अंग्रेजी

Choose the most appropriate response out of the four choices given after every question. Each question carries one mark.

Directions (Qs. 141 to 142): *In each of the following questions, some alternatives have been suggested for the idioms/phrase. Choose the option which best expresses the meaning.*

141. "Pay through the nose"
    A. Pay huge loans
    B. Pay a reasonable price
    C. Pay an extremely high price
    D. Make a quick buck

142. "Rest on one's laurels"
    A. To be unhappy
    B. To be motivated
    C. To be impatient
    D. To be complacent

143. Out of the four alternatives, choose the one which can be substituted for "To talk much without coming to the point".
    A. Verbosity   B. Garrulousness
    C. Loquacity   D. Circumlocution

144. Choose the correctly spelt word
    A. Ancestry   B. Ancastry
    C. Encestry   D. Encastry

145. Choose the correctly spelt word
    A. Haritage   B. Heritage
    C. Heritege   D. Haritege

146. Choose the indirect form of the following sentence:

    Mary said to Robert, "Let him come, then we shall see him."
    A. Mary said to Robert that if he came, then we would see him.
    B. Mary asked Robert if he come, we will see him.
    C. Mary told Robert if he comes, we will see him.
    D. Mary said to Robert if he comes, we would see him.

147. Choose the indirect form of the following sentence:

    He said, "I have often told you not to waste your time."
    A. He said that he had often told him not to waste your time.
    B. He said that he had often told him not to waste his time.
    C. He said that he had often suggested to him not to waste my time.
    D. He told that he had often told him not to waste my time.

148. The passive voice of "One should keep one's promise" is
    A. One's promise should be kept by us.
    B. One's promise should be kept.
    C. A promise should be keeping.
    D. A promise should be kept by us.

149. The active voice of "A lion may be helped even by a little mouse" is
    A. A little mouse may even help a lion.
    B. Even a little mouse may help a lion.
    C. A little mouse can even help a lion.
    D. Even a little mouse ought to help a lion.

Directions (Qs. 150 to 152): *Choose the most appropriate words to fill in the blanks.*

150. If I had worked hard, I .... very high marks in the examination.
    A. scored
    B. would score
    C. could score
    D. would have scored

151. Suitable steps are taken to bring .... the cost of living.
    A. in   B. over
    C. on   D. down

152. When I saw her after many years .... thoughts filled my mind.
    A. galaxy   B. feeling
    C. numerous   D. multitude

153. Who said "If winter comes, can spring be far behind"?
    A. Frost   B. Shelley
    C. Keats   D. Coleridge

154. Which one of the following considered the last tragedy of Shakespeare?
    A. Othello   B. Macbeth
    C. Hamlet   D. Coriolanus

155. Which one of the following poems is composed by William Wordsworth?
    A. Ode to Duty
    B. Ode to the West Wind
    C. Ode to a Nightingale
    D. Ode on Solitude

156. Who is known as "The Prince of English Essayists"?
    A. Lamb   B. Addison
    C. Eliot   D. Steele

157. At the end of the play "Measure for Measure" who was married to Angelo?
    A. Julietta   B. Isabella
    C. A whore   D. Mariana

158. Who said that "Child is the father of the man"?
    A. Wordsworth   B. Pope
    C. Milton   D. Shakespeare

159. In the sentence "Indira Gandhi, who was killed in 1984, was the first woman Prime Minister in India."
    who was killed in 1984 is a:
    A. Noun clause   B. Adverb clause
    C. Adjective clause   D. None of these

160. In the sentence "This is the town where that great man was born."
    where that great man was born is a:
    A. Noun clause   B. Adverb clause
    C. Adjective clause   D. None of these

उत्तरमाला

1	2	3	4	5	6	7	8	9	10
D	A	B	D	B	D	A	B	A	B
11	12	13	14	15	16	17	18	19	20
B	B	C	C	D	B	C	D	D	B
21	22	23	24	25	26	27	28	29	30
C	B	A	A	C	B	B	D	C	C
31	32	33	34	35	36	37	38	39	40
B	C	C	D	A	B	A	A	A	B
41	42	43	44	45	46	47	48	49	50
A	B	B	C	D	C	A	A	D	C
51	52	53	54	55	56	57	58	59	60
C	B	D	A	B	C	C	D	D	C
61	62	63	64	65	66	67	68	69	70
D	B	C	D	C	D	D	B	C	A
71	72	73	74	75	76	77	78	79	80
C	C	C	A	C	B	D	A	C	B
81	82	83	84	85	86	87	88	89	90
D	A	A	D	B	D	D	B	B	A
91	92	93	94	95	96	97	98	99	100
C	A	C	B	A	C	C	B	B	C
101	102	103	104	105	106	107	108	109	110
A	A	C	B	D	A	C	C	D	A
111	112	113	114	115	116	117	118	119	120
C	B	B	D	A	C	B	D	B	D

121	122	123	124	125	126	127	128	129	130
B	B	A	B	D	B	C	A	A	C
131	132	133	134	135	136	137	138	139	140
B	B	C	A	A	B	C	D	D	C
141	142	143	144	145	146	147	148	149	150
C	D	D	A	B	D	B	B	B	D
151	152	153	154	155	156	157	158	159	160
D	C	B	D	A	A	D	A	A	A

कुछ चुने हुए प्रश्नों के व्याख्यात्मक उत्तर

11-14. दिए गये आँकड़ों में
F, E की बहन है और B, D का पति है, और क्योंकि नया प्रतिभागी विजेता नहीं है, इसलिए D विजेता है।

16. 1, 8, 27, 64, 125, 216
$(1)^3, (2)^3, (3)^3, (4)^3, (5)^3, (6)^3$

17. 2, 11, 38, 119, 362
$+3^2, +3^3, +3^4, +3^5$

18. 4, 15, 37, 70, 114, 169
+11, +22, +33, +44, +55

19. 29, 54, 103, 200, 393, 778
×2−4, ×2−5, ×2−6, ×2−7, ×2−8

21. दी गई जानकारी के अनुसार

शब्द	F	A	M	I	L	Y	S	I	S	T	E	R
कूट	3	1	6	4	5	9	7	4	7	8	2	0

अतः 'Mystery' शब्द का कूट '6978209' है।

23-27.

फुटबॉल	हॉकी	टेनिस	क्रिकेट	वॉलीबॉल
A, B, D, E	A, B, C, D	C, E, A, D	B, C, D, E	A, C, D, E

101. ∵ $x - \dfrac{1}{x} = 9$

दोनों तरफ वर्ग करने पर

$x^2 + \dfrac{1}{x^2} - 2 = (9)^2$

अतः $x^2 + \dfrac{1}{x^2} = 81 + 2 = 83$.

102. $\dfrac{\sqrt{32} + \sqrt{48}}{\sqrt{8} + \sqrt{12}} = \dfrac{4\sqrt{2} + 4\sqrt{3}}{2\sqrt{2} + 2\sqrt{3}}$

$= \dfrac{4(\sqrt{2} + \sqrt{3})}{2(\sqrt{2} + \sqrt{3})} = 2$

103.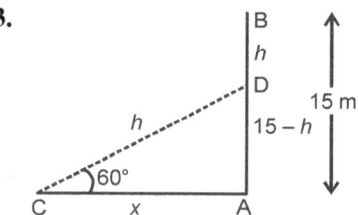

$\cos 60° = \dfrac{x}{h}$

⇒ $\dfrac{1}{2} = \dfrac{x}{h}$

⇒ $h = 2x$

⇒ $x = \dfrac{h}{2}$

$\tan 60° = \dfrac{15 - h}{x}$

⇒ $\sqrt{3} = \dfrac{15 - h}{x}$

⇒ $\sqrt{3}\, x = 15 - h$

$$\Rightarrow \quad \sqrt{3}\times\frac{h}{2} = 15 - h$$

$$\Rightarrow \quad \sqrt{3}h = 30 - 2h$$

$$2h+\sqrt{3}h = 30$$

$$h\left(2+\sqrt{3})\right) = 30$$

$$\Rightarrow \quad h = \frac{30}{2+\sqrt{3}}$$

$$\Rightarrow \quad h = \frac{30}{2+\sqrt{3}}\times\frac{2-\sqrt{3}}{2-\sqrt{3}}$$

$$= \frac{30(2-1.732)}{4-3}$$

$$= 30\times\frac{268}{1000}=\frac{804}{100} = 8.04$$

$\therefore$ 15 – h = 15 – 8.04 = 6.96 मी.।

104. sec A (1 – sin A) (sec A + tan A)
$\Rightarrow$ (sec A – sec A . tan A) (sec A + tan A)
= (sec A – tan A) (sec A + tan A)
= $\sec^2 - \tan^2 A = 1$.

105. $$\frac{5\times\left(\frac{1}{2}\right)^2+4\left(\frac{2}{\sqrt{3}}\right)^2-1}{1}$$

$[\because \sin^2\theta = \cos^2\theta = 1]$

$$= 5\times\frac{1}{4}+4\times\frac{4}{3}-1$$

$$= \frac{5}{4}+\frac{16}{3}-1 = \frac{15+64-12}{12}$$

$$= \frac{64+3}{12} = \frac{67}{12}.$$

106. माना कि A.P. का पहला पद = a तथा सार्व अन्तर (C.D.) = d

प्रश्नानुसार,

$a + d = 14$ ...(*i*)

$a + 2d = 18$ ...(*ii*)

समीकरण (*ii*) में से (*i*) को घटाने पर,

d = 4 तथा a = 10

n पदों का योगफल = $\frac{n}{2}\{2a+(n-1)d\}$

$$S_{51} = \frac{51}{2}\{2\times10+(50)\times4\}$$

$$= \frac{51}{2}\{20+200\}$$

= 51 × 110 = 5610

107. प्रथम 8 अभाज्य संख्याएँ

2, 3, 5, 7, 11, 13, 17 तथा 19 हैं।

$$\text{औसत} = \frac{2+3+5+7+11+13+17+19}{8}$$

$$= \frac{77}{8} = 9.625.$$

109. त्रिभुज की भुजाएँ 13 सेमी., 14 सेमी. तथा 15 सेमी. हैं।

$$S = \frac{a+b+c}{2} = \frac{13+14+15}{2} = \frac{42}{2} = 21 \text{ सेमी.}$$

त्रिभुज का क्षेत्रफल = $\sqrt{s(s-a)(s-b)(s-c)}$

$= \sqrt{21\times8\times7\times6}$

$= \sqrt{3\times7\times2\times2\times2\times7\times3\times2}$

= 3 × 7 × 2 × 2 = 84 वर्ग सेमी.

110. शंकु की ऊँचाई = 15.5 – 3.5 = 12 सेमी.

$$\text{तिर्यक ऊँचाई} = \sqrt{\left(\frac{7}{2}\right)^2+(12)^2} = \sqrt{\frac{625}{4}}$$

$$= \frac{25}{2} \text{ सेमी.}$$

शंकु का वक्रपृष्ठ का क्षेत्रफल = πrl

$$= \frac{22}{7}\times\frac{7}{2}\times\frac{25}{2} = \frac{275}{2} \text{ वर्ग सेमी.}$$

अर्द्धगोले के वक्रपृष्ठ का क्षेत्रफल = $2\pi r^2$

$$= 2\times\frac{22}{7}\times\frac{7}{2}\times\frac{7}{2} = 77 \text{ वर्ग सेमी.}$$

अतः खिलौने का क्षेत्रफल

= 137.5 + 77 = 214.5 वर्ग सेमी.।

111. प्रश्नानुसार,

$$\frac{4}{3}\pi R^3 = \frac{4}{3}\pi(6^3 + 8^3 + 10^3)$$

$\Rightarrow$ $R^3 = 216 + 512 + 1000$

$\Rightarrow$ $R^3 = 1728$

$\therefore$ $R = \sqrt[3]{1728} = 12$ सेमी.

अतः ठोस गोले की त्रिज्या = 12 सेमी.

112. वृत्त की परिधि = $2\pi r$

$\Rightarrow$ $22 = 2 \times \frac{22}{7} \times r$

$\Rightarrow$ $r = \frac{7}{2}$ सेमी.

वृत्त के एक चतुर्थांश का क्षेत्रफल = $\frac{1}{4}\pi r^2$

$= \frac{1}{4} \times \frac{22}{7} \times \frac{7}{2} \times \frac{7}{2} = \frac{77}{8}$ वर्ग सेमी.

113. माना कि रेलगाड़ी की वास्तविक चाल x किमी/घंटा है।

प्रश्नानुसार,

$$\frac{360}{x} - \frac{360}{x+5} = 1$$

$\Rightarrow$ $\frac{360(x+5-x)}{x(x+5)} = 1$

$\Rightarrow$ $x^2 + 5x - 1800 = 0$

$\Rightarrow$ $(x - 40)(x + 45) = 0$

$\Rightarrow$ $x = 40$ or $x = -45$

अतः रेलगाड़ी की वास्तविक चाल = 40 किमी/घंटा है।

114. माना कि पिता की वर्तमान आयु $2x$ वर्ष तथा पुत्र की वर्तमान आयु x वर्ष है।

प्रश्नानुसार,

$$\frac{2x - 15}{x - 15} = \frac{3}{1}$$

$\Rightarrow$ $3x - 45 = 2x - 15$

$\Rightarrow$ $x = 30$

$\therefore$ पिता की वर्तमान आयु = $2x = 2 \times 30$
$= 60$ वर्ष

115. माना कि परीक्षा के कुल अंक x थे।

प्रश्नानुसार,

x का $40\% = 200 + 40$

$\Rightarrow$ $\frac{40}{100} \times x = 240$

$\Rightarrow$ $x = \frac{240 \times 100}{40} = 600$

अतः परीक्षा के कुल अंक 600 थे।

116. 60 किग्रा. मिश्रण में सीमेंट की मात्रा = $\frac{3}{4} \times 60$
$= 45$ किग्रा.

60 किग्रा. मिश्रण में बालू की मात्रा = $\frac{1}{4} \times 60 = 15$ किग्रा.

नये मिश्रण में सीमेंट की मात्रा = $45 + 15 = 60$ किग्रा.

नये मिश्रण में बालू की मात्रा = 15 किग्रा.

सीमेंट तथा बालू का अनुपात = $\frac{60}{15} = \frac{4}{1} = 4 : 1$.

117. अभीष्ट दिन = $\frac{400 \times 30 \times 200}{500 \times 150} = 32$

अतः राशन की सामग्री 32 दिनों में समाप्त हो जाएगी।

118. खुदरा विक्रेता का क्रय मूल्य = $\frac{4176 \times 100}{120} = ₹ 3480$

थोक विक्रेता का क्रय मूल्य = $\frac{3480 \times 100}{120} = ₹ 2900$

निर्माता की लागत = $\frac{2900 \times 100}{116} = ₹ 2500$.

119. दिए गए तीन अरैखिक बिन्दुओं से अधिकतम तीन लाइनें खींची जा सकती हैं।

120. किसी वृत्त में अनगिनत व्यास होते हैं।

पिछले प्रश्न-पत्र
(हल सहित)

IGNOU B.Ed. प्रवेश परीक्षा, 2013

भाग-अ

खंड-I : सामान्य हिन्दी बोध

निर्देश (प्र.सं. 1 से 10 तक): *दिए गए गद्यांश को ध्यान पूर्वक पढ़िए और नीचे दिए गए प्रश्नों के चार उत्तरों में से एक सही उत्तर चुनिए—*

"द टावर" यीट्स के द्वारा लिखी गई कविता है। इसके तीन भाग हैं जो जीवन के तीन पड़ावों अथवा संसार से जुड़े होने के तीन माध्यमों से सम्बन्धित हैं परन्तु यह इतने सरल क्रम में नहीं हैं जितने कि किशोरावस्था, युवावस्था और वृद्धावस्था, अपितु तीन कविताओं के अनुक्रम में पहले और तीसरे भाग में अथवा पहली और तीसरी कविताएँ मृत प्राय शरीर में तेज होते मस्तिष्क के आंतरिक अनुभवों को व्यक्त करती हैं। इसका दूसरा भाग अधिक मूर्त संस्मरण है, जो जमीन के एक पट्टे पर मरसिया गाते हुए मृत्यु की ओर गुजरना है। मरणासन्न कवि इन कार्यों के अतीत ग्रस्त सर्वेक्षण के बारे में बात कर रहा है। पहला और तीसरा पड़ाव इस प्रकार आता है जैसे स्वप्न में डूबे मस्तिष्क, जबकि दूसरा पड़ाव स्वप्न में गुजरता है।

यदि हम इस कविता को अनुष्ठान के रूप में देखें तो पहले पड़ाव से महसूस होता है कि अन्त निकट है परन्तु इतना निकट नहीं कि तुरन्त सामना हो जाए। दूसरा पड़ाव अनुष्ठान की तैयारी है, और तीसरा पड़ाव तैयारी पूर्ण होने पर आता है और शून्य में विलीन हो जाता है। यदि इस मृत्यु का कोई अर्थ है तो कवि को गिरने, कुम्हलाने, सड़ने की बजाय स्वयं ही अपने आपको उत्साहपूर्वक इस संसार से दूर अन्य दुनिया में ले जाना चाहिए। ऐसा करने के लिए उसे उन यादगार क्षणों को याद करना चाहिए जिनमें उसने स्वयं को अधिकतम जीया, जो सम्भवतः एक ही बार हुआ और जो अब भी बहुतों को चिढ़ाता है। ये ही क्षण वास्तव में उसके हैं क्योंकि इन्हीं क्षणों को वह पीछे छोड़कर जाएगा।

1. "जीवन के तीन पड़ाव" सम्बन्धित हैं—
    A. युवा, युवावस्था और वृद्धावस्था से
    B. शिशु, किशोर, युवा से
    C. कविता के जीवन चक्र से
    D. विश्व में उपस्थिति के तीन मार्गों से

2. "पहली और तीसरी कविताएँ" दूसरी कविता से भिन्न हैं क्योंकि वे—
    A. अतीत ग्रस्त हैं
    B. कवि के आन्तरिक अनुभव का विवरण देती हैं
    C. शवदाह के हिस्से हैं
    D. उत्साही हैं

3. वाक्यांश "जमीन के एक टुकड़े पर मरसिया गाते हुए मृत्यु की ओर गुजरना" दर्शाता है कि कवि—
    A. धीमा दौड़ने वाला था
    B. दाह संस्कार के समय बोल रहा था
    C. प्राचीन कहानियाँ सुना रहा था
    D. अपने जीवन के कार्यों का जायजा ले रहा था

4. कवि को "उन यादों को अवश्य खोजना चाहिए जिनमें वह अधिकतम जीया" जिससे कि वह—
    A. मृत्यु से दूर रह सके
    B. एक कवि बन जाए
    C. यादें दोबारा ताजा कर सके
    D. इस संसार को छोड़ना सार्थक बना सके

5. कवि सम्पूर्णता में इस कविता की तुलना करता है—
    A. पौराणिक कथा से
    B. एक मृत प्राय व्यक्ति से
    C. एक अनुष्ठान से
    D. एक संस्मरण से

6. "द टावर" यीट्स के द्वारा लिखी गई कविता है। यह है एक–

A. साधारण वाक्य B. संयुक्त वाक्य
C. मिश्र वाक्य D. संयुक्त-मिश्र वाक्य

7. "दूसरा भाग अधिक मूर्त संस्मरण है, जो जमीन के एक पट्टे पर मरसिया गाते हुए मृत्यु की ओर गुजरना है। यह है एक–

A. संयुक्त वाक्य B. मिश्र वाक्य
C. संयुक्त-मिश्र वाक्य D. साधारण वाक्य

8. प्रश्न 7 में "गुजरना" है एक–

A. Gerund (क्रियार्थक संज्ञा)
B. Present participle (वर्तमान कालिक कृदंत)
C. Past participle (भूत कालिक कृदंत)
D. उपरोक्त में से कोई नहीं

9. "यदि इस मृत्यु का कोई अर्थ है" में 'मृत्यु' है–

A. संज्ञा
B. क्रिया-विधेय
C. अविधेय क्रिया
D. उपरोक्त में से कोई नहीं

10. "अन्य दुनिया" सम्बन्धित है–

A. युवाओं की दुनिया से
B. युवावस्था के संसार से
C. वृद्धावस्था के संसार से
D. मृत्यु के संसार से

खंड-II : तार्किक एवं विश्लेषण तर्कशक्ति

निर्देश (प्रश्न संख्या 11 से 15 के लिए): *A और B हॉकी व फुटबॉल खेलते हैं, B और C क्रिकेट और फुटबॉल खेलते हैं, C और E क्रिकेट और वॉलीबॉल खेलते हैं, D और E टेनिस खेलते हैं, A और C वॉलीबॉल और फुटबॉल खेलते हैं, A और D हॉकी और फुटबॉल खेलते हैं।*

उपरोक्त सूचना के आधार पर निम्न प्रश्नों के उत्तर दीजिए।

11. फुटबॉल कौन नहीं खेलता है?

A. B B. C
C. D D. E

12. हॉकी, फुटबॉल और टेनिस कौन खेलता है?

A. E B. D
C. C D. A

13. क्रिकेट, हॉकी और फुटबॉल कौन खेलता है?

A. A B. C
C. B D. E

14. वॉलीबॉल और टेनिस कौन खेलता है?

A. E B. D
C. C D. A

15. हॉकी, वॉलीबॉल और फुटबॉल कौन खेलता है?

A. A B. B
C. C D. E

16. यदि 'clock' का कूट 36938 और 'leave' का कूट 12452 है तो 'cave' का कूट क्या होगा?

A. 4325 B. 3451
C. 3453 D. 3452

17. यदि 'sky' को कूट भाषा में TTMMXX लिखते हैं तो 'Lie' को लिखेंगे–

A. MMLLDD B. MMKKDD
C. MNOOCC D. NNKKFF

18. यदि 'case' को कूट भाषा में ECUG और 'Burn' को CWTR लिखते हैं, तो 'earn' को किस प्रकार लिखेंगे?

A. GDTP B. HCTP
C. GCTR D. GDPT

19. एक बच्चे को प्रत्येक सही उत्तर के लिए 1 अंक दिया जाता है परन्तु प्रत्येक गलत उत्तर के लिए $\frac{1}{3}$ अंक काट लिया जाता है। उसने 108 प्रश्नों के उत्तर दिये, परन्तु उसे शून्य (0) अंक प्राप्त हुए। उसने कुल कितने प्रश्नों के उत्तर गलत दिए?

A. 81 B. 78
C. 87 D. 72

निर्देश (प्रश्न संख्या 20 से 23 के लिए): *पैराग्राफ को पढ़कर नीचे दिए गए प्रश्नों के उत्तर दीजिए–*

A, B, C, D, E सभी के पास नौ-नौ कंचे हैं, B ने दो कंचे D को दिए, जिसने एक कंचा E को दे दिया। C ने पांच कंचे E को दिए जिसने दो कंचे A को दे दिए। C ने दो कंचे B को दिए जिसने तीन कंचे E को दिए, D ने तीन कंचे A को दिए जिसने दो कंचे B को दे दिए।

20. A के पास कितने कंचे हैं?
   A. 7   B. 9
   C. 10   D. 12

21. B के पास कितने कंचे हैं?
   A. 6   B. 7
   C. 8   D. 10

22. C के पास कितने कंचे हैं?
   A. 3   B. 2
   C. 6   D. 7

23. सबसे अधिक कंचों की संख्या किसके पास है?
   A. B   B. C
   C. D   D. E

निर्देश (प्रश्न संख्या 24 से 27 के लिए): अंकों की एक शृंखला दी गई है, जिसमें से 1 पद छूटा हुआ है। दिए गए विकल्पों में से सही अंक चुनिए—

24. 0, 3, 8, 15, 24, 35, ?
   A. 48   B. 46
   C. 49   D. उपरोक्त में से कोई नहीं

25. 2, 9, 30, 93, 282, ?
   A. 746   B. 846
   C. 849   D. 843

26. 24, 39, 416, 525, 636, ?
   A. 736   B. 749
   C. 864   D. 849

27. 40, 29, ?, 13, 8
   A. 20   B. 18
   C. 22   D. 17

निर्देश (प्रश्न संख्या 28 से 30 के लिए): निम्न प्रश्नों में तीन शब्द दिए गए हैं। पहले शब्द का सम्बन्ध दूसरे शब्द से है। आपको दिए गए विकल्पों में से चौथा शब्द चुनना है जो तीसरे शब्द से उसी प्रकार की समानता रखता है जो पहले और दूसरे शब्द के बीच है।

28. वकील : कानून : : रसोइया : ?
   A. खाना पकाना   B. रसोई
   C. खाना   D. पाकविधि

29. फ्रेम : तस्वीर : : पानी : ?
   A. झील   B. द्वीप
   C. खाड़ी   D. हौदी

30. मनोविज्ञान : मस्तिष्क : : त्रिकोणमिति : ?
   A. गणित   B. क्षेत्रमिति
   C. ज्यामिति   D. त्रिभुज

खंड-III : शैक्षिक एवं सामान्य जागरूकता

31. कोहरे के समय हम देख नहीं पाते हैं जिसका कारण है—
   A. प्रकाश का परावर्तन   B. आन्तरिक परावर्तन
   C. अपवर्तन   D. प्रकीर्णन

32. सन्तरा प्रचुर स्रोत है—
   A. प्रोटीन का   B. कार्बोहाइड्रेट का
   C. विटामिन C का   D. आयोडीन का

33. कौन-से अधिकारों की व्याख्या डॉ. भीमराव अम्बेडकर द्वारा "संविधान की आत्मा और हृदय" के रूप में की गई?
   A. धर्म की स्वतन्त्रता का अधिकार
   B. सम्पत्ति का अधिकार
   C. समानता का अधिकार
   D. संवैधानिक उपचारों का अधिकार

34. सन् 1888 में सर सैयद अहमद खाँ ने नींव रखी—
   A. पैट्रियॉटिक एसोसिएशन की
   B. अपर इण्डिया मोहम्मडन एसोसिएशन
   C. नेशनल कान्फ्रेंस
   D. मुस्लिम लीग

35. पंचायती राज का मुख्य उद्देश्य क्या है?
   A. कृषि उपज को बढ़ाना
   B. रोजगार सृजन करना
   C. लोगों को राजनीतिक रूप से सचेत करना
   D. लोगों को विकास के प्रबन्धन में भागीदारी कराना

36. अरबिन्दो घोष का अलीपुर बम केस में किसके द्वारा बचाव किया गया—
   A. बी.सी. पाल   B. मोतीलाल नेहरू
   C. सरदार पटेल   D. सी.आर. दास

37. "तुम मुझे खून दो मैं तुम्हें आजादी दूँगा" किसके द्वारा कहा गया—
   A. भगत सिंह   B. चन्द्रशेखर आजाद
   C. सरदार पटेल   D. सुभाष चन्द्र बोस

38. निम्न में से किस राज्य की साक्षरता दर सबसे कम है?
   A. हिमाचल प्रदेश   B. राजस्थान
   C. उत्तर प्रदेश   D. मध्य प्रदेश

39. सबसे अधिक आसानी से चाय किसमें ठण्डी होगी?
A. काँच के कप में B. मिट्टी के कप में
C. धातु के कप में D. चीनी मिट्टी के कप में

40. समान पदार्थ की बनी दो शर्ट अपेक्षाकृत अधिक गर्म होती हैं अपेक्षतया उसी पदार्थ से बनी दोगुनी मोटाई की एक शर्ट से क्योंकि–
A. दो कमीजों के बीच उपस्थित वायु शरीर के ताप को बाहर जाने से रोकती है
B. अकेली कमीज की विशिष्ट ऊष्मा दो कमीजों की तुलना में अधिक है
C. दो कमीजों की विशिष्ट ऊष्मा एक कमीज से अधिक है
D. वायु की विशिष्ट ऊष्मा अधिक होती है।

41. रक्त में यूरिक अम्ल की अत्यधिक मात्रा का पाया जाना किस बीमारी का लक्षण है–
A. ऑर्थराइटिस B. आमवात
C. गठिया D. वात ग्रस्त हृदय

42. यूरेनियम के सबसे महत्वपूर्ण स्रोत कहाँ पाए जाते हैं?
A. कनाडा B. पाकिस्तान
C. चीन D. जायरे

43. पुष्पों में सर्वाधिक विविधता कहाँ पाई जाती है?
A. सिक्किम B. असम
C. उत्तराखण्ड की पहाड़ियां D. केरल

44. एज्युकेशन कमीशन (शिक्षा आयोग) 1964-66 केन्द्रित है–
A. प्राथमिक शिक्षा पर B. माध्यमिक शिक्षा पर
C. उच्च शिक्षा पर D. उपरोक्त सभी पर

45. ईश्वर भाई पाटिल की अध्यक्षता में गठित समिति ने निम्न में से किसके विभिन्न पहलुओं पर विचार किया?
A. उच्च शिक्षा B. तकनीकी शिक्षा
C. चिकित्सा शिक्षा D. सामान्य शिक्षा

46. निम्न में से कौन 'राष्ट्रीय पाठ्यक्रम रूपरेखा' (NCF 2005) के लक्षण हैं?
A. कमाते हुए शिक्षण
B. भाररहित शिक्षण
C. याद करते हुए शिक्षण
D. प्रतियोगिता के लिए शिक्षण

47. जवाहर नवोदय विद्यालयों का प्रस्ताव किया गया–
A. मुदालियर आयोग 1952-53 के द्वारा
B. शिक्षा पर राष्ट्रीय नीति 1968 के द्वारा
C. शिक्षा पर राष्ट्रीय नीति 1986 के द्वारा
D. राष्ट्रीय ज्ञान आयोग (2006-2009) के द्वारा

48. सतत और बोधशील मूल्यांकन (CCE) है–
A. प्रकृति में रचनात्मक
B. प्रकृति में योगात्मक
C. प्रकृति में सृजनशील
D. प्रकृति में रचनात्मक तथा योगात्मक दोनों

49. निशुल्क तथा अनिवार्य शिक्षा अधिनियम 2009 के अनुसार निजी विद्यालयों को अपने यहाँ प्रवेश देना होगा–
A. 25% आर्थिक रूप से कमजोर वर्ग के बच्चों को
B. 25% SC तथा ST श्रेणी के बच्चों को
C. 15% आर्थिक रूप से कमजोर वर्ग के बच्चों को
D. 15% SC तथा ST श्रेणी के बच्चों को

50. बच्चों की पढ़ाई के अन्तर की पहचान करना तथा उन पर लागू किया जाता है–
A. परावर्तित अध्यापन B. उपचारात्मक अध्यापन
C. समूह अध्यापन D. पुनः अध्यापन

51. अति उच्च गुणों के रेखा चित्र निरूपण में उपलब्धि होती है–
A. धनात्मक विकृत B. लैप्टोकर्टिक
C. ऋणात्मक विकृत D. प्लैटीकर्टिक

52. प्राथमिक विद्यालयों की जाँच का उत्तरदायित्व है–
A. ग्राम पंचायत पर
B. मातृ-शिक्षक संघ पर
C. विद्यालय प्रबंधन समिति पर
D. अध्यापक-अभिभावक संघ पर

53. सामान्य बुद्धि है–
A. एक स्वाभाविक क्षमता
B. उपार्जित क्षमता
C. सभी के लिए सामान्य विशेषता
D. एक विशिष्ट गुण

54. महिला शिक्षा पर विस्तृत अनुशंसा निम्न में से किस रिपोर्ट में उपलब्ध है?
A. त्रिगुना सेन समिति B. हर्ष मेहता समिति
C. राममूर्ति समिति D. तारा चन्द समिति

55. शिक्षा उपकर निम्न में से किसकी सहायता हेतु लिया जाता है?
A. प्राथमिक शिक्षा B. माध्यमिक शिक्षा
C. A व B दोनों D. शिक्षा के सभी स्तर

खंड-IV : शिक्षण-अधिगम और विद्यालय

56. निम्नलिखित में से कौन-सा कथन इसकी पुष्टि करता है कि विद्यालय को समाज के उत्थान में अग्रणी होना चाहिए।
A. विद्यालय का सामान्य कार्य
B. विद्यालय का प्रगतिशील कार्य
C. विद्यालय का रूढ़िवादी कार्य
D. विद्यालय का प्रतिक्रियावादी कार्य

57. किस कथन को स्वीकार नहीं किया जा सकता?
A. विद्यालय समाज में होने वाले बदलावों से आवश्यक रूप से प्रभावित होते हैं
B. विद्यालय सामाजिक परिवर्तन के शक्तिशाली अभिकर्त्ता होते हैं
C. विद्यालय विघटन के प्रबल अभिकर्त्ता हैं
D. विद्यालय सांस्कृतिक प्रसार के सामाजिक माध्यम हैं

58. निम्न में से कौन शैक्षिक अवसरों की समानता की भावना के विरुद्ध है?
A. निजी विद्यालय
B. सरकारी सहायता प्राप्त विद्यालय
C. आश्रम विद्यालय
D. नवोदय विद्यालय

59. भाषा को सीखने के लिए निम्न में से कौन-सा क्रम ठीक है?
L → सुनना; R → पढ़ना; S → बोलना; W → लिखना
A. LSWR B. SLWR
C. SLRW D. LSRW

60. विद्यालय अपने कार्यक्रमों के द्वारा विद्यार्थियों की सहायता करता है–
A. संस्कृति में घुलने मिलने में
B. दूसरी संस्कृतियों को अनदेखा करने में
C. संस्कृति का विरोध
D. उनको सुसंस्कृत बनाता है

61. कक्षा अध्यापन का मुख्य उद्देश्य होना चाहिए–
A. विद्यार्थियों में आत्मविश्वास बढ़ाना
B. विद्यार्थियों को कुछ छुट्टियों के बारे में प्रशिक्षित करना
C. उन्हें उच्च कक्षाओं के लिए तैयार करना
D. अधिगम को आसान बनाना

62. शिक्षा का अधिकार अधिनियम 2009 के द्वारा स्थगित किया गया–
A. आर्थिक दण्ड को
B. मानसिक उत्पीड़न को
C. मानसिक उत्पीड़न व आर्थिक दण्ड दोनों को
D. अतिरिक्त कक्षाओं को

63. विद्यालय के शैक्षिक वातावरण पर विपरीत प्रभाव पड़ सकता है यदि–
A. हमेशा आर्थिक दण्ड दिया जाए
B. विद्यार्थी को दीवार पत्रिका लिखने के लिए प्रेरित किया जाए
C. अध्यापक को नई विधियाँ प्रयोग करने के लिए स्वतन्त्र छोड़ दिया जाए
D. बार-बार अध्यापक-अभिभावक मीटिंग हो

64. आपके दृष्टिकोण से विद्यालय में खेल/क्रिया-कलाप–
A. मनोगामक विकास के लिए आवश्यक है
B. समय नष्ट करने का सरल तरीका है
C. विद्यालय की भारी-भरकम दिनचर्या के चलते आवश्यक नहीं है
D. उपरोक्त सभी

65. एक अच्छा कक्षा अनुशासन है–
A. अध्यापक की ओर सचेतता सहित पूर्ण शान्ति
B. शिक्षण के दौरान विद्यार्थियों का सक्रिय रहना
C. विद्यार्थियों द्वारा कोई प्रश्न नहीं पूछना
D. विद्यार्थियों का स्वाध्याय में व्यस्त होना

66. प्रभावी शिक्षण निर्भर करती है–
A. बच्चे की रुचि पर
B. पढ़ाई की कठिनता स्तर पर
C. या तो A अथवा B
D. A व B दोनों

67. एक अध्यापक अधिक प्रभावी हो जाएगा यदि–
A. विद्यार्थी ऊँचे अंक प्राप्त करता है
B. अध्यापक अच्छी सहायक पाठ्य सामग्री का प्रयोग करता है
C. वह विद्यार्थी को पढ़ाई में निपुणता प्राप्त करने में सहायता करता है
D. वह बच्चों से प्रश्न पूछने में सहायता करता है

68. 'अशोक' पर एक अध्याय का निष्कर्ष निकालते हुए 'सन् 269 BC' को उत्तर के रूप में प्रकाश में लाने के लिए निम्न में कौन-सा प्रश्न सबसे अच्छा होगा?
   A. अशोक सिंहासन पर कब बैठा
   B. किसके बाद अशोक सिंहासन पर बैठा
   C. अशोक का राज्याभिषेक किस वर्ष हुआ
   D. उपरोक्त प्रश्नों में से कोई भी

69. किसी विद्यार्थी के गलत जवाब को निपटाने के लिए निम्न में से कौन-सा कार्य करना होगा?
   A. विषय वस्तु की दोबारा से व्याख्या करनी होगी
   B. बच्चों को बताना होगा कि उनका उत्तर सही है
   C. सही उत्तर के लिए दूसरे बच्चे से प्रश्न पूछना होगा
   D. व्याख्या करने और दोबारा उत्तर देने का मौका देना होगा

70. कक्षा में बहुविकल्पीय प्रश्नों के परीक्षण के लिए निम्न में से सर्वाधिक उपयुक्त क्या होगा?
   A. बहु-विकल्पीय प्रकार   B. सही-गलत प्रकार
   C. सही कारण चुनो   D. खाली स्थान भरना

71. एक अध्यापक को कक्षा में अपना व्याख्यान देना चाहिए—
   A. उच्च स्वर-शैली में   B. कम आवाज में
   C. ऊँची आवाज में   D. सामान्य आवाज में

72. विद्यार्थियों में 'वैज्ञानिक दृष्टिकोण' को अच्छे तरीके से विकसित किया जा सकता है—
   A. विज्ञान पढ़ाकर
   B. उनको स्वीकार करना सिखाकर
   C. बड़ों की बात को मनवाकर
   D. तथ्यों को जाँच-परखने के बाद स्वीकार करना सिखाकर

73. कक्षा में अध्यापन का क्रम निम्न में से कौन-सा है? [D-वितरण; E-मूल्यांकन; F-प्रतिपुष्टि; K-लक्षित विद्यार्थी को जानना; P-योजना]
   A. PKDFE   B. KPDFE
   C. KPDEF   D. PKDEF

74. वार्षिक परीक्षा प्रणाली में उत्पन्न होने वाली अनावश्यक मनोवैज्ञानिक परेशानियों से बचने के लिए हमें प्रयोग करना चाहिए—
   A. केवल आवर्ती परीक्षण
   B. शोधक मापदण्डों सहित आवर्ती परीक्षण
   C. दूसरे अध्यापकों द्वारा परीक्षण
   D. किसी भी तरह का परीक्षण नहीं होना चाहिए

75. सरकारी विद्यालयों में मिड-डे मील योजना बच्चों की किस जरूरत को पूरा करती है?
   A. सुरक्षा
   B. मनोवैज्ञानिक
   C. प्रेम/सम्बन्धित वस्तुओं की
   D. स्वयं सिद्ध (स्वयं की पहचान)

76. जब कक्षा में जाँच करने के लिए कोई प्रश्न पूछा जाता है तो निम्न में से किसका प्रभाव उत्तर को प्रभावित कर सकता है?
   A. स्पष्ट आशय
   B. सन्दर्भ के लिए कोई पिछली सामग्री नहीं होना
   C. दोहरी नकारात्मकता का प्रयोग
   D. केवल एक ही सही उत्तर वाला प्रश्न

77. एक मानसिक विकलांग बच्चा—
   A. किसी भी तरह लक्ष्य में निपुणता नहीं पा सकता
   B. वैकल्पिक उपयुक्त वातावरण और विधि से भी निपुणता को नहीं प्राप्त कर सकता
   C. प्राप्त कर सकता है परन्तु समय अधिक देना होगा
   D. अन्य बच्चों के समान ही निपुणता प्राप्त कर सकता है

78. योग्यता परीक्षण प्रयोग किए जाते हैं—
   A. सफलता को मापने में
   B. प्रवीणता मापने में
   C. किसी कार्य में सफलता को बताने में
   D. क्षमता नापने में

79. अंकों के स्थान पर ग्रेड प्रदान करने की सलाह क्यों दी जाती है?
   A. ग्रेड प्रदान करना आसान है
   B. यह शिक्षण-अध्ययन को सरल बनाएगा
   C. यह शिक्षा की विशेषताओं को बढ़ाएगा
   D. यह मूल्यांकन में होने वाली गलतियों को कम करेगा

80. कक्षा में वार्तालाप और अधिक प्रभावशाली हो जाएगा यदि—
   A. सूचना देने वाला उसी कूट प्रणाली का प्रयोग करता है जिसका ग्राही अवकूटन में प्रयोग करता है
   B. प्रेक्षक धीरे-धीरे परन्तु क्रमानुसार बढ़ता है
   C. ग्राही प्राप्त करने की इच्छा करता है
   D. अनुकूल वातावरण में पूर्ण होता है

भाग-ब

खंड-V : (i) विज्ञान

81. क्या होता है, जब जिंक धातु को कॉपर सल्फेट विलयन में डुबोया जाता है?
    A. लाल भूरे रंग की कॉपर धातु जम जाती है और विलयन रंगहीन हो जाता है
    B. कोई अभिक्रिया नहीं होती
    C. विलयन हरा हो जाता है तथा कॉपर धातु जम जाती है
    D. विलयन नीला ही रहता है और कॉपर धातु जम जाती है

82. एक कोशिका के समद्विभाजन में—
    A. कोशिकाद्रव और केन्द्रक एक ही समय पर विभाजित होते हैं
    B. केन्द्रक का विभाजन कोशिका द्रव के विभाजन के बाद होता है
    C. कोशिका द्रव का विभाजन केन्द्रक के विभाजन के बाद होता है
    D. कोशिका द्रव और केन्द्रक विभाजित नहीं होते

83. जब एक कोशिका को अल्प-परासरी विलयन में रखा जाता है तो जल गति करता है—
    A. कोशिका में
    B. कोशिका से बाहर
    C. जल में कोई गति नहीं होती
    D. इनमें से कोई सही नहीं है

84. C_6H_{14} के समावयवी हैं—
    A. 4   B. 5
    C. 6   D. 3

85. निम्न बीमारियों में से कौन-सी बीमारी यौन संक्रमण द्वारा नहीं फैलती है?
    A. सिफलिस   B. हेपेटाइटिस
    C. एचआईवी-एड्स D. गोनोरिया

86. निम्न में से किसको प्रयोग करके दूर स्थित एक ऊँची इमारत का पूर्ण प्रतिबिम्ब देखा जा सकता है?
    A. अवतल दर्पण
    B. उत्तल दर्पण
    C. समतल दर्पण
    D. अवतल व उत्तल दोनों दर्पणों से

87. मनुष्य की आँख प्रतिबिम्ब बनाती है—
    A. कॉर्निया पर   B. आइरिस पर
    C. तारे पर   D. रेटिना पर

88. निम्न में से कौन-सा कृत्रिम पारिस्थितिकी तन्त्र है?
    A. तालाब   B. फसल वाला खेत
    C. झील   D. जंगल

89. वन क्षेत्र को बढ़ाने के लिए किए जाने वाले वृक्षारोपण को कहा जाता है—
    A. कृषि-वानिकी   B. सामाजिक वानिकी
    C. वनरोपण   D. वनोन्मूलन

90. निम्न में से कौन-सी ऊष्माक्षेपी प्रक्रिया है?
    A. जल की अनबुझा चूना के साथ अभिक्रिया
    B. किसी अम्ल का तनुकरण
    C. जल का वाष्पन
    D. कपूर का ऊर्ध्वपातन

91. निम्न में से कौन-सा क्षार नहीं है?
    A. NaOH   B. KOH
    C. NH_4OH D. C_2H_5OH

92. शरीर का ब्लड बैंक है—
    A. स्पलीन (प्लीहा) B. हृदय
    C. यकृत   D. अस्थि मज्जा

93. किसी दिए गए धातु के तार की वैद्युत प्रतिरोधकता निर्भर करती है—
    A. इसकी लम्बाई पर B. इसकी मोटाई पर
    C. इसके आकार पर   D. पदार्थ की प्रकृति पर

94. पौधे अथवा पौधे के अंगों का पृथ्वी की ओर वृद्धि करना कहलाता है—
    A. प्रकाशानुवर्तन   B. जलानुवर्तन
    C. स्पर्शानुवर्तन   D. गुरुत्वानुवर्तन

95. विद्युत शक्ति को किसके द्वारा प्रदर्शित किया जा सकता है?
    A. वोल्ट-एम्पीयर   B. किलोवॉट-घण्टा
    C. वॉट-सेकण्ड   D. जूल-सेकण्ड

96. बायोगैस अपेक्षाकृत अच्छा ईंधन है क्योंकि इसमें होता है—
    A. 75% मीथेन   B. उच्च कैलोरी मान
    C. अवशेषी खाद   D. उपरोक्त सभी

97. निम्न में तीनों से भिन्न कौन है?
A. पैट्रोलियम B. कोयला
C. प्राकृतिक गैस D. भू-ताप

98. शरीर का ताप नियन्त्रण केन्द्र है–
A. हाइपोथेलेमस B. सेरेबेलम
C. केन्द्रीय तन्त्रिका तंत्र D. सेरेब्रम

99. धातुओं को तारों में खींचे जाने का गुण कहलाता है–
A. तन्यता B. आघातवर्धनीयता
C. ध्वनिकता D. चालकता

100. गैलवेनीकरण लोहे को जंग से बचाने के लिए लोहे के ऊपर एक पतली परत चढ़ाने की विधि है, यह पर्त चढ़ाई जाती है–
A. गैलियम की B. एल्युमिनियम की
C. जिंक की D. चाँदी की

खंड-V : (*ii*) गणित

101. $\left(a^{x-y}\right)^{x+y} \cdot \left(a^{y-z}\right)^{y+z} \cdot \left(a^{z-x}\right)^{z+x}$ का मान है–
A. 0 B. 1
C. –1 D. $x + y + z$

102. जब किसी संख्या के पन्द्रहवें, बारहवें और सातवें हिस्सों को जोड़ा जाता है तो 1353 प्राप्त होता है। वह संख्या है–
A. 6150 B. 6420
C. 6240 D. 4620

103. $\dfrac{(0.035)^2 - (.0045)^2}{.0395}$ का मान है–
A. 0.0305 B. 0.0395
C. 0.0345 D. 0.0354

104. एक वस्तु जिसकी कीमत ₹ 50 है, A ने B को 20% लाभ पर बेचा। B इसे 25% लाभ पर C को बेचता है, C इसे 40% लाभ पर D को बेचता है। D द्वारा वस्तु के लिए चुकायी गयी राशि है–
A. ₹ 147 B. ₹ 105
C. ₹ 85 D. ₹ 95

105. 11, 15, 21 प्रत्येक में से कौन-सी संख्या घटायी जाए कि इस प्रकार घटाने पर बीच में प्राप्त संख्या अन्य दो संख्याओं की मध्य अनुपाती होगा, वह संख्या है–
A. 6 B. 5
C. 4 D. 3

106. कुछ धन को 2 वर्ष के लिए चक्रवृद्धि ब्याज पर दिया गया जिससे 2 वर्ष में ₹ 3380 तथा 3 वर्ष में ₹ 3515.20 मिश्रधन प्राप्त होता है, ब्याज पर दिया गया धन है–
A. ₹ 3125 B. ₹ 3215
C. ₹ 3512 D. ₹ 3152

107. एक पेन को नकद ₹ 60.00 में बेचा जाता है अथवा ₹ 20.00 नगद भुगतान और ₹ 8 प्रतिमाह की 6 किश्तों पर बेचा जाता है। ब्याज की दर है–
A. 80% B. 100%
C. 110% D. 120%

108. एक परीक्षा में 77% छात्र अंग्रेजी में, 66% गणित में पास हुए जबकि 13% दोनों विषयों में फेल हुए। यदि दोनों विषयों में 392 पास हुए तो विद्यार्थियों की कुल संख्या है–
A. 500 B. 600
C. 700 D. 800

109. जितने कार्य को B 3 दिन में करता है A उसे 2 दिन में कर देता है और C जितने कार्य को 5 दिन में करता है B उसे 4 दिन में कर देता है। यदि A, B और C किसी कार्य को 5 दिन में कर देते हैं तो A अकेला इसको कितने दिनों में करेगा?
A. 15 दिन B. 12 दिन
C. 11 दिन D. 10 दिन

110. $(1 + \cot\theta - \mathrm{cosec}\theta)\ (1 + \tan\theta + \sec\theta)$ का मान है–
A. 1 B. –1
C. 2 D. –2

111. $\sec 70° \sin 20° + \cos 20° \ \mathrm{cosec} 70°$ का मान है–
A. 1 B. –1
C. 2 D. –2

112. एक टावर की छत से बिन्दु a व b पर बनने वाले कोण पूरक कोण हैं और ये सीधी रेखा में है। टावर की ऊँचाई है–
A. $\sqrt{ab}$ B. $\sqrt{\dfrac{a}{b}}$
C. ab D. $\dfrac{a}{b}$

113. समकोण पर स्थित किसी समकोण त्रिभुज की दो भुजाओं का अन्तर 14 सेमी है। त्रिभुज का *a* (क्षेत्रफल) 120 सेमी^{2} है। त्रिभुज का परिमाप है–

A. 26 सेमी B. 36 सेमी
C. 54 सेमी D. 60 सेमी

114. एक वर्ग का क्षेत्रफल वृत्त के क्षेत्रफल के बराबर है। उनके परिमाप के बीच अनुपात होगा–

A. 1 : 1 B. 2 : π
C. π : 2 D. $\sqrt{\pi} : 2$

115. दो बेलनों की त्रिज्याओं का अनुपात 2 : 3 है और उनकी ऊँचाइयों का अनुपात 5 : 3 है। उनके आयतनों के बीच अनुपात होगा–

A. 27 : 20 B. 20 : 27
C. 4 : 9 D. 9 : 4

116. एक बाल्टी के गोलीय तलों की त्रिज्याएँ 35 सेमी तथा 14 सेमी हैं बाल्टी की ऊँचाई 40 सेमी है। बाल्टी का आयतन है–

A. 60060 सेमी^{3} B. 80080 सेमी^{3}
C. 70040 सेमी^{3} D. 80160 सेमी^{3}

117. एक कक्षा के 15 विद्यार्थियों की लम्बाई (सेमी. में) निम्न प्रकार है–

141, 151, 146, 155, 148, 150, 158, 147, 159, 152, 153, 149, 150, 160, 161.

लम्बाई का माध्य है–

A. 152 B. 153
C. 152.5 D. 151

118. एक थैले में 3 सफेद, 4 लाल और 5 काली गेंदें हैं। एक गेंद को यादृच्छ रूप से निकाल लिया जाता है, गेंद के काली और सफेद के नहीं आने की प्रायिकता होगी–

A. $\frac{1}{4}$ B. $\frac{1}{2}$
C. $\frac{1}{3}$ D. $\frac{2}{3}$

119. एक त्रिभुज ABC के शीर्ष हैं, A(–1, 4) और B(5, 2) और इसका केन्द्रक G(0, –3) है। C के निर्देशांक हैं–

A. (4, 3) B. (4, 15)
C. (–4, –15) D. (–15, –4)

120. सभी दो अंकों वाली धनात्मक विषम संख्याओं का योग है–

A. 2475 B. 2574
C. 2745 D. 2457

खंड-V : (*iii*) सामाजिक विज्ञान

निर्देश (प्रश्न संख्या 121 से 140 के लिए): *निम्नलिखित प्रश्नों में दिए गए चार विकल्पों में से सही उत्तर चुनिए–*

121. रॉलट एक्ट पास होने के समय भारत का वायसराय कौन था?

A. हार्डिंग II B. चेम्सफोर्ड
C. साइमन D. मिन्टो II

122. चट्टानों की विंध्यन शृंखला किसके उत्पादन के लिए महत्वपूर्ण है–

A. कीमती पत्थर और भवन सामग्री
B. लोह अयस्क और मैंगनीज
C. बॉक्साइट और माइका
D. कॉपर एवं यूरेनियम

123. निम्न में से किस अधिनियम के तहत भारतीयों को पहली बार विधान मंडल में शामिल किया गया–

A. इंडियन काउन्सिल एक्ट 1909
B. इंडियन काउन्सिल एक्ट 1919
C. गवर्नमेन्ट ऑफ इंडिया एक्ट 1935
D. गवर्नमेंट ऑफ इंडिया एक्ट 1942

124. समुद्र गुप्त की सफलताओं को बताने के लिए कौन-सा अभिलेख लिखा गया–

A. कलिंग अभिलेख B. हाथीगुम्फा अभिलेख
C. इंडिका D. इलाहाबाद प्रशस्ति

125. निम्नलिखित में से राजनीति के निर्देशक सिद्धान्त का कौन-सा अनुच्छेद अन्तर्राष्ट्रीय शान्ति एवं सुरक्षा को बढ़ाने पर विचार करता है?

A. अनुच्छेद 51 B. अनुच्छेद 48A
C. अनुच्छेद 43A D. अनुच्छेद 41

126. निम्न में से किन मामलों में लोकसभा सर्वोपरि होता है?

A. रेलवे बजट B. रक्षा बजट
C. विदेशी मामले D. वित्तीय बिल

127. किसी असंगठित क्षेत्र में कार्य करने वाले मजदूर को कानूनन प्रतिदिन कितनी न्यूनतम दिहाड़ी देने का प्रावधान है–

A. ₹ 50 B. ₹ 75
C. ₹ 100 D. ₹ 125

128. भारत सरकार का पहला विधि अधिकारी कौन है?

A. भारत का चीफ जस्टिस
B. संघ का विधि मन्त्री
C. भारत का अटोर्नी जनरल
D. लॉ सेक्रेटरी

129. बहुधा हम वित्तीय पत्रिकाओं/बुलेटिनों में M_3 पद देखते हैं। M_3 पद का अर्थ क्या है?

A. किसी विशेष दिन में मुद्रा का प्रचलन
B. दिन विशेष को विदेश विनिमय का मूल्य
C. दी गई तारीख को निर्यात उधार का मूल्य
D. एक वर्ष में जमा सम्पूर्ण कर का मूल्य

130. हम समाचार पत्रों में बहुधा पढ़ते हैं कि RBI ने अपने निर्धारित अनुपात/दर के कुछ आधार अंकों में बदलाव/संशोधन किया है। आधार अंकों से क्या तात्पर्य है?

A. सौवें अंक का 10 प्रतिशत
B. 1 प्रतिशत का सौ
C. 10 प्रतिशत का सौ
D. 1000 का 10 प्रतिशत

131. नागार्जुन बाँध किस नदी पर बना है?

A. कावेरी B. कृष्णा
C. नर्मदा D. गोदावरी

132. फिरोज शाह ने कई शहरों की स्थापना की, निम्न में ऐसा कौन-सा है जिसे फिरोज शाह द्वारा नहीं बनवाया गया–

A. जौनपुर B. फतेहपुर सीकरी
C. हिसार D. फतेहाबाद

133. लाल सागर उदाहरण है–

A. स्तरित आकृति का B. भ्रंश आकृति का
C. लावा आकृति का D. अवक्षय आकृति का

134. आइसोक्रोन वे रेखाएं हैं जो आपस में जोड़ती हैं–

A. समान देशान्तरों को
B. किसी बिन्दु से समान यात्रा अवधियों को
C. समान वर्षा वाले क्षेत्रों को
D. समान जंगलों वाले क्षेत्रों को

135. काली मिर्च का पौधा है, एक–

A. वृक्ष B. लता
C. झाड़ी D. छोटे शाक

136. कौन-सी ऊर्जा का भारत में ऊर्जा उत्पादन के क्षेत्र में सबसे अधिक हिस्सा है?

A. जल विद्युत B. ताप विद्युत
C. नाभिकीय विद्युत D. सौर विद्युत

137. सिक्के पर नृत्य करती लड़की का चित्र उन सिक्कों पर मिला है, जो पाए गए हैं–

A. कालीबंगा में B. हड़प्पा में
C. मोहनजोदड़ो में D. रोपड़ में

138. एक इतालवी यात्री जिसने विजय नगर साम्राज्य की भरपूर प्रशंसा की–

A. बारबोसा B. मार्को पोलो
C. निकोलो कोन्टी D. टोम पाइरस

139. इक्ता थे–

A. वंशानुगत कार्य
B. अमीरों की व्यक्तिगत सम्पत्ति
C. सामान्यतः स्थानान्तरणीय राजस्व कार्य
D. राजा और रानियों द्वारा जारी किए गए फरमान

140. भारतीय संविधान की 8वीं अनुसूची में सूचीबद्ध भाषाओं की संख्या है–

A. 15 B. 18
C. 22 D. 14

खंड-V : (*iv*) : अंग्रेजी

Directions (Qs. 141 to 149): *Choose the most appropriate response out of the four choices given after every question. Each question carries one mark.*

141. The phrase 'widow's walk' means:

A. railed walkway atop a seaside house
B. an unsteady gait
C. wreath - laying ceremony
D. none of the above

142. The phrase 'deadman's hand' means:

A. a poker hand with two pairs

B. an unseen force
   C. weakened leader
   D. none of the above
143. A doctor who specialises in the treatment of the heart is called:
   A. neurologist   B. cardiologist
   C. opthalmologist   D. orthopaedist
144. Choose the correctly spelt word:
   A. Sykosis   B. Psykosis
   C. Psychosis   D. Sychosis
145. Choose the correctly spelt word:
   A. ellegory   B. allegory
   C. alegory   D. elegory
146. The indirect form of the sentence:
   Aftabh asked his wife, "Where is my book?" is:
   A. Aftabh asked his wife where is my book.
   B. Aftabh asked his wife where his book was.
   C. Aftabh asked his wife where his book is.
   D. Aftabh asked his wife where is his book.
147. The indirect form of the sentence:
   Anita said, "I went to Australia last year" is:
   A. Anita said that I went to Australia last year.
   B. Anita said that she went to Australia last year.
   C. Anita said that she had gone to Australia last year.
   D. Anita said that I had gone to Australia last year.
148. The passive voice of "Labourers are making the road" is:
   A. The road is being made by labourers.
   B. The road is made by labourers.
   C. The road has been made by labourers.
   D. The road was being made by labourers.
149. The active voice of "Anil was fined by the police for not stopping at the red light".
   A. Anil fined the police for not stopping at the red light.
   B. Anil not stopping at the red light was fined by the police.
   C. The police fined Anil for not stopping at the red light.
   D. The police fined Anil not stopping at the red light.

Directions (Qs. 150 to 152): *Choose the most appropriate words to fill in the blanks.*

150. Charles _____ go to Paris next month.
   A. have   B. will
   C. had   D. has
151. My son has been living in Paris ____ ten years.
   A. since   B. from
   C. for   D. till
152. Friends often seek out Asha's _____ as she is known for her ability to listen carefully and offer unbiased advice.
   A. concern   B. trouble
   C. empathy   D. counsel
153. In which of the following plays of Shakespeare Bertrice was the heroine?
   A. Merchant of Venice
   B. Much ado about nothing
   C. Othello
   D. Midsummer Night's Dream
154. Who wrote the poem 'Ode to the West Wind'?
   A. Keats   B. Coleridge
   C. Wordsworth   D. Shelley
155. Who wrote the novel 'Return of the Native'?
   A. George Eliot   B. Thomas Hardy
   C. Emily Bronte   D. Jane Austen
156. Who wrote the play 'End Game'?
   A. Samuel Beckett
   B. George Bernard Shaw
   C. Eugene O'Neil
   D. Shakespeare
157. Who is the heroine in the novel 'Return of the Native'?
   A. Ursula   B. Eustacia
   C. Catharine   D. Tess
158. Which of the following is *not* a poet of the Victorian Age?
   A. Browning   B. Tennyson
   C. Shelley   D. Arnold
159. In the sentence 'I have read that book which is lying on the table'.
   <u>Which is lying on the table</u> is a:
   A. Noun clause   B. Adverb clause
   C. Adjective clause   D. None of the above
160. In the sentence 'Rashmi is the girl who has won the first prize'.
   <u>Who has won the first prize</u> is a:
   A. Noun clause   B. Adverb clause
   C. Adjective clause   D. None of the above

खंड-V : (*v*) हिन्दी

निर्देशः (प्रश्न 161 से 165 तक): *दिए गए गद्यांश को ध्यान पूर्वक पढ़कर पूछे गए प्रश्नों के उत्तर दीजिए।*

हमारा मन हजारों निरुद्देश्य प्रश्न लिए वैज्ञानिक खोजों में उलझकर अशान्त बन रहा है। मन की दुनिया में प्रश्नों के सिवाय और क्या है? हृदय के संसार में केवल उत्तर-ही-उत्तर है। प्रेम है, करुणा है, विश्वास है, प्रतीक्षा है, समर्पण है और जिज्ञासा की शान्ति है, व्याकुलता की इतिश्री है। मन बहुरूपिया है। गिरगिट की तरह रंग बदलता रहता है। कभी वह दार्शनिक, कभी तार्किक, कभी वैज्ञानिक, राजनेता, तो कभी चिन्तक बनकर स्वयं को धोखे में डाल देता है। मन में प्रश्नों का उत्पन्न होना वैसा ही है, जैसाकि वृक्ष की शाखाओं पर नूतन पल्लवों का अंकुरण।

मन की तुलना एक मरुस्थल से की जा सकती है जहाँ रेत और मृगमरीचिका के सिवाय ऐसा कुछ भी नहीं होता जिससे जीवन में सुख-शान्ति, आनन्द और विश्राम का एहसास हो सके, परन्तु फिर भी ऐसा लगता है कि मन ही सब कुछ कर रहा है। मन ने आपको अपना गुलाम बना लिया है। आपके व्यक्तित्व का वह मालिक बन बैठा है।

मन ने हमारे हृदय के प्रेम और करुणा को भी पादाक्रान्त कर दिया है। पश्चिमी दर्शन और बुद्धिजीवी मन को ही बुद्धि का स्वामी मानकर मन को रिझाने के उपायों की वकालत करते देखे जाते हैं।

हृदय सब कुछ सुन लेता है, समझ लेता है और सारी जिज्ञासाओं का समाधान करने की क्षमता भी रखता है तथा जिसका सीधा सम्बन्ध उस दिव्य चेतना से है जिसे आत्मा कहा जाता है, उसे मन की तानाशाही ने इतना अशान्त बना दिया है कि वह दर-दर का भिखारी बना नजर आता है। हृदय में परमशान्ति का अक्षय कोश है, दिव्यता का भण्डार है, प्रेम और करुणा का अजस्र-निर्झर है। वही आज संवेदनाहीन, निष्करुण और निष्ठुर होता जा रहा है। मानवता मरती जा रही है; मनमानापन फल-फूल रहा है।

हृदय ही आत्मा-परमात्मा का सेतु है। वही संसार में प्रेम से रहना और किसी के काम आना तथा मधुर संगीत निकालना सिखाता है। हृदय से ही आनन्द की वर्षा होती है। ध्यान भी हृदय गुफा की ही देन है। हमें हृदय का साथ करना होगा। मन को वश में करने का झंझट क्यों पाला जाए? वश में करने के चक्कर में पड़कर जीवन में संघर्ष क्यों करना? मन को अपने अनुकूल बना सको तो ठीक, नहीं तो उसकी उपेक्षा कर दो। मन को दृष्टा बनकर देखो। उसे महत्व देना छोड़कर भावजगत का आश्रय लेकर हृदय में आनन्द, शान्ति, विश्वास और प्रेम का सदा अनुभव करो। यही अपना वास्तविक स्वरूप है।

161. इस गद्यांश का उपयुक्त शीर्षक क्या होगा?
A. मन की तानाशाही B. विज्ञान की भूल
C. शान्ति का उपाय D. हृदय की सुरक्षा

162. 'व्याकुलता' की इतिश्री'—का क्या तात्पर्य होगा?
A. मन के अनुसार कार्य करना
B. प्रश्नों का समाधान हृदय की अनुभूति से स्वतः होना
C. वैज्ञानिक खोज में सफलता मिलना
D. आत्मशान्ति की अनुभूति

163. मन में उठने वाले निरुद्देश्य प्रश्नों की तुलना किससे की गई है?
A. वैज्ञानिक खोजों से
B. मृगमरीचिका से
C. मरुस्थल के वृक्षों की हरियाली से
D. तानाशाही से

164. हृदय में निम्नलिखित गुणों में से कौन-सा गुण नहीं है?
A. करुणा B. प्रेम
C. तर्क D. आनन्द

165. हमारा वास्तविक स्वरूप क्या है?
A. संघर्षमय जीवन B. मन की प्रसन्नता
C. भावजगत का सुख D. संवेदन हीनता

निर्देशः (प्रश्न 166 से 180 तक): *निम्नलिखित प्रत्येक प्रश्न के साथ चार विकल्प दिये गये हैं। उनमें से सही विकल्प चुनिए।*

166. रवीन्द्रनाथ ठाकुर द्वारा रचित हमारा राष्ट्रगान किस भाषा में है?
A. खड़ी बोली B. बाँग्ला
C. मराठी D. गुजराती

167. इनमें से कौन-सी रचना 'वीरगाथाकाल' की है?
A. शिवा वावनी B. पृथ्वीराज रासो
C. पंचवटी D. हल्दीघाटी

168. 'मधुशाला' किसकी कृति है?
A. उमर खैयाम B. शेखसादी
C. गोपालदास नीरज D. हरिवंशराय बच्चन

169. उत्तर भारत की हिन्दी कृतियों में किस लिपि का सर्वाधिक व्यवहार होता है?
A. पाण्डुलिपि B. देवनागरी
C. रोमन D. गुरुमुखी

170. 'सूरसागर' की रचना किस विधा में है?
A. पद B. छंद
C. चौपाई D. कवित्त

171. निम्नलिखित में से कौन-सी वर्तनी अशुद्ध नहीं है?
A. आर्शिवाद B. आर्शीवाद
C. आशिर्वाद D. आशीर्वाद

172. निम्नलिखित में से 'रत्नगर्भा' किसका अर्थ होगा?
A. मेदिनी B. धरा
C. वसुधा D. अवनि

173. निम्नलिखित में से कौन-सा प्रयोग संधि नियमों के अनुसार अशुद्ध है?
A. मनोमय B. मनोकामना
C. मनोहर D. मनोरोग

174. पुरातन का विलोम शब्द कौन-सा है?
A. नूतन B. सनातन
C. अधुनातन D. वर्तमानकालीन

175. यदि 'पञ्चानन' का अर्थ शिव हो, तो इसमें कौन-सा समास होगा?
A. द्विगु B. अव्ययीभाव
C. द्वन्द्व D. बहुव्रीहि

176. "जीतने की इच्छा करने वाला" इस कथन के लिए कौन-सा एक शब्द उचित है?
A. जिज्ञासु B. जिगीषु
C. जिजीविषु D. विविदिषु

177. कनक कनक ते सौगुनी, मादकता अधिकाय।
या पाए बौराय जग, वा खाए बौराय।।
उपर्युक्त दोहे में कौन-सा अलंकार है?
A. यमक B. श्लेष
C. दृष्टान्त D. अतिशयोक्ति

178. 'प्रणम्य' की तरह 'क्षमा' से कौन-सा शब्द ठीक है?
A. क्षमाशील B. क्षम्य
C. क्षमी D. क्षाम्य

179. 'व्यावहारिक' की तरह 'प्रमाण' का कौन-सा विशेषण शब्द ठीक है?
A. प्रामाण्य B. प्रामाणिक
C. प्रमाणिक D. प्रामाणीक

180. निम्नलिखित वाक्यों में कौन-सा वाक्य शुद्ध है?
A. उसने न खुद करा है, न किसी से कराया है
B. तुमको हमारे से क्या बैर है
C. हम आपकी कुशल-क्षेम के आकांक्षी हैं
D. कृप्या फूल तोड़ना मना है

उत्तरमाला

1	**2**	**3**	**4**	**5**	**6**	**7**	**8**	**9**	**10**
D	B	B	D	B	A	A	A	A	D
11	**12**	**13**	**14**	**15**	**16**	**17**	**18**	**19**	**20**
D	B	C	A	A	D	B	C	A	D
21	**22**	**23**	**24**	**25**	**26**	**27**	**28**	**29**	**30**
C	B	D	A	C	B	A	D	D	D
31	**32**	**33**	**34**	**35**	**36**	**37**	**38**	**39**	**40**
D	C	C	A	D	D	D	C	D	D
41	**42**	**43**	**44**	**45**	**46**	**47**	**48**	**49**	**50**
C	A	C	D	*	B	C	C	A	B
51	**52**	**53**	**54**	**55**	**56**	**57**	**58**	**59**	**60**
B	C	C	C	A	B	C	A	D	D
61	**62**	**63**	**64**	**65**	**66**	**67**	**68**	**69**	**70**
A	C	A	A	B	A	B	C	D	C
71	**72**	**73**	**74**	**75**	**76**	**77**	**78**	**79**	**80**
A	D	D	B	A	A	B	D	A	D

81	82	83	84	85	86	87	88	89	90
A	A	B	B	B	B	D	A	C	A
91	92	93	94	95	96	97	98	99	100
D	A	D	D	B	D	D	A	A	C
101	102	103	104	105	106	107	108	109	110
B	D	A	B	D	A	D	C	C	C
111	112	113	114	115	116	117	118	119	120
C	A	D	D	B	B	A	C	C	A
121	122	123	124	125	126	127	128	129	130
B	A	A	D	A	D	C	C	A	A
131	132	133	134	135	136	137	138	139	140
B	B	C	B	B	B	C	C	C	C
141	142	143	144	145	146	147	148	149	150
B	B	B	C	B	B	C	A	C	B
151	152	153	154	155	156	157	158	159	160
C	D	B	D	B	A	B	C	C	C
161	162	163	164	165	166	167	168	169	170
A	D	C	C	C	B	B	D	B	A
171	172	173	174	175	176	177	178	179	180
D	C	A	A	D	B	A	B	B	C

कुछ चुने हुए प्रश्नों के व्याख्यात्मक उत्तर

16. C l o c k को इस प्रकार लिखा जा सकता है
↓ ↓ ↓ ↓ ↓
3 6 9 3 8

L e a v e को इस प्रकार लिखा जा सकता है
↓ ↓ ↓ ↓ ↓
1 2 4 5 2

∴ C a v e को लिखा जाएगा
↓ ↓ ↓ ↓
3 4 5 2

17. S k y लिखा जा सकता है
↓ ↓ ↓
TT MM XX

∴ L i e को लिखा जाएगा
↓ ↓ ↓
MM KK DD

19. माना कि गलत उत्तरों की संख्या = x
∴ सही उत्तरों की संख्या = $108 - x$
प्रश्नानुसार,

$(108 - x) \times 1 + (x)\left(-\dfrac{1}{3}\right) = 0$

$\Rightarrow 108 - x - \dfrac{x}{3} = 0$

$\Rightarrow x + \dfrac{x}{3} = 108$

$\Rightarrow \dfrac{4x}{3} = 108$

$\Rightarrow x = \dfrac{108 \times 3}{4} = 81$

अतः गलत उत्तरों की संख्या = 81

20. A के पास (9 + 2 + 3 – 2) = 12 कंचे हैं।

21. B के पास (9 – 2 + 2 – 3 + 2) = 13 – 5 = 8 कंचे हैं।

22. C के पास (9 – 5 – 2) = 9 – 7 = 2 कंचे हैं।

23. D के पास (9 + 2 – 1 – 3) = 11 – 4 = 7 कंचे हैं।
E के पास (9 + 1 + 5 – 2 + 3) = 18 – 2 = 16 कंचे हैं।
अतः, E के पास सबसे ज्यादा कंचे हैं।

24. 0 — 3 — 8 — 15 — 24 — 35 — 48
  +3 +5 +7 +9 +11 +13

25. 2 — 9 — 30 — 93 — 282 — **849**
       2×3+3 9×3+3 30×3+3 93×3+3 282×3+3

26. 24 — 39 — 416 — 525 — 636 — **749**
                +109 +111   +113

27. 40 — 29 — **20** — 13 — 8
         11   9   7   5

101. $\left(a^{x-y}\right)^{x+y} \cdot \left(a^{y-z}\right)^{y+z} \cdot \left(a^{z-x}\right)^{z+x}$

$= a^{x^2-y^2} \times a^{y^2-z^2} \times a^{z^2-x^2}$

$= a^{x^2-y^2+y^2-z^2+z^2-x^2} = a^0 = 1$

102. माना कि संख्या = x है।
प्रश्नानुसार,

$\dfrac{x}{15} + \dfrac{x}{12} + \dfrac{x}{7} = 1353$

$\Rightarrow \dfrac{28x + 35x + 60x}{420} = 1353$

$\Rightarrow 123x = 1353 \times 420$

$\Rightarrow x = \dfrac{1353 \times 420}{123}$

$= 11 \times 420 = 4620$

103. $\dfrac{(0.035)^2 - (0.0045)^2}{0.0395}$

$= \dfrac{(0.035 + 0.0045)(0.035 - 0.0045)}{0.0395}$

$= \dfrac{0.0395 \times (0.0305)}{0.0395} = 0.0305$

104. A का विक्रय मूल्य = 50 + 50 का 20%

$= \dfrac{20}{100} \times 50 + 50$

$= 10 + 50 =$ ₹ 60

B का विक्रय मूल्य = 60 + 60 का 25%

$= 60 + \dfrac{25}{100} \times 60$

$= 60 + 15 =$ ₹ 75

C का विक्रय मूल्य = 75 + 75 का 40%

$= 75 + \dfrac{40}{100} \times 75$

$= 75 + 30 =$ ₹ 105

अतः, D वस्तु को ₹105 में खरीदा।

105. माना कि अभीष्ट संख्या = x है।
प्रश्नानुसार,

$11 - x,\ 15 - x,\ 21 - x$

$(15 - x)^2 = (11 - x)(21 - x)$

$\Rightarrow 225 + x^2 - 30x = 231 - 11x - 21x + x^2$

$\Rightarrow x^2 - 30x + 225 = x^2 - 32x + 231$

$\Rightarrow 2x = 6$

$\Rightarrow x = 3$

अतः अभीष्ट संख्या = 3

106. मिश्रधन = मूलधन $\left(1 + \dfrac{\text{दर}}{100}\right)^{\text{समय}}$

$\Rightarrow 3515.20 =$ मूलधन $\left(1 + \dfrac{\text{दर}}{100}\right)^3$ ...(i)

तथा $3380 =$ मूलधन $\left(1 + \dfrac{\text{दर}}{100}\right)^2$ ...(ii)

समीकरण (i) को (ii) से भाग देने पर,

$\dfrac{3515.20}{3380} = \left(1 + \dfrac{\text{दर}}{100}\right)$

$\Rightarrow 1 + \dfrac{\text{दर}}{100} = \dfrac{26}{25}$

$\Rightarrow \dfrac{\text{दर}}{100} = \dfrac{26}{25} - 1 = \dfrac{1}{25}$

$\Rightarrow$ दर = 4%

दर का मान समीकरण (ii) में रखने पर,

$\Rightarrow 3380 =$ मूलधन $\left(1 + \dfrac{4}{100}\right)^2$

$\Rightarrow 3380 =$ मूलधन $\left(\dfrac{26}{25} \times \dfrac{26}{25}\right)$

$\Rightarrow$ मूलधन $= \dfrac{3380 \times 25 \times 25}{26 \times 26}$

$\Rightarrow$ मूलधन $= 5 \times 625 =$ ₹ 3125

108. अंग्रेजी में उत्तीर्ण = 77%

गणित में उत्तीर्ण = 66%

दोनों विषयों में उत्तीर्ण = (100 – 13) = 87%

कुल उत्तीर्ण का प्रतिशत = 77 + 66 – 87 = 56%

अतः, कुल परीक्षार्थियों की संख्या

$= \dfrac{100}{56} \times 392 = 700$

110. $(1 + \cot\theta - \text{cosec}\,\theta)(1 + \tan\theta + \sec\theta)$

$= \left(1 + \dfrac{\cos\theta}{\sin\theta} - \dfrac{1}{\sin\theta}\right)\left(1 + \dfrac{\sin\theta}{\cos\theta} + \dfrac{1}{\cos\theta}\right)$

$= \left(\dfrac{\sin\theta + \cos\theta - 1}{\sin\theta}\right)\left(\dfrac{\cos\theta + \sin\theta + 1}{\cos\theta}\right)$

$= \dfrac{(\sin\theta + \cos\theta)^2 - (1)^2}{\sin\theta \cdot \cos\theta}$

$= \dfrac{\sin^2\theta + \cos^2\theta + 2\sin\theta\cdot\cos\theta - 1}{\sin\theta \cdot \cos\theta}$

$= \dfrac{1 + 2\sin\theta\cdot\cos\theta - 1}{\sin\theta\cdot\cos\theta} = \dfrac{2\sin\theta\cdot\cos\theta}{\sin\theta\cdot\cos\theta} = 2$

111. $\sec 70° \cdot \sin 20° + \cos 20° \cdot \text{cosec}\,70°$

$= \sec(90° - 20°)\cdot \sin 20° + \cos 20° \cdot \text{cosec}(90° - 20°)$

$= \text{cosec}\,20° \cdot \sin 20° + \cos 20° \cdot \sec 20°$

$= \dfrac{1}{\sin 20°} \times \sin 20° + \cos 20° \times \dfrac{1}{\cos 20°}$

$= 1 + 1 = 2$

114. वर्ग का क्षेत्रफल $= x^2$
वृत्त का क्षेत्रफल $= \pi r^2$
$\pi r^2 = x^2$

$\therefore \quad r^2 = \dfrac{x^2}{\pi}$

$r = \dfrac{x}{\sqrt{\pi}}$

$\dfrac{2\pi r}{4x} = \dfrac{2\pi \times x}{4x \times \sqrt{\pi}} = \dfrac{\sqrt{\pi}}{2}$

अतः अभीष्ट अनुपात $= \sqrt{\pi} : 2$

115. $\dfrac{V_1}{V_2} = \dfrac{\pi \times (2x)^2 \times 5x}{\pi(3x)^2 \times 3x} = \dfrac{4 \times 5}{9 \times 3} = \dfrac{20}{27}$

अतः अभीष्ट अनुपात $= 20 : 27$

116.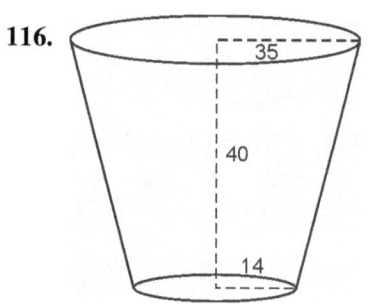

बाल्टी का आयतन

$= \dfrac{1}{3} \times \pi(R^2 + r^2 + R\cdot r)\cdot h$

$= \dfrac{1}{3} \times \dfrac{22}{7}(35^2 + 14^2 + 35 \times 14) \times 40$

$= \dfrac{1}{3} \times \dfrac{22}{7}(1225 + 196 + 490) \times 40$

$= \dfrac{22}{21} \times 1911 \times 40$

$= 880 \times 91 = 80080$ घन सेमी.

118. कुल गेंदें $= 3 + 4 + 5 = 12$

अभीष्ट प्रायिकता $= \dfrac{4}{12} = \dfrac{1}{3}$

119.

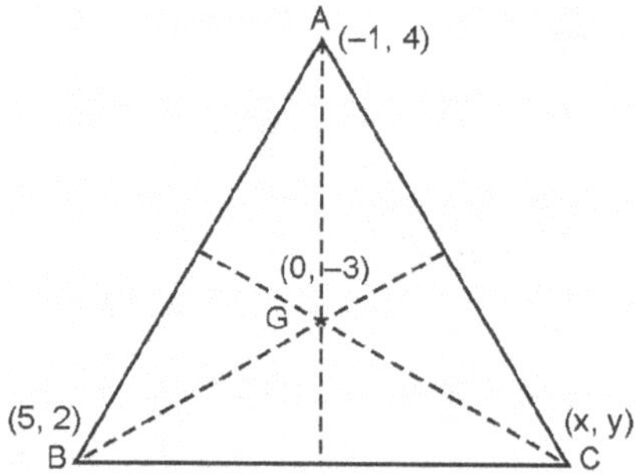

प्रश्नानुसार,

$0 = \dfrac{-1 + 5 + x}{3} \Rightarrow x + 4 = 0 \Rightarrow x = -4$

$-3 = \dfrac{4 + 2 + y}{3} \Rightarrow y + 6 = -9 \Rightarrow y = -15$

अतः C का नियामक $= (-4, -15)$

120. दो अंकों की विषम संख्याएँ हैं–
11, 13, 15, 17, ..., 99.

nवाँ पद $= a + (n - 1)d$

$\Rightarrow \quad 99 = 11 + (n - 1) \times 2$

$\Rightarrow \quad 99 = 11 + 2n - 2 = 99 = 2n + 9$

$\Rightarrow \quad 2n = 90$

$\Rightarrow \quad n = 45$

$S_n = \dfrac{n}{2}\{2a + (n - 1)d\}$

$S_{45} = \dfrac{45}{2}\{2 \times 11 + (45 - 1)2\}$

$= \dfrac{45}{2}\{22 + 88\} = \dfrac{45}{2} \times 110$

$= 45 \times 55 = 2475$

अतः दो अंकों की विषम संख्याओं का योग $= 2475$.

पिछले प्रश्न–पत्र (हल सहित)

IGNOU B.Ed. प्रवेश परीक्षा, 2012

भाग-अ

खंड-I : सामान्य हिन्दी बोध

निर्देश (प्र.सं. 1 से 10 तक): *निम्नलिखित गद्यांश को ध्यान से पढ़कर उसके नीचे दिए गए प्रश्नों के उत्तर दीजिए।*

शैक्षिक नियोजन का उद्देश्य संपूर्ण जनसंख्या के सभी आयु वर्गों की शैक्षिक आवश्यकताओं की पूर्ति करना होना चाहिए। हालाँकि शिक्षा के पारंपरिक ढाँचे का प्राथमिक स्तर से विश्वविद्यालय स्तर तक तीन-सतही पदानुक्रम इसके आंतरिक मूल का प्रतिनिधित्व करते हैं, हमें इसकी बाह्य परिधि की उपेक्षा नहीं करनी चाहिए जो कि उतनी ही महत्वपूर्ण है। आधुनिक परिस्थितियों में, एक श्रमिक को भी उसके उत्साह को पुनर्जीवित अथवा पुनर्स्थापित करने अथवा एक नई दिशा में बढ़ने अथवा अपने कौशल में सुधार करने की उतनी ही आवश्यकता है जितनी कि एक विश्वविद्यालय के प्राध्यापक को। सेवानिवृत्त तथा वृद्धों की भी अपनी आवश्यकताएं हैं। दूसरे शब्दों में, शैक्षिक नियोजन को प्रत्येक की आवश्यकताओं को ध्यान रखना चाहिए।

हमारी शैक्षिक संरचना इस अवधारणा पर निर्मित है कि शिक्षा का एक अंतिम बिंदु होता है। यह आधारभूत दोष ही आज अति-हानिकारक बन गया है। एडगर फाउर द्वारा 1973 में तैयार की गई यूनेस्को की एक रिपोर्ट 'लर्निंग टु बी' इस बात पर बल देती है कि बच्चों की शिक्षा को विभिन्न प्रकार की स्वयं सीखने वाले रूपों द्वारा भावी वयस्क तैयार करने वाला होना चाहिए। भविष्य की एक व्यावहारिक शिक्षा प्रणाली में विभिन्न प्रकार के कार्यों के मॉड्यूल होने चाहिए जिसमें विविध घटकों को प्रयुक्त किया जा सके और, अध्ययन की अवधि के स्थान पर प्रदर्शन को विश्वसनीयता का आधार होना चाहिए।

आजीवन सीखने और जीवन पर्यंत शिक्षा के लिए प्रतिबद्धता के महत्व की, शैक्षिक रूप से अग्रणी देशों में भी जहाँ हाल ही के वर्षों में चर्चा की गई है, वहाँ इस विचार के शिक्षा के अभिन्न अंग होने की संभावना दूर की बात लगती है। इस दिशा में बढ़ने का अर्थ है शिक्षा की वर्तमान संरचना में कुछ सरल बदलावों से कहीं अधिक करना। किंतु विभिन्न श्रेणियों के पुराने शिक्षार्थियों के लिए खुले विश्वविद्यालय कार्यक्रमों को विकसित कर तथा परंपरागत महाविद्यालयों व विद्यालयों में विस्तार सेवाएँ आरंभ कर एक अच्छी शुरूआत की जा सकती है। इन संस्थानों को सामुदायिक संगठनों जैसे, पुस्तकालयों व स्वास्थ्य सेवाओं से सहयोग करना सीखना चाहिए।

1. शैक्षिक नियोजन का उद्देश्य किसकी शैक्षिक आवश्यकताओं की पूर्ति होना चाहिए?
- A. पूर्व-शैशव आयु वर्ग
- B. किशोर वर्ग
- C. सभी आयु वर्ग
- D. इनमें से कोई नहीं

2. शिक्षा की पारंपरिक संरचना में हैं–
- A. दो-सतही पदानुक्रम
- B. तीन-सतही पदानुक्रम
- C. चार-स्तरीय प्रणाली
- D. उपरोक्त सभी

3. अनुच्छेद के अनुसार, शिक्षा की वर्तमान संरचना मानती है कि–
- A. आवश्यकता के अनुसार सभी लोगों को शिक्षित किया जा सकता है
- B. वर्तमान शिक्षा नियोजन व्यावहारिक है
- C. शिक्षा एक बार होने वाली प्रक्रिया है
- D. इनमें से कोई नहीं

4. व्यावहारिक शिक्षा प्रणाली के लिए विश्वसनीयता का आधार होना चाहिए–
- A. प्रदर्शन
- B. अध्ययन की अवधि
- C. अध्ययन के घंटे
- D. उपरोक्त सभी

5. हमारी शिक्षा का ढाँचा इस अवधारणा पर निर्मित है कि–
A. शिक्षा के कई रूप होते हैं
B. शिक्षा की कोई प्रणाली नहीं होती
C. शिक्षा का एक अंतिम बिंदु होता है
D. इनमें से कोई नहीं

6. अनुच्छेद के संदर्भ में "दूर की बात है" का अर्थ है–
A. दूर खड़े होकर बात करना
B. दूर जाकर बात करना
C. बातों में दूरी रखना
D. संभावना कम लगना

7. निम्न में से कौन अनुच्छेद में प्रयुक्त शब्द "पूर्ति" का समानार्थक है?
A. संपर्क B. आगम
C. पश्चिम D. संतुष्ट

8. अनुच्छेद में प्रयुक्त निम्न में से कौन-सा, शब्द "अभिन्न" का विपरीतार्थक है?
A. आवश्यक B. स्वतंत्र
C. प्रमुख D. अमुख

9. शैक्षिक संरचना के साथ जीवनपर्यंत शिक्षा की अवधारणा को समाहित करने का अर्थ होगा–
A. परंपरागत विद्यालयों/महाविद्यालयों को बंद करना
B. औपचारिक पाठ्यक्रमों की दीर्घ अवधि
C. वर्तमान शैक्षिक संरचना में सरल बदलाव
D. उपरोक्त में से कोई नहीं

10. अनुच्छेद के संदर्भ में निम्न में से कौन-सा कथन सत्य नहीं है?
A. जीवन पर्यंत सीखना एक नई अवधारणा है
B. श्रमिक का ज्ञान तथा कौशल भी निरंतर बढ़ना चाहिए
C. 'लर्निंग टु बी' इस बात से सहमत है कि शिक्षा का एक अंतिम बिंदु होता है
D. विद्यालयों तथा महाविद्यालयों को विस्तार सेवाएँ भी आरंभ करनी चाहिए।

खंड-II : तार्किक एवं विश्लेषणात्मक बुद्धि परीक्षा

11. इस शृंखला का अगला अंक क्या होगा?
8 , 15 , 29 , 57?
A. 99 B. 113
C. 103 D. 101

12. निम्नलिखित के खाली कोष्ठक में कौन-सा अंक होगा?
35 (78) 40 45 (97) 35 25 (?) 30
A. 66 B. 56
C. 67 D. 71

13. निम्नलिखित के खाली स्थान में क्या होगा?
ACEG : DFHJ : : QSUV : ?
A. TVXY B. MNPR
C. OQST D. KMNP

14. निम्नलिखित में सबसे भिन्न का उल्लेख करें–
A. बन्दूक B. राइफल
C. तेग़ (सेबर) D. रिवाल्वर

15. निम्नलिखित में सबसे भिन्न को छाटें–
A. ग्लूकोमा B. मोतियाबिन्द
C. एक्ज़ीमा D. ट्रैकोमा

16. इस शृंखला के खाली स्थान पर कौन-सा अंक होगा?
3, 5, 6, ? , 9, 15
A. 10 B. 12
C. 15 D. 22

17. यदि 'BEARING' का कोड 1234567 है तो 'PARE' का कोड क्या होगा?
A. 4234 B. 4321
C. 4345 D. 4342

18. यदि RADIO का कोड 'UDGLR' है, तो PHOTO का कोड क्या होगा?
A. OIPWR B. OTOPT
C. SKRWR D. SKPWR

19. दस महिलाएँ एक खेत की फसल को तीन दिनों में काटती हैं। उसी खेत की फसल को दो दिनों में कितनी महिलाएँ काटेंगी?
A. 29 B. 15
C. 30 D. 35

20. एक परीक्षा में 450 में से 360 परीक्षार्थी उत्तीर्ण हुए। उत्तीर्ण परीक्षार्थियों की प्रतिशतता क्या है?
A. 80% B. 60%
C. 20% D. 70%

21. 85 का कितना प्रतिशत 17 होगा?
A. 25% B. 30%
C. 5% D. 20%

22. चीनी की कीमत गुड़ से 25 प्रतिशत अधिक है, तो गुड़ की कीमत चीनी से कितना प्रतिशत कम है?
    A. 25% B. 20%
    C. 80% D. 30%

23. एक ट्रक 8.5 लीटर डीजल में 51 कि.मी. चलता है, तो 165 कि.मी. चलने के लिए कितने लीटर डीजल चाहिए?
    A. 27.5 लीटर B. 2.5 लीटर
    C. 30 लीटर D. 21.5 लीटर

24. यदि 23 : 23 : : 23 : x है, तो x का मान होगा—
    A. 23 B. 47
    C. 69 D. 70

25. यदि 'friend' का सम्बन्ध वाचक 'friendly' है तो इसके विपरीतार्थक का सम्बन्धवाचक निम्नलिखित में से क्या होगा?
    A. Enemy B. Hostile
    C. Defeat D. Contest

26. 16 से.मी. कपड़े की कीमत 60 रुपए है तो 6 से.मी. कपड़े की कीमत क्या होगी?
    A. 22.5 रुपए B. 26 रुपए
    C. 56 रुपए D. 62 रुपए

27. 172 और 272 के बीस प्रतिशत का अन्तर होगा—
    A. 40 B. 20
    C. 35 D. 30

28. निम्नलिखित में से उस सबसे बड़ी संख्या को छाँटें जिससे 124 और 93 पूरा-पूरा विभाजित हो जाए।
    A. 24 B. 31
    C. 26 D. 27

29. एक आदमी प्रतिदिन 4 घण्टे काम करते हुए एक काम 15 दिनों में पूरा करता है। प्रतिदिन छह घण्टे काम करते हुए वह उसे कितने दिनों में पूरा करेगा?
    A. 10 दिनों में B. 60 दिनों में
    C. 34 दिनों में D. 30 दिनों में

30. दो मिनट में करण 90 मीटर चलता है, तो 5 मिनट में वह कितनी दूरी तय करेगा?
    A. 225 मीटर B. 180 मीटर
    C. 340 मीटर D. 50 मीटर

खंड-III : शैक्षिक एवं सामान्य जागरूकता

31. कथकली नृत्य का इस राज्य से संबंध है—
    A. केरल B. तमिलनाडु
    C. आन्ध्र प्रदेश D. असोम

32. लोकसभा की पहली महिला अध्यक्ष (स्पीकर) हैं—
    A. नजमा हेपतुल्ला B. मायावती
    C. मीरा कुमार D. मेनका गांधी

33. कोशिका की 'फूड फैक्टरी' है—
    A. सेल मेम्ब्रेन B. माइटोकॉन्ड्रिया
    C. डी.एन.ए. D. स्टेम सेल

34. आयोडीन का प्रयोग .... के उपचार में किया जाता है।
    A. बेरी-बेरी B. गॉयटर
    C. रतौंधी D. रिकेट्स

35. मनुष्य के शरीर का सामान्य तापमान है—
    A. 46.8° C B. 94.8° F
    C. 98.6° F D. 49.8° C

36. एक पीढ़ी से दूसरी में आनुवंशिक सूचनाओं का अन्तरण किया जाता है—
    A. डी.एन.ए.
    B. ट्रान्सफर आर.एन.ए.
    C. मेसेन्जर आर.एन.ए.
    D. मेसेन्जर एण्ड ट्रान्सफर आर.एन.ए.

37. केन्द्र सरकार इनमें से कौन-सा कर नहीं लगाती?
    A. सम्पत्ति कर B. वृत्ति कर
    C. आयकर D. उत्पाद शुल्क

38. चाणक्य को बचपन में इस नाम से जाना जाता था—
    A. अजय B. चाणक्य
    C. विष्णुगुप्त D. देवगुप्त

39. इस राज्य में सर्वाधिक साक्षरता दर है—
    A. बिहार B. केरल
    C. राजस्थान D. उत्तर प्रदेश

40. देश के किस राज्य में सर्वाधिक जिले हैं?
    A. मध्यप्रदेश   B. महाराष्ट्र
    C. तमिलनाडु   D. उत्तर प्रदेश

41. भारत के सर्वप्रथम राष्ट्रपति थे—
    A. जवाहरलाल नेहरू   B. सरदार पटेल
    C. डॉ. राजेन्द्र प्रसाद   D. महात्मा गांधी

42. 'चक दे इन्डिया' नामक फिल्म किस खेल पर आधारित है?
    A. क्रिकेट   B. फुटबॉल
    C. हॉकी   D. बैडमिंटन

43. संयुक्त राज्य अमेरिका (यू.एस.ए.) के राष्ट्रपति कौन हैं?
    A. बिल क्लिंटन   B. जॉर्ज डब्ल्यू बुश
    C. हिलेरी क्लिंटन   D. बराक ओबामा

44. गरबा किस राज्य का लोक नृत्य है?
    A. पंजाब   B. गुजरात
    C. राजस्थान   D. हरियाणा

45. अरुणाचल प्रदेश की राजधानी है—
    A. शिलांग   B. दीमापुर
    C. दिसपुर   D. ईटानगर

46. भारत का राष्ट्रीय पक्षी है—
    A. मोर   B. बत्तख
    C. कबूतर   D. चील

47. भारत की सर्वप्रथम महिला शासक कौन थी?
    A. नूरजहाँ   B. रजिया सुल्ताना
    C. चाँद बीबी   D. मुमताज महल

48. उपराष्ट्रपति निम्नलिखित में से किसकी अध्यक्षता करता है?
    A. लोकसभा   B. राज्यसभा
    C. मन्त्री परिषद्   D. योजना आयोग

49. जब पानी को 0° सेंटीग्रेड से 100° सेंटीग्रेड पर गर्म किया जाता है तो इसका आयतन—
    A. बढ़ता है।
    B. घटता है।
    C. कोई बदलाव नहीं होता।
    D. पहले घटता है फिर बढ़ता है।

50. निम्नलिखित में से किसने चीन के बड़े हिस्से पर विजय प्राप्त की थी?
    A. अशोक   B. हर्षवर्धन
    C. कनिष्क   D. समुद्रगुप्त

51. बादल रहित स्वच्छ आसमान की तुलना में बादल भरी रातें ज्यादा गर्म होती हैं क्योंकि बादल—
    A. आकाश की तरफ से सर्द हवाओं को पृथ्वी पर आने से रोकते हैं।
    B. पृथ्वी द्वारा छोड़ी गई ऊष्मा को वापस परावर्तित कर देते हैं।
    C. ऊष्मा उत्पादित कर इसे पृथ्वी की तरफ छोड़ते हैं।
    D. वातावरण से ऊष्मा का अवशोषण कर इसे पृथ्वी की तरफ भेजते हैं।

52. भारत रत्न पुरस्कार सर्वप्रथम किस वर्ष में दिया गया?
    A. 1956   B. 1954
    C. 1952   D. 1957

53. ओलम्पिक खेलों में स्वर्ण पदक जीतने वाला प्रथम भारतीय है—
    A. विजेन्द्र कुमार   B. मिल्खा सिंह
    C. पी.टी. ऊषा   D. अभिनव बिन्द्रा

54. भारत के राष्ट्रीय ध्वज का डिजाइन तैयार किया था—
    A. महात्मा गांधी   B. सुभाष चन्द्र बोस
    C. पिंगली वैंकेया   D. जवाहरलाल नेहरू

55. 'गुड फ्राइडे' निम्नलिखित में से किस अवसर पर मनाया जाता है?
    A. ईसा मसीह का शहादत दिवस
    B. ईसा मसीह का जन्म दिवस
    C. क्रिसमस
    D. इनमें से कोई नहीं

खंड-IV : शिक्षण-अधिगम एवं विद्यालय शिक्षा

56. शिक्षा का सही उद्देश्य है—
    A. विद्यार्थियों को जीवकोपार्जन के लायक बनाना।
    B. विद्यार्थियों को नौकरियों के लिए तैयार करना।
    C. विद्यार्थियों को ज्ञान प्राप्त करने में मदद करना।
    D. विद्यार्थियों के सर्वांगीण विकास को सुगम बनाना।

57. एक शिक्षक का कार्य है—
    A. विद्यार्थियों को स्वाध्याय में सहायता देना।
    B. विद्यार्थियों को अध्ययन के लिये प्रेरित करना।

C. अध्ययन के अनुकूल वातावरण बनाना।
D. विद्यार्थियों को उनकी गलतियाँ बताना।

58. शिक्षक के लिये यह महत्त्वपूर्ण है कि उसे—
    A. विषय का पूर्ण ज्ञान हो।
    B. शिक्षण पद्धतियों का पूर्ण ज्ञान हो।
    C. विद्यार्थियों के बारे में ज्ञान हो।
    D. उपरोक्त सभी का ज्ञान हो।

59. बच्चों में कुसमंजन—
    A. कुंठा का परिणाम है।
    B. कुंठा का कारण है।
    C. कुंठा का एक और नाम है।
    D. उपरोक्त में से कोई नहीं।

60. आपकी राय में शिक्षक का पेशाः
    A. एक अस्थायी व्यवस्था है।
    B. लाभदायक है।
    C. मौज-मजे से भरपूर है।
    D. सर्वश्रेष्ठ है।

61. शिक्षण के दौरान विभिन्न शिक्षण पद्धतियों का उपयोग—
    A. विद्यार्थियों का ध्यान केन्द्रित रखता है।
    B. क्लासरूम शिक्षण को काफी रुचिकर बना देता है।
    C. विद्यार्थियों को अवधारणाओं एवं विषयों को समझने में मदद करता है।
    D. उपरोक्त सभी

62. स्मृति .... का एक भाग है।
    A. अभिरुचि   B. प्रवृत्ति
    C. बुद्धि   D. उपरोक्त सभी

63. बड़ा दिखाई देना परन्तु बच्चे की तरह व्यवहार करना कहलाता है—
    A. चलन विकलांगता   B. दृष्टि बाधिता
    C. श्रवण बाधिता   D. मानसिक मन्दता

64. भाषा के असन्तोषजनक विकास का परिणाम होता है—
    A. कमजोर याद्दाश्त
    B. पढ़ने में अधिक समय तक ध्यान न दे पाना
    C. सम्प्रेषण में कठिनाई
    D. कमजोर आर्थिक स्थिति।

65. 'पियाजे' एक .... थे।
    A. गायक   B. विशेष शिक्षक
    C. मनोवैज्ञानिक   D. बालरोग विशेषज्ञ

66. विकलांग बच्चों की शिक्षा उनकी विकलांगता को बेहतर रूप से स्वीकार करने और .... क्षेत्र में बच्चों की योग्यता को सुनिश्चित करती है।
    A. शिक्षा   B. रोजगार
    C. सामाजिक गतिविधि D. उपरोक्त सभी

67. छिपाये हुए खिलौने का पता लगाना .... का उदाहरण है।
    A. भाषा-सम्बन्धी विकास   B. सामाजिक विकास
    C. गति सम्बन्धी विकास   D. संज्ञानात्मक विकास

68. 'विशिष्ट विद्यालय' निम्नलिखित का एक अच्छा उदाहरण है।
    A. एकीकृत सेटिंग   B. समेकित सेटिंग
    C. मुख्य धारा में लाना   D. अलग-अलग करना

69. जो बच्चे अपनी क्षमता से बहुत कम प्रदर्शन करते हैं, कहलाते हैं—
    A. मानसिक मंद   B. कम सफल
    C. प्रतिभाशाली   D. शारीरिक विकलांग

70. मानसिक मंदता को कहा जाता है—
    A. मानसिक बीमारी
    B. मानसिक रोग
    C. बौद्धिक विकलांगता
    D. विकृति परक विकास-दोष

71. विकलांगता .... को हो सकती है।
    A. केवल उच्च शिक्षा प्राप्त लोगों को
    B. केवल अमीर लोगों को
    C. केवल गरीब लोगों को
    D. सभी सामाजिक आर्थिक वर्ग के लोगों को

72. .... IQ स्कोर मानसिक मंदता दर्शाता है।
    A. 70 के नीचे   B. 90 के नीचे
    C. 80 के नीचे   D. 100 के नीचे

73. विकलांग व्यक्ति अधिनियम 1995 के अनुसार विकलांगों के लिए सरकारी नौकरियों में .... प्रतिशत आरक्षण है।
    A. 3 प्रतिशत   B. 2 प्रतिशत
    C. 4 प्रतिशत   D. 5 प्रतिशत

74. पूर्ण सम्प्रेषण में शामिल है—
    A. एकल स्वरूप   B. दोहरे स्वरूप
    C. सभी स्वरूप   D. कोई स्वरूप नहीं

75. समेकित शिक्षा सम्बन्धित है—
A. पूर्व-स्कूल (प्री-स्कूल) विशेष शिक्षा से।
B. स्रोत कक्षा (रिसोर्स रूम) और स्रोत शिक्षक (रिसोर्स टीचर) से।
C. एकीकृत सेट अप से।
D. उपरोक्त में से कोई नहीं।

76. हकलाना एक .... है।
A. आवाज सम्बन्धी विकार
B. प्रवाह सम्बन्धी विकार
C. उच्चारण सम्बन्धी विकार
D. भाषा सम्बन्धी विकार

77. एन.आई.वी.एच. स्थित है—
A. मुम्बई B. दिल्ली
C. देहरादून D. अहमदाबाद

78. भारतीय पुनर्वास परिषद् .... का पंजीकरण करती है।
A. शिक्षक
B. पुनर्वास कार्मिक
C. A एवं B
D. उपरोक्त में से किसी एक का भी नहीं

79. अबेकस का प्रयोग किया जाता है—
A. दृष्टि बाधितों द्वारा
B. श्रवण बाधितों द्वारा
C. सभी विकलांगों द्वारा
D. उपरोक्त में से किसी के द्वारा भी नहीं।

80. यदि माँ की उम्र .... है तो मानसिक मन्द बच्चे के पैदा होने का ज्यादा खतरा होता है।
A. 18 वर्ष से कम
B. 35 वर्ष से अधिक
C. 18 वर्ष से कम एवं 35 वर्ष से अधिक
D. उपरोक्त में से कोई नहीं

भाग-ब

खंड-V : (*i*) विज्ञान

81. निम्नलिखित में से किसे रासायनिक परिवर्तन कहेंगे?
A. अल्कोहल का वाष्पीकरण
B. आयोडीन का उर्ध्वपातन
C. बुन्सेन फ्लेम में प्लैटिनम तार को गर्म करना
D. मरक्यूरिक ऑक्साइड चूर्ण को गर्म करना

82. फिक्सर की तरह फोटोग्राफी में उपयोग आने वाला रासायनिक तत्त्व है—
A. सोडियम सल्फेट
B. सोडियम थायोसल्फेट
C. अमोनियम परसल्फेट
D. बोरेक्स

83. ठोस अवस्था में निम्नलिखित में कौन-सा पदार्थ सूखा बर्फ के रूप में जाना जाता है?
A. अमोनिया B. नाइट्रोजन
C. कार्बन डाइऑक्साइड D. हाइड्रोजन

84. टेपरिकार्डर के टेप पर परत चढ़ी होती है—
A. कॉपर सल्फेट B. पारा
C. फेरोमैग्नेटिक पाउडर D. जिंक ऑक्साइड

85. डिहाइड्रेशन (निर्जलीकरण) के दौरान वस्तुतः किस पदार्थ की थोड़ी कमी हो जाती है?
A. सोडियम क्लोराइड B. पोटाशियम क्लोराइड
C. कैल्शियम क्लोराइड D. कैल्शियम सल्फेट

86. रेयॉन रासायनिक रूप से है—
A. सेलुलोस B. एमिलेस
C. ग्लूकोज D. पेक्टिन

87. समुद्री जल से नमक प्राप्त करने की प्रक्रिया को कहते हैं—
A. वाष्पीकरण B. उर्ध्वपातन
C. रवाकरण D. आसवन

88. थरमस फ्लास्क का रजत तल (सिल्वर सरफेस) ताप के अन्तरण को रोकता है—
A. संवहन द्वारा B. संचालन द्वारा
C. विकिरण द्वारा D. परावर्तन द्वारा

89. जल की कठोरता दूर की जा सकती है—
A. जीयोलाइट द्वारा
B. सोडियम सिलिकेट द्वारा
C. उबालकर
D. इनमें से कोई नहीं

90. प्रकृति में अत्यधिक सहजता से उपलब्ध एसिड है–
A. साइट्रिक एसिड
B. लैक्टिक एसिड
C. एसिटिक एसिड
D. हाइड्रोक्लोरिक एसिड

91. प्रकाश की गति किस पदार्थ से गुजरते हुए न्यूनतम होगी?
A. शून्य
B. शीशा
C. हवा
D. पानी

92. साधारण सूक्ष्मदर्शी द्वारा निस्सृत अन्तिम बिम्ब होता है–
A. आभासी और सीधा
B. सीधा और वास्तविक
C. वास्तविक और उल्टा
D. आभासी और वास्तविक

93. बर्फ का पानी में परिवर्तित होना कहलाता है–
A. रासायनिक परिवर्तन
B. भौतिक परिवर्तन
C. परमाण्विक परिवर्तन
D. विद्युतीय परिवर्तन

94. पानी में हवा का बुलबुला निम्नलिखित की तरह क्रिया करता है–
A. उत्तल ताल (लेंस)
B. उत्तल दर्पण
C. अवतल ताल (लेंस)
D. अवतल दर्पण

95. पौधा निम्नलिखित में से किस विधि से मिट्टी से पानी सोखता है?
A. गुरुत्वाकर्षणीय विधि
B. केशिका विधि
C. आर्द्रताग्राही विधि
D. इनमें से कोई नहीं

96. मानव शरीर की मुख्य अन्तःस्रावी ग्रन्थि है–
A. पियूष (पिट्यूटरी) ग्रन्थि
B. एड्रिनल (अधिवृक्क) ग्रन्थि
C. थाइराइड ग्रन्थि
D. अग्न्याशय (पैन्क्रियाज़) ग्रन्थि

97. मानव शरीर में जल की मात्रा होती है, लगभग–
A. 20%
B. 100%
C. 80%
D. 65%

98. भारत में फलों के रस की रक्षा हेतु कौन-सा रासायनिक पदार्थ उपयोग किया जाता है?
A. सोडियम हाइड्रोक्साइड
B. पोटैशियम नाइट्रेट
C. अमोनियम सल्फेट
D. सोडियम बेन्जोएट

99. पृथ्वी का निकटतम एटमॉस्फेरिक लेयर है–
A. स्ट्रेटोस्फेयर
B. ट्रोपोस्फेयर
C. आयनोस्फेयर
D. मेसोस्फेयर

100. निम्नलिखित में से कौन-सा गैस हवा को दूषित नहीं करता है?
A. सल्फर डाइऑक्साइड
B. नाइट्रोजन ऑक्साइड
C. कार्बन डाइऑक्साइड
D. कार्बन मोनोक्साइड

खंड-V : (*ii*) गणित

101. x और y के व्युत्क्रम का माध्य होगा–
A. $\frac{2(x+y)}{xy}$
B. $\frac{x+y}{x-y}$
C. $\frac{2x}{x+y}$
D. $\frac{x+y}{2xy}$

102. निम्नलिखित भिन्न अपने लघुत्तम मान के हैं। छूटे हुए अंक का उल्लेख करें–

$$5\frac{1}{x} \times y\frac{3}{4} = 20$$

A. 3.1
B. 3.3
C. 1.5
D. 4.1

103. इस श्रृंखला को पूर्ण कीजिए।

1, 2, 4, 7, 13, 24, 44, ?

A. 80
B. 64
C. 81
D. 66

104. एक से एक हजार तक उन्नीस से विभाजित होने वाली सभी संख्याओं का योगफल बताएँ।
A. 26182
B. 21588
C. 13262
D. 33868

105. तीन संख्याओं का औसत 135 है। सबसे बड़ी संख्या 180 है और दूसरी से उसका अन्तर 25 है। सबसे छोटी संख्या होगी–

A. 130 B. 100
C. 125 D. 120

106. बीस के दस प्रतिशत और दस की बीस प्रतिशत का योग बराबर होगा–

A. 200 का 2 प्रतिशत B. 200 का 1 प्रतिशत
C. 20 का 10 प्रतिशत D. 10 का 20 प्रतिशत

107. यदि P का 70% Q के 40% के बराबर है, तो P और Q का अनुपात होगा–

A. 4 : 7 B. 7 : 4
C. 4 : 11 D. 7 : 11

108. यदि कोई घड़ी 22 सेकेण्ड में 12 बार धड़कती है, तो कितने समय में 6 बार धड़केगी?

A. 10 B. 11
C. 15 D. 8

109. दो संख्याओं का महत्तम समापवर्तक 24 है और लघुत्तम समापवर्तक 5304 है। यदि एक संख्या 408 है, तो दूसरी संख्या होगी–

A. 1146 B. 312
C. 32 D. 302

110. सोहन की आयु गोपाल से तीन गुनी अधिक है। पाँच वर्ष पूर्व वह गोपाल से चार गुनी अधिक थी। गोपाल की वर्तमान आयु है–

A. 15 वर्ष B. 18 वर्ष
C. 20 वर्ष D. 12 वर्ष

111. सम आधार और सम समानान्तर रेखा के बीच बने सभी त्रिभुजों की परिधि न्यूनतम होगी, यदि वे त्रिभुज–

A. समबाहु हों B. समद्विबाहु हों
C. समकोण हों D. अधिक कोण हों

112. tan 30° cos 60° sin 60° = ?

A. $\frac{1}{\sqrt{3}}$ B. $\frac{1}{2}$
C. 1 D. $\frac{1}{4}$

113. $\frac{\sin 39°}{\cos 51°}$ का मान होगा–

A. 0 B. $\frac{1}{2}$
C. ∞ D. 1

114. 280 का 70% बराबर होगा–

A. 49 का 40% B. 140 का 35%
C. 28 का 7% D. इनमें से कोई नहीं

115. 7 क्रमागत संख्याओं का औसत 33 है। इनमें सर्वोच्च संख्या होगी–

A. 30 B. 33
C. 36 D. 35

116. इस शृंखला में प्रश्नांकित स्थान की संख्या क्या होगी?

0, 2, 6, ?, 30, 62

A. 18 B. 24
C. 14 D. 10

117. $5\frac{6}{7} \times 3\frac{1}{4} + 35$ का 40% बराबर (=) होगा–

A. $17\frac{17}{28}$ B. $16\frac{17}{28}$
C. $16\frac{9}{14}$ D. $15\frac{17}{28}$

118. निम्नलिखित में से किसके मान बराबर हैं?

(i) 1^4 (ii) 4^0
(iii) 0^4 (iv) 4^1

A. (i) और (iv) B. (i) और (iii)
C. (i) और (ii) D. (i) और (iii)

119. निम्नलिखित में से कौन अभाज्य संख्या नहीं है?

A. 157 B. 2
C. 131 D. 1

120. निम्नलिखित में से सबसे बड़ी संख्या बताएँ–

(i) $3.\sqrt{1.728}$ (ii) $\frac{\sqrt{3}-1}{\sqrt{3}+1}$
(iii) $\left(\frac{1}{2}\right)^{-2}$ (iv) $\frac{17}{8}$

A. (iii) B. (ii)
C. (iv) D. (i)

खंड-V : (*iii*) सामाजिक विज्ञान

121. मोहन-जो-दाड़ो स्थित है–
A. पंजाब B. गुजरात
C. सिन्ध D. उत्तर प्रदेश

122. स्वतन्त्र भारत के प्रथम गवर्नर जनरल कौन थे?
A. सी. राजगोपालाचारी B. डॉ. राजेन्द्र प्रसाद
C. लॉर्ड माउन्ट बेटेन D. डॉ. बी.आर. अम्बेडकर

123. ग्रैण्ड ट्रंक नामक सड़क किसने बनवाई?
A. चन्द्रगुप्त मौर्य B. शाहजहाँ
C. शेरशाह सूरी D. लार्ड डलहौजी

124. जूट का उत्पादन किस नदी के डेल्टा पर बहुतायत में होता है?
A. दामोदर B. सिन्ध
C. गंगा D. सतलुज

125. भारत के किस राज्य का क्षेत्रफल सर्वाधिक है?
A. उत्तर प्रदेश B. मध्य प्रदेश
C. असोम D. पश्चिम बंगाल

126. भारत में पर्वत की सर्वोच्च चोटी है–
A. कंचनजंगा B. माउन्ट एवरेस्ट
C. नन्दा देवी D. अन्नपूर्णा

127. भारत की सबसे बड़ी नदी है–
A. गंगा B. कावेरी
C. ब्रह्मपुत्र D. गोदावरी

128. स्थानीय स्वशासन के जनक हैं–
A. लार्ड रिपन B. लार्ड कर्जन
C. लार्ड मिन्टो D. लार्ड डलहौजी

129. संविधान की धारा 370 किस राज्य को विशेष दर्जा प्रदान करती है?
A. सिक्किम B. नागालैण्ड
C. अरुणाचल प्रदेश D. जम्मू एवं कश्मीर

130. राज्यसभा के सदस्य–
A. सीधे जनता द्वारा चुने जाते हैं।
B. लोकसभा के सदस्यों द्वारा चुने जाते हैं।
C. विधान सभा के सदस्यों द्वारा चुने जाते हैं।
D. भारत के राष्ट्रपति के द्वारा चुने जाते हैं।

131. वित्त आयोग का गठन कौन करता है?
A. लोकसभा B. राष्ट्रपति
C. राज्यसभा D. वित्त मंत्री

132. योजना आयोग के अध्यक्ष कौन होते हैं?
A. प्रधानमंत्री B. गृहमंत्री
C. राष्ट्रपति D. वित्तमंत्री

133. पंचायती राज व्यवस्था सर्वप्रथम किस राज्य में लागू की गई?
A. बिहार B. पश्चिम बंगाल
C. आन्ध्र प्रदेश D. राजस्थान

134. सिक्किम की राजधानी है–
A. गंगटोक B. शिलांग
C. इम्फाल D. दिसपुर

135. 'जनसंख्या घनत्व' के आधार पर किस राज्य का प्रथम स्थान है?
A. उत्तर प्रदेश B. अरुणाचल प्रदेश
C. पश्चिम बंगाल D. बिहार

136. भारत का सबसे छोटा राज्य है–
A. हरियाणा B. पंजाब
C. बिहार D. गोवा

137. भारत के किस राज्य में जनजातियों की संख्या सर्वाधिक है?
A. पश्चिम बंगाल B. बिहार
C. झारखण्ड D. मध्य प्रदेश

138. "वेदों की ओर लौटो" किसने कहा?
A. दयानन्द सरस्वती B. विवेकानन्द
C. स्वामी श्रद्धानन्द D. रामकृष्ण परमहंस

139. 'दीन-ए-इलाही' धर्म किसने आरम्भ किया?
A. जहाँगीर B. शेरशाह
C. औरंगजेब D. अकबर

140. किस प्रदेश में कोयले का सर्वाधिक उत्पादन होता है?
A. झारखण्ड B. उड़ीसा
C. बिहार D. मध्य प्रदेश

खंड-V : (iv) अंग्रेजी

Directions (Qs. 141 to 145): *Fill in the blanks.*

141. The habit of working has been growing ____ the factory workers.
    A. upon
    B. over
    C. to
    D. with

142. He could not put up ___ the master's rudeness.
    A. for
    B. in
    C. at
    D. with

143. India is committed ___ a policy of peaceful co-existence.
    A. in
    B. to
    C. for
    D. with

144. He backed away stumbling _____ the door.
    A. for
    B. through
    C. at
    D. with

145. He has made all his efforts _____ passing the medical entrance examination.
    A. against
    B. on
    C. with
    D. in

Directions (Qs. 146 to 150): *Complete the sentence by adding correct sentence from the options.*

146. Though he was the best player :
    A. moreover he was never chosen for the team
    B. but he was never chosen for the team
    C. on the other hand, he was never chosen for the team
    D. he was never chosen for the team

147. I hope you _____.
    A. are enjoying your meal
    B. have been liking your meal
    C. have enjoying your meal
    D. are liking your meal

148. He went to the market after he
    A. had completed his work
    B. was completing his work
    C. was completed with his work
    D. had been completed his work

149. Please open the window : I wish
    A. that I hear the band
    B. for hearing the band
    C. that I will hear the band
    D. to hear the band

150. He ordered his servent
    A. that go home
    B. that he go to home
    C. to go home
    D. that he should go home

Directions (Qs. 151 to 155): *Choose the correct analogous word from the options.*

151. Temperature-Summer/Humidity- ?
    A. Volcano
    B. Ocean
    C. River
    D. Rain

152. Bulb-Light /Chimney?
    A. Smoke
    B. Watch
    C. Night
    D. Stone

153. Physician-Patient/Leader-?
    A. Chair
    B. Public
    C. Voter
    D. Self

154. Writer-Book/Lyricist-?
    A. Music
    B. Song
    C. Poet
    D. Poem

155. Tiger-Forest/Man-?
    A. Society
    B. Herd
    C. Attic
    D. House

Directions (Qs. 156 to 160): *Choose the incorrect word or phrase from underlined words not needed in the sentence.*

156. (A) Is there any more/(B) reasons/(C) that you can give for/(D) this defeat?

157. (A) However, jogging/(B) nor dieting/(C) carried to/(D) the extreme can be harmful.

158. (A) He is/(B) so/(C) clever/(D) as his brother.

159. (A) Although he is blind,/(B) but he /(C) can play chess/(D) skillfully.

160. (A) What will happen/ (B) suppose /(C) if we do not meet him /(D) there?

खंड-V : (v) हिन्दी

निर्देशः (प्रश्न 161 से 165 तक)ः *दिए गए गद्यांश को ध्यान पूर्वक पढ़कर पूछे गए प्रश्नों के उत्तर दीजिए।*

भारत की नारियों ने स्वतंत्रता संग्राम के समय अपनी शक्ति, त्याग और बलिदान का परिचय दिया। उन्होंने शिक्षा, विज्ञान और राजनीति के क्षेत्र में भी अपना अमूल्य योगदान देकर यह सिद्ध कर दिखाया है कि नारी में भवानी जैसी शक्ति भी विद्यमान है। समाज में नारी के अनेक रूप देखने को मिलते हैं। वह जहाँ माता का दायित्व निभाती है, वहीं वह पत्नी, बहन और बेटी के कर्त्तव्य का भी निर्वाह करती है। नारी गृहिणी के रूप में सम्पूर्ण परिवार की व्यवस्था को देखती है और पूरे घर का संचालन भी करती है। नारी विवेक सम्पन्न होती है, तभी तो उसका परिवार सुखमय और शान्तिपूर्वक जीवन व्यतीत करता है। नारी पत्नी के रूप में पति की मार्गदर्शिका, जीवन संगिनी, सहधर्मिणी मानी गई है। शिक्षित नारी अन्धविश्वासों और कुप्रथाओं के जाल में नहीं फँसती। यदि आज के वातावरण में देखा जाए, तो समाज का गौरव और स्वाभिमान नारी के बल पर ही टिका है। हमारा प्रयास नारी को प्रत्येक क्षेत्र में अग्रणी बनाने का होना चाहिए।

161. नारी देश और समाज के लिए क्या करती है?
A. नारी समाज में शिक्षिका बनती है।
B. नारी देश और समाज में अनेक कर्त्तव्यों का पालन करती है।
C. नारी का समाज में योगदान नगण्य है।
D. नारी समाज का एक हिस्सा बनती है।

162. स्वतंत्रता संग्राम के समय नारी ने अपनी किन-किन शक्तियों का परिचय दिया?
A. अपने ज्ञान एवं कुशल व्यवहार का।
B. अपने विवेक एवं बुद्धि का।
C. अपनी संचालन शक्ति का।
D. अपनी शक्ति, त्याग और बलिदान का।

163. नारी विवेक सम्पन्न होती है, तभी तो उसका परिवार ....।
A. सम्पन्न होता है
B. सभ्य कहलाता है
C. ज्ञानवान बनता है
D. सुखमय और शांतिपूर्वक जीवन व्यतीत करता है।

164. समाज में नारी कितने रूपों में जानी जाती है?
A. माँ एवं बहन
B. पत्नी एवं प्रेयसी
C. मार्गदर्शिका
D. माता, पत्नी, बहन एवं बेटी

165. हमारा प्रयास नारी को प्रत्येक क्षेत्र में .... बनाने का होना चाहिए।
A. सम्पन्न B. सुदृढ़
C. शक्तिशाली D. अग्रणी

निर्देशः (प्रश्न 166 से 180 तक)ः *निम्नलिखित प्रत्येक प्रश्न के साथ चार विकल्प दिये गये हैं। उनमें से सही विकल्प चुनिए।*

166. निम्नलिखित में से कौन-सा 'पुष्प' का पर्यायवाची नहीं है?
A. फूल B. कुसुम
C. वारण D. सुमन

167. 'पद्मावत' किस भाषा में रचित है?
A. ब्रज B. मगही
C. अवधी D. संस्कृत

168. निम्नलिखित में से हिन्दी भाषा का पहला समाचार-पत्र कौन-सा था?
A. बंगदूत B. उदंत-मार्तण्ड
C. दैनिक भास्कर D. युगांतर

169. 'तुषार' का अर्थ है:
A. पाला B. हिमकण
C. हिम D. कपूर

170. 'सिनेमा' किस प्रकार का शब्द है?
A. देशज़ B. विदेशज
C. तत्सम D. तद्भव

171. 'स्वयं सत्ता में आ जाने वाला' कहलाता है:
A. जारज B. स्वयंभू
C. स्वेदज D. मानव

172. 'धनंजय' में कौन-सा समास है?
A. अव्ययीभाव B. बहुव्रीहि
C. कर्मधारय D. तत्पुरुष

173. 'अभिषेक' का सन्धि विच्छेद है:
A. अभि + सेक B. अभिः + सेक
C. अभि + षेक D. अभिः + षेक

174. 'विद्यालय' किस प्रकार की संज्ञा का उदाहरण है?
A. भाववाचक संज्ञा
B. व्यक्तिवाचक संज्ञा
C. जातिवाचक संज्ञा
D. द्रव्यवाचक संज्ञा

175. 'हँसना' कौन-सी क्रिया है?
A. सकर्मक
B. अकर्मक
C. प्रेरणार्थक
D. अपूर्ण

176. 'उत्तम' का विलोम शब्द है:
A. अधम
B. बुरा
C. अत्युत्तम
D. अनुपम

177. 'यथासंभव' में कौन-सा समास है?
A. अव्ययीभाव
B. द्वन्द्व
C. कर्मधारय
D. द्विगु

178. 'रवीन्द्र नाथ ठाकुर' को उनकी किस रचना के लिए नोबेल पुरस्कार मिला था?
A. कादम्बरी
B. गीतांजलि
C. नील दर्पण
D. राष्ट्रीय गीत

179. 'निम्नलिखित में से कौन-सा वाक्य शुद्ध है?
A. राम ने आज आना है।
B. हमें बड़ों की बात माननी चाहिए।
C. आज जोरों का वर्षा हो रही है।
D. उसकी आँखों में आँसू बह रहा है।

180. 'राजनीति' शब्द का विशेषण है:
A. राजनीतिक
B. राजनीतिज्ञ
C. राजनैतिक
D. राजनेतिक

उत्तरमाला

1	**2**	**3**	**4**	**5**	**6**	**7**	**8**	**9**	**10**
C	B	D	A	C	B	D	B	D	C
11	**12**	**13**	**14**	**15**	**16**	**17**	**18**	**19**	**20**
B	B	A	C	C	A	D	C	B	A
21	**22**	**23**	**24**	**25**	**26**	**27**	**28**	**29**	**30**
D	B	A	A	B	A	B	B	A	A
31	**32**	**33**	**34**	**35**	**36**	**37**	**38**	**39**	**40**
A	C	B	B	C	A	B	C	B	D
41	**42**	**43**	**44**	**45**	**46**	**47**	**48**	**49**	**50**
C	C	D	B	D	A	B	B	D	C
51	**52**	**53**	**54**	**55**	**56**	**57**	**58**	**59**	**60**
B	B	D	C	A	D	C	D	A	D
61	**62**	**63**	**64**	**65**	**66**	**67**	**68**	**69**	**70**
D	C	D	C	C	D	D	C	A	D
71	**72**	**73**	**74**	**75**	**76**	**77**	**78**	**79**	**80**
D	A	A	C	C	B	C	D	D	C
81	**82**	**83**	**84**	**85**	**86**	**87**	**88**	**89**	**90**
D	B	C	C	A	A	A	B	C	A
91	**92**	**93**	**94**	**95**	**96**	**97**	**98**	**99**	**100**
A	D	B	C	B	D	D	D	B	C
101	**102**	**103**	**104**	**105**	**106**	**107**	**108**	**109**	**110**
D	B	C	A	B	A	A	A	B	A
111	**112**	**113**	**114**	**115**	**116**	**117**	**118**	**119**	**120**
D	D	D	D	C	C	D	C	D	A
121	**122**	**123**	**124**	**125**	**126**	**127**	**128**	**129**	**130**
C	C	C	C	B	A	A	A	D	C

131	132	133	134	135	136	137	138	139	140
B	A	D	A	D	D	D	A	D	A
141	142	143	144	145	146	147	148	149	150
B	D	B	C	B	D	A	A	D	C
151	152	153	154	155	156	157	158	159	160
D	A	B	B	A	A	B	B	A	B
161	162	163	164	165	166	167	168	169	170
B	D	D	D	D	C	C	B	A	B
171	172	173	174	175	176	177	178	179	180
B	C	C	C	A	A	A	B	B	B

कुछ चुने हुए प्रश्नों के व्याख्यात्मक उत्तर

11.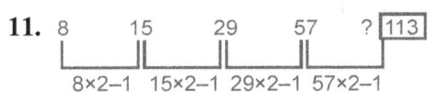

अतः अभीष्ट संख्या 113 होगी।

13.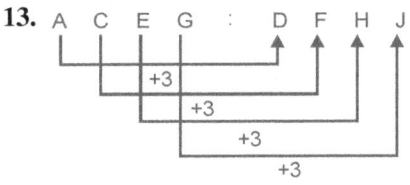

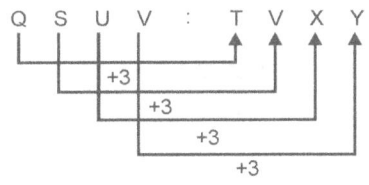

16. 3, 5, 6, ?, 9, 15
इस श्रृंखला में दो श्रेणी हैं–
(i) 3, 6, 9   (ii) 5, 10, 15
अतः श्रृंखला के खाली स्थान पर अंक 10 होगा।

17. B E A R I N G   R A R E
      ↓ ↓ ↓ ↓ ↓ ↓ ↓   ↓ ↓ ↓ ↓
      1 2 3 4 5 6 7   4 3 4 2

19. 3 दिनों में फसल 10 महिलायें काटती हैं
2 दिनों में फसल $\frac{10 \times 3}{2} = 15$ महिलायें काटेंगी।

20. कुल 450 परीक्षार्थियों में से 360 उत्तीर्ण हुए
कुल 100 परीक्षार्थियों में से $\frac{360}{450} \times 100 = 80\%$
अतः अभीष्ट प्रतिशत = 80%

21. 85 का $x\%$ = 17
$\Rightarrow 85 \times \frac{x}{100} = 17 \Rightarrow x = \frac{17 \times 100}{85} = 20\%$

22. अभीष्ट प्रतिशत = $\left(\frac{25}{100+25} \times 100\right)$
$= \frac{25}{125} \times 100 = 20\%$

23. 51 कि.मी. दूरी तय करने के लिए 8.5 लीटर डीजल चाहिए
165 कि.मी. दूरी तय करने के लिए $\frac{8.5}{51} \times 165$ लीटर
$= .5 \times 55 = 27.5$ लीटर डीजल चाहिए।

24. $\frac{23}{23} = \frac{23}{x}$
$\Rightarrow 1 = \frac{23}{x} \Rightarrow x = 23$

26. 16 सेमी. कपड़े की कीमत = ₹ 60
6 सेमी. कपड़े की कीमत = ₹ $\frac{60}{16} \times 6$ = ₹ 22.5

27. (272 − 172) का 20% = $100 \times \frac{20}{100} = 20$

28. 124 तथा 93 का महत्तम समापवर्तक = 31

अतः सबसे बड़ी संख्या 31 होगी।

29. अभीष्ट दिन = $\frac{15 \times 4}{6} = 10$

30. अभीष्ट दूरी = $\frac{90}{2} \times 5 = 45 \times 5 = 225$ मीटर

101. x और y का व्युत्क्रम = $\frac{1}{x}$ तथा $\frac{1}{y}$

औसत = $\frac{\frac{1}{x}+\frac{1}{y}}{2} = \frac{\frac{y+x}{xy}}{2} = \frac{x+y}{2xy}$

102. $5\frac{1}{x} \times y\frac{3}{4} = 20$

$\Rightarrow \frac{5x+1}{x} \times \frac{4y+3}{4} = 20$

$\Rightarrow (5x+1)(4y+3) = 80x$

समीकरण में $x = 3$ तथा $y = 3$ रखने पर अभीष्ट परिणाम प्राप्त होता है।

अतः $x = 3,\ y = 3.$

103. 1, 2, 4, 7, 13, 24, 44, ?

$1 + 2 + 4 = 7$

$2 + 4 + 7 = 13$

$4 + 7 + 13 = 24$

$7 + 13 + 24 = 44$

$13 + 24 + 44 = 81$

अतः अगला अंक 81 होगा।

104. 19, 38, 57, ... 988

nवाँ पद $= a + (n-1)d$

$\Rightarrow 988 = 19 + (n-1)19$

$\Rightarrow 988 = 19 + 19n - 19$

$\Rightarrow n = \frac{988}{19} = 52$

n पदों का योगफल

$S_n = \frac{n}{2}\{2a + (n-1)d\}$

$S_{52} = \frac{52}{2}\{2 \times 19 + (52-1)19\}$

$= 26\{38 + 51 \times 19\} = 26\{38 + 969\}$

$= 26 \times 1007 = 26182$

105. माना कि तीन संख्यायें A, B तथा C हैं

$A + B + C = 135 \times 3 = 405$

मानाकि $C = 180$

$\therefore \quad A + B = 405 - 180 = 225$

$B - A = 25$

$\therefore \quad 2B = 225 + 25 = 250$

$B = 125$

$A + B = 225$

$A = 225 - 125 = 100$

अतः सबसे छोटी संख्या 100 होगी।

106. 20 का 10% + 10 का 20%

$= 20 \times \frac{10}{100} + 10 \times \frac{20}{100}$

$= 2 + 2 = 4$

200 का 2 प्रतिशत $= 200 \times \frac{2}{100} = 4$

107. P का 70% = Q का 40%

$\Rightarrow P \times \frac{70}{100} = Q \times \frac{40}{100}$

$\Rightarrow 7P = 4Q$

$\Rightarrow \frac{P}{Q} = \frac{4}{7}$

अतः P और Q का अनुपात 4 : 7 होगा।

108. 12 बार धड़कने में अन्तराल 11 होंगे। प्रत्येक अन्तराल में समय बराबर लगेगा। प्रत्येक बार धड़कने का समय $= 22 \div 11 = 2$ सेकेण्ड होगा।

अब 6 बार धड़कने में अन्तराल $(6 - 1) = 5$ होंगे।

5 अन्तराल में लगा समय $5 \times 2 = 10$ सेकेण्ड

अतः एक घड़ी 6 बार सुनने में 10 सेकेण्ड समय लगेगा।

109. दूसरी संख्या = $\frac{\text{महत्तम समापवर्त्तक} \times \text{लघुत्तम समापवर्त्तक}}{\text{पहली संख्या}}$

$= \frac{24 \times 5304}{408} = 312$

110. माना कि गोपाल की वर्तमान आयु x वर्ष है।

अतः सोहन की आयु $= 3x$ वर्ष है।

पाँच वर्ष पूर्व गोपाल की आयु = $(x-5)$ वर्ष
पाँच वर्ष पूर्व सोहन की आयु = $(3x-5)$ वर्ष
प्रश्नानुसार,
$$3x - 5 = 4(x-5)$$
$\Rightarrow \quad 3x - 5 = 4x - 20$
$\Rightarrow \quad x = 15$
अतः गोपाल की वर्त्तमान आयु 15 वर्ष है।

112. $\tan 30° \times \cos 60° \times \sin 60°$
$= \dfrac{1}{\sqrt{3}} \times \dfrac{1}{2} \times \dfrac{\sqrt{3}}{2} = \dfrac{1}{4}$.

113. $\dfrac{\sin 39°}{\cos 51°} = \dfrac{\sin 39°}{\cos(90-39°)} = \dfrac{\sin 39°}{\sin 39°} = 1$.

114. 280 का 70% = $\dfrac{70}{100} \times 280 = 196$

49 का 40% = $\dfrac{40}{100} \times 49 \neq 196$

140 का 35% = $\dfrac{35}{100} \times 140 = 49 \neq 196$

28 का 7% = $\dfrac{7}{100} \times 28 = \dfrac{196}{100} \neq 196$

अतः D विकल्प सही है।

115. $x + (x+1) + (x+2) + (x+3) + (x+4) + (x+5) + (x+6) = 33 \times 7$
$\qquad 7x + 21 = 231$
$\Rightarrow \qquad 7x = 210$
$\Rightarrow \qquad x = 30$
∴ अतः सबसे बड़ी संख्या = $x + 6 = 30 + 6 = 36$

116. 0,　　2,　　6,　　?,　　30,　　62
　　↓　　↓　　↓　　↓　　↓　　↓
0×2+2　2×2+2　6×2+2　14×2+2　30×2+2

अतः प्रश्न सूचक के जगह श्रेणी की संख्या 14 होगी।

117. $5\dfrac{6}{7} \times 3\dfrac{1}{4} + 35$ का 40%
$= \dfrac{41}{7} \times \dfrac{13}{4} + \dfrac{40}{100} \times 35$
$= \dfrac{533}{28} + 14 = \dfrac{533 + 392}{28}$
$= \dfrac{925}{28} = 33\dfrac{1}{28}$

118. $1^4 = 1 \times 1 \times 1 \times 1 = 1$
$4° = 1 \qquad (\because x° = 1)$
अतः दोनों बराबर हैं।

119. 1 अभाज्य संख्या नहीं है।

120. $3 \times \sqrt{1.728} = 3 \times 1.31 = 3.93$

$\dfrac{\sqrt{3}-1}{\sqrt{3}+1} \times \dfrac{\sqrt{3}-1}{\sqrt{3}-1} = \dfrac{3+1-2\sqrt{3}}{3-1} = \dfrac{4-2\sqrt{3}}{2}$
$\qquad\qquad = \dfrac{2(2-\sqrt{3})}{2} = 2 - \sqrt{3}$

$\left(\dfrac{1}{2}\right)^{-2} = \left(\dfrac{2}{1}\right)^2 = \dfrac{2 \times 2}{1 \times 1} = \dfrac{4}{1} = 4 = \dfrac{17}{8} = 2.125$

अतः बड़ी संख्या = $\left(\dfrac{1}{2}\right)^{-2}$.

पिछले प्रश्न–पत्र (हल सहित)

IGNOU B.Ed. प्रवेश परीक्षा, 2011

भाग-अ

खंड-I : सामान्य हिन्दी बोध

निर्देश : *निम्नलिखित गद्यांश को ध्यान से पढ़कर उसके नीचे दिए गए प्रश्नों के उत्तरों के चार विकल्पों से उपयुक्त एक विकल्प चुनिए।*

तथागत के अंतिम दिनों का वर्णन 'महापरिनिर्वाण सूत्र' में हुआ है। एक दिन उनके प्रमुख शिष्य आनन्द ने उन्हें, भिक्षु संघ को अन्तिम उपदेश देने की बात कही। यह 'उपदेश' शब्द तथागत को चुभा क्योंकि बुद्ध ने कभी भी संघ का नेता बनने की कोशिश नहीं की। उन्होंने अपने शिष्यों से कभी भी कुछ नहीं छिपाया। उन्होंने आनन्द को बताया कि वे अपने शरीर को अधिक चलाने के पक्ष में नहीं हैं। शोकाकुल स्वर में आनन्द ने पूछा कि अब संघ के लिए क्या उचित है। गौतमबुद्ध ने आनन्द को समझाया कि अपना रास्ता स्वयं खोजो! अपना दीपक स्वयं बनो। अपनी आत्मा की शरण में जाओ, धर्म की शरण में जाओ। धर्म और विनय का उपदेश ही भक्तों का पथ-प्रदर्शन करेंगे।

वर्षाकाल की समाप्ति पर तथागत वैशाली लौट आए। लिच्छिवियों के प्रति तथागत का स्नेहभाव था, इसलिए उन्हें अपना भिक्षा-पात्र स्मृति स्वरूप दिया था। आनन्द के अनुरोध पर माँ गौतमी को तथागत ने वैशाली में भिक्षुणी संघ की स्थापना की अनुमति दी थी। विनय पिटक के कई महत्वपूर्ण सूत्र वैशाली में ही रचे गये हैं।

पावा नगरी के निकट पहुँच भिक्षु संघ को संबोधित कर बुद्ध ने समझाया कि ठीक अर्थ जानने से ही किसी महापुरुष के नीति कथन, उपदेश आदि को भली-भाँति समझा तथा ग्रहण किया जा सकता है। धर्मग्रन्थ में लिखी सूक्तियों का गलत अर्थ निकालने और उनके अनुसार चलने का मतलब है अपने पैरों पर आप कुल्हाड़ी मारना। इससे धर्म का उत्थान नहीं पतन होता है। इसलिए धर्म का ठीक-ठाक अर्थ निकालना चाहिए। तथागत के अनुसार इस संसार में विवेकशील प्राणी वही है जो सार ग्रहण करता है। जो व्यक्ति महापुरुषों द्वारा कही बातों की गहराई तक पहुँचकर उनके द्वारा-दिखाये गये रास्ते पर चलता है वही सबसे बड़ा बुद्धिमान है। शुद्ध हृदय वाले व्यक्ति के मुख से निकले वचन सत्य और प्रामाणिक होते हैं। उनके अनुसार चलने से जीवन सफल होता है। ऐसे प्राणी के मुख से निकले वचन धर्म का रूप होते हैं। उन्हीं वचनों में विनयभाव होता है तथा उन वचनों को ही ज्ञान की संज्ञा दी जा सकती है। वही वचन गौतम बुद्ध के भी हैं।

1. तथागत को 'उपदेश' शब्द क्यों चुभा?
- A. वे उपदेश देने में विश्वास नहीं रखते थे।
- B. पर उपदेश में सभी कुशल बन जाते हैं पर स्वयं में कुछ नहीं होते।
- C. शरीरक्षीण होने से वे बोलने में कष्ट का अनुभव कर रहे थे।
- D. मनुष्य के जीवन के लिए उपदेश से बढ़कर स्वानुभूति महत्त्वपूर्ण है।

2. 'अपना दीपक स्वयं बनो' का क्या अभिप्राय है?
- A. अपना मार्ग स्वयं अपनी साधना से खोजना होगा।
- B. स्वयं पर भरोसा करो।
- C. आत्मा रूपी दीपक के प्रकाश में कर्त्तव्य का बोध होगा।
- D. बैसाखी के सहारे चलने से व्यक्ति अधिक दूर तक नहीं जा सकता।

3. वैशाली में गौतमबुद्ध के जीवन की कौन-सी घटना नहीं हुई?
- A. विनय पिटक की रचना हुई।
- B. लिच्छिवियों को अपना-भिक्षा-पात्र दिया।
- C. आनन्द को अन्तिम उपदेश यहीं दिया गया।
- D. भिक्षुणी संघ की स्थापना की अनुमति दी।

4. स्वयं अपना पथ प्रदर्शक कैसे हुआ जा सकता है?
- A. धर्मानुसार जीवन यापन करने से।
- B. विनय भाव से जीवन चर्या चलाने से।

C. गौतमबुद्ध की शिक्षाओं का अनुसरण करने से।
D. महापुरुषों के उपदिष्ट मार्ग का अनुशीलन करने से।

5. सच्चा ज्ञान कौन-सा है?
   A. जिससे जीवन सफल बन सके।
   B. जो सत्य को प्रमाणित कर सके।
   C. धर्मग्रन्थ की सूक्तियाँ।
   D. शुद्ध हृदय से उद्भूत वचन।

6. इस संसार में विवेकशील प्राणी कौन है?
   A. जो अपने से बड़ा किसी को नहीं मानता।
   B. जिसकी बुद्धि सारग्राही है।
   C. जो प्रामाणिक महापुरुषों का अनुकरण करती है।
   D. जो हर बात की गहराई तक जाता है।

7. 'अपने हाथ अपने पैरों पर कुल्हाड़ी मारना' का क्या तात्पर्य है?
   A. अविवेकता से कुछ का कुछ समझकर आचरण करना।
   B. अनाड़ीपने से कार्य करना।
   C. जानबूझकर अक्लमंद बनने की चेष्टा करना।
   D. अपनी बात के आगे किसी की न मानना।

8. 'प्रामाणिक' की तरह 'व्यवहार' से कौन-सा विशेषण शब्द ठीक है?
   A. व्यावहारिक   B. व्यवहारिक
   C. व्यावाहारिक   D. व्यवहारिकता

9. गौतमबुद्ध के वचन धर्म संगत क्यों हैं?
   A. ये वचन धर्म पिटक से उद्धृत हैं।
   B. ये वचन उनके उपदेश हैं।
   C. ये शुद्ध हृदय से निकले हैं तथा सत्य युक्त हैं।
   D. ये बुद्धिमत्तापूर्ण हैं।

10. निम्नलिखित में बुद्ध के जीवन से सम्बन्धित कौन-सा शब्द नहीं है?
    A. तथागत   B. गौतम
    C. महापरिनिर्वाण सूत्र   D. विनय पिटक

खंड-II : तार्किक एवं विश्लेषणात्मक बुद्धि परीक्षा

निर्देश (11-14): निम्नलिखित प्रश्नों में दो कथन हैं और उनके दो निष्कर्ष हैं। कथनों को सत्य मानते हुए, आपको निर्णय करना है कि कौन-सा निष्कर्ष दिए हुए कथनों से वास्तव में अनुसरण करता है। विकल्पों से अपना उत्तर चुनिए।

11. **कथन :** सभी लड़के विद्यार्थी नहीं हैं।
    कुछ विद्यार्थी रोजगारशुदा नहीं हैं।

    निष्कर्ष : (I) ये लड़के रोजगारशुदा नहीं हैं।
    (II) कुछ रोजगारशुदा लड़के नहीं हैं।
    A. केवल (I) अनुसरण करता है।
    B. केवल (II) अनुसरण करता है।
    C. दोनों (I) और (II) अनुसरण करते हैं।
    D. न तो (I) और न ही (II) अनुसरण करते हैं।

12. **कथन :** सभी फर्नीचर पैन हैं।
    सभी पैन पैंसिलें हैं।

    निष्कर्ष : (I) कुछ फर्नीचर पैंसिलें हैं।
    (II) सभी पैंसिलें फर्नीचर हैं।
    A. केवल (I) अनुसरण करता है।
    B. केवल (II) अनुसरण करता है।
    C. दोनों (I) और (II) अनुसरण करते हैं।
    D. न तो (I) और न ही (II) अनुसरण करते हैं।

13. **कथन :** कोई भी कुत्ता जानवर नहीं है।
    कोई भी जानवर जीवित प्राणी नहीं है।

    निष्कर्ष : (I) कोई भी जानवर कुत्ता नहीं है।
    (II) कुछ जीवित प्राणी कुत्ते हैं।
    A. केवल (I) अनुसरण करता है।
    B. केवल (II) अनुसरण करता है।
    C. दोनों (I) और (II) अनुसरण करते हैं।
    D. न तो (I) और न ही (II) अनुसरण करते हैं।

14. **कथन :** किसी भी पक्षी के पंख नहीं होते।
    सभी पक्षी समझदार होते हैं।

    निष्कर्ष : (I) पंखहीन प्राणी पक्षी होते हैं।
    (II) कुछ बुद्धिमान प्राणी पक्षी होते हैं।
    A. केवल (I) अनुसरण करता है।
    B. केवल (II) अनुसरण करता है।
    C. दोनों (I) और (II) अनुसरण करते हैं।
    D. न तो (I) और न ही (II) अनुसरण करते हैं।

निर्देश (15-18) : निम्नलिखित प्रश्नों में एक शृंखला दी जा रही है। विलुप्त पद भरने के लिए सही पद विकल्पों से चुनिए।

15. 5, 7, 10, 11, 15, 15, 20, ?
   A. 22 B. 19
   C. 20 D. 21

16. $\frac{2}{\sqrt{5}}, \frac{3}{5}, \frac{4}{5\sqrt{5}}, \frac{5}{25}, \ldots$
   A. $\frac{6}{25}$ B. $\frac{7}{25}$
   C. $\frac{6}{25\sqrt{5}}$ D. $\frac{7}{25\sqrt{5}}$

17. 3, 15, 39, 75,......,
   A. 93 B. 101
   C. 99 D. 123

18. 25, 25, 27, 22, 30, 19, 34, 16,......
   A. 39 B. 35
   C. 32 D. 13

निर्देश (19-22) : निम्नलिखित प्रश्न दिए गए आरेखों, वृत्तों (चाहे आकार अथवा स्थिति कुछ भी है) पर आधारित हैं जो वस्तुओं को निरूपित करते हैं। आपको यह पहचान करनी है कि निम्नलिखित में से कौन-सा आरेख दिए गए शब्दों के बीच सबसे अच्छा संबंध प्रदर्शित करेगा।

(A)   (B)   (C)   (D)   (E)

19. उपर्युक्त पाँचों आरेखों में से कौन-सा आरेख संगीतकारों, वादकों, वायलिनवादकों को निरूपित करेगा?
   A. (A) B. (B)
   C. (C) D. (D)

20. उपर्युक्त पाँचों आरेखों में से कौन-सा आरेख व्यक्तियों, चित्रकारों और लड़कों को सबसे अच्छा निरूपित करेगा?
   A. (E) B. (D)
   C. (A) D. (B)

21. उपर्युक्त पाँच आरेखों में से कौन-सा आरेख - माँओं, पिताओं और अध्यापकों को सबसे अच्छा निरूपित करेगा?
   A. (A) B. (B)
   C. (D) D. (E)

22. उपर्युक्त पाँच आरेखों में से कौन-सा आरेख - पुरुषों, महिलाओं और बालकों को सबसे अच्छा निरूपित करेगा?
   A. (A) B. (C)
   C. (E) D. कोई नहीं

निर्देश (23-26) : निम्नलिखित प्रश्नों में आकृतियों के दो समुच्चय हैं। आपको उत्तर आकृतियों से एक ऐसी आकृति ज्ञात करनी है जो प्रश्न आकृति शृंखला के बिल्कुल उपयुक्त हो।

23. प्रश्न आकृति

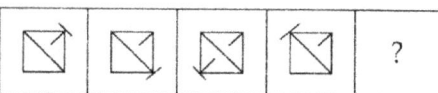

उत्तर आकृति

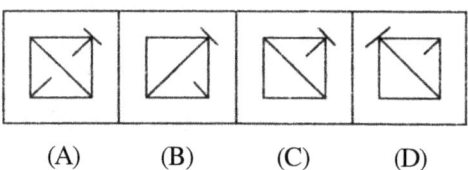

(A)   (B)   (C)   (D)

24. प्रश्न आकृति

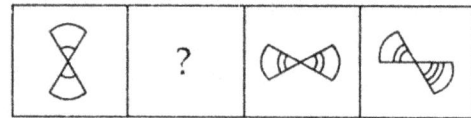

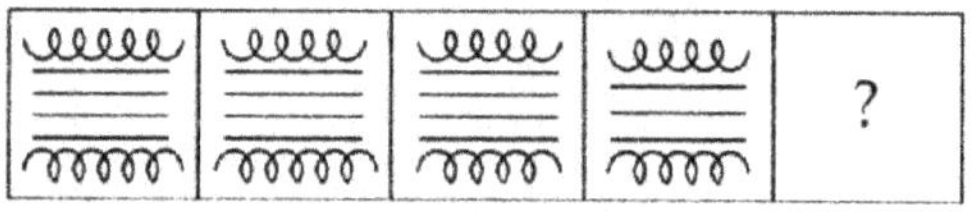

उत्तर आकृति

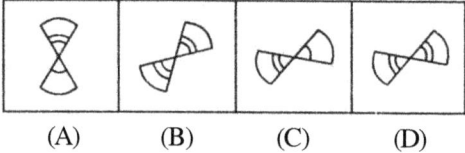

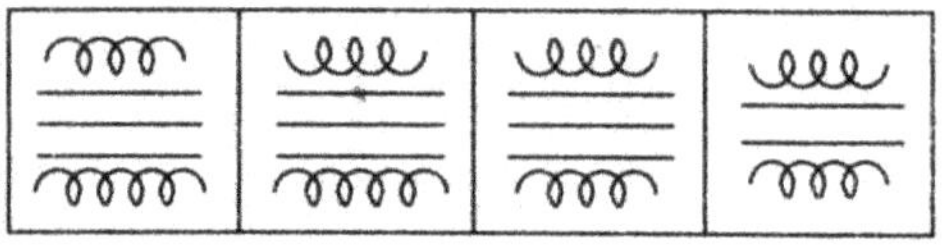

(A)   (B)   (C)   (D)

25. प्रश्न आकृति

उत्तर आकृति

(A)   (B)   (C)   (D)

26. **प्रश्न आकृति**

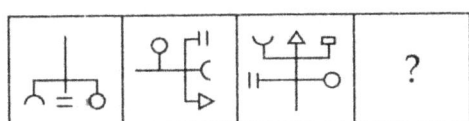

उत्तर आकृति

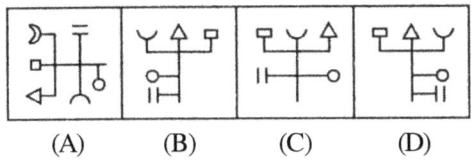

(A) (B) (C) (D)

27. एक विद्यार्थी प्रत्येक सही उत्तर के लिए एक अंक प्राप्त करता है परंतु प्रत्येक गलत उत्तर के लिए उसके $\frac{1}{3}$ अंक काट लिए जाते हैं। 108 प्रश्नों में, उसके कुल प्राप्तांक शून्य हैं। उसने कितने प्रश्नों के गलत उत्तर दिए।

A. 27 B. 30
C. 81 D. 54

28. इस समूह के बेमेल सदस्य (संख्या) की पहचान कीजिए।

A. 13 B. 61
C. 73 D. 69

29. संख्याओं के निम्नलिखित क्रम में 5 कितनी बार 4 से पहले आया है परंतु 7 के बाद नहीं आया है।

4 5 7 1 2 5 4 6 4 5 4 7 5 4 5 6 5 7 4

A. ....1 B. 2
C. ....3 D. 4

30. यदि

SHAPE है BURST
BORE है XLKT
CLIME है YAPCT

तब BISHOP को कूटबद्ध किया जा सकता है :

A. XPBULS B. XEPLST
C. XPALUE D. XPBVLT

खंड-III : शैक्षिक तथा सामान्य बोध

निर्देश : *निम्नलिखित में प्रत्येक प्रश्न के बाद चार विकल्प दिए गए हैं, प्रत्येक में सर्वाधिक उपयुक्त उत्तर को चुनें।*

31. गांधीजी द्वारा चलाया गया चम्पारण आन्दोलन किस के लिए था?

A. हरिजनों के सुरक्षा अधिकार
B. सविनय अवज्ञा
C. हिंदू समाज की एकता कायम करने के लिए
D. इन्डिगो (नील) कर्मियों की समस्या के समाधान के लिए

32. स्वदेशी कार्यक्रम तथा बंगाल विभाजन का विरोध किस का विचार था?

A. सुरेंद्र नाथ बैनर्जी B. बी.सी. पाल
C. अरबिंदु घोष D. रास बिहारी घोष

33. शिक्षा का अधिकार 2009 का उद्देश्य क्या है?

A. मुफ्त तथा अनिवार्य प्रारंभिक शिक्षा 14 वर्ष तक की आयु के सभी बच्चों के लिए
B. 18 वर्ष की आयु तक के सभी बालकों के लिए मुफ्त तथा अनिवार्य शिक्षा
C. 6 वर्ष से 14 वर्ष तक की आयु के सभी बालकों के लिए मुफ्त तथा अनिवार्य शिक्षा
D. 6-18 वर्ष की आयु वर्ग के सभी बालकों के लिए मुफ्त तथा अनिवार्य शिक्षा

34. ''आफ्टर शेव लोशन'' लगाने के पश्चात् त्वचा पर आई नरम अनुभूति किस पदार्थ की उपस्थिति के कारण होती है?

A. अल्कोहल B. ग्लिसरॉल
C. मैंथाल D. परफ्यूम

35. भौतिकी में चौथा आयाम निम्नलिखित में से किसने दिया?

A. ईजाक न्यूटन B. अल्बर्ट आइंस्टाइन
C. गैलिलियो D. नील बोहर

36. निम्नलिखित में से वह कौन-सा है जिस में कार्बोहाइड्रेट प्रोटीन तथा वसा तीनों की बहुलता हो?

A. चावल B. सोयाबीन
C. आम का फल D. बंद गोभी के पत्ते

37. पंचायत राज का मुख्य उद्देश्य क्या है?

A. नौकरियों का सृजन
B. व्यक्तियों में राजनैतिक चेतना का विकास
C. कृषि उत्पादन में वृद्धि
D. लोगों को विकासात्मक प्रबंधन के लिये प्रेरित करना

38. सबसे लम्बा समुद्री किनारा किस राज्य के साथ है?
    A. गुजरात   B. महाराष्ट्र
    C. उड़ीसा   D. केरल
39. भारत में हीरे कहाँ मिलते हैं?
    A. पन्ना (म.प्र.)   B. गोलकोंडा (आंध्र प्रदेश)
    C. खेतड़ी (राजस्थान) D. मयुरभंज (उड़ीसा)
40. निम्नलिखित में से कौन-सी धातु सर्वाधिक अघातवर्ध्य है?
    A. प्लैटिनम   B. चांदी
    C. लोहा   D. सोना
41. सोडा वाटर में क्या होता है?
    A. कार्बनिक अम्ल   B. गंधक का अम्ल
    C. नाइट्रिक अम्ल   D. कार्बोक्सिलिक अम्ल
42. यह किस का कथन है कि निर्देशक सिद्धांतों को सभी भविष्य में होने वाले विधि निर्माण का आधार बनाया जाना चाहिए?
    A. पं. नेहरू   B. डा. बी.आर. अम्बेडकर
    C. डा. बी.एन. राव D. डा. जाकिर हुसैन
43. जब भारतीय राष्ट्रीय कांग्रेस बनाई गई उस समय भारत का गवर्नर जनरल कौन था?
    A. लार्ड रिपन   B. लार्ड विलियम बैंटिंक
    C. लार्ड डफरिन   D. लार्ड कर्जन
44. चाणक्य का दूसरा नाम क्या था?
    A. भटस्वामी   B. विष्णुगुप्त
    C. राजशेखर   D. विशाखादत्त
45. निम्नलिखित में से कौन-सा एक खगोलीय पिंड नहीं है?
    A. पल्सर   B. ब्रिटल स्टार
    C. ब्लैक होल   D. क्वासर
46. पंजाबियों द्वारा बोली जाने वाली भाषा को गुरुमुखी लिपि किस गुरु ने दी?
    A. गुरु नानक   B. गुरु अंगद
    C. गुरु अमरदास   D. गुरु रामदास
47. मुदालियर आयोग का फोकस किस पर था?
    A. प्रारंभिक शिक्षा
    B. माध्यमिक शिक्षा
    C. उच्चतर माध्यमिक शिक्षा
    D. उच्च शिक्षा
48. राष्ट्रीय माध्यमिक शिक्षा अभियान :
    A. एक ऐसा कार्यक्रम है जो गैर-सरकारी संगठन चलाते हैं पर जिसे सरकार का समर्थन प्राप्त है।
    B. ऐसा कार्यक्रम है जो विदेशी एजेंसियों के दान से चलता है।
    C. ऐसा कार्यक्रम है जो बिना लाभ-बिना हानि के आधार पर चलाया जाता है।
    D. भारत सरकार का कार्यक्रम है जिसका उद्देश्य माध्यमिक शिक्षा का सार्वभौमिकरण है।
49. स्वतंत्रता प्राप्ति के पश्चात् बनी उस समिति जिस ने व्यावसायिक शिक्षा के विभिन्न पहलुओं को जांचा परखा, का अध्यक्ष कौन था?
    A. ईश्वरभाई पटेल   B. त्रिगुण सेन
    C. मल्कॉम आदिशेसैया D. एम.सी. छागला
50. पड़ोस विद्यालय (Neighbourhood school) की अवधारणा किसने दी?
    A. राधाकृष्ण आयोग B. मुदालियर आयोग
    C. कोठारी आयोग   D. उपर्युक्त सभी
51. बेसिक शिक्षा का जन्मदाता कौन था?
    A. डॉ. राजेंद्र प्रसाद B. डॉ. जाकिर हुसैन
    C. महात्मा गांधी   D. रबिन्द्रनाथ टैगोर
52. सर्व शिक्षा के लिए विश्व सम्मेलन जो थाईलैंड (जोमेतिन) में हुआ था, किस वर्ष में हुआ?
    A. 1986   B. 1990
    C. 1992   D. 2000
53. डिस्ट्रिक्ट इंस्टीट्यूट ऑफ एजुकेशन एंड ट्रेनिंग किस की अनुशंसाओं के आधार पर अस्तित्व में आए?
    A. कोठारी आयोग
    B. एन.सी.ई.आर.टी.
    C. राष्ट्रीय शिक्षा नीति (1986)
    D. राममूर्ति समिति
54. विद्यालयी शिक्षा की गुणवत्ता कैसी बढ़ाई जा सकती है?
    A. अधिक प्रशिक्षित अध्यापक प्रदान करके
    B. पाठ्यपुस्तकों में सुधार लाकर
    C. कक्षा की प्रक्रियाओं में सुधार लाकर
    D. उपर्युक्त सभी
55. मूल्यों के लिए शिक्षा औपचारिक रूप से नहीं दी जा सकती, क्योंकि :
    A. मूल्य विवादास्पद होते हैं।
    B. अध्यापकों की कमी है।
    C. इन्हें केवल वयस्क ही प्राप्त कर सकते हैं।
    D. मूल्यों का अध्यापन नहीं किया जा सकता, ये तो स्वयं ग्रहण किए जाते हैं।

खंड-IV : अध्यापन-अधिगम एवं विद्यालय

56. एक विद्यालयी पाठ्यचर्या की सर्वोत्तम परिभाषा है :
    A. बच्चों को प्रदान किया जाने वाला समग्र ज्ञान
    B. विद्यालय के संरक्षण में विद्यार्थियों की व्यवस्थित अनुभूतियों का योग
    C. पाठ्यक्रमों की पूर्ण सूची
    D. बच्चों के क्रियाकलाप को बढ़ाने के लिए उपयोग में लाई जाने वाली समग्र सामग्री

57. विद्यालयों में कार्यानुभव के आयोजन का मुख्य उद्देश्य :
    A. युवकों को भविष्य के काम-काज के लिए तैयार करना है।
    B. कार्य-स्थल तथा विद्यालयों में सम्बन्ध स्थापित करना है।
    C. कक्षा पढ़ाने के पश्चात् अध्यापकों को कुछ खाली समय देना है।
    D. संज्ञानात्मक विकास के साथ-साथ अध्येताओं का समन्वित विकास करना है।

58. शैक्षणिक सामग्री का चयन किसे करना चाहिए?
    A. अध्यापक को
    B. विभागाध्यक्ष को
    C. संस्थान के प्राचार्य को
    D. विशेषज्ञों की एक समिति को

59. कक्षा का फर्नीचर चल (मूवेबल) होना चाहिए।
    A. इसका रखरखाव करना सुगम होगा।
    B. इससे अनुशासन कायम रखने में सहायता मिलती है।
    C. यह विभिन्न शैक्षणिक आवश्यकताओं के लिए उपयुक्त होता है।
    D. इस पर खर्चा कम आता है।

60. समाज के एजेंट के रूप में विद्यालय का मुख्य कार्य क्या होना चाहिए?
    A. सामाजिक मानकों को कायम रखना।
    B. बच्चों को सामाजिक जीवन के लिए तैयार करना।
    C. विद्यार्थियों में उनके पर्यावरण के प्रति बोध प्रदान करना।
    D. विद्यार्थियों में व्यावसायिक योग्यता का विकास करना।

61. विद्यालयी अधिगम प्रक्रिया का मुख्य ध्येय क्या होना चाहिए?
    A. अध्येताओं की क्षमताओं का विकास करना।
    B. ज्ञान का समावेश करना।
    C. संज्ञानात्मक तथा गैर-संज्ञानात्मक क्षेत्रों में अध्येताओं का विकास करना।
    D. मूल्यों तथा अभिवृत्तियों का विकास करना।

62. एक अध्यापक के लिए अनिवार्य है कि उसे अधिगम सिद्धांतों का भली-भांति ज्ञान हो, क्योंकि :
    A. इससे अध्यापक को अध्येताओं की आवश्यकताओं को जानने में सहायता मिलती है।
    B. इससे अध्यापकों को अध्येताओं की अभिवृत्तियों तथा अभिरुचियों को समझने में सहायता मिलती है।
    C. इससे अध्यापकों को यह जानने में सहायता मिलती है कि अध्येता किन-किन रूपों में सीख सकते हैं।
    D. इससे कक्षा अनुशासन सुनिश्चित होता है।

63. कक्षा में एक अच्छी चर्चा का मूल द्योतक (निर्धारक) क्या होना चाहिए?
    A. अध्यापक के कौशल
    B. अध्यापक और विद्यार्थियों के ज्ञान का स्तर
    C. कक्षा के प्रयोजन और अभिरुचि की एकता
    D. विषय की प्रवीणता

64. किशोरों की स्वः पहचान से निम्नलिखित में से कौन-सा संबंधित नहीं हो सकता?
    A. उच्च उपलब्धि की आवश्यकता
    B. पहचाने जाने की आवश्यकता
    C. सम्बंधित होने की आवश्यकता
    D. उपर्युक्त में से कोई नहीं

65. MLL (न्यूनतम अधिगम स्तर) मूल रूप से एक ऐसा उपागम है जिसकी मान्यता है कि :
    A. किसी कार्य को सभी विद्यार्थी सीख सकते हैं।
    B. सभी अधिगम कार्य सीखे नहीं जा सकते हैं।
    C. यदि भली भांति परिभाषित किए जाएं तो उद्देश्यों को प्राप्त किया जा सकता है।
    D. उपर्युक्त में से कोई नहीं।

66. शिक्षा की आधुनिक अवधारणा इस विश्वास पर आधारित है कि :
    A. माध्यम के रूप में केवल स्थूल अनुभव ही विश्वसनीय है।

B. बच्चे को समाज की आवश्यकताओं और ध्येयों के अनुकूल ढलना चाहिए।

C. बच्चे की शिक्षा उसके उद्देश्यों, आवश्यकताओं तथा अभिरुचियों के अनुकूल हो।

D. शैक्षिक सक्षमता ही मुख्य भूमिका में होनी चाहिए।

67. सम्भवतः अध्यापन में सब से बड़ी संतुष्टि :

A. बच्चों के लिए और बच्चों द्वारा स्नेह का भाव

B. मानव के प्रति सेवा भाव

C. एक सुरक्षित आर्थिक लाभ

D. बच्चों के विकास में योगदान की भावना

68. शैक्षिक उपलब्धि की दृष्टि से कॉमन स्कूल प्रणाली में सर्वाधिक हानि किसे होगी?

A. पिछड़ा बालक | B. लड़की
C. सामान्य बच्चा | D. प्रतिभाशाली बालक

69. किसी विशिष्ट विद्यालयी विषय के लिए तत्परता किस पर निर्भर करती है?

A. उसकी शारीरिक परिपक्वता

B. उसकी पूर्व शैक्षिक उपलब्धियाँ

C. उसका अभिप्रेरणात्मक स्तर तथा आत्म-प्रत्यय

D. उपर्युक्त में से अकेला कोई नहीं

70. श्रव्य-दृश्य साधनों के प्रयोग का तर्काधार इस तथ्य पर आधारित है कि :

A. इस से अध्यापन-अधिगम प्रक्रिया सुगम हो जाती है।

B. इस से अधिगम स्थूल हो जाता है।

C. इस से हमारी दोनों इन्द्रियाँ सक्रिय होती हैं।

D. यह मात्र किसी चीज को करने का दूसरा तरीका है।

71. एपिडायास्कोप उपकरण का उपयोग निम्नलिखित में किसके लिए किया जाता है?

A. वस्तुओं को स्पष्ट रूप से देखने के लिए।

B. किसी अपारदर्शीय वस्तु को स्क्रीन पर प्रक्षेपित करने के लिए।

C. किसी वस्तु की नकल उतारने के लिए।

D. किसी वस्तु को बड़ा दिखाने के लिए।

72. किसी अध्येता की बौद्धिक योग्यता को मापने के लिए निम्नलिखित में से कौन-सा परीक्षण का भाग नहीं हो सकता?

A. किसी अवस्थिति की आवश्यकता की पूर्ति करना।

B. पूर्व अधिगम को सीखना और उस का उपयोग।

C. अध्येता के समक्ष आने वाली समस्याओं का समाधान करना।

D. ठोस नैतिक निर्णय करना।

73. निम्नलिखित में से किस क्षेत्र में अधिकतम अन्तरण संभव है?

A. स्मरण | B. सामान्यीकरण
C. अवबोधन | D. आदतों का निर्माण

74. किसी भावात्मक रूप से असुरक्षित बच्चे के लिए निम्नलिखित में से कौन-सा बहुत बड़ा खतरा बन सकता है?

A. अनुशासन का पूर्ण अभाव

B. अति-आसक्त अनुशासन

C. वयस्कों द्वारा लादा गया अनुशासन

D. स्वनियामक अनुशासन

75. लम्बी अवधि के अवधारणा (स्मरण) को बढ़ावा देने के लिए एक अध्यापक को क्या करना चाहिए?

A. अशुद्धियों के घटित होने को दूर रखना।

B. सामग्री को शुद्ध रूप में याद रखने को प्रोत्साहित करना।

C. चर्चा करते समय सामग्री का प्रयोग और अधिक प्रगामी पाठ्यसामग्री प्रदान करना।

D. तुरंत वैसी ही सामग्री (उदाहरण) द्वारा अधिगम को प्रबलित करना।

76. किशोर अध्येताओं के अध्यापन की कला और विज्ञान को क्या नाम दिया जाता है?

A. एन्ड्रोगोजी | B. पेडागोजी
C. टीचिंग टैक्नोलॉजी | D. व्यवहार रूपांतरण

77. अध्यापन प्रक्रिया के लिए निम्नलिखित में से कौन-सा अनुक्रम उचित है?

[D → डिलिवरी; E → मूल्यांकन; F → प्रतिपुष्टि; K → अध्येता को जानना; P → योजना बनाना]

A. P K D E F | B. K P D F E
C. P K D F E | D. K P D E F

78. अध्यापन और अधिगम में मूल अंतर क्या है?

A. अध्यापन एक मध्यस्थ व्यवहार है, अधिगम नहीं।

B. अधिगम एक मध्यस्थ व्यवहार है, अध्यापन नहीं।

C. दोनों ही मध्यस्थ व्यवहार है।

D. दोनों में कोई अन्तर नहीं है।

79. किसी विशेष दिन जब वर्षा हो रही है, आपके विद्यार्थी पढ़ने के मूड में नहीं हैं। आप क्या करना उचित समझेंगे?
   A. उन्हें कहेंगे कि पुस्तकालय चले जाएं
   B. पिछले पाठ की पुनरावृत्ति
   C. किसी विषय पर प्रश्नोत्तरी की व्यवस्था करना
   D. श्रुत लेख करवाना

80. सहयोग के मूल्य को बच्चों में विकसित करने के लिए सर्वोत्तम विधि क्या है?
   A. उस विषय पर एक व्याख्यान का आयोजन करना
   B. सांस्कृतिक कार्यक्रम की व्यवस्था करना
   C. एक कैंप लगाना
   D. भूमिका अभिनय प्रतिरूपण

भाग-ब

खंड-V : (i) विज्ञान

81. किसी माध्यम के अपवर्तनांक में :
   A. कोई इकाई नहीं होती।
   B. इकाई होती है।
   C. मान 1 अथवा 1 से कम होता है।
   D. मान 1 से कम होता है।

82. तीन प्राथमिक रंग हैं :
   A. लाल, हरा एवं पीला
   B. लाल, हरा एवं नीला
   C. हरा, पीला एवं नारंगी
   D. बैंगनी, पीला एवं लाल

83. कूलॉम प्रति सेकंड भौतिकी राशि को दर्शाता है?
   A. आवेश   B. विद्युत धारा
   C. विभवान्तर   D. प्रतिरोध

84. दो ओम प्रतिरोध के एक तार को मोड़कर उसे वृत्त के रूप में बदल दिया गया है। इस वृत्त के किसी व्यास के अन्तिम बिन्दुओं के मध्य प्रभावी प्रतिरोध होगा :
   A. 0.5 ओम   B. 1 ओम
   C. 2 ओम   D. 4 ओम

85. एक प्रत्यावर्ती धारा की दिशा प्रत्येक 0.01 सेकंड में बदलती है। इसकी आवृत्ति है :
   A. 1 Hz   B. 2 Hz
   C. 50 Hz   D. 100 Hz

86. 1 घंटे में 1 m^2 क्षेत्र पर कितनी सौर-ऊर्जा प्राप्त होगी? (सौर नियतांक = 1.4kW/m^2) :
   A. 1400 × 1J
   B. 1400 × 60 J
   C. 1.40 × 60 × 60 J
   D. 1400 × 60 × 60 J

87. निम्न 4 माध्यमों में प्रकाश की गति सबसे अधिक होती है?
   A. जल में   B. काँच में
   C. हीरे में   D. वायु में

88. लाल रक्त कणों की औसत आयु लगभग है :
   A. एक दिन   B. 30 दिन
   C. 60 दिन   D. 120 दिन

89. आसुत जल में नींबू का रस मिलाने पर इसका pH :
   A. अपरिवर्तित रहता है।
   B. 7 होता है।
   C. 7 से कम होता है।
   D. 7 से अधिक होता है।

90. परमाणु क्रमांक 12 वाले तत्व की संयोजकता है :
   A. 1   B. 2
   C. 4   D. 6

91. खाने के सोडा का रासायनिक सूत्र है :
   A. NaOH   B. $NaHCO_3$
   C. $Ca(OH)_2$ D. Na_2CO_3

92. शुद्ध सोना है :
   A. 1 कैरट सोना   B. 18 कैरट सोना
   C. 22 कैरट सोना   D. 24 कैरट सोना

93. भारत में अंतरिक्ष शोध कार्यक्रम चलाने वाला उपक्रम है :
   A. I R S   B. U G C
   C. I S R O   D. I A R I

94. अंतरिक्ष में जाने वाला प्रथम भारतीय उपग्रह था :
   A. रोहिणी   B. ध्रुव
   C. आर्यभट्ट   D. स्पुतनिक

95. हाइड्रिला पौधे में स्टोमेटा होते हैं :
   A. तने पर
   B. पत्तियों पर
   C. तने एवं पत्तियों दोनों पर
   D. कहीं नहीं क्योंकि यह हाइड्रिला में अनुपस्थित होते हैं।

96. वृक्क में उत्सर्जन इकाई है :
   A. न्यूरॉन   B. हारमोन
   C. फोटॉन   D. नेफ्रॉन

97. 'द ओरिजिन ऑफ स्पेसीज' के लेखक हैं :
   A. चार्ल्स डारविन   B. लामार्क
   C. जे.डी. वाटसन   D. वॉइज़मान

98. भू-तुल्यकालिक उपग्रह का आवर्त काल है :
   A. एक घंटा   B. बारह घंटे
   C. चौबीस घंटे   D. एक वर्ष

99. एक सुचालक के लिये V-I ग्राफ निम्न प्रकार का होगा : (V = चालक के अन्तिम सिरों पर विभवांतर, I = चालक में धारा)

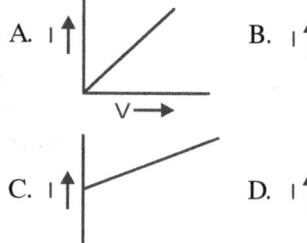
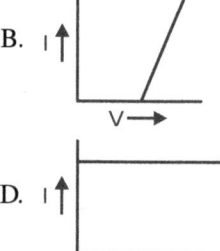

100. AIDS का कारण है :
   A. फंगस   B. वाइरस
   C. बैक्टीरिया   D. कुपोषण

(ii) गणित

101. $\dfrac{1}{1+\sqrt{2}} + \dfrac{1}{\sqrt{2}+\sqrt{3}} + \dfrac{1}{\sqrt{3}+\sqrt{4}} + ... + \dfrac{1}{\sqrt{8}+\sqrt{9}}$ का मान है :
   A. 1   B. −1
   C. 2   D. −2

102. छोटी से छोटी संख्या जो पूर्ण वर्ग है और उसका गुणनखंड 7936 है, वह है :
   A. 264016   B. 241606
   C. 246160   D. 246016

103. $\left(\dfrac{1}{x^{a-b}}\right)^{\frac{1}{a-c}} \times \left(\dfrac{1}{x^{b-c}}\right)^{\frac{1}{b-a}} \times \left(\dfrac{1}{x^{c-a}}\right)^{\frac{1}{c-b}}$ का मान है :
   A. 0   B. −1
   C. 1   D. 2

104. 1200 रुपए की राशि कुछ 6% और कुछ 4% ब्याज पर उधार दी जाती है। यदि $3\dfrac{1}{2}$ वर्षों के लिए कुल ब्याज 224 रुपए हो, तो 6% ब्याज पर उधार दी गई राशि है :
   A. 800 रुपए   B. 252 रुपए
   C. 224 रुपए   D. 168 रुपए

105. A का हिस्सा और B का हिस्सा 3 : 4 और B का हिस्सा और C का हिस्सा 6 : 7 है। A और C के बीच अनुपात होगा :
   A. 12 : 14   B. 9 : 12
   C. 9 : 14   D. 4 : 6

106. चीनी के मूल्य में 25% वृद्धि हो गई। एक व्यक्ति को अपनी खपत कितने प्रतिशत कम कर देनी चाहिए ताकि उसके खर्च में वृद्धि न हो?
   A. 25%   B. 20%
   C. 15%   D. 10%

107. एक पैन का अंकित मूल्य 160 रुपए है। कोई ग्राहक इसे रु. 122.40 में खरीदता है। उसे क्रमशः दो छूट प्राप्त होती हैं— एक 10% और दूसरी छूट का पता नहीं है। दूसरी छूट की दर है :
   A. 4%   B. 15%
   C. 6%   D. 8%

108. एक व्यक्ति जिसने जिस मूल्य पर खिलौना खरीदा उससे 80 रुपए अधिक मूल्य पर उसे बेचता है और इसके क्रय मूल्य के $\frac{2}{5}$ के बराबर लाभ प्राप्त करता है। खिलौने का क्रय मूल्य है :

A. 300 रुपए
B. 250 रुपए
C. 225 रुपए
D. 200 रुपए

109. यदि एक रेलगाड़ी 25 कि.मी. प्रति घंटा की गति से चले और दूसरी 30 कि.मी. प्रति घंटा की गति से चले तो एक निश्चित दूरी तय करने में पहली गाड़ी आधा घंटा अधिक समय लगाएगी। बताइए वह निश्चित दूरी कितनी है :

A. 200 कि.मी.
B. 150 कि.मी.
C. 100 कि.मी.
D. 75 कि.मी.

110. $\left(\frac{\sin 27°}{\cos 63°}\right)^2 + \left(\frac{\sin 63°}{\cos 27°}\right)^2 - 2 \sin 30°$ का मान है :

A. 2 B. –2
C. 1 D. –1

111. 90° से कम θ का मान जो समीकरण $3 \tan\theta + \cot\theta = 5 \operatorname{cosec}\theta$ को संतुष्ट करता है, वह है :

A. 30° B. 45°
C. 60° D. 15°

112. 60 मीटर ऊंचे भवन के शिखर से मीनार के शिखर का अवनमन कोण और मीनार के तल का कोण क्रमशः 30° और 60° हैं। मीनार की ऊंचाई है :

A. 40 मी. B. $40\sqrt{3}$ मी.
C. 20 मी. D. $20\sqrt{3}$ मी.

113. 12 व्यक्तियों की आयु नीचे दी गई है :
48, 42, 47, 43, 48, 56, 50, 56, 65, 56; 65, 60
बहुलक आयु है :

A. 65 B. 56
C. 50 D. 60

114. एक कमरा 5 मीटर लंबा और 4 मीटर चौड़ा है जिसके चारों ओर एक बरामदा है जो 22 वर्ग मीटर है। बरामदे की चौड़ाई है :

A. 1 मीटर B. 1.5 मीटर
C. 2 मीटर D. 2.5 मीटर

115. एक शंकु और एक बेलन की ऊँचाई समान हैं। उनके आधारों की त्रिज्याओं में 2 : 1 का अनुपात है। उनके आयतन का अनुपात है :

A. 2 : 3 B. 3 : 2
C. 3 : 4 D. 4 : 3

116. एक समवृत्तीय शंकु 8 से.मी. ऊँची है और आधार की त्रिज्या 2 से.मी. है। शंकु को पिघलाकर गोले में ढाला जाता है। गोले का व्यास है :

A. 8 से.मी.
B. 6 से.मी.
C. 4 से.मी.
D. 2 से.मी.

117. निम्नलिखित आंकड़ों का माध्य 20.6 है :

x :	10	15	20	25	35
f :	3	10	x	7	5

विलुप्त बारंबारता है :

A. 25 B. 15
C. 10 D. 8

118. यदि दो सिक्कों को एक साथ उछाला जाता है तो कम से कम एक चित को प्राप्त करने की प्रायिकता है :

A. $\frac{1}{2}$ B. $\frac{1}{4}$
C. $\frac{2}{3}$ D. $\frac{3}{4}$

119. यदि एक ΔABC के दो शीर्ष (1, 2), (4, 5) और (5, 3) इसका केंद्रक हो तो त्रिभुज का तीसरा शीर्ष है :

A. (10, 2) B. (15, 9)
C. (5, 9) D. (15, 3)

120. किसी समांतर श्रेणी के n पदों का योग $3n^2 + 3n$ दिया हुआ है। समांतर श्रेणी का 5वां पद है :

A. 42 B. 36
C. 30 D. 24

(*iii*) सामाजिक विज्ञान

निर्देश : *निम्नलिखित चार विकल्पों में से सही उत्तर चुनिए :*

121. मौर्यों के पश्चात दक्कन और मध्य भारत में सर्वाधिक महत्वपूर्ण शासन किनका था?
A. सातवाहन B. चोल
C. पल्लव D. पांड्यन

122. अलबरूनी भारत में आया :
A. 9वीं शताब्दी में B. 10वीं शताब्दी में
C. 11वीं शताब्दी में D. 12वीं शताब्दी में

123. योजना आयोग की स्थापना हुई :
A. मार्च 1950 B. मार्च 1951
C. अप्रैल 1951 D. अप्रैल 1952

124. बंदी प्रत्यक्षीकरण याचिका का क्या परिणाम है?
A. नजरबंदी में रखे गए व्यक्ति को स्वतंत्र किया जाता है।
B. लोक सेवक को कोई कारवाई करने से रोका जाता है।
C. जो अधिकारी कोई कारवाई करने के लिए सक्षम है उसे आगे कारवाई न करने के लिए कहा जाता है।
D. निचले न्यायालय से अधिक जानकारी प्राप्त की जाती है।

125. भारी जनसंख्या के कारण निम्नलिखित में से किस नदी को जैवीय मरुस्थल कहा जाता है?
A. ब्रह्मपुत्र B. गंगा
C. दामोदर D. यमुना

126. निम्नलिखित में से कौन-सा विदेशी राजा अशोक का समकालीन नहीं था?
A. एंटीयोचोस थियोस B. मगस
C. प्टोलेमी फिलाडेलफास D. डोरियस II

127. आर्थिक राष्ट्रवाद के अग्रणी के रूप में किसे याद किया जाता है?
A. बिपिन चंद्र पाल B. गोखले
C. आर.सी. दत्त D. मदनमोहन मालवीय

128. लैप्स में आबाद है :
A. पूर्वी अफ्रीका
B. यूरोपीय घास का मैदान
C. दक्षिण अमेरिकी चरागाह
D. यूरोपीय टुंड्रा

129. भारत का राष्ट्रीय खेल है–
A. टेनिस B. फुटबॉल
C. क्रिकेट D. हॉकी

130. निम्नलिखित में से कौन द्वि-आधारी तारक सिद्धांतों (बायनरी स्टार थ्योरीज) का प्रतिपादक है?
A. लेपलेस B. कांट
C. ला–पिशोन D. जैफरीज

131. कौन से राज्य में पंचायती राज सबसे पहले आरंभ हुआ?
A. गुजरात B. राजस्थान
C. बिहार D. आंध्र प्रदेश

132. भारत की निर्वाचन प्रणाली व्यापक रूप से किस देश की संरचना पर आधारित है?
A. ब्रिटेन B. फ्रांस
C. संयुक्त राज्य अमेरिका D. इनमें से कोई नहीं

133. एकसंस्कृति किसकी प्रमुख विशेषता है?
A. झूम कृषि B. निर्वाह खेती
C. विशिष्ट उद्यान कृषि D. खाद्यान्न कृषि

134. शांत अक्षांश शब्द का प्रयोग किया जाता है :
A. $0° – 5°$ उत्तरी और दक्षिणी अक्षांशों के लिए
B. ध्रुवीय वृत्तों के लिए
C. $30° – 40°$ उत्तरी और दक्षिणी अक्षांशों के लिए
D. $40° – 60°$ उत्तरी और दक्षिणी अक्षांशों के लिए

135. वैदिक काल में गोधना का अर्थ है :
A. वह व्यक्ति जो पशु दान करता है।
B. वह व्यक्ति जो पशु की हत्या करता है।
C. एक अतिथि
D. वर (दूल्हा)

136. किसे नोटिस देने के बाद सदन में 'आधे घंटे की चर्चा' की जा सकती है :
A. सदन का पीठासीन अधिकारी
B. सदन का महासचिव
C. संसदीय कार्य विभाग का सचिव
D. संबंधित मंत्री

137. राजस्व नीति किससे जुड़ी है?
A. आयात और निर्यात
B. लोक राजस्व और खर्च
C. मुद्रा निर्गम
D. जनसंख्या नियंत्रण

138. निम्नलिखित में से कौन लोकसभा का प्रथम अध्यक्ष था?
A. हुकम सिंह
B. जी.एस. ढिल्लों
C. जी.वी. मावलंकर
D. अनंतास्वयनम आयंगर

139. भारत के गवर्नर जनरल के रूप में अपने कार्यों के लिए इंगलैंड में निम्नलिखित में से किस पर महाभियोग चलाया गया था?
A. वेलेजली
B. केवेंडिश बैंटिक
C. कार्नवालिस
D. वारेन हेस्टिंग्स

140. भारत में जनसंख्या वृद्धि के संबंध में किस वर्ष को 'महाविभाजन का वर्ष' माना जाता है?
A. 1921
B. 1947
C. 1951
D. इनमें से कोई नहीं

(iv) अंग्रेजी

Directions: *Choose the most appropriate response out of the four choices given after every question. Each question carries one mark.*

141. Which of the following words means the same as 'desultory'?
A. purposeful
B. planned
C. stray
D. connected

142. The antonym of 'Abstemious' is :
A. festive
B. hedonistic
C. boisterous
D. frigid

143. The antonym of 'iota' is :
A. falsehood
B. scrap
C. molecule
D. plethora

144. A doctor who specialises in the treatment of the brain is called :
A. ophthalmologist
B. cardiologist
C. neurologist
D. pulmonologist

145. Choose the correctly spelt word :
A. procide
B. proceed
C. procid
D. procede

146. Choose the correctly spelt word :
A. pronunciation
B. pronounciation
C. pronuncation
D. pronouncation

147. The indirect form of the sentence : She said, "I have finished my work" is :
A. She said I have finished my work.
B. She said she have finished my work.
C. She said that she had finished her work.
D. She said she has finished my work.

148. Choose the correctly spelt word :
A. inocuous
B. inocous
C. innocuous
D. innocous

149. The indirect form of the sentence : She asked her student "Have you done your homework?" is :
A. She asked her student have you done your homework
B. She asked her student if she has done your homework
C. She asked her student if she have done her homework
D. She asked her student whether she had done her homework

150. The passive voice of 'someone stole her purse' is :
A. A thief stole her purse.
B. Her purse has been stolen by someone.
C. Her purse has been stolen by a thief.
D. Her purse got stolen.

151. The active voice of 'He has been sent to Canada by his company for training' is :
A. He has gone to Canada for training.
B. His company sent him to Canada for training.
C. His company has sent him to Canada for training.
D. His company went to Canada for training.

152. The most appropriate word to fill in the blank in 'They ___ come here next week'.
A. have
B. will
C. had
D. has

153. The most appropriate word to fill in the blank is 'I have not seen her ___ ages'.
 A. since B. for
 C. till D. from

154. Desdemone was the heroine in which play of Shakespeare?
 A. Hamlet
 B. King Lear
 C. Merchant of Venice
 D. Othello

155. Who wrote the poem 'Ode on intimations of Immortality'?
 A. Keats B. Byron
 C. Wordsworth D. Shelly

156. In which novel is Gabriel Oak the hero?
 A. Far from the Madding crowd
 B. Emma
 C. Mayor of Casterbridge
 D. Return of the Nature

157. Who wrote the novel 'Wuthering Heights' ?
 A. George Eliot B. Emily Bronte
 C. Charlotte Bronte D. Jane Austen

158. The play 'Desire under the Elino' was written by :
 A. Bernard Shaw B. Samuel Beckett
 C. Eugene O'Neil D. Shakespeare

159. In the sentence 'Denmark is a country which is in Europe'—
 which is in Europe is a :
 A. Noun clause B. Adjective clause
 C. Adverb clause D. None of the above

160. 'Ram, as well as Shyam, is an Engineer' is a :
 A. Simple sentence
 B. Compound sentence
 C. Complex sentence
 D. Complex - Compound sentence

(v) हिन्दी

निर्देशः (प्रश्न 161 से 165 तक): दिये गये गद्यांश को ध्यानपूर्वक पढ़िये और उसके आधार पर पूछे गये प्रश्नों के यथोचित उत्तर दीजिये:

जिसके अन्दर जितनी पवित्र भावनाएं प्रवाहित होती हैं उतना ही आत्मा का तेज बढ़ता जाता है, आभामण्डल-विस्तृत होता जाता है। जहाँ अहंकार है, अशुद्ध भावनाएं हैं, उन सम्बन्धों में कभी भी निःस्वार्थ प्रेम पनप नहीं सकता है। आज हर एक प्राणी क्या चाहता है – प्रेम चाहिए। एक शिशु को भी प्यार चाहिए तो वयोवृद्ध भी प्रत्येक से प्रेमपूर्ण और आदर पूर्वक व्यवहार की अपेक्षा रखता है। ऐसा नहीं है कि बुजुर्ग ने सारे जीवन प्रेम और सम्मान पाया है तो अब बुढ़ापे में उसे प्यार और सम्मान न भी मिले तो चलेगा। नहीं। हर इंसान को प्यार चाहिए और वह भी निःस्वार्थ, सहज और आत्मीय भाव से भरा हुआ। यह तभी सम्भव है जब परस्पर पवित्र भावनायें हों सामन्जस्यपूर्ण व्यवहार हो और निःस्वार्थ प्रेम प्रवाहित होता हो।

आज के तनावपूर्ण वातावरण में हर व्यक्ति सहानुभूति, सद्भाव और सौहार्द तो चाहता है किन्तु कैसी विडम्बना है कि यदि कोई प्यार से बात करता है तो व्यक्ति संशयग्रस्त होने लगता है कि यह व्यक्ति मुझसे इतने प्यार से क्यों व्यवहार कर रहा है? मुझसे इसकी क्या अपेक्षा है? लेकिन जहाँ समझदारी है वहाँ व्यक्ति प्रेमपूर्ण व्यवहार पाकर कृतज्ञता का अनुभव कर तनाव मुक्त हो जाता है। उसे मन में शान्ति और जीवन में सच्चे सुख की तत्काल अनुभूति होने लगती है।

प्रत्येक व्यक्ति जीवन में आनन्द की उपलब्धि चाहता है पर उसके जीवन में आनन्द और खुशी नहीं है। क्योंकि वह आत्मशक्ति जाग्रत करने के बारे में बेखबर है। आत्मा का निज गुण शान्ति और आनन्द है और यही उसकी शक्ति है। दूसरे शब्दों में यही आत्मा का स्वधर्म है। आत्मा में ज्ञान की शक्ति, पवित्रता, प्रेम और शान्ति की शक्ति है। प्रत्येक वस्तु का अपना गुणधर्म होता है। जैसे पानी का गुणधर्म है– शीतलता, अग्नि का गुणधर्म है– उष्णता। पानी को कितना ही उबालो किन्तु वह पुनः अपने शीतल स्वरूप में लौट आता है।

हम प्रार्थना के माध्यम से ईश्वर से सुख-शान्ति, शक्ति, ज्ञान और सद्भाव की ही तो मांग करते हैं। हम कहते हैं –'असतो मा सद् गमय।' 'तमसो मा ज्योतिर्गमय।' ऐसी प्रार्थना इसीलिए करते हैं कि हमारा स्वभाव 'असत' नहीं सत है, 'अन्धकार' नहीं ज्योतिर्मय है। हमें अपने स्वधर्म में स्थित होने पर ही सुख और शान्ति मिल सकती है। स्वधर्म में ही

हमारे अन्दर पवित्र भाव जागते हैं। गीता में भी भगवान श्री कृष्ण अर्जुन को यही प्रेरणा देते हैं कि स्वधर्म को जाग्रत कर उसमें स्थित होकर युद्ध कर। मनुष्य अपने स्वधर्म से दूर हो गया है और परधर्म के अधीन हो गया है। ज्ञान के विपरीत अज्ञान और प्रेम के विपरीत अहंकार के वश में हो गया है। अहंकार और अज्ञान तो परधर्म है। मन में पवित्रता और शुद्धि के स्थान पर दुर्भावना और अपवित्रता आ गयी है। अपवित्रता तो परधर्म है। प्रेम के बदले नफरत आ गई है। ये नफरत परधर्म है। शान्ति के बदले जीवन में क्रोध आ गया है। ये क्रोध परधर्म है। परधर्म के अधीन होने पर ही व्यक्ति स्वयं में सहजता अनुभव नहीं करता है। गुणों के स्थान पर व्यक्ति के जीवन में काम, क्रोध, लोभ, मोह, ईर्ष्या, अहंकार और द्वेष का दबदबा है।

161. इस गद्यांश का उपयुक्त शीर्षक क्या होगा?
A. आभामण्डल B. निःस्वार्थ प्रेम
C. आत्मा का स्वधर्म D. शान्ति की प्राप्ति

162. किस प्रकार के प्रेम से जीवन में सहजता आती है?
A. अपेक्षापूर्ण B. उपेक्षापूर्ण
C. निःस्वार्थपूर्ण D. अपवित्रता रहित

163. गीता का प्रेरक संदेश क्या है?
A. परधर्म के अधीन न हों।
B. कर्म निःस्वार्थ भाव से करें।
C. आत्मस्थ होकर शान्तिलाभ करें।
D. युद्ध के बिना शान्ति और सुख नहीं मिलता।

164. व्यक्ति के आभामण्डल का विकास कब होता है?
A. अहंकार और अधिकार भावना से।
B. तनावमुक्त जीवन जीने की कला से।
C. आत्मशक्ति के विकास से।
D. निःस्वार्थ सेवा करने से।

165. स्वधर्म में स्थित होने का क्या तात्पर्य है?
A. अपने धर्म के अनुसार ही पूजा पाठ करें।
B. आत्मा के आध्यात्मिक गुणों का विकास करना।
C. ईर्ष्या, द्वेष, अहंकार और पाखण्ड छोड़ देना।
D. शान्ति और आनन्द का अनुभव करना।

निर्देशः (प्रश्न 166 से 180 तक): *निम्नलिखित प्रत्येक प्रश्न के साथ-साथ चार-चार विकल्प दिये गये हैं। उनमें से सही विकल्प चुनिए।*

166. जायसी की 'पद्मावत' किस भाषा में रची गई है?
A. हिन्दी B. उर्दू
C. मराठी D. अवधी

167. रामचन्द्रिका किस कवि की कृति है?
A. मतिराम B. केशव
C. वृन्दकवि D. नरहरिदास

168. निम्नलिखित में से नरोत्तमदास की कृति कौन-सी है?
A. सुदामा चरिता B. कृष्णप्रिया
C. गोपी गीत D. उद्धव-संवाद

169. 'मृगनयनी' उपन्यास के लेखक कौन हैं?
A. भगवती चरण वर्मा
B. हजारी प्रसाद द्विवेदी
C. वृन्दावनलाल वर्मा
D. मन्नू भण्डारी

170. निम्नलिखित में से कौन-सी रचना गोस्वामी तुलसीदास की नहीं है?
A. हनुमान चालीसा B. हनुमान बाहुक
C. रामायण D. रामलला नहछू

171. निम्नलिखित में से किसकी वर्तनी अशुद्ध है?
A. प्रार्थ्य B. क्रतज्ञता
C. आनन्द D. आशीर्वाद

172. 'निरपेक्ष' शब्द का सन्धि विच्छेद होगा :
A. निर् + पेक्ष B. नि + पेंक्ष
C. निर + पेक्ष D. निः + अपेक्ष

173. निम्नलिखित में किस शब्द की वर्तनी शुद्ध है?
A. कृप्या B. उपरोक्त
C. आदर्णीय D. उज्ज्वल

174. प्राच्य का विलोम शब्द कौन-सा है?
A. उदीच्य B. प्रतीच्य
C. पाश्चात्य D. अर्वाचीन

175. 'दबदबा होना' इसका अर्थ क्या है?
A. दबकर रहना B. प्रभाव होना
C. हीन अनुभव करना D. भयभीत होना

176. व्यावहार्य की तरह 'उदार' से कौन-सा शब्द ठीक है?
A. औदार्य B. अनुदार्य
C. उदारता D. औदर्य

177. 'सौहार्द' शब्द किस शब्द से बना है?

A. सुहार्द   B. सुहृद

C. सुहर्द   D. सोहृद

178. 'जिसका कोई शत्रु न हो' इस कथन के लिए कौन-सा एक शब्द उचित है?

A. शत्रुन्जय   B. रिपुसूदन

C. अजातशत्रु   D. अरहन्त

179. 'तीरे हिये मेरे पीर रघुवीर के।' इस पद्यांश में कौन-सा अलंकार है?

A. विभावना   B. असंगति

C. प्रतीप   D. विशेषोक्ति

180. निम्नलिखित वाक्यों में कौन-सा वाक्य शुद्ध है?

A. हम तुम्हें बुलाये थे।

B. मैंने जो सोचा था वही हुआ।

C. कृप्या मुझे छुट्टी प्रदान करें।

D. मैंने आज ही घर जाना होगा।

उत्तरमाला

1	**2**	**3**	**4**	**5**	**6**	**7**	**8**	**9**	**10**
A	A	C	A	D	B	A	A	C	C
11	**12**	**13**	**14**	**15**	**16**	**17**	**18**	**19**	**20**
B	A	A	B	C	C	D	A	A	D
21	**22**	**23**	**24**	**25**	**26**	**27**	**28**	**29**	**30**
D	D	C	B	A	A	C	D	B	A
31	**32**	**33**	**34**	**35**	**36**	**37**	**38**	**39**	**40**
D	C	C	B	B	B	D	A	A	D
41	**42**	**43**	**44**	**45**	**46**	**47**	**48**	**49**	**50**
A	B	C	B	B	B	B	D	C	C
51	**52**	**53**	**54**	**55**	**56**	**57**	**58**	**59**	**60**
C	B	C	D	D	B	D	D	C	B
61	**62**	**63**	**64**	**65**	**66**	**67**	**68**	**69**	**70**
A	B	B	C	A	C	D	D	C	C
71	**72**	**73**	**74**	**75**	**76**	**77**	**78**	**79**	**80**
B	D	C	B	D	B	B	B	C	C
81	**82**	**83**	**84**	**85**	**86**	**87**	**88**	**89**	**90**
C	B	A	B	C	C	D	D	C	B
91	**92**	**93**	**94**	**95**	**96**	**97**	**98**	**99**	**100**
B	D	C	C	D	D	A	C	A	B
101	**102**	**103**	**104**	**105**	**106**	**107**	**108**	**109**	**110**
C	D	C	A	C	B	B	D	D	C
111	**112**	**113**	**114**	**115**	**116**	**117**	**118**	**119**	**120**
C	A	B	A	D	C	A	D	A	C
121	**122**	**123**	**124**	**125**	**126**	**127**	**128**	**129**	**130**
A	C	A	A	D	D	C	D	D	B
131	**132**	**133**	**134**	**135**	**136**	**137**	**138**	**139**	**140**
B	A	B	C	C	B	B	C	D	A
141	**142**	**143**	**144**	**145**	**146**	**147**	**148**	**149**	**150**
C	B	D	C	B	A	C	C	D	B

151	**152**	**153**	**154**	**155**	**156**	**157**	**158**	**159**	**160**
C	B	B	D	C	A	B	C	B	C
161	**162**	**163**	**164**	**165**	**166**	**167**	**168**	**169**	**170**
C	C	A	C	D	D	B	A	C	C
171	**172**	**173**	**174**	**175**	**176**	**177**	**178**	**179**	**180**
B	A	D	B	B	A	B	C	B	B

कुछ चुने हुए प्रश्नों के व्याख्यात्मक उत्तर

11. सभी लड़के विद्यार्थी नहीं हैं। अर्थात् कुछ लड़के विद्यार्थी हैं। कुछ विद्यार्थी रोजगारशुदा नहीं हैं। अर्थात् कुछ विद्यार्थी रोजगारशुदा हैं।

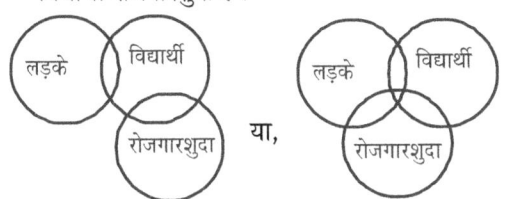

या,

12.

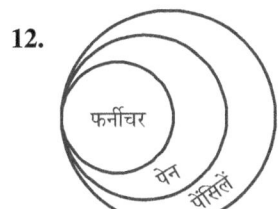

13.

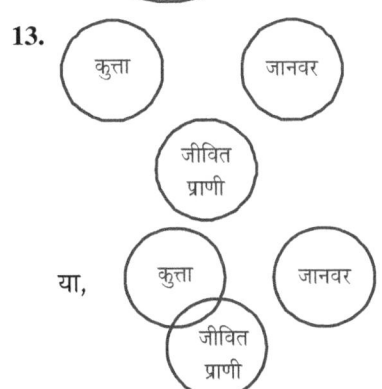

या,

14. दिये गए प्रथम कथन में यह नहीं कहा गया है कि केवल पक्षी के पंख नहीं होते। अतः हम नहीं कह सकते कि पंखहीन प्राणी पक्षी ही होते हैं।
दूसरे कथन में यह कहा गया है कि सभी पक्षी समझदार होते हैं। अर्थात् कुछ समझदार प्राणी पक्षी होते हैं।
अतः केवल निष्कर्ष (II) अनुसरण करता है।

15.

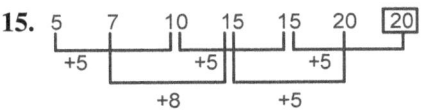

16. $\dfrac{2+1}{\sqrt{5}\times\sqrt{5}}=\dfrac{3}{5}$

$\dfrac{3+1}{5\times\sqrt{5}}=\dfrac{4}{5\sqrt{5}},\ \dfrac{4+1}{5\sqrt{5}\times\sqrt{5}}=\dfrac{5}{25}$

$\dfrac{5+1}{25\times\sqrt{5}}=\dfrac{6}{25\sqrt{5}}.$

17.

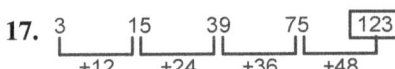

18.

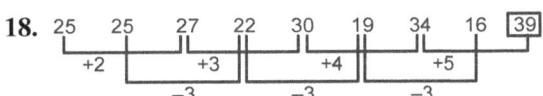

19. सभी वायलिन वादक, वादक हैं और सभी वादक संगीतकार हैं।

20. कुछ चित्रकार लड़के हो सकते हैं तथा कुछ लड़के चित्रकार हो सकते हैं। किन्तु सभी लड़के एवं सभी चित्रकार व्यक्ति होंगे।

21. कुछ माएँ एवं कुछ पिताएँ अध्यापक हो सकते हैं किन्तु कोई माँ, पिता अथवा कोई पिता, माँ नहीं हो सकता।

22. दिए गए शब्दों को दिया गया आरेख निरूपित नहीं कर सकता।

23. एक रेखाखण्ड वर्ग के चारों ओर दक्षिणावर्त्त घूमती है और एक दूसरी रेखाखण्ड प्रत्येक दो प्रश्नाकृति के बाहर निचले बायें कोने पर आती है।

24. रेखाखण्ड एवं स्प्रिंग जैसी डिजाइन के छल्लों का योग अवरोही क्रम (14, 13, 12, 11 एवं 10) में है।

25. प्रश्नाकृति के डिजाइन के भीतर छोटे चापों की संख्या आरोही क्रम (2, 3, 4, 5 ....) में है।

26. प्रश्नाकृति में डिजाइनों की संख्या आरोही क्रम (3, 4, 5, 6 ....) में है।

27. माना कि विद्यार्थी ने x प्रश्नों के सही उत्तर दिए।

   प्रश्नानुसार, $x - \dfrac{108 - x}{3} = 0$

   या, $3x - 108 + x = 0$

   या, $4x = 108$

   $\therefore x = 27$

   अतः, गलत उत्तर वाले प्रश्नों की संख्या = 108 – 27
   = 81.

28. अन्य सभी अभाज्य संख्याएं हैं।

101. $\dfrac{1}{1+\sqrt{2}} \times \dfrac{\sqrt{2}-1}{\sqrt{2}-1} = \dfrac{\sqrt{2}-1}{2-1} = \sqrt{2}-1$

   $\dfrac{1}{\sqrt{3}+\sqrt{2}} \times \dfrac{\sqrt{3}-\sqrt{2}}{\sqrt{3}-\sqrt{2}} = \dfrac{\sqrt{3}-\sqrt{2}}{3-2} = \sqrt{3}-\sqrt{2}$

   $\dfrac{1}{\sqrt{4}+\sqrt{3}} \times \dfrac{\sqrt{4}-\sqrt{3}}{\sqrt{4}-\sqrt{3}} = \dfrac{\sqrt{4}-\sqrt{3}}{4-3} = \sqrt{4}-\sqrt{3}$

   ....

   $\dfrac{1}{\sqrt{9}+\sqrt{8}} \times \dfrac{\sqrt{9}-\sqrt{8}}{\sqrt{9}-\sqrt{8}} = \dfrac{\sqrt{9}-\sqrt{8}}{9-8} = \sqrt{9}-\sqrt{8}$

   $\sqrt{2}-1+\sqrt{3}-\sqrt{2}+\sqrt{4}-\sqrt{3}+....+\sqrt{9}-\sqrt{8}$
   $= -1 + 3 = 2.$

102. $246016 = 7936 \times 31 + 0.$

103. $x° = 1.$

104. साधारण ब्याज $= \dfrac{x \times 6 \times 7}{2 \times 100} = \dfrac{21x}{100}$

   साधारण ब्याज $= \dfrac{(1200-x) \times 4 \times 7}{2 \times 100}$

   $= \dfrac{14(1200-x)}{100}$

   प्रश्नानुसार,

   $\dfrac{21x}{100} + \dfrac{14(1200-x)}{100} = 224$

   $21x + 16800 - 14x = 224$

   $\Rightarrow 7x = 5600$

   $x = 800$

   अतः 6% के ब्याज पर लिया गया मूलधन = 800 रु.

105. $\dfrac{A}{B} = \dfrac{3}{4}$

   $3B = 4A$

   $B = \dfrac{4A}{3}$ ...(i)

   पुनः $\dfrac{B}{C} = \dfrac{6}{7}$

   $7B = 6C$

   $B = \dfrac{6C}{7}$ ...(ii)

   समीकरण (i) और (ii) से

   $\dfrac{4A}{3} = \dfrac{6C}{7}$

   $28A = 18C$

   $\dfrac{A}{C} = \dfrac{18}{28} = \dfrac{9}{14}$

   अतः A : C = 9 : 14

106. $\dfrac{25}{125} \times 100 = 20\%.$

107. अंकित मूल्य = 160 रु.

   पहला (छूट) = 10%

   छूट $= 160 \times \dfrac{10}{100} = 16$ रु.

   10% के छूट के बाद विक्रय मूल्य = 160 – 16
   = 144 रु.

   माना कि दूसरा छूट = $x\%$

   छूट $= 144 \times \dfrac{x}{100} = \dfrac{144x}{100}$

   प्रश्नानुसार,

   $144 - \dfrac{144x}{100} = 122.40$

   $\dfrac{14400 - 144x}{100} = \dfrac{12240}{100}$

   $144x = 2160$

$$x = \frac{2160}{144} = 15$$

अतः दूसरा छूट = 15 प्रतिशत

108. माना कि क्रय मूल्य = x रु.

अतः विक्रय मूल्य = $x + 80$

लाभ = $x + 80 - x = 80$ रु.

प्रश्नानुसार,

$$80 = \frac{2}{5} \text{ of } x$$

$$x = \frac{80 \times 5}{2} = 200$$

अतः खिलौने का क्रय मूल्य = 200 रु.

109. माना कि दूरी = x कि.मी.

25 किलो मी. प्रति घंटा की चाल से लगा समय = $\frac{x}{25}$ घंटे

30 किलो मी. प्रति घंटा की चाल से लगा समय = $\frac{x}{30}$ घंटे

प्रश्नानुसार,

$$\frac{x}{25} - \frac{x}{30} = \frac{1}{2} \Rightarrow \frac{6x - 5x}{150} = \frac{1}{2} \Rightarrow x = 75$$

अतः यात्रा की गई दूरी की लम्बाई = 75 कि.मी.

110. $\left[\frac{\sin 27°}{\cos(90-27°)}\right]^2 + \left[\frac{\sin(90-27°)}{\cos 27°}\right]^2 - 2 \times \frac{1}{2}$

$= \left(\frac{\sin 27°}{\sin 27°}\right)^2 + \left(\frac{\cos 27°}{\cos 27°}\right)^2 - 1$

$= 1 + 1 - 1 = 1.$

111. $\frac{3\sin\theta}{\cos\theta} + \frac{\cos\theta}{\sin\theta} = \frac{5}{\sin\theta}$

$\frac{3\sin^2\theta + \cos^2\theta}{\cos\theta \cdot \sin\theta} = \frac{5}{\sin\theta}$

$3(1 - \cos^2\theta) + \cos^2\theta = 5\cos\theta$

$2\cos^2\theta + 5\cos\theta - 3 = 0$

$2\cos^2\theta + 6\cos\theta - \cos\theta - 3 = 0$

$2\cos\theta(\cos\theta + 3) - 1(\cos\theta + 3) = 0$

$(2\cos\theta - 1)(\cos\theta + 3) = 0$

या तो $\cos\theta = \frac{1}{2}$ या $\cos\theta = -3$ सम्भव नहीं है।

$\cos\theta = \cos 60°$

$\Rightarrow \theta = 60°.$

112.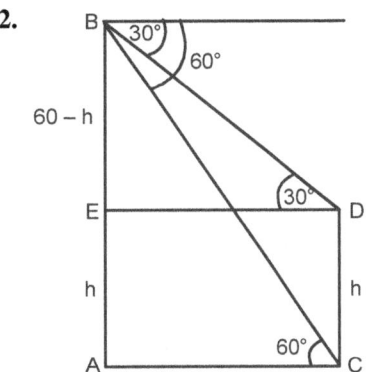

माना कि AB इमारत है तथा CD मीनार है।

त्रिभुज ABC में,

$\tan 60° = \frac{60}{x}$

$\sqrt{3} = \frac{60}{x}$

$x = \frac{60}{\sqrt{3}} \times \frac{\sqrt{3}}{\sqrt{3}} = 20\sqrt{3} \qquad ...(i)$

त्रिभुज BED में,

$\tan 30° = \frac{60-h}{x}$

$\frac{1}{\sqrt{3}} = \frac{60-h}{x}$

$x = \sqrt{3}(60-h) \qquad ...(ii)$

समीकरण (i) तथा (ii) से

$\sqrt{3}(60-h) = 20\sqrt{3}$

$h = 60 - 20$

$h = 40$

अतः मीनार की ऊँचाई = 40 मी.

113. नम्बर 56 तीन बार आया है।

अतः बहुलक = 56.

114. माना कि बरामदा की चौड़ाई x मीटर है।

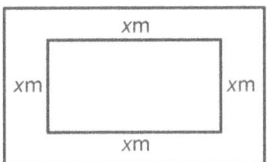

बरामदे को छोड़कर क्षेत्रफल = $5 \times 4 = 20$ वर्ग मीटर
बरामदे के साथ क्षेत्रफल = $(5 + x + x)(4 + x + x)$ वर्ग मीटर
प्रश्नानुसार,
$$(5 + 2x)(4 + 2x) = 20 + 22 = 42$$
$$20 + 10x + 8x + 4x^2 = 42$$
$$4x^2 + 18x - 22 = 0$$
$$2x^2 + 9x - 11 = 0$$
$$2x^2 + 11x - 2x - 11 = 0$$
$$x(2x + 11) - 1(2x + 11) = 0$$
$$(2x + 11)(x - 1) = 0$$
$x = 1$ या $x = \dfrac{-11}{2}$ सम्भव नहीं है।

अतः बरामदे की चौड़ाई = 1 मीटर

115.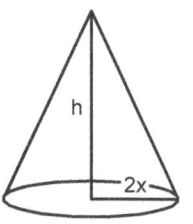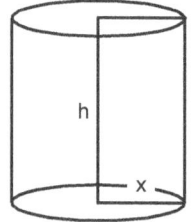

$$\dfrac{\text{शंकु का आयतन}}{\text{बेलन (सिलिंडर) का आयतन}} = \dfrac{\frac{1}{3}\pi(2x)^2 \times h}{\pi x^2 \times h}$$
$$= 4 : 3$$

116. शंकु का आयतन = गोले का आयतन
$$\dfrac{1}{3}\pi(2)^2 \times 8 = \dfrac{4}{3}\pi r^3$$
$$32 = 4r^3$$
$$r = 2$$
अतः गोले का व्यास = 4 से.मी.

117.

x	f	fx
10	3	30
15	10	150
20	x	$20x$
25	7	175
35	5	175
	$x + 25$	$20x + 530$

माध्य = $\dfrac{20x + 530}{x + 25}$

$$20.6 = \dfrac{20x + 530}{x + 25}$$
$$20.6x + 515 = 20x + 530$$
$$x = \dfrac{15 \times 10}{6} = 25.$$

118. कम से कम एक हेड = {HH, HT, TH}
अनुकूल सरल घटनाओं की संख्या = 3
अतः अभीष्ट प्रायिकता = $\dfrac{3}{4}$.

119. माना कि तीसरे शीर्ष का निर्देशांक = x_3, y_3,
केन्द्रक का निर्देशांक = (5, 3)
प्रश्नानुसार,
$$5 = \dfrac{x_1 + x_2 + x_3}{3}$$
$$5 = \dfrac{1 + 4 + x_3}{3}$$
$$\Rightarrow x_3 = 15 - 5 = 10$$
$$3 = \dfrac{y_1 + y_2 + y_3}{3}$$
$$3 = \dfrac{2 + 5 + y_3}{3}$$
$$\Rightarrow y_3 = 9 - 7 = 2$$
अतः तीसरे शीर्ष के निर्देशांक = (10, 2).

120. $S_n = 3n^2 + 3n$
$S_1 = 3(1)^2 + 3(1) = 6$
$S_2 = 3(2)^2 + 3(2) = 18$
$S_3 = 3(3)^2 + 3(3) = 36$
$S_1 = a_1 = 6$
$a_2 = S_2 - S_1 = 18 - 6 = 12$
$a_3 = S_3 - S_2 = 36 - 18 = 18$
∴ 6, 12, 18, 24, 30 समान्तर श्रेणी में हैं।
अतः समान्तर श्रेणी का पाँचवां पद = 30

IGNOU B.Ed. प्रवेश परीक्षा, 2010

भाग-अ

खंड-I : सामान्य अंग्रेजी बोध

Directions: *Read the following passage carefully and pick out the best answer out of the four choices given in each question:*

Adventure is the spirit that motivates persons to undertake difficult tasks. However the spirit of adventure tends to be restrained by caution. Sometimes this caution gives warning of the potential dangers, when our foremost thoughts are of safety first. Yet in some men the urge for adventure may be so strong that it overwhelms the primary instinct of self preservation and inspires them to attempt the impossible.

Adventure may not always be successful. It is enough if adventure is impelled by courage. Indeed the failure of a gallant enterprise often touches our heart deeply even more than if it were a success.

There has never been a person, who knew no fear, but the finer the courage of the person, the lesser will one betray fear. When we think of persons who go after adventure with a complete disregard for danger. We should remember that their bodies are as sensible to agony as ours, and thier mind suffers from same anxieties.

1. According to the writer, the spirt of adventure is to—
   A. take all work
   B. undertake difficult tasks
   C. readiness to take risk
   D. None of the above

2. Sometimes the caution acts as warning to—
   A. nature of task
   B. not to go for the task
   C. potential dangers
   D. All of the above

3. In some person; the urge for adventure is so strong that—
   A. it discourages the person
   B. it overwhelms the primary instinct
   C. it gives the time to think
   D. it always shows the danger

4. According to this passage, a courageous person—
   A. doesn't care for any danger
   B. doesn't easily express fear
   C. cannot express fear
   D. None of the above

5. According to this text the adventure is impelled by—
   A. Success   B. Courage
   C. Danger   D. All of the above

6. A truely courageous persons are also—
   A. Sensitive to their body
   B. Sensitive to their mind
   C. Gain control over their body and mind
   D. Sensitive to their mind and body

7. Adventurous persons always—
   A. prefer to live happy life
   B. inspires to attempt the impossible
   C. love to live together
   D. None of the above

8. Adventure is a—
   A. Characteristics of a person
   B. Courage of a person
   C. Both A and B
   D. None of the above

9. According to this text, the adventure and courage have a—
   A. negative correlation   B. positive correlation
   C. zero correlation   D. Both A and B

10. The passage expressed that—
    A. Adventure is always successful
    B. Adventure cannot be unsuccessful
    C. Adventure may not always be successful
    D. Adventure will never be successful

खंड-II : तार्किक एवं विश्लेषणात्मक चिन्तन

निर्देश (11-15) : *नीचे दिए गए खाली स्थानों के लिए सर्वाधिक उपयुक्त संख्या/वर्ण का चयन कीजिए।*

11. 1, 4, 8, 11, 15, _?_, 22
A. 19 B. 18
C. 20 D. 17

12. 1, 4, 9, 16, _?_
A. 23 B. 24
C. 25 D. 30

13. 1, 2, 6, 24, _?_
A. 120 B. 144
C. 30 D. 140

14. 1, 3, 9, _?_, 81
A. 12 B. 15
C. 27 D. 25

15. A, E, _?_, O, U
A. F B. I
C. G D. L

निर्देश (16-20) : *निम्नलिखित प्रश्नों में तीन शब्द दिए गए हैं, पहले दो शब्द आपस में सम्बन्धित हैं, तीसरे के लिए सम्बद्ध शब्द का चुनाव कीजिए।*

16. टाका : बांग्लादेश : : रुपियाह (Rupiah) :?
A. स्पेन B. डेनमार्क
C. इण्डोनेशिया D. मलेशिया

17. गालिब : कविता : : पिकासो : ?
A. नाटक B. साहित्य
C. मूर्ति D. पेंटिंग

18. टरलेटन : मसलिन : : पॉपलिन : ?
A. जूट B. वूल
C. कपास D. रेयॉन

19. ओटावा : कनाडा : : कैनबेरा : ?
A. अर्जेण्टीना B. स्विट्ज़रलैण्ड
C. ऑस्ट्रिया D. ऑस्ट्रेलिया

20. राजा : सिंहासन : : सवार : ?
A. आसन B. घुड़सवारी की जीन
C. घोड़ा D. कुर्सी

21. यदि UMESH का कोड FNVHS है तो POT का कोड होगाः
A. JLG B. KMG
C. KLG D. LKG

22. BEAT का कोड YVZG है तो MILD का कोड होगाः
A. NORW B. ONRW
C. WORN D. NROW

23. NUMBER का कोड UNBMRE है तो GHOST का कोड होगाः
A. HOGTS B. HGOTS
C. HGDST D. HGSOT

24. RADIO का कोड UDGLR है तो PHOTO का कोड होगाः
A. OIPWR B. OTOPT
C. SKRWR D. SKPWR

25. WORLD का कोड ASVPH है तो GLOBE का कोड होगाः
A. OJSH B. KPSFI
C. KPSIF D. KPSHE

26. बीते कल से एक दिन पूर्व यदि शनिवार था तो आने वाले परसों के दो दिन बाद कौन-सा दिन होगा?
A. सोमवार B. मंगलवार
C. रविवार D. शुक्रवार

27. निम्नलिखित में से किस शब्द का स्थान अंग्रेजी शब्द कोश में दूसरा होगा?
A. Practice B. Practical
C. Practicable D. Practise

28. सात आदमी चार मिनट में 28 फल खा जाते हैं। तो एक आदमी एक फल खाने में कितना समय लगाएगा?
A. 4 मिनट B. 3 मिनट
C. 30 सेकेण्ड D. 1 मिनट

29. अंग्रेजी वर्णमाला का क्रम अंत से शुरु किया जाय तो बाएँ से ग्यारहवें स्थान पर होगाः
A. P B. Q
C. N D. M

30. मोहन ने वीणा से कहा, 'तुम्हारे पिता मेरी माँ की बहन के बेटे हैं।' वीणा से मोहन का क्या रिश्ता है?
A. भाई B. भतीजी
C. चचेरी बहन D. भाँजी

खंड-III : शैक्षिक, सामान्य एवं विकलांगता संबंधी जागरूकता

31. 6 से 14 वर्ष तक के सभी बच्चों के लिये शिक्षा का अधिकार अनुच्छेद .... से सम्बन्धित है।
A. 20 B. 21
C. 22 D. 23

32. भारत का वह राज्य जहाँ महिला साक्षरता सबसे कम है:
A. बिहार B. उत्तर प्रदेश
C. राजस्थान D. मध्य प्रदेश

33. विश्वनाथन आनन्द .... खेल के चैम्पियन है।
A. शतरंज B. बिलियर्ड्स
C. स्नूकर D. तीरन्दाजी

34. माउन्ट एवरेस्ट पर एडमन्ड हिलेरी के साथ कौन गया था?
A. तेनजिंग नोर्गे B. शेरपा लेपजिंग
C. क्रिस्टोफर D. दिलीप सरदेसाई

35. बीहू .... राज्य का त्योहार है।
A. बिहार B. आसाम (असोम)
C. उत्तराखण्ड D. मेघालय

36. एक मई .... के रूप में मनाया जाता है।
A. अन्तर्राष्ट्रीय महिला दिवस
B. अन्तर्राष्ट्रीय श्रमिक दिवस
C. विश्व पर्यावरण दिवस
D. विश्व स्वास्थ्य दिवस

37. एक रुपये के नोट पर किसके हस्ताक्षर होते हैं?
A. वित्त सचिव
B. भारतीय रिजर्व बैंक के गवर्नर
C. वित्त मंत्री
D. उप वित्त मंत्री

38. विश्व प्रसिद्ध 'रॉक गार्डन' स्थित है:
A. कोलकाता में B. जयपुर में
C. चंडीगढ़ में D. बेंगलुरू में

39. पोखरन नामक परमाणु परीक्षण स्थल किस राज्य में स्थित हैं?
A. हरियाणा B. राजस्थान
C. मध्य प्रदेश D. जम्मू एवं कश्मीर

40. 97वाँ संविधान संशोधन सम्बन्धित है:
A. प्राथमिक शिक्षा से
B. उपराष्ट्रपति की शक्तियों से
C. निर्वाचन आयोग की शक्तियों से
D. दल-बदल विरोधी बिल से

41. निम्नलिखित में से कौन-सा चार वेदों में शामिल नहीं हैं?
A. ऋग्वेद B. सामवेद
C. अथर्ववेद D. आयुर्वेद

42. निम्नलिखित में से कौन-सी सिक्खों की धार्मिक पुस्तक है?
A. आदि ग्रंथ साहिब B. गुरुग्रन्थ साहिब
C. गोविन्द ग्रन्थ साहिब D. महा ग्रन्थ साहिब

43. मौर्यो की राजधानी थी:
A. प्रयाग B. पाटलिपुत्र
C. वैशाली D. उज्जैन

44. फतेहपुर सीकरी का निर्माण कराया था:
A. बाबर
B. जहाँगीर
C. हुमायूँ
D. उपरोक्त में से किसी ने नहीं

45. नेत्रदान में आँख का कौन-सा हिस्सा प्रत्यारोपित किया जाता है?
A. कार्निया B. लेन्स
C. रेटिना D. पूरी आँख

46. इसरो (ISRO) का पूर्ण रूप है:
A. इन्डियन स्पेस रिसर्च ऑर्गनाइजेशन
B. इन्टरनेशनल सेटेलाइट रिसर्च ऑर्गनाइजेशन
C. इन्डियन सेटेलाइट रिसर्च ऑर्गनाइजेशन
D. इन्टरनेशनल स्पेस रिसर्च ऑर्गनाइजेशन

47. 'शून्य' की एक संख्या के रूप में खोज की थी:
A. अरबों में B. इजिप्टों में
C. ग्रीकों ने D. भारतीयों ने

48. साँची के स्तूप का निर्माण कराया था:
A. कनिष्क ने B. हर्षवर्धन ने
C. अशोक ने D. समुद्रगुप्त ने

49. अकबर ने नये धर्म की स्थापना का प्रयास किया क्योंकि:
A. वह धार्मिक नायक के रूप में प्रसिद्ध होना चाहता था।

B. उसके अपने दर्शन ने उसे ऐसा करने के लिये प्रेरित किया।

C. वह अपने साम्राज्य में रहने वाले विभिन्न धर्मों के लोगों को, एक धर्म के नाम पर एकजुट करना चाहता था।

D. वह पुराने धर्म में विश्वास नहीं करता था।

50. ह्वेन सांग नामक प्रसिद्ध चीनी तीर्थयात्री ने इनके शासन काल में भारत की यात्रा कीः

A. अशोक B. चन्द्रगुप्त द्वितीय

C. कनिष्क D. हर्षवर्धन

51. कुतुबमीनार का निर्माण कार्य कुतुबुद्दीन ऐबक द्वारा आरम्भ किया गया और इसे पूरा करायाः

A. बलबन ने

B. फिरोज तुगलक ने

C. इल्तुतमिश ने

D. अलाउद्दीन खिलजी ने

52. यह सार्विक रक्त दाता समूह (यूनिवर्सल डोनर ग्रुप) हैः

A. A B. O

C. B D. AB

53. जिम कॉर्बेट राष्ट्रीय उद्यान स्थित हैः

A. उत्तराखण्ड B. आसाम (असोम)

C. महाराष्ट्र D. मध्य प्रदेश

54. दुनिया में सर्वाधिक लोगों द्वारा बोली जाने वाली भाषा हैः

A. अंग्रेजी B. हिन्दी

C. चीनी D. फ्रेन्च

55. एन. एस. एस. ओ. का आशय हैः

A. नेशनल सैंपल सर्वे ऑर्गनाइजेशन

B. नेशनल सर्वे ऑफ सर्ववाइवर्स ऑर्गनाइजेशन

C. नेशनल सिंपल सर्वे ऑर्गनाइजेशन

D. नेशनल स्टडी ऑन सर्जिकल ऑपरेशन

खंड-IV : शिक्षण-अधिगम एवं विशेष आवश्यकता शिक्षा

56. किस पद्धति से विद्यार्थी सर्वाधिक सीखते हैं?

A. देखकर B. पढ़कर

C. सुनकर D. स्वयं करके

57. शिक्षक का कौन-सा गुण विद्यार्थियों को सबसे अधिक पसन्द आता है?

A. उनकी समयनिष्ठा

B. उसकी निष्पक्षता

C. उसकी अनुशासन प्रियता

D. उसका प्रभुत्व

58. अपने विद्यार्थियों की क्लासरूम टीचिंग में रुचि बनाये रखने के लिये शिक्षक को क्या करना चाहिये?

A. ब्लैक बोर्ड का अधिकतम प्रयोग

B. व्यावहारिक जीवन से उदाहरणों का अधिकतम प्रयोग

C. शिक्षण-सहायक सामग्री का अधिकतम उपयोग

D. विद्यार्थियों को चर्चा/विचार विमर्श करने का भरपूर मौका देना

59. आप सोचते हैं कि औचक परीक्षण उचित है क्योंकि :

A. इसके कारण विद्यार्थी भयभीत रहते हैं।

B. इसके लिये आपको घर से तैयारी करके नहीं आना पड़ता।

C. इसके बहाने आप शिक्षण सत्र से बच सकते हैं।

D. इन परीक्षणों के द्वारा विद्यार्थियों की योग्यता एवं उनके ज्ञान स्तर का ठीक से पता लग सकता है।

60. एक शिक्षक को कार्य करना चाहियेः

A. अपनी पसन्द से

B. समय की आवश्यकता के अनुसार

C. अपनी कार्यक्षमता के अनुसार

D. अपनी आवश्यकता के अनुसार

61. विकलांग बच्चों को शिक्षा प्राप्त करनी चाहिये— क्योंकिः

A. वे असुरक्षित होते हैं।

B. उनकी विशेष आवश्यकताएँ होती हैं।

C. यह एक मूल संवैधानिक अधिकार है।

D. वे गरीब हैं।

62. निम्नलिखित में से कौन-सा संवेदी विकार है?

A. श्रवणबाधिता

B. मानसिक मन्दता

C. प्रमस्तिष्क अंगघात

D. तंत्रिका-माँसपेशी विकार

63. अन्र्राष्ट्रीय विकलांगता दिवस मनाया जाता हैः

A. 1 दिसम्बर B. 3 दिसम्बर

C. 6 जनवरी D. 4 दिसम्बर

64. भारतीय पुनर्वास परिषद् की स्थापना हुई थीः
A. 1992 B. 1980
C. 1994 D. 1986

65. विकलांग व्यक्ति अधिनियम कब से लागू किया गया?
A. 1996 B. 1997
C. 1995 D. 1996

66. सी.बी.आर. किसका लघुरूप है?
A. कस्टम बेस्ड रिहैबिलीटेशन
B. कम्युनिटी बेस्ड रिहैबिलीटेशन
C. कमेटी बेस्ड रिहैबिलीटेशन
D. कॉस्ट बेस्ड रिहैबिलीटेशन

67. 'घुमन्तू शिक्षक':
A. संसाधन शिक्षक का ही एक और नाम।
B. एक ही स्कूल को अपनी सेवाएँ देता है।
C. एक से अधिक स्कूलों को अपनी सेवाएँ देता है।
D. A एवं C दोनों।

68. जन्मजात विकलांगता का अर्थ है वह विकलांगता जो .... से आती है।
A. जन्म से
B. एक वर्ष बाद
C. जन्म के बाद
D. उपरोक्त में से कोई नहीं

69. बहु विकलांगता का अर्थ है:
A. प्रमस्तिष्क अंगघात
B. सूक्ष्म दृष्टि
C. मानसिक मन्दता
D. एक से अधिक विकलांगता

70. भारतीय पुनर्वास परिषद् अधिनियम के अन्तर्गत पेशेवरों की कितनी श्रेणियाँ आती हैं?
A. 12 B. 16
C. 15 D. 3

71. विक्लांग व्यक्ति अधिनियम, 1995 के अन्तर्गत कितनी विकलांगताओं को स्वीकार किया गया है?
A. 3 B. 7
C. 6 D. 10

72. राष्ट्रीय मानसिक विकलांगता संस्थान स्थित है:
A. दिल्ली B. कोलकाता
C. श्रीनगर D. सिकन्दराबाद

73. विकलांगता के क्षेत्र में सबसे नया अन्तर्राष्ट्रीय कानून है:
A. बिवाको मिलेनियम फ्रेमवर्क
B. बीजिंग डिक्लेरेशन
C. यू. एन. स्टैंडर्ड रूल्स
D. यूनाइटेड नेशन्स कन्वेंशन फॉर द राइट्स ऑफ पर्सन्स विद डिसेबिलिटीज

74. ब्रेल लिपि आधारित है:
A. डाट्स पर
B. लाइनों पर
C. ऊभरी हुई
D. उपरोक्त में से कोई नहीं

75. डैसिबल .... को मापने के लिये प्रयुक्त होता है:
A. विजुअल एक्विटी B. हियरिंग लेवल
C. मेन्टल लेवल D. उपरोक्त सभी

76. पुनर्वास कार्मिकों का पंजीकरण किया जाता है:
A. एम.सी.आई. B. ए.आई.सी.टी.ई.
C. आर.सी.आई. D. एन.सी.टी.ई.

77. एक्सीडेन्ट के कारण हो सकता है:
A. अस्थि बाधिता B. दृष्टि बाधिता
C. श्रवण बाधिता D. उपरोक्त सभी

78. मानसिक मन्दता है:
A. एक बीमारी
B. दिमाग की अनुपस्थिती
C. दिमाग का धीरे कार्य करना
D. एक अवस्था

79. सीखना निर्भर करता है:
A. बुद्धि पर
B. माता पिता के दृष्टिकोण पर
C. साथियों के दृष्टिकोण पर
D. उपरोक्त में से कोई नहीं

80. अन्धता एवं बहरापन है:
A. संवेदी अभाव
B. मानसिक अभाव
C. चलन अभाव
D. तन्त्रिका अभाव

भाग-ब

खंड-V : (*i*) विज्ञान

81. चूना जल (लाइम वाटर) में रहता है:
A. कैल्शियम कार्बोनेट
B. कैल्शियम हाइड्रोक्साइड
C. कैल्शियम बाई कार्बोनेट
D. सोडियम सल्फेट

82. निम्नलिखित में से रसायनिक परिवर्तन कौन है?
A. अल्कोहोल का वाष्पीकरण
B. आयोडीन का उर्ध्वपतन
C. बुन्सेन फ्लेम में प्लैटिनम के तार को गरम करना
D. मरक्यूरिक ऑक्साइड चूर्ण को गरम करना

83. पेन्सिलीन प्राप्त किया जाता है:
A. अल्गी से
B. फंगाइ से
C. सिन्थेटिक्स से
D. इनमें से कोई नहीं

84. आइसोटॉप्स में भिन्नता होती हैं:
A. इलेक्ट्रॉनों की संख्या की
B. प्रोटॉनों की संख्या की
C. न्यूट्रॉनों की संख्या की
D. प्रोटॉन और न्यूट्रॉन की

85. दर्द से राहत पाने के लिए सामान्यतया इस्तेमाल आने वाली टिकिया है:
A. पारासिटामोल
B. एस्पीरिन
C. मॉर्फिन
D. निमुसुलाइड

86. पहाड़ी पर चढ़ता हुआ आदमी आगे की ओर झुक जाता है:
A. फिसलने से बचने के लिये
B. गति बढ़ाने के लिये
C. थकान मिटाने के लिये
D. स्थायित्व बढ़ाने के लिये

87. दूरदर्शन प्रसारण में ध्वनि संकेत संसार हेतु जिस तकनीक का उपयोग होता है, वह है:
A. एम्प्लीट्युड मॉडुलेशन
B. फ्रिक्वेन्सी मॉडुलेशन
C. पल्स कोड मॉडुलेशन
D. टाइम डिवीजन मल्टीप्लेक्सिंग

88. इनमें से सबसे अधिक नम्य (सहजता में मोड़ा जा सकने वाला) कौन है?
A. कार्बन
B. रबड़
C. शीशा
D. कागज

89. ऊर्जा के माप की इकाई वही होती हैं जो:
A. कार्य की
B. शक्ति की
C. संवेग की
D. जड़ता की

90. ए.सी. करेण्ट को डी.सी. में बदलने के लिए उपयोग किए जाने वाले संयंत्र को कहते हैं:
A. ट्रान्सफार्मर
B. रेक्टीफायर
C. इण्डक्शन क्वायल
D. डायनेमो

91. निम्नलिखित में से कौन-सा रक्त-समूह युनिवर्सल रेसिपेण्ट (सर्व ग्राह्य समूह) होता है?
A. ए
B. बी
C. ए बी
D. ओ

92. निम्नलिखित में से पाचन हेतु सर्वाधिक महत्त्वपूर्ण क्या है?
A. प्रोटीन
B. दूध
C. वसा
D. विटामिन

93. मानव की खोपड़ी में हड्डियों की संख्या होती हैं:
A. 22
B. 14
C. 8
D. इनमें से कोई नहीं

94. पृथ्वी का पहला जीवन शुरू हुआ:
A. पानी में
B. जमीन पर
C. हवा में
D. पहाड़ पर

95. डी एन ए घनीभूत होता है:
A. माइक्रोजोम में
B. न्यूक्लियस में
C. प्रोटोप्लाज्म में
D. क्रोमैटिन में

96. 28 फरवरी को राष्ट्रीय विज्ञान दिवस क्यों मनाया जाता है?
A. भाभा का जन्मदिन
B. पहला भारतीय परमाणु विस्फोट
C. रमण-इफेक्ट (रमन-प्रभाव) विश्वविख्यात हुआ
D. ए.एस.एल.वी.डी.-1 छोड़ा गया

97. निम्नलिखित में से कौन, न तो तत्व है न यौगिकः
A. हवा
B. पानी
C. ग्लूकोज
D. सोना

98. निम्नलिखित में से कौन-सी गैस हवा को दूषित नहीं करती?
A. कार्बन डाइऑक्साइड
B. कार्बन मोनोक्साइड
C. नाइट्रोजन ऑक्साइड
D. सल्फर डाइऑक्साइड

99. ग्रीन हाऊस इफैक्ट के लिए उत्तरदायी मुख्य वायुमण्डीय गैस हैः
A. नाइट्रोजन
B. ऑक्सीजन
C. ओजोन
D. कार्बन डाइऑक्साइड

100. पृथ्वी के सबसे निकटवर्ती वायुमण्डलीय परत हैः
A. स्ट्रेटोस्फेयर
B. ट्रोपोस्फेयर
C. आयनोस्फेयर
D. मेसोस्फेयर

(ii) गणित

101. निम्नलिखित में से कौन अभाज्य संख्या नहीं है?
A. 1
B. 2
C. 131
D. 157

102. अभाज्य संख्याओं के गुणनफल के रूप में 36 को व्यक्त करेंः
A. $2 \times 3 \times 6$
B. 6×6
C. $2 \times 2 \times 3 \times 3$
D. 4×9

103. इस श्रृंखला को पूर्ण करेंः
1, 2, 4, 7, 13, 24, 44, ?
A. 81
B. 80
C. 64
D. 66

104. $(4^2)^3$ का मान बराबर होगाः
A. $4 \times 2 \times 3$
B. 16×3
C. 4^3
D. 4^6

105. $6x^2 - 19x - 36$ का एक गुणनखण्ड $(3x + 4)$ है, तो दूसरा होगाः
A. $(2x - 9)$
B. $(6x - 19)$
C. $(6x - 9)$
D. $(2x - 19)$

106. यदि $3x^2 + 5x - 2 = 0$ है तो x का मान बताइएः
A. $\frac{1}{3}$ अथवा –2
B. $\frac{1}{3}$ अथवा 2
C. $-\frac{1}{3}$ अथवा 2
D. $-\frac{1}{3}$ अथवा –2

107. x और y के व्युत्क्रम का माध्य होगाः
A. $\frac{2(x+y)}{xy}$
B. $\frac{2x}{x+y}$
C. $\frac{x+y}{2xy}$
D. $\frac{x+y}{x-y}$

108. यदि $(2x)^x = 512$ हो तो x का मान होगाः
A. 2
B. 3
C. 4
D. 5

109. एक से एक सौ तक की सभी संख्याओं का योगफल होगाः
A. 4950
B. 5100
C. 5000
D. 5050

110. $\text{Log}\ \frac{1}{2} = ?$
A. $-\frac{1}{3}$
B. $\frac{1}{2}$
C. $-\frac{1}{2}$
D. $\frac{1}{3}$

111.
A. 3
B. 5
C. 6
D. 6.4

112. $\frac{\sqrt{3}+\sqrt{2}}{\sqrt{3}-\sqrt{2}}$ का मान होगाः
A. $5+\sqrt[2]{6}$
B. $5-\sqrt[2]{6}$
C. $3+\sqrt[2]{5}$
D. $3-\sqrt[2]{5}$

113. 40% के 30% का 20% होगाः
A. 2.4%
B. 3.0%
C. 24%
D. 30%

114. एक प्रकाशक 250 किताबें बेचकर 50 किताबों के विक्रय मूल्य के बराबर लाभ कमाता है। प्रकाशक के लाभ की प्रतिशतता बताएँः
A. 25
B. 20
C. 50
D. 10

115. 20 लड़के किसी काम को 30 दिनों में पूरा करते हैं। कितने दिनों बाद पाँच लड़के काम छोड़ दें तो उसे पूरा होने में 35 दिन लगेंगे?

A. 20 दिन
B. 10 दिन
C. 25 दिन
D. 15 दिन

116. निम्नलिखित में से कौन सही है?

A. $\log_1$ (Mn) = log a M + log a n
B. log a (M + n) = log a M + log a n
C. log a (M – n) = log a M – log a n
D. $\log a \left(\frac{M}{n}\right) = \log a M + \log a n$

117. एक घण्टा पन्द्रह मिनट और पाँच घण्टे का अनुपात होगाः

A. 2:5
B. 4:15
C. 3:8
D. 1:4

118. यदि $\sin\ \theta = \frac{5}{13}$, तो $\cot\theta$ का मान होगाः

A. $\frac{12}{5}$
B. $\frac{13}{12}$
C. $\frac{13}{5}$
D. $\frac{12}{13}$

119. $\frac{\sin 39^o}{\cos 51^o}$ का मान होगाः

A. 0
B. $\frac{1}{2}$
C. ∞
D. 1

120. किसी गोलक के आयतन को पृष्ठीय क्षेत्रफल से विभाजित करने पर भागफल 27 सें.मी. होता है। गोलक की त्रिज्या क्या होगी?

A. 9 सें.मी.
B. 27 सें.मी.
C. 81 सें.मी.
D. 63 सें.मी.

(*iii*) सामाजिक विज्ञान

121. सूर्य के सबसे नजदीक कौन-सा ग्रह है?

A. मंगल
B. बुध
C. शुक्र
D. वरुण

122. थिम्पू .... की राजधानी हैः

A. सिक्किम
B. मेघालय
C. भूटान
D. मिज़ोरम

123. भारत में रेलवे की शुरुआत .... वर्ष में हुई थी।

A. 1901
B. 1883
C. 1853
D. 1908

124. कोलार नामक सोने की खदानें किस राज्य में है?

A. मध्य प्रदेश
B. कर्नाटक
C. तमिलनाडु
D. उड़ीसा

125. 'देवदास' उपन्यास किसने लिखा था?

A. शरतचन्द्र चटर्जी
B. रवीन्द्रनाथ टैगौर
C. प्रेमचन्द्र
D. बंकिमचन्द्र चट्टोपाध्याय

126. बल्लारपुर किसके लिये जाना जाता है?

A. लिखने के कागज
B. कोयले की खदान
C. खाद
D. सीमेन्ट उद्योग

127. भारत एक गणराज्य है क्योंकिः

A. यहाँ प्रजातान्त्रिक नियम लागू होते हैं।
B. यहाँ राष्ट्रप्रमुख का चुनाव होता है।
C. यहाँ का संविधान लिखित है।
D. उपरोक्त सभी।

128. लोकसभा में 'शून्य काल' की अवधि हैः

A. 15 मिनट
B. आधा घन्टा
C. एक घन्टा
D. कुछ निश्चित नहीं है

129. लक्षद्वीप .... द्वीपों का समूह है।

A. 22
B. 27
C. 32
D. 35

130. मुगलों के विरुद्ध लड़ने वाले सिख गुरु थेः

A. गुरु नानक देव
B. गुरु अर्जुन देव
C. गुरु तेगबहादुर
D. गुरु गोविंद सिंह

131. हमारे राष्ट्रीय चिन्ह 'अशोक चक्र' में कितने अरे होते हैं?
A. 12 B. 15
C. 20 D. 24

132. भारत की पहली रंगीन फिल्म थीः
A. झाँसी की रानी B. आन
C. सैरन्ध्री D. रामराज्य

133. अंग्रेजों ने कलकत्ता से दिल्ली में राजधानी .... वर्ष में स्थानांतरित की थी।
A. 1905 B. 1909
C. 1911 D. 1914

134. 'जय हिन्द' का नारा किसने दिया?
A. महात्मा गाँधी B. पंडित नेहरु
C. सुभाष चन्द्र बोस D. भगत सिंह

135. लोकसभा में विभिन्न राज्यों को दी जाने वाली सीटों की संख्या निर्भर करती हैः
A. राज्य की जनसंख्या B. राज्य का आकार
C. राज्य के संसाधन D. राज्य

136. एन्डीज (Andes) पर्वत श्रृंखला स्थित हैः
A. यूरोप में B. उत्तरी अमेरिका में
C. अफ्रीका में D. दक्षिणी अमेरिका में

137. कोंकण रेलवे किन स्थानों के बीच आवागमन करती है?
A. मुम्बई–बैंगलोर B. मुम्बई–गोवा
C. मैंगलोर–त्रिवेन्द्रम D. गोवा–कन्याकुमारी

138. सिन्धु घाटी के लोगों के व्यापार संबंध थेः
A. ग्रीस B. इजिप्ट
C. सीलोन D. मेसापोटामिया

139. निम्नलिखित में से कौन-सा राज्य का आवश्यक तत्व नहीं है?
A. राज्य क्षेत्र B. समाज
C. सरकार D. जनसंख्या

140. जब कोई बिल दोनों सदनों की संयुक्त बैठक में भेजा जाता है तो इसे पास करने के लिये चाहियेः
A. सामान्य बहुमत
B. तीन चौथाई बहुमत
C. दो तिहाई बहुमत
D. सभी सदस्यों का पूर्ण बहुमत

(*iv*) अंग्रेजी

141. Fill up the blanks—
I tried to give him good advice but he .... to listen.
A. prevented B. avoided
C. refused D. denied

142. I am given to .... that you want to be a doctor.
A. learn B. understand
C. think D. predict

143. Rita always sets her alarm so that she can ...... at 8.00 am.
A. think over B. write down
C. think through D. wake up

144. If you are agitated too much it will .... your judgement.
A. impede B. impair
C. impose D. impel

145. She always insisted on the need to .... between ends and means.
A. analyse B. define
C. distribute D. distinguish

146. Choose the word with correct spellings.
A. Sychology B. Sykology
C. Psychology D. Psykology

147. The synonym of the word 'infinite' is—
A. unique B. indefinite
C. vague D. endless

148. Choose the wrongly spelt word.
A. Believe B. Relieve
C. Grieve D. Decieve

Directions: *Choose the appropriate set from those given below to fill in the blanks.*

149. Hundred students competed .... one another .... a single scholarship.
A. with : over B. with : for
C. among : over D. between : for

150. We went .... the room and sat down .... a sofa.
A. to : in B. into : on
C. from : upon D. in : on

151. Substitute with one word—"events which happened at the same time".

A. Coincidently B. Incidently
C. Simultaneously D. Momentarily

Directions: *Fill up the blanks with correct preposition.*

152. Gopal is born .... poor parents.
A. to B. for
C. of D. froms

153. You are senior .... me.
A. by B. to
C. than D. of

154. Yogesh is certainly stronger .... the two.
A. among B. between
C. of D. than

155. I am not .... sure of its as you are.
A. quite B. so
C. very D. perfectly

156. He was kind enough to accede .... his request.
A. in B. to
C. with D. over

Directions: *Find out the word of same meaning from 4 words for the word given above.*

157. Sentimental:
A. over sensitive
B. aroused
C. sensible
D. overwhelmed with emotions

158. Unanimous:
A. timely
B. judicious
C. half hearted
D. agreed upon by everyone

159. Ample:
A. Sufficient B. Very little
C. Plentiful D. Inadequate

160. Vulgar:
A. Uncivilized B. Rough
C. Nauseatic D. Stubborn

(v) हिन्दी

निर्देशः (प्रश्न 161 से 165 तक): *दिये गये गद्यांश को ध्यानपूर्वक पढ़कर पूछे गये प्रश्नों के उत्तर दीजियेः*

राजनीति और विद्या सगी बहने हैं। दोनों का अलग रहना कठिन हैं। दोनों के स्वभाव भिन्न हैं, किन्तु लक्ष्य एक है। दोनों का लक्ष्य है कि व्यक्ति और समाज को अधिक सुख पहुँचे। इतिहास इस बात का साक्षी है कि जब भी किसी राष्ट्र में क्रान्ति का बिगुल बजा तो वहाँ के छात्र मात्र दृष्टा नहीं रहे अपितु उन्होंने क्रान्ति की बागडोर संभाली। परतन्त्रता काल में स्वतंत्रता के लिये और वर्तमान काल में भ्रष्टाचारी सरकारों के उन्मूलन के लिये भारत में छात्रशक्ति ने अग्रसर होकर क्रान्ति का आहवान किया। इंडोनेशिया और ईरान में छात्रों ने सरकार का तख्ता ही पलट दिया। बांग्लादेश को अस्तित्व में लाने में ढाका विश्वविद्यालय के छात्रों के बलिदान को भुलाया नहीं जा सकता।

गद्यांश के आधार पर निम्नलिखित प्रश्न (161 से 165) संभावित उत्तर विकल्पों के साथ दिये गये हैं। सही विकल्प को चुनिए।

161. निम्नलिखित में कौन-सा कथन सही नहीं है?
A. विद्या और राजनीति सहोदरा है।
B. दोनों की प्रकृति समान है।
C. दोनों का उद्देश्य एक है।
D. दोनों परस्पर सहयोगी हैं।

162. संसार का इतिहास साक्षी है कि छात्र—
A. राष्ट्र में क्रान्ति के दर्शक रहे हैं।
B. क्रान्ति के कारण बनें।
C. क्रान्ति में खड़े हो गये।
D. क्रान्ति में अग्रणी रहे।

163. छात्रों के संघर्ष के उद्देश्यों में क्या शामिल नहीं था?
A. परतन्त्रता के लिये
B. स्वतन्त्रता के लिये
C. भ्रष्टाचार मिटाने के लिये
D. सरकार गिराने के लिये

164. कई देशों में क्रान्ति का श्रेय किसको जाता है?
A. विद्यार्थियों को B. सामान्य जनता को
C. उद्योगपतियों को D. राजनीतिज्ञों को

165. छात्रों ने आहवान किया—
A. शान्ति का B. शक्ति का
C. अहिंसा का D. क्रान्ति का

निर्देशः (प्रश्न 166 से 180 तक): *निम्नलिखित में से प्रत्येक प्रश्न के साथ चार-चार विकल्प दिये गये हैं। सही विकल्प को चुनिए।*

166. 'सुगम' का विलोम शब्द है—
   A. सुलभ   B. दुर्गम
   C. सुदूर   D. नरक

167. 'जो किसी का पक्ष न ले'—कहलाता है—
   A. न्यायाधीश   B. निस्वार्थी
   C. निर्भर   D. निष्पक्ष

168. 'सादर' में कौन-सा उपसर्ग है?
   A. सा   B. दर
   C. स   D. अर

169. हिन्दी वर्णमाला में कुल कितने अक्षर हैं?
   A. 44   B. 33
   C. 46   D. 43

170. निम्नलिखित में तत्सम शब्द है:
   A. पानी   B. बाजार
   C. दूरदर्शन   D. दुग्ध

171. महादेवी वर्मा की किस रचना के लिये उन्हें ज्ञानपीठ पुरस्कार मिला?
   A. यामिनी   B. दामिनी
   C. यामा   D. कामिनी

172. 'पुष्पलता' में कौन-सा समास है?
   A. कर्मधारय   B. तत्पुरुष
   C. अव्ययीभाव   D. द्वन्द

173. भारतीय संविधान के किस अनुच्छेद में हिन्दी को राजभाषा के रूप में स्वीकार किया गया है?
   A. अनुच्छेद 343   B. अनुच्छेद 344
   C. अनुच्छेद 342   D. अनुच्छेद 24

174. 'विच्छेद' का सन्धि विच्छेद क्या है?
   A. वि + छेद   B. विच्छ + एद
   C. विः + छेद   D. विस् + छेद

175. निम्नलिखित भाषाओं में किस भाषा की लिपि देवनागरी नहीं है?
   A. हिन्दी   B. मराठी
   C. संस्कृत   D. पंजाबी

176. "हे राम! रक्षा करो!" 'हे राम!' पद में कौन-सा कारक है?
   A. सम्बोधन   B. कर्ता
   C. सम्बन्ध   D. अधिकरण

177. निम्नलिखित में से कौन-सी रचना 'भक्तिकाल' की है?
   A. महाभारत   B. रामचरितमानस
   C. रामायण   D. मेघदूतम्

178. 'अंक में लेना' मुहावरे का अर्थ है—
   A. गले लगाना
   B. वात्सल्य प्रेम प्रदर्शित करना
   C. प्रेम प्रदर्शित करना
   D. गोद में बिठाना

179. निम्नलिखित में से अशुद्ध वाक्य कौन-सा है?
   A. मैने थोड़ी देर बाद जाना है।
   B. आप सपरिवार आमन्त्रित हैं।
   C. कृपया हमारे घर आइए।
   D. जब भी आप आये, मुझसे मिलें।

180. "चरण कमल बन्दौ हरि राई" में कौन-सा अलंकार है?
   A. यमक   B. रूपक
   C. उत्प्रेक्षा   D. अनुप्रास

उत्तरमाला

1	2	3	4	5	6	7	8	9	10
B	B	B	A	B	D	D	C	B	C
11	12	13	14	15	16	17	18	19	20
B	C	A	C	B	C	D	C	D	B
21	22	23	24	25	26	27	28	29	30
C	D	D	C	B	D	B	D	A	B
31	32	33	34	35	36	37	38	39	40
B	A	A	A	B	B	A	C	B	A
41	42	43	44	45	46	47	48	49	50
D	A	B	D	A	A	D	C	B	D
51	52	53	54	55	56	57	58	59	60
C	B	A	C	A	D	B	C	D	B

61	62	63	64	65	66	67	68	69	70
C	D	B	D	C	B	D	A	D	B
71	72	73	74	75	76	77	78	79	80
B	D	D	C	B	C	D	C	A	C
81	82	83	84	85	86	87	88	89	90
A	C	B	C	B	D	B	A	A	D
91	92	93	94	95	96	97	98	99	100
B	D	B	A	B	C	A	C	D	B
101	102	103	104	105	106	107	108	109	110
A	C	A	D	A	A	C	B	D	B
111	112	113	114	115	116	117	118	119	120
C	A	A	B	D	A	D	A	D	C
121	122	123	124	125	126	127	128	129	130
B	C	C	B	A	A	D	C	D	C
131	132	133	134	135	136	137	138	139	140
D	C	C	C	A	D	C	D	B	A
141	142	143	144	145	146	147	148	149	150
C	C	D	B	D	C	D	D	B	B
151	152	153	154	155	156	157	158	159	160
C	A	B	C	B	B	D	D	A	A
161	162	163	164	165	166	167	168	169	170
B	D	A	A	D	B	D	A	B	D
171	172	173	174	175	176	177	178	179	180
C	B	A	C	D	A	B	D	A	B

कुछ चुने हुए प्रश्नों के व्याख्यात्मक उत्तर

11. 1 + 3 = 4, 4 + 4 = 8, 8 + 3 = 11
11 + 4 = 15, 15 + 3 = $\boxed{18}$
28 + 4 = 22

12. $1^2 = 1$, $2^2 = 4$, $3^2 = 9$, $4^2 = 16$
$5^2 = \boxed{25}$

13. 1 × 2 = 2, 2 × 3 = 4, 6 × 4 = 24
24 × 5 = $\boxed{120}$

21.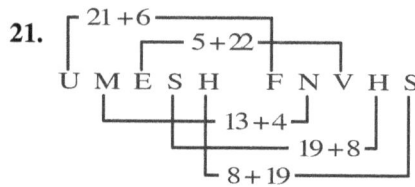

अतः, POT का कोड LKG होगा।

22.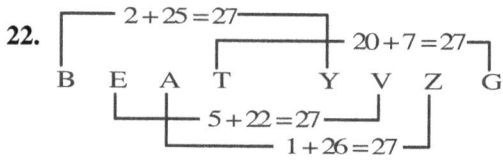

अतः, MILD का कोड NROW होगा।

23.

अतः, GHOST का कोड HGSOT होगा।

26.

शनिवार	रविवार	सोमवार	मंगलवार	बुधवार	गुरुवार	शुक्रवार
↓	↓	↓	↓	↓	↓	↓
बीते कल से एक दिन पूर्व	बीता कल	आज	कल	परसों	परसों के एक दिन बाद	परसों के दो दिन बाद

28. अभीष्ट समय $= \dfrac{4 \times 7}{28} = 1$ मिनट।

29. V U T S R Q ⬚P⬚ O N M L K J I H G F E D C B A Z Y X W

101. 1 न तो अभाज्य न ही भाज्य संख्या है।

102. 2 और 3 दोनों ही अभाज्य संख्या है।

104. $(4^2)^3 = (4)^{2\times 3} = 4^6$

105. $6x^2 - 19x - 36$ को $3x + 4$ से विभाजित करने पर,

$$3x+4 \overline{\smash{\big)}\, 6x^2 - 19x - 36} \,(2x - 9$$
$$\underline{6x^2 + 8x}$$
$$-27x - 36$$
$$\underline{-27x - 36}$$
$$\times \quad \times$$

अतः दूसरा गुणज $(2x - 9)$ होगा।

106. $\quad 3x^2 + 5x - 2 = 0$
$\Rightarrow \quad 3x^2 + 6x - x - 2 = 0$
$\Rightarrow \quad 3x(x+2) - 1(x+2) = 0$
$\Rightarrow \quad (3x - 1)(x + 2) = 0$
$\Rightarrow x = \dfrac{1}{3}, -2$

107. x एवं y का व्युत्क्रम $= \dfrac{1}{x}$ तथा $\dfrac{1}{y}$ होगा।

$\therefore$ अतः व्युत्क्रम का माध्य $= \dfrac{\dfrac{1}{x} + \dfrac{1}{y}}{2}$

$= \dfrac{x+y}{2xy}$

108. चूँकि $(2^x)^x = 512$
$\Rightarrow (2^x)^x = 2^9 = (2^3)^3$
$\Rightarrow x = 3$

109. 1 से 100 तक की सभी संख्याओं का योगफल $= \dfrac{n(n+1)}{2}$

$= \dfrac{100 \times 101}{2} = 5050$

111. $\sqrt{41 - \sqrt{21 + \sqrt{19 - \sqrt{9}}}}$

$= \sqrt{41 - \sqrt{21 + \sqrt{19 - 3}}}$

$= \sqrt{41 - \sqrt{21 + \sqrt{16}}}$

$= \sqrt{41 - \sqrt{25}}$

$= \sqrt{41 - 5} = \sqrt{36} = 6$

112. $\dfrac{\sqrt{3} + \sqrt{2}}{\sqrt{3} - \sqrt{2}} = \dfrac{\sqrt{3} + \sqrt{2}}{\sqrt{3} - \sqrt{2}} \times \dfrac{\sqrt{3} + \sqrt{2}}{\sqrt{3} + \sqrt{2}}$

$= \dfrac{(\sqrt{3})^2 + (\sqrt{2})^2 + 2\sqrt{6}}{3 - 2}$

$= 5 + 2\sqrt{6}$

114. 250 किताबें बेचने पर 50 किताबों का लाभ

$\therefore \quad 1 \ldots\ldots\ldots\ldots \dfrac{50}{250}$

$100 \ldots\ldots\ldots\ldots \dfrac{50}{250} \times 100 = 20\%$

118. दिया है $\sin \theta = \dfrac{5}{13}$

$\cos \theta = \sqrt{1 - \left(\dfrac{5}{13}\right)^2} = \sqrt{1 - \dfrac{25}{169}}$

$= \sqrt{\dfrac{144}{169}}$

$\therefore \cot \theta = \dfrac{\cos \theta}{\sin \theta} = \dfrac{\dfrac{12}{13}}{\dfrac{5}{13}} = \dfrac{12}{5}$

120. $\dfrac{\text{गोले का आयतन}}{\text{गोले का पृष्ठ क्षेत्रफल}} = 27$

$\Rightarrow \dfrac{\dfrac{4}{3}\pi r^3}{4\pi r^2} = 27$

$\Rightarrow \dfrac{r}{3} = 27 \Rightarrow r = 81$

पिछले प्रश्न–पत्र (हल सहित)

IGNOU B.Ed. प्रवेश परीक्षा, 2009

भाग-अ

खंड-I : सामान्य हिन्दी बोध

निर्देशः *निम्नलिखित परिच्छेद को ध्यान से पढ़ें तथा प्रत्येक प्रश्न में दिए गए विकल्पों में से सर्वोत्तम विकल्प को चुनकर सही उत्तर दीजिए।*

यह सर्वविदित है कि मानवता का सबसे घोर शत्रु विज्ञान नहीं वरन् युद्ध है, विज्ञान विद्यमान सामाजिक शक्तियों को प्रतिबिम्बित करता है, स्पष्टतया विज्ञान शान्ति के दौर में रचनात्मक होता है और युद्धकाल में यही विनाश-रूपी भूमिका में परिवर्तित हो जाता है। प्रायः विज्ञान द्वारा प्रदत्त अस्त्र युद्ध के लिए जिम्मेदार नहीं हैं, हालांकि वे युद्ध को अत्यधिक भयावह जरूर बना सकते हैं। अभी तक ये अस्त्र हमें विनाश के कगार तक ले आए हैं। अतः हमारी मुख्य समस्या विज्ञान को प्रतिबन्धित करना न होकर युद्ध रोकना है—बल प्रयोग के स्थान पर तथा विधि एवं राष्ट्रों के पारस्परिक सम्बन्धों में अराजकता के स्थान पर अन्तर्राष्ट्रीय सरकार की स्थापना करना है। ऐसे प्रयास में सभी लोगों की भागीदारी आवश्यक है जिनमें वैज्ञानिक भी शामिल हैं परन्तु हिरोशिमा पर बमबारी ने हमें यह चेतावनी दे दी है कि वास्तव में हमें तत्काल प्रभावी कदम उठाने पड़ेंगे। इसके लिए काफी विलम्ब हो चुका है, क्योंकि इस दिशा में अभी तक कार्य प्रारम्भ नहीं हो सका है। अब हमारे समक्ष यह प्रश्न मुँह खोले खड़ा है—"क्या शिक्षा एवं सहिष्णुता, सौहार्द एवं रचनात्मक सोच हमारी विनाशकारी क्षमताओं के साथ जारी प्रतिस्पर्द्धा में कभी जीत सकती है?" यह एक ऐसा प्रश्न है जिसका उत्तर किसी भी कीमत पर हमें इस पीढ़ी में अवश्य ही ढूँढ़ना होगा। विज्ञान को हम सभी को समाधान ढूँढ़ने में सहायता करनी होगी परन्तु प्रमुख निर्णय की क्षमता हम सभी को स्वयं विकसित करनी है।

1. लेखक के मतानुसार मानवता का वास्तविक शत्रु विज्ञान नहीं बल्कि युद्ध है, क्योंकि–
   A. विज्ञान मात्र अस्त्रों का आविष्कार करता है जिससे युद्ध लड़े जाते हैं
   B. विज्ञान युद्धकाल में विनाशकारी हो जाता है
   C. विज्ञान द्वारा आविष्कृत अस्त्र ही युद्ध के असली कारण हैं
   D. विज्ञान द्वारा आविष्कृत अस्त्र मात्र युद्ध के कारण नहीं हैं, यद्यपि इनके द्वारा घोर विनाश निश्चित है

2. युद्ध रोका जा सकता है यदि–
   A. विज्ञान को समूल विनाश की अनुमति न दी जाय तो
   B. विधि एवं अन्तर्राष्ट्रीय शासन पद्धति द्वारा हम बल प्रयोग एवं अराजकता के ऊपर नियंत्रण पा सकें
   C. विज्ञान की सुविधाओं का प्रयोग मात्र युद्धकाल में ही हो
   D. विज्ञान द्वारा आविष्कृत अस्त्र युद्ध घोषित करने के लिए प्रयुक्त न हों

3. लेखक के अनुसार हमारी समस्या है–
   A. विज्ञान को सामाजिक शक्तियों का प्रतिबिम्ब बनाने से रोकना
   B. वैज्ञानिक गतिविधियों को सर्वत्र प्रतिबन्धित करना
   C. युद्ध समाप्ति सुनिश्चित करना
   D. वैज्ञानिकों को विनाशकारी गतिविधियों से रोकना

4. विनाशकारी प्रवृत्तियों को नियंत्रित करने हेतु–
   A. सामाजिक शक्तियों को प्रोत्साहित करना
   B. शिक्षा और व्यापक दृष्टि
   C. अन्तर्दृष्टि एवं रचनात्मक-चिन्तन
   D. उपर्युक्त (B) एवं (C) को जोड़कर

5. 'विनाश की दहलीज पर खड़ा करना' का तात्पर्य है–
   A. मृत्यु और विनाश के समीप ले जाना
   B. नए भविष्य की दहलीज पर ले जाना

C. विध्वंसकारी गतिविधि में प्रवृत्त होना

D. रहस्यमय भाग को इंगित करना

6. निम्नलिखित में से कौन गद्यांश में सन्निहित नहीं है?

A. लोग अकारण युद्ध के लिए विज्ञान पर दोषारोपण करते हैं

B. विज्ञान का विध्वंसात्मक उद्देश्यों के लिए प्रयुक्त होना

C. विज्ञान और उसके द्वारा आविष्कृत अस्त्रों दोनों का ही युद्ध की विभीषिका की वृद्धि में कोई योगदान नहीं है

D. विश्व शान्ति की स्थापना हेतु विज्ञान की भूमिका का स्थान मनुष्य के बाद ही होता है

7. निम्नलिखित में से गद्यांश में प्रयुक्त कौन-सा शब्द 'अराजकता' का विलोमार्थी है?

A. कानून और व्यवस्था

B. राजनीतिक दबंगपन

C. आर्थिक सम्पन्नता

D. साम्प्रदायिक सौहार्द

8. 'हमारा कार्य कदाचित ही प्रारम्भ हो पाया है' का अभिप्राय है–

A. अभी प्रारम्भ ही नहीं हो पाया है

B. अभी-अभी प्रारम्भ हुआ है

C. आधा रास्ता तय कर लिया है

D. अभी प्रारम्भ हुआ है, परन्तु अभी तक समाप्त नहीं हुआ

9. गद्यांश में वर्णित 'कदम से कदम मिलाना' का क्या अभिप्राय है?

A. दूरी बनाए रखना

B. बराबरी बनाए रखना

C. चुनौती देना

D. पलायन से रोकना

10. निम्नलिखित में से कौन सर्वाधिक उपयुक्त शीर्षक है?

A. विज्ञान और सामाजिक शक्तियाँ

B. विज्ञान एवं युद्ध की विभीषिकाएँ

C. विज्ञान एवं विश्वशांति

D. विज्ञान एवं नई पीढ़ी

खंड-II : तार्किक एवं विश्लेषणात्मक चिन्तन

निर्देशः *(प्रश्न 11 से 14 तक) निम्नलिखित में* **लुप्त स्थान** *पर सही विकल्प को चुनिए–*

11. 5, 10, 30, ..., 600

A. 50 B. 60

C. 120 D. 200

12. 42, 24, 53, 35, 64, ...

A. 46 B. 75

C. 48 D. इनमें से कोई नहीं

13. 0, 7, 26, 63, ...

A. 93 B. 103

C. 121 D. 124

14. B, ..., J, P, V

A. C B. F

C. G D. H

निर्देशः *(प्रश्न 15 से 18 तक) निम्नलिखित में अंग्रेजी के किसी शब्द के लिए एक कोड दिया गया है। इसके आधार पर आपको दिए गए शब्द या वर्णसमूह के लिए उचित वर्ण समूह दिए गए विकल्पों में से चुनना है।*

15. यदि 'DANCE' के लिए कोड 'CZMBD' हो तो 'ENGLISH' को कैसा कोड दिया जाएगा?

A. FMHMJTI B. DMFKHRG

C. CLFKHRG D. DOHKHRG

16. यदि 'DEAR' के लिए कोड 'WVZI' हो तो 'PALE' को कैसा कोड दिया जाएगा?

A. KZOV B. KAOU

C. VZOV D. KZOU

17. यदि 'STRIKE' का कोड 'UVTKMG' हो तो किसका कोड 'KMLMBW' है?

A. MONDAY B. IONOZU

C. MONODY D. IKJKZU

18. यदि 'DELHI' का कोड 'IDHEL' है, तो 'TUFAN' का कोड क्या होगा?

A. TNAUF B. NATUF

C. NTAUF D. NTUAF

19. किसी अधिवर्ष में 14 फरवरी सोमवार से चार दिन पूर्व आए, तो अगले वर्ष 17 मार्च को कौन-सा दिन होगा?

A. सोमवार B. मंगलवार
C. बुधवार D. रविवार

20. शब्द 'PRECIPITATE' में प्रथम E से द्वितीय E जितनी दूर है, अंग्रेजी वर्णमाला में उतनी ही दूरी पर तीसरे वर्ण से स्थित वर्ण का नाम बताइए–
A. J B. K
C. L D. M

निर्देशः *(प्रश्न 21 से 24 तक) निम्नलिखित गद्यांश को पढ़ें–*

जब वरुण का जन्म हुआ उसका पिता तरुण 30 वर्ष का था। वरुण की बुआ उर्वशी अपने भाई तरुण से 3 वर्ष तथा अपने पति योगेश से 5 वर्ष छोटी है। योगेश तथा उर्वशी के तीन बच्चे हैं–कमल, जलज तथा वैशाली। कमल का जन्म अपने पिता के 28वें जन्म-दिन पर हुआ था। 10 वर्ष के बाद उसका भाई जलज अपने पिता की उम्र के आधे से 7 वर्ष कम आयु का होगा और उसकी बहन वैशाली अपनी माँ की उम्र की एक-तिहाई की होगी। 12 वर्ष पूर्व कमल का जन्म हुआ था।

21. निम्नलिखित में से कौन-सा क्रम बड़े से छोटे (उम्र के हिसाब से) ठीक है?
A. योगेश, कमल, वरुण, वैशाली
B. तरुण, योगेश, वैशाली, वरुण
C. उर्वशी, योगेश, वरुण, वैशाली
D. जलज, वैशाली, कमल, वरुण

22. निम्नलिखित में से उम्र के हिसाब से छोटे से बड़े का कौन-सा क्रम ठीक है?
A. वरुण, वैशाली, जलज, कमल
B. वरुण, तरुण, उर्वशी, वैशाली
C. वैशाली, जलज, कमल, उर्वशी
D. वैशाली, कमल, जलज, वरुण

23. वरुण की बड़ी बहन सरिता किससे छोटी हो सकती है?
A. वैशाली B. कमल व वैशाली
C. जलज D. उर्वशी

24. इनमें से कौन-सा ऐसा है जो उतनी ही लोगों से छोटा है जितनों से वह बड़ा है?
A. वैशाली B. कमल
C. वरुण D. जलज

निर्देश : *(प्रश्न 25 से 27 तक) निम्नलिखित में पहले कुछ समस्या चित्र दिए गए हैं जिसके बाद चार विकल्प हैं, इनमें से एक ऐसा चित्र है, जो दिए गए समस्या चित्रों के क्रम में है। इसे चुनिए–*

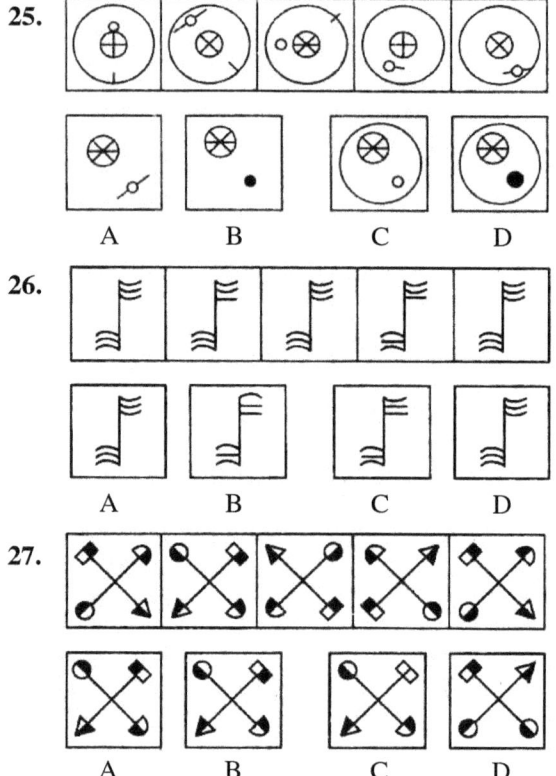

25.
A B C D

26.
A B C D

27.
A B C D

निर्देश : *(प्रश्न 28 से 30 तक) निम्नलिखित प्रश्नों में पहले दो कथनों में से निकले दो निष्कर्ष I तथा II दिए गए हैं। पहले दो कथनों को सत्य मानते हुए आपको यह निर्णय करना है कि क्या निष्कर्ष वैध है। नीचे दिए गए चार विकल्पों में से एक विकल्प चुनिए–*

28. कथन– कोई भी मानव जानवर नहीं है।
कुछ जानवर बुद्धिमान हैं।
निष्कर्ष– I. कुछ मानव बुद्धिमान हैं।
II. कुछ बुद्धिमान मानव हैं।
A. केवल I वैध
B. केवल II वैध
C. I व II दोनों वैध
D. कोई वैध नहीं

29. **कथन–** सभी कुर्सियाँ कलम हैं।
सभी कलम पेंसिल भी हैं।
निष्कर्ष– I. कुछ पेंसिलें कुर्सी हैं।
II. सभी पेंसिलें कुर्सी हैं।
A. केवल I वैध
B. केवल II वैध
C. I व II दोनों वैध
D. कोई भी वैध नहीं

30. **कथन–** सभी बालक छात्र नहीं हैं।
कुछ छात्र नियुक्त नहीं हैं।
निष्कर्ष– I. कुछ बालक नियुक्त नहीं हैं।
II. कुछ नियुक्त हैं वे बालक नहीं हैं।
A. केवल I वैध
B. केवल II वैध
C. I व II दोनों वैध
D. कोई भी वैध नहीं

खंड-III : शैक्षिक एवं सामान्य चेतना

31. अक्टूबर 1940 में चलाए गए व्यक्तिगत सत्याग्रह आन्दोलन का नेतृत्व करने के लिए महात्मा गांधी द्वारा चयनित प्रथम सत्याग्रही कौन थे?
A. विनोबा भावे B. जवाहरलाल नेहरू
C. सी. राजगोपालाचारी D. डॉ. राजेन्द्र प्रसाद

32. भारत निम्नलिखित में से किस पदार्थ का सबसे बड़ा उत्पादक तथा उपभोक्ता है?
A. चावल B. चाय
C. दालें D. तिलहन

33. निम्नलिखित में अर्थशास्त्र का नोबेल पुरस्कार किसे दिया गया?
A. पोप जॉन पाल–II B. कौन्डलिना राइस
C. जॉन मैक्केन D. पॉल क्रुग्मन

34. सूर्य के गिर्द ग्रहों का पथ निम्नलिखित में से कैसा होता है?
A. दीर्घवृत्तीय B. वृत्तीय
C. परवलयिक D. सरलरेखीय

35. 'द व्हाइट टाइगर' नामक उपन्यास पर बुकर पुरस्कार किसे दिया गया?
A. अमिताब घोष B. अरुंधति राय
C. अरविंद अडिगा D. महाश्वेता देवी

36. दक्षिण भारत की कौन-सी नदी 'शिवा- समुद्रम' नामक जलप्रपात बनाती है?
A. नर्मदा B. कावेरी
C. कृष्णा D. गोदावरी

37. यदि भारत का राष्ट्रपति अपना त्यागपत्र देना चाहेगा, तो वह किसे लिखेगा?
A. मुख्य निर्वाचन आयुक्त
B. लोक सभा अध्यक्ष
C. प्रधानमंत्री
D. उपराष्ट्रपति

38. भारत के प्रथम महिला विश्वविद्यालय की स्थापना किसने की?
A. एम.जी. रानाडे
B. ढोंडो केशव कर्वे
C. आर. जी. भंडारकर
D. गोपालकृष्ण गोखले

39. बादशाह जहाँगीर के आदेशानुसार सिखों के किस गुरु को फाँसी दी गई थी?
A. गुरु अर्जुन देव
B. गुरु तेगबहादुर
C. गुरु गोविन्द सिंह
D. गुरु रामदास

40. 'आगा खाँ' महल कहाँ स्थित है?
A. अहमदाबाद B. मुम्बई
C. चेन्नई D. पुणे

41. मानव शरीर में क्रोमोसोमों की संख्या होती है–
A. 42 B. 44
C. 46 D. 48

42. निम्नलिखित में से कौन-सा युग्म अशुद्ध है?
A. वीनस–सबसे तेज चमकने वाला ग्रह
B. जुपिटर–सबसे बड़ा ग्रह
C. मर्करी–सबसे तेज ग्रह
D. मार्स–पृथ्वी के निकटतम ग्रह

43. 'विश्व ओजोन दिवस' कब मनाया जाता है?
A. 14 जुलाई B. 5 सितम्बर
C. 16 सितम्बर D. 10 नवम्बर

44. निम्नलिखित में से कौन-सी भाषा भारत की आठवीं सूची में नहीं दी गई है?
A. उर्दू B. संस्कृत
C. अंग्रेजी D. नेपाली

45. अधिकांश सक्रिय ज्वालामुखी पर्वत किसके आसपास हैं?
A. हिन्द महासागर
B. अटलांटिक महासागर
C. प्रशांत महासागर
D. आर्कटिक महासागर

46. जवाहर नवोदय विद्यालयों की स्थापना किसी अनुशंसाओं के आधार पर हुई थी?
A. राष्ट्रीय शिक्षा नीति (1986)
B. प्रोग्राम ऑफ एक्शन (संशोधन) (1992)
C. भारतीय शिक्षा आयोग (1966)
D. राष्ट्रीय शिक्षा नीति (1986) की समीक्षा समिति

47. 1958-59 के दौरान विद्यालयों में नैतिक शिक्षा देने सम्बन्धी मामलों की जाँच के लिए एक समिति का गठन किया गया था। इस समिति के अध्यक्ष कौन थे?
A. डॉ. सम्पूर्णानन्द
B. डॉ. एम. सी. छागला
C. श्री स्वर्णसिंह
D. श्रीयुत् श्रीप्रकाश

48. विद्यालयी पाठ्यचर्या के अभिन्न अंग के रूप में 'कार्यानुभव' की अनुशंसा किसने की थी?
A. मेल्कॉम आदिशेशैया समिति
B. ईश्वर भाई पटेल समिति
C. ताराचंद समिति
D. अबॉट-वुड समिति

49. एक सांविधिक संख्या के रूप में N.C.T.E. (राष्ट्रीय अध्यापक शिक्षा परिषद्) की स्थापना कब हुई थी?
A. 1985 B. 1986
C. 1992 D. 1995

50. राष्ट्रीय शिक्षा नीति (1986) के फलस्वरूप 'ऑपरेशन ब्लैकबोर्ड' नामक कार्यक्रम कब शुरू किया गया?
A. 1988 B. 1990
C. 1992 D. 1995

51. यह कथन किसका है—''कहने को कुछ भी कहो, परन्तु देशी स्वाभाविक शासन ही सर्वोत्तम होता है''?
A. दयानंद सरस्वती B. लाला लाजपत राय
C. बाल गंगाधर तिलक D. महात्मा गांधी

52. प्रथम समिति जिसका उद्देश्य अपव्यय तथा प्रगतिरोध की समस्या की समीक्षा करना था, कौन-सी थी?
A. जाकिर हुसैन समिति B. राममूर्ति समिति
C. हंटिंग समिति D. श्री प्रकाश समिति

53. सर्वशिक्षा अभियान के अन्तर्गत किस आयु वर्ग के बच्चे आते हैं?
A. 0 – 14 वर्ष B. 6 – 14 वर्ष
C. 3 – 18 वर्ष D. 6 – 18 वर्ष

54. वह भारतीय राजनीतिक दल कौन-सा है जिसकी स्थापना ताशकंद में हुई थी?
A. भारतीय राष्ट्रीय कांग्रेस
B. किसान तथा मजदूर पार्टी
C. गदर पार्टी
D. भारतीय कम्युनिस्ट पार्टी

55. माध्यमिक शिक्षा आयोग (1952-53) की अध्यक्षता किसने की थी?
A. डॉ. एस. राधाकृष्णन्
B. डॉ. लक्ष्मीस्वामी मुदालियर
C. डॉ. लिगुण सेन
D. डॉ. डी. एस. कोठारी

खंड-IV : शिक्षण-अधिगम एवं विद्यालय

56. एक दिन पहले किसी छात्र ने आपको बेवकूफ बनाया था। उस छात्र द्वारा कक्षा में एक अच्छी सूझ देने पर आपकी क्या प्रतिक्रिया होगी?
A. आप इसकी अपेक्षा करेंगे
B. आप किसी अन्य छात्र से इसे जाँचने के लिए कहेंगे

C. आप इसे सहर्ष स्वीकार करेंगे
D. आप इसे स्वयं जाँचना प्रारम्भ करेंगे

57. निम्नलिखित में से क्या अनुशासन का आधार नहीं हो सकता?
A. नियम पालन की महत्ता को स्वीकारना
B. व्यक्ति के अन्तर्निष्ठ अधिकार एवं गौरव को स्वीकारना
C. स्वतंत्रता, समानता व न्याय के मूल्यों को स्वीकारना
D. लक्ष्य उपलब्धि के लिए इसकी अच्छी भूमिका को स्वीकारना

58. निम्नलिखित में अध्येता के लिए सूचना- प्रसारण का सर्वोत्तम जरिया कौन-सा है?
A. शिक्षक B. माध्यम
C. संवाद D. अधिगम संवेष्टन

59. किसी छात्र द्वारा दिए गए प्रश्न के गलत उत्तर के उपचार का सबसे अधिक अच्छा तरीका कौन-सा है?
A. पाठ न सीखने के कारण झिड़कना
B. सही उत्तर निकलवाने के लिए प्रश्न को दोबारा गठित करना
C. आंशिक उत्तर देते हुए प्रश्न को दाबारा गठित करना
D. व्याख्या कर सही उत्तर बता देना

60. निम्नलिखित में से कौन-सी चीज एक शिक्षक को अधिक प्रभावी बना सकती है?
A. यदि वह अनुदेशन सहायक सामग्रियों का उपयोग करे
B. यदि वह अध्येता को पढ़ाए जा रहे पाठ में प्रयोजन ढूँढ़ने में सहायता प्रदान करे
C. यदि वह उदाहरण दे तथा पाठ में बीच-बीच में प्रश्न पूछे
D. यदि छात्रों को पाठ के प्रश्नों के उत्तर जानने में सहायता करें

61. निम्नलिखित में से कौन-सा कौशल विज्ञान सीखने में अच्छा नहीं है?
A. अवलोकन
B. उपकरणों को सैट करना
C. निष्कर्ष निकालना
D. सुनना

62. कई विशेषज्ञ 'पुस्तक खोलकर परीक्षा- प्रणाली' की वकालत करते हैं, ऐसा करने पर—
(सर्वाधिक उपयुक्त उत्तर का चयन करें)
A. बोर्ड द्वारा काफी संख्या में पुस्तकों की आवश्यकता पड़ेगी
B. प्रश्न-पत्र बनाने में अधिक क्षमता/ कौशल की आवश्यकता पड़ेगी
C. छात्र सहभागिता की आवश्यकता पड़ेगी
D. उत्तर-पुस्तिका जाँचने के लिए अन्य प्रकार के परीक्षकों की आवश्यकता पड़ेगी

63. यदि आपके द्वारा पढ़ाए गए पाठ को विद्यार्थी नहीं समझे, तो आपको क्या करना चाहिए?
A. छात्रों के पूर्व ज्ञान को फिर से जाँच करेंगे
B. पाठ को दोबारा पढ़ाएंगे
C. पाठ को और अधिक उदाहरणों के साथ दोबारा पढ़ाएंगे
D. बाद में पढ़ाने के उद्देश्य से फिलहाल इस पाठ को छोड़ देंगे

64. 'पेडागॉजी' कहलाता है—
A. शिक्षण-विज्ञान
B. सीखने की कला
C. शिक्षण-अधिगम विज्ञान व कला दोनों
D. संप्रेषण विज्ञान

65. निम्नलिखित में से कौन-सा क्रम आपको सर्वाधिक स्वीकार होगा?
[यदि M→अभिप्रेरणा, I→स्पष्टीकरण, P→प्रस्तुतीकरण तथा R→सारकथन]
A. MIPR B. PMIR
C. PMRI D. MPRI

66. अभी हाल में प्रस्तावित 'CCE' (सतत् व व्यापक मूल्यांकन) नामक अवधारणा के अंतर्गत क्या नहीं आता है?
A. मूल्यांकन की लचीले ढंग से योजना बनाना
B. शिक्षक को मूल्यांकन के काफी कार्यों में व्यस्त रखना
C. अध्येता के शैक्षिक व गैरशैक्षिक दोनों पक्षों का निर्धारण
D. पोर्टफोलियो/पत्राधान द्वारा मूल्यांकन

67. विद्यालयी शिक्षा में समुदाय की साझेदारी मुख्यतः क्यों आवश्यक है?
    A. शिक्षक के कार्यों का पर्यवेक्षण
    B. विद्यालयी वातावरण को सुधारना
    C. अतिरिक्त साधन जुटाने के लिए
    D. अच्छे मानव संसाधन के विकास के लिए

68. निम्नलिखित में से कौन-सा 'वैकल्पिक पाठशाला' का अर्थ नहीं है?
    A. चरवाहा विद्यालय
    B. विद्यालय के बाहर रहे बच्चों की शिक्षा
    C. आसपास/पड़ोस के बच्चों की शिक्षा उनके पड़ोस में
    D. निर्माण कार्य के पास बच्चों की शिक्षा

69. एक अच्छा शिक्षक वह होगा जो..... (सर्वाधिक उपयुक्त)
    A. विद्यार्थियों को सबसे अधिक प्रेरणा देता है
    B. विद्यार्थियों को सभी आवश्यक सहायता प्रदान करता है
    C. अच्छे अंक पाने में सहायता करता है
    D. कक्षा में अच्छा अनुशासन बनाए रखता है

70. समय-सारणी बनाते समय निम्नलिखित में से किसका ध्यान सबसे अधिक रखना चाहिए?
    A. न्याय का सिद्धान्त
    B. थकान की घटना का सिद्धान्त
    C. विविधता का सिद्धान्त
    D. लचीलापन का सिद्धान्त

71. सहयोग-मूल्य के विकास के लिए निम्नलिखित में से सबसे अच्छा तरीका क्या होगा?
    A. इस विषय पर व्याख्यानों का आयोजन
    B. सांस्कृतिक कार्यक्रमों का आयोजन
    C. एक माह के कैम्प का आयोजन
    D. एक आदर्श भूमिका निभाकर

72. निम्नलिखित में से कौन-सी बात शिक्षा की गुणवत्ता बढ़ा सकती है?
    A. एक घण्टे का कार्यकाल बढ़ाकर
    B. सेवाकालीन अध्यापक प्रशिक्षण
    C. नैदानिक व उपचारी शिक्षण
    D. सहायक पाठ्यपुस्तकों द्वारा

73. औपचारिक विद्यालयों व मुक्त (ओपन) विद्यालयों में बड़ा अन्तर क्या है?
    A. पहले वाले सुव्यवस्थित होते हैं
    B. बाद वाले अपनी शिक्षण अधिगम प्रणाली में मुखाभिमुख घटक का कम प्रयोग करते हैं
    C. बाद वाले आधुनिक संयन्त्रों का उपयोग करते हैं
    D. उपर्युक्त में से कोई नहीं

74. एक समाजीकरण अभिकरण की दृष्टि से विद्यालय एक .... एजेन्ट कहा जा सकता है।
    A. प्राथमिक   B. अनुषंगी/गौण
    C. संपूरक   D. तृतीयक

75. विद्यालयों में विभिन्न प्रकार की प्रतियोगिताएं इसीलिए आयोजित करनी चाहिए, क्योंकि—
    (i) इसके लिए पर्याप्त फंड उपलब्ध है
    (ii) विभिन्न समूहों को आपसी समझ में मदद करता है
    A. केवल (i) प्रासंगिक है
    B. केवल (ii) प्रासंगिक है
    C. दोनों (i) व (ii) प्रासंगिक हैं
    D. दोनों (i) व (ii) अप्रासंगिक हैं

76. निम्नलिखित में से कौन-सी बात कौशल सीखने की एक प्रावस्था नहीं हो सकती है?
    A. संविधि   B. भेद-बोध
    C. अभ्यास   D. कल्पना

77. शिक्षण कार्य के लिए निम्नलिखित में से कौन सबसे अधिक निर्णायक है?
    A. अधिगम को प्रभावी बनाना
    B. ज्ञान देना
    C. कक्षा का संप्रबन्धन
    D. छात्रों के साथ संप्रेषण

78. किसी शिक्षक द्वारा बनाए गए किसी प्रश्नपत्र में छात्र-समूह का अधिक अंक पाना निश्चित रूप से क्या दर्शाएगा?
    A. यह समूह एक उच्च उपलब्धि वाला है
    B. शिक्षक ने अच्छा पढ़ाया है
    C. प्रश्नपत्र अच्छा बनाया गया है
    D. उपर्युक्त में से कोई भी नहीं

79. किसी संप्रेषण का सार हमारा ऐसा इंद्रियाधारित प्रत्यक्षण होता है, जो—
A. मस्तिष्क को सीधा कूट सूचना भेजता है
B. प्राप्त सूचना की व्याख्या करता है
C. प्राप्त सूचना पर चयनित ढंग से कार्य करता है
D. सूचना का केवल प्रक्रम करता है

80. बच्चों से किसी पूछे गए प्रश्न का उत्तर निकलवाने के लिए किसी जाँचात्मक प्रश्न का गुण निम्नलिखित में से कौन नहीं हो सकता है?
A. स्पष्ट अभिप्राय
B. जिसमें संदर्भ की आवश्यकता न हो
C. वाक्य में दो ऋणात्मक शब्दों का उपयोग
D. निश्चित उत्तर का होना

भाग-ब

खंड-V : विषयगत सक्षमता

(*i*) विज्ञान

81. पीलिया (Jaundice) किसके संक्रमण के कारण होता है?
A. मस्तिष्क (Brain) B. यकृत (Liver)
C. वृक्क (Kidney) D. प्लीहा (Spleen)

82. सामान्य व्यक्ति में दिल की धड़कन की औसत दर होती है—
A. 82 B. 92
C. 72 D. 98

83. ईईजी (EEG) का प्रयोग किसकी गतिविधि दर्ज करने के लिए किया जाता है?
A. हृदय (Heart) B. फेफड़े (Lungs)
C. मस्तिष्क (Brain) D. मांसपेशियाँ (Muscles)

84. गाय के दूध का रंग किसकी मौजूदगी के कारण थोड़ा पीला होता है?
A. जैंथोफिल B. राइबोफ्लेविन
C. राइब्यूलोस D. कैरोटिन

85. निम्नलिखित में से कौन-सा रोग संक्रामक है?
A. मधुमेह (Diabetes)
B. डिप्थीरिया (Diphtheria)
C. गठिया (Arthritis)
D. कैंसर (Cancer)

86. अरक्तता (Anaemia) में निम्नलिखित में से किसकी मात्रा कम हो जाती है?
A. हीमोग्लोबिन B. कोलैजन
C. हाइओग्लोबिन D. मायोसिन

87. निम्नलिखित में कौन-सा रोग प्रायः वायु के माध्यम से फैलता है?
A. प्लेग B. टायफाफइड
C. ट्यूबरकुलोसिस D. हैजा

88. अन्न (Cereals) एक समृद्ध स्रोत होते हैं—
A. स्टार्च के B. ग्लूकोस के
C. फ्रक्टोस के D. माल्टोस के

89. एस्पिरिन साधारण नाम है—
A. सैलिसिलिक एसिड का
B. सैलिसिलेट का
C. मिथाइल सैलिसिलेट का
D. ऐसिटिल सैलिसिलिक एसिड का

90. चेचक (Small Pox) होने का कारण है—
A. रुबिओला वाइरस B. वैरिओला वाइरस
C. वैरिसेला D. मिक्सोवाइरस

91. कार्बन मोनोक्साइड एक ज्वलनशील गैस (Inflammable gas) है। निम्नलिखित में से और कौन-सी गैस ज्वलनशील है?
A. हीलियम B. नाइट्रोजन
C. ऑक्सीजन D. हाइड्रोजन

92. वायवीय श्वसन (Aerobic Respiration) प्रक्रिया को चाहिए—
A. ऊष्मा (Heat)
B. जल (Water)

C. ऑक्सीजन (Oxygen)
D. सूर्य की रोशनी (Sunlight)

93. निम्नलिखित में कौन-सी धातु जल के साथ अभिक्रिया करके हाइड्रोजन पैदा नहीं करती?
    A. पोटैशियम   B. कैडमियम
    C. सोडियम   D. लीथियम

94. ओजोन में होती है–
    A. केवल ऑक्सीजन
    B. ऑक्सीजन और नाइट्रोजन
    C. हाइड्रोजन और कार्बन
    D. ऑक्सीजन और कार्बन

95. निम्नलिखित में से किस द्रव का घनत्व सबसे कम है?
    A. स्वच्छ जल (Fresh water)
    B. नमकीन जल (Salt water)
    C. पेट्रोल (Petrol)
    D. मर्करी (Mercury)

96. 'न्यूनतम तापमान' (Low-temperatures) पैदा करने के लिए निम्नलिखित में से किस सिद्धान्त का प्रयोग किया जाता है?
    A. अतिचालकता (Super conduc-tivity)
    B. जूल-केल्विन प्रभाव (Joule-Kelvin effect)
    C. ताप-वैद्युत प्रभाव (Thermoelec-tric effect)
    D. रुद्धोष्म विचुम्बकन (Adiabatic demagnetisation)

97. प्रकाश विद्युत् (Photoelectric) सेल बदलता है–
    A. यान्त्रिक ऊर्जा को वैद्युत ऊर्जा में
    B. ताप ऊर्जा को यान्त्रिक ऊर्जा में
    C. प्रकाश ऊर्जा को रासायनिक ऊर्जा में
    D. प्रकाश ऊर्जा को वैद्युत ऊर्जा में

98. भिन्न-भिन्न द्रव्यमान के दो पत्थरों को एक भवन के शिखर से एक साथ गिराया गया–
    A. छोटा पत्थर जमीन पर पहले पहुँचता है
    B. बड़ा पत्थर जमीन पर पहले पहुँचता है
    C. दोनों पत्थर पर एक साथ पहुँचते हैं
    D. पत्थर की रचना पर निर्भर करता है

99. पल्सर होते हैं–
    A. पृथ्वी की ओर जा रहे तारे
    B. पृथ्वी से दूर जा रहे तारे
    C. तेजी से घूमने वाले तारे
    D. उच्च तापमान वाले तारे

100. वायुमण्डल में जिस ओजोन छिद्र (Ozone hole) का पता लगाया गया है, वह कहाँ स्थित है?
    A. आर्कटिक महासागर के ऊपर
    B. अन्टार्कटिका के ऊपर
    C. भारत के ऊपर
    D. अलास्का के ऊपर

(ii) गणित

101. $\dfrac{a^2-b^2}{a-b} - \dfrac{a^3-b^3}{a^2-b^2}$ का मूल्य बताइए–

    A. $\dfrac{a+b}{ab}$ B. $\dfrac{a-b}{ab}$

    C. $\dfrac{ab}{a+b}$ D. $\dfrac{ab}{a-b}$

102. कुछ व्यक्तियों ने बराबर-बराबर धनराशि देकर कुल 72 रु. जमा किए। यदि तीन व्यक्ति कम होते, तो प्रत्येक को 4 रु. अधिक देने पड़ते। बताइए कुल कितने व्यक्ति थे?
    A. 8   B. 9
    C. 12   D. 24

103. यदि $25^{n-1} = 5^{2n-1} - 100$, तो n का क्या मूल्य होगा?
    A. 0   B. 1
    C. 2   D. –1

104. किसी राशि का 3 वर्ष का 10% की दर से चक्रवृद्धि ब्याज तथा साधारण ब्याज का अन्तर 31 रु. है। वह राशि क्या होगी?
    A. 1331   B. 1200
    C. 1000   D. 800

105. 35 लिटर के मिश्रण में दूध और पानी का अनुपात 5 : 2 है। यदि इसमें 5 लिटर दूध और डाल दिया जाए, तो नए मिश्रण में दूध तथा पानी का अनुपात कितना होगा?
    A. 3 : 1   B. 25 : 10
    C. 30 : 25   D. 2 : 7

106. यदि किसी पैसेंजर गाड़ी की रफ्तार अपनी सामान्य रफ्तार से 10 किमी प्रति घण्टा बढ़ा दी जाए, तो वह 360 किमी की दूरी तय करने में 3 घण्टे का कम समय लेगी, तो गाड़ी की सामान्य गति क्या है?

A. 25 किमी/घण्टा B. 30 किमी/घण्टा
C. 40 किमी/घण्टा D. 60 किमी/घण्टा

107. यदि 8 घण्टे काम करते हुए 25 व्यक्ति किसी काम को 15 दिन में पूरा करते हैं, तो 20 व्यक्ति 10 घण्टे प्रतिदिन कार्य करते हुए इससे दोगुने कार्य को कितने दिन में पूरा करेंगे?

A. 50 दिन B. 40 दिन
C. 30 दिन D. 25 दिन

108. एक आदमी की मासिक औसत आय (जनवरी, फरवरी तथा मार्च महीने) 1500 रु. थी तथा फरवरी, मार्च तथा अप्रैल की मासिक औसत आय 1800 रु. यदि उसकी अप्रैल की आय 1600 रु. हो, तो उसकी जनवरी महीने की आय कितनी थी?

A. 700 रु. B. 800 रु.
C. 1000 रु. D. 1200 रु.

109. एक व्यक्ति 150 रु. में दो पैन खरीदता है, वह उनमें से एक को 12% लाभ पर तथा दूसरे को 12% हानि पर बेच देता है। उसे पता चलता है कि उसने प्रत्येक पैन एक जैसे मूल्य पर बेचा है, तो इन पैनों के क्रय मूल्यों का अनुपात कितना होगा?

A. 1 : 2 B. 3 : 2
C. 4 : 5 D. 11 : 14

110. यदि $\sec\theta = \frac{5}{4}$ तो $\frac{\sec\theta - 2\cos\theta}{\tan\theta - \cot\theta}$ का मूल्य क्या होगा?

A. $\frac{7}{12}$ B. $\frac{12}{7}$
C. $\frac{1}{12}$ D. $\frac{1}{7}$

111. tan 5° tan 10° tan 45° tan 80° tan 85° का मूल्य क्या होगा?

A. 0 B. 1
C. −1 D. 2

112. 10 मीटर ऊँची इमारत के शीर्ष और इमारत के ऊपर मँडराते हुए एक हेलीकॉप्टर का जमीन के किसी बिन्दु 'P' से उन्नतांश कोण क्रमशः 30° व 60° हो, तो जमीन से हेलीकॉप्टर की ऊँचाई कितनी होगी?

A. 30 मीटर B. 45 मीटर
C. 60 मीटर D. 70 मीटर

113. 11 संख्याओं का माध्य 35 है। यदि प्रथम 6 संख्याओं का माध्य 32 हो तथा अन्तिम 6 संख्याओं का माध्य 37 हो, तो छठी संख्या कितनी होगी?

A. 27 B. 28
C. 29 D. 30

114. किसी आयताकार क्षेत्र की लम्बाई को 50% बढ़ा दिया जाय तथा चौड़ाई को 50% घटा दिया जाए, जिससे एक नया आयत बन जाए, तो नए आयत का क्षेत्रफल कितना होगा?

A. पहले आयत के क्षेत्रफल से 50% कम
B. पहले आयत के क्षेत्रफल से 50% अधिक
C. पहले आयत के क्षेत्रफल से 25% अधिक
D. पहले आयत के क्षेत्रफल से 25% कम

115. यदि किसी गोले का अर्धव्यास दोगुना कर दिया जाए, तो उसके पृष्ठीय क्षेत्रफल में कितनी वृद्धि हो जाएगी?

A. 400% B. 300%
C. 200% D. 100%

116. एक लम्ब वृत्ताकार शंकु के अर्धव्यास तथा ऊँचाई का अनुपात 5 : 12 है। यदि शंकु का आयतन 314 घन सेमी हो, तो उसकी तिरछी ऊँचाई कितनी होगी?

A. 13 सेमी B. 12 सेमी
C. 8 सेमी D. 5 सेमी

117. 12 प्रेक्षणों में से जो बढ़ते हुए क्रम में सजाए गए हैं, छठा तथा सातवाँ प्रेक्षण क्रमशः 14 व 15 है, तो सभी 12 प्रेक्षणों की माध्यिका कितनी होगी?

A. 14.5 B. 14
C. 15 D. 15.5

118. किसी बिन्दु (1, 2) की दूरी उस रेखाखंड के मध्य बिन्दु से जो बिन्दु (6, 8) तथा (2, 4) को मिलाती है, क्या होगी?

A. 4 B. 5
C. 6 D. 8

119. यदि A.P. का mth पद $\frac{1}{m}$ तथा nth पद $\frac{1}{n}$ हो, तो उभयनिष्ठ अन्तर कितना होगा?

A. $\frac{1}{mn}$ B. $-\frac{1}{mn}$

C. $\frac{m}{n}$ D. $\frac{n}{m}$

120. दो सिक्कों को साथ-साथ उछाला जाता है, तो कम-से-कम एक शीर्ष आने की सम्भाव्यता कितनी होगी?

A. $\frac{1}{4}$ B. $\frac{1}{3}$

C. $\frac{3}{4}$ D. $\frac{4}{3}$

(*iii*) सामाजिक विज्ञान

121. 'तीन बीघा कॉरिडोर' जोड़ता है–

A. भारत और पाकिस्तान को

B. भारत और चीन को

C. बांग्लादेश और पाकिस्तान को

D. बांग्लादेश और भारत को

122. चित्तौड़ में विजय स्तम्भ का निर्माण किसने किया था?

A. महाराणा प्रताप B. राणा संग्राम सिंह

C. राणा कुम्भा D. राणा रतन सिंह

123. गांधीजी ने किस धार्मिक ग्रन्थ को अपनी 'माता' कहा था?

A. रामायण B. द न्यू टेस्टामेंट

C. भगवद्गीता D. कुरान शरीफ

124. टिहरी जल विद्युत कॉम्प्लेक्स निम्नलिखित में से किस नदी पर स्थित है?

A. अलकनंदा B. मंदाकिनी

C. धौली गंगा D. भागीरथी

125. राष्ट्रपति भवन का डिजाइन बनाया था–

A. एडवर्ड स्टोन ने B. ले कार्बूजे ने

C. एडविन लुटियंस ने D. तरुण दत्त ने

126. 'भारत छोड़ो' आन्दोलन 1942 में किस महीने में शुरू किया गया था?

A. जनवरी B. मार्च

C. अगस्त D. दिसम्बर

127. मिलान कीजिए–

स्तम्भ-I

(a) केशव सेन

(b) दयानंद सरस्वती

(c) आत्माराम पाण्डुरंग

(d) सैयद अहमद खान

स्तम्भ-II

1. प्रार्थना समाज
2. ब्रह्म समाज
3. अलीगढ़ आन्दोलन
4. आर्य समाज

	(a)	(b)	(c)	(d)
A.	4	1	3	2
B.	1	4	2	3
C.	2	4	1	3
D.	3	2	4	1

128. भारतीय राष्ट्रीय कांग्रेस का पहला अंग्रेज अध्यक्ष कौन था?

A. जॉर्ज यूल B. विलियम वेडरबर्न

C. ए. ओ. ह्यूम D. हेनरी कॉटन

129. निम्नलिखित में से किस व्यक्ति को 'ग्रैंड ओल्ड मैन ऑफ इण्डिया' के रूप में जाना जाता है?

A. बाल गंगाधर तिलक B. दादाभाई नौरोजी

C. मोतीलाल नेहरू D. लाला लाजपत राय

130. अकबरनामा किसने लिखा था?

A. अकबर B. बीरबल

C. अबुल फजल D. भगवान दास

131. भारत में पंचायती राज प्रणाली कब शुरू की गई थी?

A. 1950 ईस्वी B. 1945 ईस्वी

C. 1959 ईस्वी D. 1962 ईस्वी

132. भारत के उपराष्ट्रपति के पद पर लगातार दो बार कौन रहा था?

A. डॉ. एस. राधाकृष्णन

B. श्री आर. वेंकटरमण

C. डॉ. शंकरदयाल शर्मा
D. श्री वी.वी. गिरि

133. भारतीय संविधान के किस संशोधन द्वारा प्रस्तावना में दो शब्द 'समाजवादी' (Socialist) और 'धर्मनिरपेक्ष' (Secular) जोड़े गए थे?
A. 28वें B. 40वें
C. 42वें D. 52वें

134. भारतीय संविधान लागू हुआ था–
A. 26 जनवरी, 1950 को
B. 26 जनवरी, 1952 को
C. 15 अगस्त, 1948 को
D. 26 नवम्बर, 1949 को

135. स्वतन्त्र भारत में निम्नलिखित में से कौन-सी महिला किसी राज्य की पहली राज्यपाल थी?
A. श्रीमती सरोजिनी नायडू
B. श्रीमती सुचेता कृपलानी
C. श्रीमती इन्दिरा गांधी
D. श्रीमती विजयलक्ष्मी पंडित

136. भारत के नियन्त्रक और महालेखा परीक्षक की रिपोर्ट की संवीक्षा करने वाली संसदीय समिति है–
A. आकलन समिति (Estimates Committee)
B. प्रवर समिति (Select Com-mittee)
C. लोक लेखा समिति (Public Accounts Committee)
D. इनमें से कोई भी नहीं

137. निम्नलिखित में से कौन-से बराबर वर्षा वाले स्थानों को जोड़ने वाली रेखाएं दर्शाते हैं?
A. आइसोहिप्स B. आइसोहेलाइन्ज
C. आइसोबार D. आइसोहाइटस्

138. विषुवत् (Equator) रेखा है–
A. उत्तर और दक्षिण ध्रुवों को जोड़ने वाली रेखा
B. उत्तर और दक्षिण ध्रुवों के बीचो-बीच पृथ्वी के गिर्द घूमने वाली काल्पनिक रेखा
C. शनि ग्रह के गिर्द एक मेखला
D. पृथ्वी के घूर्णन का अक्ष

139. निम्नलिखित में से उस स्थिति में कौन- सी बात सही नहीं है, जब अर्थव्यवस्था में ब्याज दर ऊँची हो जाती है?
A. बचत बढ़ जाती है
B. उधार देना कम हो जाता है
C. उत्पादन की लागत बढ़ जाती है
D. पूँजी का प्रतिफल बढ़ जाता है

140. श्रम-प्रधान तकनीक (Labour Intensive Technique) चुनी जाएगी–
A. श्रम अधिशेष वाली अर्थव्यवस्था में
B. पूँजी अधिशेष वाली अर्थव्यवस्था में
C. विकसित अर्थव्यवस्था में
D. विकासशील अर्थव्यवस्था में

(*iv*) English

Directions: *(Q.141-142) Choose the word which best expressed the meaning of the given word.*

141. CONDONE
A. Grieve B. Endure
C. Forgive D. Ignore

142. VALIDATE
A. Absolve B. Respect
C. Estimate D. Confirm

Directions: *(Q.143-144) Choose the word which is most opposite in meaning.*

143. MALIGN
A. Protect B. Promote
C. Pacify D. Praise

144. BARBAROUS
A. Civil B. Cool
C. Calm D. Civilized

145. Change the following active voice into passive one—
Does the noise disturb you?
A. You are disturb by the noise
B. Are you disturbed by the noise?
C. You are disturbing by the noise
D. Are you disturbing by the noise?

146. Change the Narration—
He said, 'where is the book?'
A. He asked me where the book is

B. He asked me where the book was
C. he asked me where was the book
D. he asked me where is the book

Directions: *(Q.147-148) Give one word for the following expressions—*

147. One who is honourably discharged from service.
    A. Retired   B. Emeritus
    C. Relieved   D. Emancipated
148. A statement that can have a double meanig.
    A. Verbose   B. Ambivalent
    C. Epigraph   D. Ambiguous

Directions: *(Q.149-151) The Italic part of the sentence may have an error. Make the given sentence meaningful and correct by replacing from the given alternatives.*

149. Are you *more cleverer than us*?
    A. more cleverer to us
    B. cleverer to us
    C. cleverer than us
    D. No improvement
150. If *I were him* I would have not accepted the offer.
    A. If I was him   B. If I were he
    C. If I had he   D. No improvement
151. You can buy almost anything in this store, *can you*?
    A. Isn't it?   B. Do you?
    C. Can't you?   D. No improvement
152. We thought that she... the job.
    A. gets   B. is getting
    C. will get   D. would get
153. I shall not be late for dinner ......
    A. unless the train will be late
    B. unless the train will not be late
    C. unless the train is late
    D. if the train is late

Directions: *(Q.154-155) Choose the word/phrase nearest better/correct in meaning to the Italic part of the given sentence.*

154. There are people who always *eulogize* the achievements of others—
    A. exaggerate   B. appreciate
    C. approve   D. encourage
155. When I went to see my friend, I found that he *was gone out*—
    A. Had gone   B. Has gone
    C. Had been going   D. No improvement
156. *Caesar* and *Cleopatra* is a play written by—
    A. Shakespeare
    B. Marlowe
    C. George Bernard Shaw
    D. Dryden
157. Who holds the view that "Poetry divorced from morality is value-less"?
    A. Wordsworth   B. Arnold
    C. T.S. Eliot   D. Milton
158. Who said "I admire Jonson, but love Shakespeare"?
    A. Dryden   B. Dr. Johnson
    C. Arnold   D. Pope
159. Who is the author of the *Decline and Fall of the Roman Empire*?
    A. Ruskin   B. Edmund Burke
    C. Edward Gibbon   D. William Robertson
160. Which is the first regular tragedy in English?
    A. Roister Doister
    B. Gorboduc
    C. Morte de Arthur
    D. Troylus and Cryseyde

(v) हिन्दी

निर्देश (प्रश्न 161 से 165 तक): नीचे दिए गए गद्यांश को ध्यान से पढ़िए तथा उसके आधार पर पूछे गए प्रश्नों के उत्तर दीजिए—

जीवन का उद्देश्य एक रहस्य है। वह कठिन जरूर है फिर भी ऐसा नहीं है कि उसे जाना ही न जा सके। लगातार उस पर सोचते रहने से इसके भेदों से पर्दा उठा भी है। आधुनिक युग में अत्यंत सूक्ष्म तथा वैज्ञानिक आकलन से बने उपकरण सचमुच विलक्षण हैं। भौतिकशास्त्र के प्रचुर आविष्कार हमें उन विश्वसनीय उपायों का स्पष्ट आभास दे रहे हैं, जिनसे जीवन को उन्नत बनाया जा सकता है, लेकिन सारे उपकरणों,

रणनीतियों तथा खोजों के बावजूद ऐसा लगता है कि हम अभी भी नियति के हाथ का खिलौना ही हैं। हम अपनी नियति तय नहीं कर पाते। प्रकृति हम पर हावी है। हम उसके आगे असहाय महसूस करते हैं। हमें प्रकृति के प्रभुत्व से मुक्ति पानी ही चाहए। उसे पाने के लिए हमें एक लम्बी यात्रा तय करनी होगी।

हम प्रकृति की दया पर जीते हैं। उसकी दया पर ही बने रहना सचमुच मुक्ति नहीं कही जा सकती है। हमारे उत्साही मन को उस समय बेरुख बेबसी जकड़ लेती है जब हम प्रकृति की मार को सहते हैं। बाढ़-तूफान या भूकम्प इत्यादि का शिकार हो जाते हैं। कभी-कभी महसूस करते हैं कि बिना किसी सीधी वजह के हमारे प्रियजन हमसे छिन जाते हैं। कभी कोई बीमारी या दुर्घटना हमें समय से पहले उठा लेती है। अक्सर हमें कोई प्रत्यक्ष तर्क और कारण समझ में नहीं आता तब हमें अहसास होता है कि हमने बहुत कुछ हासिल किया है, लेकिन हमने वास्तविक विजय नहीं पाई है। जीवन को हम जैसा जीना चाहते हैं वैसा जी नहीं पा रहे हैं। हम उसे अपने अनुरूप ढालने की तमाम कोशिशें करते हैं, लेकिन ढाल नहीं पाते हैं। हम गेहूँ के आटे की बनी रोटी खाते हैं क्या हम जानते हैं कि गेहूँ को किसने बनाया? रोटी का पाचन होकर आत्मसात् कराने का कार्य कौन करता है?

जीवन के हर पक्ष में तमाम निश्चितताओं के साथ हमें एक अनिश्चित सत्ता स्वीकारनी होगी, एक अपरिहार्य निर्भरता दिखाई देगी। हम नहीं जानते कि दिल धड़कना कब बन्द कर देगा? यहाँ हमें अपने सच्चे अमर आत्म की जरूरत महसूस होती है जिसके विश्वास से हम बिना किसी परेशानी के निर्बाध रूप से आगे जा सकें। उस उच्चतर सत्ता के सामने परम निर्भयता और समर्पण का अभ्यास किए बिना जीवन का परम रहस्य उद्घाटित नहीं होगा।

161. इस गद्यांश का उपयुक्त शीर्षक क्या होगा?
    A. जीवन का रहस्यमय उद्देश्य
    B. जीवन का परम रहस्य
    C. जीवन की बाध्यताएं
    D. निर्भयता और समर्पण का अभ्यास

162. जीवन को समुन्नत कैसे बनाया जा सकता है?
    A. वैज्ञानिक उपकरणों की उपलब्धि से
    B. प्रकृति पर विजय प्राप्त करके
    C. आत्मसत्ता की उपस्थिति का अभ्यास करके
    D. प्रकृति की दया पर निर्भर रहने से

163. 'नियति के हाथ का खिलौना' इस कथन का क्या तात्पर्य है?
    A. प्रकृति के साथ आनंदित रहना
    B. प्रकृति के आगे असहाय महसूस करना
    C. प्रकृति के अनुसार ढल जाना
    D. प्रकृति की सत्ता स्वीकार करना

164. 'हम अपनी नियति तय नहीं कर पाते' इस कथन का क्या अभिप्राय है?
    A. जीवन लक्ष्य निर्धारित नहीं कर पाते
    B. लम्बी यात्रा तय नहीं कर पाते
    C. जीवन जीना नहीं आता
    D. जीवन का परम रहस्य उद्घाटित नहीं होता

165. हमारी अपरिहार्य निर्भरता किस पर होगी?
    A. प्रकृति पर
    B. अमर आत्मा पर
    C. भौतिकशास्त्र के उपकरणों पर
    D. प्रकृति के प्रभुत्व से मुक्ति पर

166. 'पृथ्वीराज रासो' किस भाषा में रचित है?
    A. अवधी   B. ब्रजभाषा
    C. भोजपुरी   D. राजस्थानी

167. पहेली की तरह ही 'मुकरियाँ' किस कवि की प्रसिद्ध रचना है?
    A. अमृता प्रीतम   B. अमीर खुसरो
    C. चन्दवरदाई   D. नंददास

168. निम्नलिखित में से 'भगवतीचरण वर्मा' की रचना कौन-सी है?
    A. अशोक के फूल
    B. अब मैं नाच्यौ बहुत गोपाल
    C. कहि न जाय का कहिए
    D. रश्मिरथी

169. 'मैला आँचल' किसका उपन्यास है?
    A. अशोक बाजपेयी
    B. फणीश्वरनाथ रेणु
    C. गोपाल प्रसाद नीरज
    D. हीरानंद वात्स्यायन

170. निम्नलिखित में से मुंशी प्रेमचंद की रचना नहीं है–
A. गबन B. वरदान
C. शतरंज के खिलाड़ी D. टेड़े-मेड़े रास्ते

171. निम्नलिखित में से किसकी वर्तनी शुद्ध है?
A. प्राथ्र्य B. चर्ण
C. अनुगृहीत D. पूज्यनीय

172. 'उपरि-उक्त' के जुड़ने से कौन-सा शब्द बनेगा?
A. उपरोक्त B. उपर्युक्त
C. उपर्योक्त D. उपरुक्त

173. इनमें से किस शब्द की वर्तनी अशुद्ध है?
A. मनोकामना B. मनोयोग
C. मनोदशा D. मनोरथ

174. 'औदार्य' की तरह 'व्यवहार' शब्द से कौन-सा शब्द ठीक है?
A. व्यवहार्य B. व्यावहार्य
C. व्यवहारी D. व्यावहारिक

175. 'जाया और पति' के स्थान पर समस्त पद कौन-सा ठीक है?
A. जायापति B. जयापति
C. दम्पती D. दम्पत्ति

176. 'दोहावली' किसकी कृति है?
A. मतिराम B. बिहारी
C. घनानंद D. तुलसी

177. 'तोता-चश्म' का इनमें से कौन-सा अर्थ सही है?
A. मिठ बोला B. अविश्वसनीय
C. कृतघ्न D. हितैषी

178. "जिसे मनोवांछित प्राप्ति हो गई है" इस कथन के लिए एक शब्द कौन-सा उचित है?
A. आप्तकाम B. संतुष्ट
C. पूर्णकाम D. निष्काम

179. पत्रा ही तिथि पाइए, वा घर के चहुँ पास।
निशि दिन पूनौ ही रहत, आनन ओप उजास॥
इस दोहे में कौन-सा रस है?
A. अद्‌भुत B. हास्य
C. श्रृंगार D. वात्सल्य

180. निम्नलिखित वाक्यों में से कौन-सा वाक्य शुद्ध है?
A. मेरे को कल छुट्टी जाना होगा
B. आप ही तो मना किये थे
C. मुझको लौटने में विलम्ब हो गया
D. कपड़े डालकर तुमने मेरे साथ क्या करा

उत्तरमाला

1	**2**	**3**	**4**	**5**	**6**	**7**	**8**	**9**	**10**
D	B	C	D	A	C	A	A	C	B
11	**12**	**13**	**14**	**15**	**16**	**17**	**18**	**19**	**20**
C	A	D	D	B	A	C	C	B	B
21	**22**	**23**	**24**	**25**	**26**	**27**	**28**	**29**	**30**
A	C	B	B	C	C	A	D	A	D
31	**32**	**33**	**34**	**35**	**36**	**37**	**38**	**39**	**40**
A	B	D	C	C	B	D	A	A	D
41	**42**	**43**	**44**	**45**	**46**	**47**	**48**	**49**	**50**
C	D	C	D	C	D	A	B	D	A
51	**52**	**53**	**54**	**55**	**56**	**57**	**58**	**59**	**60**
A	C	B	D	B	D	B	D	D	C
61	**62**	**63**	**64**	**65**	**66**	**67**	**68**	**69**	**70**
D	B	C	C	B	A	B	A	B	B
71	**72**	**73**	**74**	**75**	**76**	**77**	**78**	**79**	**80**
D	B	B	C	C	A	A	B	D	D

81 B	82 C	83 C	84 D	85 B	86 A	87 A	88 A	89 D	90 B
91 D	92 C	93 B	94 A	95 C	96 A	97 D	98 C	99 C	100 B
101 C	102 B	103 C	104 C	105 A	106 B	107 C	108 A	109 D	110 B
111 B	112 A	113 C	114 D	115 B	116 A	117 A	118 B	119 B	120 C
121 D	122 C	123 C	124 D	125 C	126 C	127 C	128 A	129 B	130 C
131 C	132 A	133 C	134 A	135 A	136 C	137 D	138 B	139 D	140 A
141 B	142 D	143 D	144 D	145 B	146 B	147 B	148 D	149 C	150 B
151 C	152 D	153 C	154 B	155 A	156 C	157 A	158 A	159 C	160 B
161 B	162 C	163 B	164 D	165 B	166 A	167 A	168 A	169 B	170 D
171 D	172 B	173 B	174 B	175 D	176 D	177 A	178 B	179 A	180 C

कुछ चुने हुए प्रश्नों के व्याख्यात्मक उत्तर

101. $\dfrac{a^2-b^2}{a-b} - \dfrac{a^3-b^3}{a^2-b^2}$

$= \dfrac{(a+b)(a-b)}{a-b} - \dfrac{[(a-b)(a^2+ab+b^2)]}{(a+b)(a-b)}$

$= a+b - \dfrac{(a^2+ab+b^2)}{a+b}$

$= \dfrac{a^2+2ab+b^2-a^2-ab-b^2}{a+b} = \dfrac{ab}{a+b}$.

102. माना कि लोगों की संख्या = x

प्रश्नानुसार,

$x \times y = 72$ ...(i)

$\Rightarrow \quad y = \dfrac{72}{x}$

अब, $(x-3)(y+4) = 72$

$\Rightarrow xy + 4x - 3y - 12 = 72$ ...(ii)

समीकरण (i) और (ii) से

$xy = xy + 4x - 3y - 12$

$\Rightarrow \quad 4x - 3y = 12$

$4x - 3\left(\dfrac{72}{x}\right) = 12$

$\Rightarrow \quad 4x^2 - 216 = 12x$

$\Rightarrow 4x^2 - 12x - 216 = 0$

$\Rightarrow \quad x^2 - 3x - 54 = 0$

$\Rightarrow x^2 - 9x + 6x - 54 = 0$

$\Rightarrow \quad x(x-9)(x+6) = 0$

या तो $x = 9$ या $x = -6$ (असम्भव है)

∴ अतः अभीष्ट लोगों की संख्या = 9.

103. $25^{n-1} = 5^{2n-1} - 100$

$\Rightarrow \quad 5^{2n-1} - 25^{n-1} = 100$

$\Rightarrow \quad \dfrac{5^{2n}}{5} - (5^2)^{(n-1)} = 100$

$$\Rightarrow \quad \frac{5^{2n}}{5} - 5^{2n-1} = 100$$

$$\Rightarrow \quad \frac{5^{2n}}{5} - \frac{5^{2n}}{25} = 100$$

$$\Rightarrow \quad \frac{5 \times 5^{2n} - 5^{2n}}{25} = 100$$

$$\Rightarrow \quad 5^{2n}[5-1] = 2500$$

$$\Rightarrow \quad 5^{2n} = \frac{2500}{4} = 625$$

$$\Rightarrow \quad 5^{2n} = (5)^4$$

$$\Rightarrow \quad 2n = 4$$

$$\Rightarrow \quad n = 2$$

104. माना कि मूलधन = 100 रु.

साधारण ब्याज = $\frac{100 \times 10 \times 3}{100}$ = 30 रु.

$$A = P\left(1 + \frac{r}{100}\right)^t$$

$$= 100\left(1 + \frac{10}{100}\right)^3 = 100 \times \left(\frac{11}{10}\right)^3$$

$$= \frac{1331}{10}$$

चक्रवृद्धि ब्याज = A – P = $\frac{1331}{10}$ – 100

$$= \frac{331}{10} = 33.1$$

चक्रवृद्धि ब्याज – साधारण ब्याज = 33.1 – 30 = 3.1
∵ जब अन्तर 3.1 रु. है तब मूलधन P = 100 रु.

∴ जब अन्तर 31 रु. है तब मूलधन P = $\frac{100}{3.1} \times 31$

$$= \frac{100}{31} \times 31 \times 10$$

∴ मूलधन = 1000 रु.।

105. दूध की मात्रा = $\frac{5}{7} \times 35$ = 25 लीटर

पानी की मात्रा = $\frac{2}{7} \times 35$ = 10 लीटर

अब,
दूध की मात्रा = 25 + 5 = 30 लीटर
पानी की मात्रा = 10 लीटर
∴ नये मिश्रण में दूध और पानी का अनुपात = 30 : 10 = 3 : 1.

106. माना कि रेलगाड़ी की औसत चाल = x किमी./घंटा
प्रश्नानुसार,

$$\frac{360}{x} - \frac{360}{x+10} = 3$$

$$\frac{360(x+10-x)}{x(x+10)} = 3$$

$$\Rightarrow (x+40)(x-30) = 0$$
$$\Rightarrow x = -40 \text{ or } x = 30$$
∴ अतः अभीष्ट चाल = 30 किमी./घंटा

108. जनवरी + फरवरी + मार्च = 1500 × 3 = 4500
फरवरी + मार्च + अप्रैल = 1800 × 3 = 5400
फरवरी + मार्च = 5400 – 1600 = 3800
∴ जनवरी की आय = 4500 – 3800 = 700 रु.।

110. ∵ $\sec\theta = \frac{5}{4} = \frac{h}{b}$ ∴ p = 3

$$\cos\theta = \frac{b}{h} = \frac{4}{5}$$

$$\tan\theta = \frac{p}{b} = \frac{3}{4}, \cot\theta = \frac{b}{p} = \frac{4}{3}$$

अब, $\frac{\sec\theta - 2\cos\theta}{\tan\theta - \cot\theta} = \frac{\frac{5}{4} - 2 \times \frac{4}{5}}{\frac{3}{4} - \frac{4}{3}}$

$$= \frac{\frac{5}{4} - \frac{8}{5}}{\frac{9-16}{12}} = \frac{\frac{25-32}{20}}{\frac{-7}{12}} = -\frac{7}{20} \times -\frac{12}{7} = \frac{12}{20} = \frac{3}{5}.$$

111. tan 5° . tan 10° . tan 45° . tan 80° . tan 85°
= tan 5° × tan (90 – 5)° . tan 10° . tan (90 – 10)°
× tan 45°
= tan 5° × cot 5° × tan 10° × cot 10° × tan 45°
= 1 × 1 × 1 = 1.

113. अभीष्ट 6वीं संख्या = (32 × 6 + 37 × 6) – (35 × 11)
= 6(32 + 37) – 385
= 6 × 69 – 385
= 414 – 385 = 29.

114. संक्षिप्त विधि

आयत की लम्बाई में प्रतिशत वृद्धि = 50%

आयत की चौड़ाई में प्रतिशत कमी = 50%

आयत के क्षेत्रफल में प्रतिशत वृद्धि या कमी

$$= \left[50 - 50 + \frac{50 \times (-50)}{100}\right]\%$$

$$= -\frac{2500}{100}\% = -25\%$$

ऋणात्मक चिह्न (−) कमी को दर्शाता है

अतः क्षेत्रफल में 25% की कमी होगी।

115. वृत्त का क्षेत्रफल = πr^2

अब वृत्त का क्षेत्रफल = $\pi(2r)^2 = 4\pi r^2$

क्षेत्रफल में वृद्धि = $4\pi r^2 - \pi r^2 = 3\pi r^2$

क्षेत्रफल में प्रतिशत वृद्धि = $\frac{3\pi r^2}{\pi r^2} \times 100 = 300\%$.

116. माना कि शंकु की त्रिज्या $5x$ सेमी. तथा शंकु की ऊँचाई $12x$ सेमी. है।

शंकु का आयतन = $\frac{1}{3}\pi(5x)^2 \times 12x$

$\Rightarrow \frac{1}{3} \times \frac{22}{7} \times 25x^2 \times 12x = 314$

$\Rightarrow 3.14 \times 100\, x^3 = 314$

$\Rightarrow 314\, x^3 = 314$

$\Rightarrow x^3 = 1$

$\Rightarrow x = 1$

अतः त्रिज्या = $5x = 5 \times 1 = 5$ सेमी.

ऊँचाई = $12x = 12 \times 1 = 12$ सेमी.

तिर्यक ऊँचाई = $\sqrt{(5)^2 + (12)^2} = \sqrt{169} = 13$ सेमी.

117. यहाँ $n = 12$ जो कि सम संख्या है

माध्यिका = $\left[\dfrac{\dfrac{n}{2}\text{वाँ पद} + \text{अगला पद}}{2}\right]$

$= \left[\dfrac{6\text{वाँ पद} + 7\text{वाँ पद}}{2}\right]$

$= \dfrac{14 + 15}{2} = \dfrac{29}{2} = 14.5$.

119. माना कि समान्तर श्रेणी का प्रथम पद a तथा सार्व अन्तर d है।

$\dfrac{1}{m} = m\text{वाँ पद} = a(m-1)d$ ...(i)

$\dfrac{1}{n} = n\text{वाँ पद} = a(n-1)d$ ...(ii)

समीकरण (i) में से (ii) को घटाने पर

$\dfrac{1}{m} - \dfrac{1}{n} = (m-1)d - (n-1)d$

$\Rightarrow \dfrac{n-m}{mn} = d[m-1-n+1]$

$\Rightarrow \dfrac{-(m-n)}{mn} = d(m-n)$

$\Rightarrow d = \dfrac{-(m-n)}{mn \times (m-n)} = -\dfrac{1}{mn}$.

120. अभीष्ट प्रायिकता = $\dfrac{3}{4}$.

पिछले प्रश्न–पत्र (हल सहित)

IGNOU B.Ed. प्रवेश परीक्षा, 2008

भाग-अ

खंड-I : सामान्य हिन्दी बोध

निर्देश (1-10) : *निम्नलिखित परिच्छेद को सावधानीपूर्वक पढ़कर उस पर दिए गए प्रश्नों के उत्तरों के चार विकल्पों में से सबसे सही उत्तर चुनिए।*

कर्त्तव्य एक नैतिक बंधन है। यह एक तरह से ऋणी होने के समान है जिस सामाजिक प्राणी के साथ हम रह रहे होते हैं। हमें अपने साथ रहने वालों के लिए इसकी अनुमति मिलनी चाहिए। हमारे जीवनवृत्ति का अधिकार संकेत देता है कि यह हमारा कर्त्तव्य है कि हम उन साथ रहने वाले प्राणियों को भी अपने समान ही जीवन की परिस्थितियां उपलब्ध कराएं। वास्तव में अधिकार और कर्त्तव्य परस्पर संबद्ध है। किसी एक के संबंध में अधिकार दूसरे का कर्त्तव्य हो सकता है। अधिकार और कर्त्तव्य एक सिक्के के दो पहलू हैं। हमें दूसरे के ओहदों का हमेशा ख्याल रखना चाहिए। नैतिक कर्त्तव्य, वैधानिक अधिकार की अपेक्षा ज्यादा प्रभावी होते हैं। नैतिक कर्त्तव्य वह कर्त्तव्य है जो लोगों को नैतिक स्तर पर बांध कर रखती है। यह हमारा नैतिक कर्त्तव्य है कि हम गरीब की मदद करें, क्योंकि वह एक प्राणी और समाज का अंग है।

हमें उन परिस्थितियों के निर्माण के लिए हमेशा प्रयास करना चाहिए जिनसे मानवता का कल्याण हो सके। यह हमारा अनुकरणीय कर्त्तव्य है कि हम अपने माता-पिता की आज्ञा मानें और उन्हें सम्मान दें। यह कर्त्तव्य जिम्मेवारी की चेतना से पैदा होता है, जो कि प्रत्यक्षतः हमारे अंतःकरण से संबंधित है। इस प्रकार से यह एक नैतिक कर्त्तव्य है जिसमें कोई व्यक्ति बिना वैधानिक बंधन के ही ऋणी है।

कर्त्तव्य की चेतना, सही तरीके से सभ्यता के विकास की सर्वश्रेष्ठता है। पाखंड कर्त्तव्य की चेतना के एकदम विपरीत है। पाखंड में जहां दुरात्मा का समावेश है, वहीं कर्त्तव्य में यथार्थता और विश्वस्तता का समावेश है।

1. गद्यांश के अनुसार, अधिकार और कर्त्तव्य हैं–
A. एक सिक्के के दो पहलू
B. अंतःसंबद्ध
C. (A) और (B) दोनों
D. (A) और (B) में से कोई नहीं

2. गद्यांश के अनुसार वैधानिक कर्त्तव्य है–
A. नैतिक कर्त्तव्य की अपेक्षा अधिक महत्त्वपूर्ण
B. नैतिक कर्त्तव्य की अपेक्षा कम महत्त्वपूर्ण
C. नैतिक कर्त्तव्य की अपेक्षा अधिक प्रभावी
D. नैतिक कर्त्तव्य की अपेक्षा कम प्रभावी

3. कर्त्तव्य आता है–
A. जिम्मेवारी से B. वैधानिक बंधन से
C. पाखंड से D. इनमें से कोई नहीं

4. निम्न में से कौन-सा वाक्य गद्यांश के अनुसार सही नहीं है?
A. पाखंड में दुष्टता का समावेश
B. पाखंड का कर्त्तव्य के विपरीत होना
C. कर्त्तव्य में यथार्थता का समावेश
D. कर्त्तव्य की चेतना का सभ्यता के विकास के लिए महत्त्वपूर्ण न होना

5. निम्न में से किन नैतिक कर्त्तव्यों का उल्लेख गद्यांश में नहीं किया गया है?
A. नैतिक कर्त्तव्य हमारी मातृभूमि से बढ़कर है
B. नैतिक कर्त्तव्य हमारे माता-पिता से बढ़कर है
C. नैतिक कर्त्तव्य गरीब से बढ़कर है
D. नैतिक कर्त्तव्य का मानव-कल्याण में योगदान है

6. निम्न में से कौन नैतिक कर्त्तव्य से संबंधित नहीं है?
A. जिम्मेवारी की चेतना
B. अंतरात्मा
C. पाखंड
D. यथार्थता

7. गरीबों की मदद करना एक कर्त्तव्य है, क्योंकि–
- A. हम गरीब हैं
- B. हम अमीर हैं
- C. हम उस समाज से संबंध रखते हैं
- D. हम उनकी अच्छाई चाहते हैं

8. हमें माता-पिता के प्रति आज्ञाकारी और सम्मानपूर्ण होना चाहिए, क्योंकि–
- A. यह जिम्मेवारी की चेतना है
- B. यह वैधानिक बाध्यता है
- C. यह सभ्यता है
- D. यह पाखंड है

9. 'हमें दूसरे के ओहदों का हमेशा ध्यान रखना चाहिए।' यह एक है–
- A. साधारण वाक्य
- B. जटिल वाक्य
- C. मिश्रित वाक्य
- D. मुहावरा

10. 'हमें दूसरे के ओहदों का हमेशा ध्यान रखना चाहिए।' इस वाक्य में प्रयुक्त 'हमेशा' है–
- A. क्रिया-विशेषण B. विशेषण
- C. संज्ञा D. क्रिया

खण्ड-II: तार्किक एवं विश्लेषणात्मक चिन्तन

निर्देशः (11-14): *नीचे दिए गए प्रत्येक प्रश्न की संख्या श्रृंखला अधूरी है। अधूरी संख्या श्रृंखला में से छूटी हुए संख्या की पहचान दिए गए विकल्पों में से करें।*

11. 1, 27, 125, ... ? 729
- A. 242 B. 314
- C. 307 D. 343

12. 2, 5, 10, 50, 500 ..... ?
- A. 25000 B. 560
- C. 550 D. 540

13. 3, 14, 47 ..... ? 443, 1334
- A. 61 B. 89
- C. 146 D. 445

14. 2, 9, 30, 93, 282, ... ? .....

निर्देशः (15-18): *नीचे दिए गए प्रत्येक प्रश्न में पांच अक्षर समूह हैं। विकल्प में दिए गए चारों अक्षर समूहों में से कोई एक अक्षर समूह प्रश्न वाले अक्षर समूह से भिन्न है। उस भिन्न अक्षर समूह को ज्ञात करें-*

15. IIJL
- A. QQSV B. EEFH
- C. AABD D. MMNP

16. ABAC
- A. BCBD B. PRPQ
- C. CDCE D. STSU

17. BXTP
- A. OKGC B. DZVR
- C. XTOK D. EAWS

18. DINS
- A. HMSX B. FKPU
- C. JOTY D. NSXC

19. नीचे दिए गए जोड़े में से कौन-सा एक अन्य से थोड़ा भिन्न है?
- A. बोतल और स्याही
- B. केन और तेल
- C. बैग और कपड़ा
- D. नाव और जहाज

निर्देश (20-24): *नीचे दिए गए प्रत्येक प्रश्न के लिए पांच आकृतियां दी गई हैं। इन पांच आकृतियों में से प्रथम संदर्भ आकृति है जबकि शेष उत्तर आकृति। उत्तर आकृति में से एक आकृति प्रथम आकृति से संबंध नहीं रखता। असंबद्ध आकृति की पहचान करें।*

20. J | A (A) | B (B) | D (C) | W (D)

21. 25 | 36 (A) | 8 (B) | 49 (C) | 4 (D)

22.

(A) (B) (C) (D)

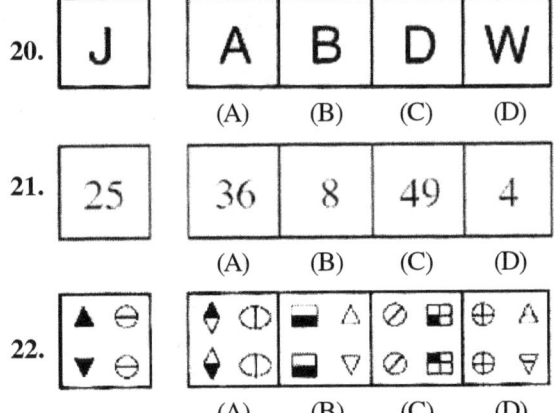

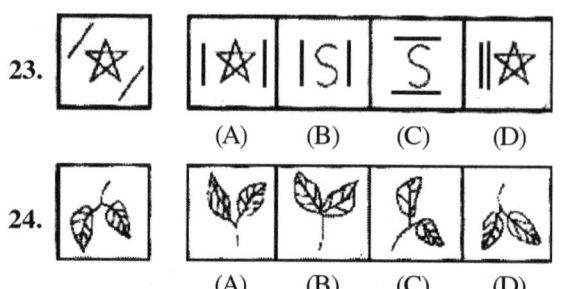

23.

(A) (B) (C) (D)

24.

(A) (B) (C) (D)

निर्देश (25-28): *निम्नलिखित प्रश्नों में से प्रत्येक प्रश्न में दो कथन और दो निष्कर्ष दिए गए हैं। कथनों को सत्य मानते हुए निष्कर्ष पर आधारित उत्तर का चयन करें:*

25. सभी मनुष्य कुर्सी हैं।
सभी जानवर कुर्सी हैं।

निष्कर्ष

I. सभी मनुष्य जानवर हैं।
II. कोई जानवर आदमी नहीं है।

A. केवल I अनुगमन करता है
B. केवल II अनुगमन करता है
C. I और II दोनों अनुगमन करते हैं
D. दोनों में से कोई अनुगमन नहीं करता है

26. बाल्टियां परिवहन का साधन है।
सीढ़ियां परिवहन का साधन है।

निष्कर्ष

I. कुछ बाल्टियां सीढ़ियां हैं।
II. कुछ सीढ़ियां बल्टियां हैं।

A. केवल I अनुगमन करता है
B. केवल II अनुगमन करता है
C. I और II दोनों अनुगमन करते हैं
D. दोनों में से कोई अनुगमन नहीं करता है

27. किसी पक्षी का पंख नहीं होता।
सभी पक्षियां विवेकी हैं।

निष्कर्ष

I. कुछ विवेकी को पंख होता है।
II. पंखहीन पक्षी होते हैं।

A. केवल I अनुगमन करता है
B. केवल II अनुगमन करता है
C. I और II दोनों अनुगमन करते हैं
D. दोनों में से कोई अनुगमन नहीं करता है

28. सभी दार्शनिक विवेकी लोग होते हैं।
कुछ विवेकी लोग सुखी होते हैं।

निष्कर्ष

I. कुछ सुखी लोग दार्शनिक होते हैं।
II. कुछ सुखी लोग विवेकी होते हैं।

A. केवल I अनुगमन करता है
B. केवल II अनुगमन करता है
C. I और II दोनों अनुगमन करते हैं
D. दोनों में से कोई अनुगमन नहीं करता है

29. निम्नलिखित शब्द में आने वाले O और P के बीच या अक्षर के बाएं से चौथा अक्षर कौन-सा है?
'CARDIOGRAPH'

A. D B. I
C. O D. R

30. निम्नलिखित में से विजातीय की पहचान करें–

A. जनवरी B. मई
C. अप्रैल D. अगस्त

खण्ड-III: शैक्षिक एवं सामान्य चेतना

31. गणपति महोत्सव प्रारंभ किया गया–

A. ज्योतिबा फूले द्वारा
B. गोपाल कृष्ण गोखले द्वारा
C. एम॰जी॰ रानाडे द्वारा
D. बाल गंगाधर तिलक द्वारा

32. ''इंडियन नेशनल कांग्रेस'' (Indian National Congress) नाम किसके द्वारा दिया गया?

A. एस॰एन॰ बनर्जी
B. फिरोजशाह मेहता
C. दादाभाई नौरोजी
D. एम॰जी॰ रानाडे

33. जर्मन सिल्वर किसका मिश्रण है?

A. कॉपर, जिंक और निकेल
B. कॉपर, अल्युमिनियम और निकेल

C. क्रोमियम, निकेल और मरकरी
D. कॉपर, लेड और क्रोमियम

34. 'सार्वजनिक धन का संरक्षक' निम्नलिखित में से कौन होता है?
A. प्रेसीडेंट (President)
B. पार्लियामेंट (Parliament)
C. कंप्ट्रोलर एण्ड ऑडिटर जनरल (Comptroller and Auditor General)
D. पब्लिक एकाउंट कमिटी (Public Account Committee)

35. 'नंनडपा' वन्य जीव अभ्यारण्य (Nandapa Wildlife Sanctuary) कहाँ स्थित है।
A. आंध्र प्रदेश B. अरूणाचल प्रदेश
C. हिमाचल प्रदेश D. मध्य प्रदेश

36. शिक्षा से संबद्ध निम्न में से किस समिति को अंग्रेजी शिक्षा का मैग्ना-कार्टा (Magna Carta) कहा जाता है?
A. वुडस डिस्पैज B. रेलिग आयोग
C. सैडलर आयोग D. हंटर आयोग

37. किसने कहा- ''देशभक्ति धर्म है और धर्म भारत के लिए प्यार है''?
A. स्वामी विवेकानंद B. राज नारायण बोस
C. बाल गंगाधर तिलक D. बंकिमचन्द्र चटर्जी

38. चित्तौड़ स्थित प्रसिद्ध कीर्तिस्तंभ का निर्माण किसने करवाया?
A. राणा प्रताप B. राणा कुंभा
C. राणा हम्मीर D. राणा संग्राम सिंह

39. भारत में स्वर्ण सिक्का (Gold Coins) किसके द्वारा जारी किया गया?
A. शक B. पर्थियन
C. इंडो-यूनानी D. कुषाण

40. प्रकाश वर्ष (Light year) इकाई है–
A. समय का
B. दूरी का
C. प्रकाश का
D. प्रकाश की तीव्रता का

41. निम्न में से किसे 'सुबह का तारा' (Morning Star) के रूप में जाना जाता है?
A. शुक्र (Venus) B. मंगल (Mars)
C. बृहस्पति (Jupiter) D. शनि (Saturn)

42. निम्न में से किस एक खाद्य पदार्थ को छोड़ कर बाकी सभी में विटामिन 'C' की कमी पाई जाती है?
A. चावल B. मांस
C. पनीर D. दूध

43. द्रव्य की चौथी अवस्था है–
A. प्लाज्मा
B. सुपर फ्लूड
C. लिक्विड क्रिस्टल
D. गैस से निकले छोटे कण

44. निम्न में से कौन विश्व में कॉफी का सबसे बड़ा उत्पादक देश है?
A. तुर्की B. ब्राजील
C. वेनेजुएला D. क्यूबा

45. भूटिया समूह की भाषाओं में शामिल नहीं है–
A. लद्दाखी B. तिब्बती
C. लेप्चा D. शेरपा

46. भारत में गन्ना का सबसे बड़ा उत्पादक राज्य कौन-सा है?
A. आंध्र प्रदेश B. गुजरात
C. पंजाब D. उत्तर प्रदेश

47. निम्न में से कौन-सा जोड़ा गलत है?
A. वैजवाड़ा – नर्मदा
B. लखनऊ – गोमती
C. बद्रीनाथ – अलकनंदा
D. अयोध्या – सरयू

48. भारत के प्रथम परमाणु भट्टी (Nuclear Reactor) का नाम क्या था?
A. उर्वशी (Urvashi) B. रोहिणी (Rohini)
C. कामिनी (Kamini) D. अप्सरा (Apsara)

49. शिक्षा को मौलिक अधिकार के रूप में किस संशोधन द्वारा शामिल किया गया?
A. 83वां संवैधानिक (संशोधन) अधिनियम
B. 86वां संवैधानिक (संशोधन) अधिनियम
C. 93वां संवैधानिक (संशोधन) अधिनियम
D. 96वां संवैधानिक (संशोधन) अधिनियम

50. समन्वित बाल विकास योजना (Integrated Child Development Scheme – ICDS) भोजन का प्रबंध करती है–

A. केवल छोटे बच्चों की देख-रेख और शिक्षा के लिए
B. छोटे बच्चों की देख-रेख और शिक्षा के साथ अन्य पांच घटकों के लिए
C. छोटे बच्चों की देख-रेख और शिक्षा के साथ अन्य चार घटकों के लिए
D. छोटे बच्चों की देख-रेख और तीन अन्य घटकों के लिए

51. स्वतंत्र भारत में गठित उस शिक्षा आयोग के अध्यक्ष कौन-थे, जिसमें सेकेंड्री शिक्षा पर जोर दिया गया था?

A. डॉ॰ डी॰एस॰ कोठारी
B. ए॰ लक्ष्मीस्वामी मुदलियर
C. डॉ॰ एस॰ राधाकृष्णन
D. त्रिगुणा सेन

52. भारत के स्वतंत्रता से पूर्व गठित उस शिक्षा आयोग का नाम क्या था, जिसमें शिक्षा के सभी पहलुओं पर ध्यान दिया गया था?

A. सैडलर आयोग B. हंटर आयोग
C. सर्जेंट प्लान D. एब्बॉट-वुड रिपोर्ट

53. ताराचंद समिति ने निम्न में से किस संबंध में अपनी सिफारिश प्रस्तुत की?

A. छात्र अशांति
B. धर्म एवं नैतिक शिक्षा
C. शिक्षा का व्यापारीकरण
D. सेकेंड्री शिक्षा

54. राज्य के शुद्ध घरेलू उत्पाद (GDP) का 6 प्रतिशत शिक्षा पर खर्च करने का सुझाव किस समिति ने दिया?

A. कोठारी आयोग (1966)
B. राष्ट्रीय शिक्षा नीति (1968)
C. शिक्षा पर राष्ट्रीय नीति (1986)
D. राष्ट्रीय शिक्षा नीति से संबद्ध रिव्यू समिति (1986)

55. एनसीईआरटी (NCERT) का राष्ट्रीय पाठ्य-पुस्तकों की सूची से संबद्ध ढांचा हाल ही में कब अस्तित्व में आया?

A. 2000 B. 2004
C. 2005 D. 2006

खण्ड-IV: शिक्षण अधिगम एवं विद्यालय

56. यदि एक छात्र आपकी क्लास में विघ्न पैदा करता है तो आपका दृष्टिकोण क्या होगा?

A. आप उससे कहेंगे कि क्लास से निकल जाओ
B. आप उससे कहेंगे ठीक व्यवहार करो
C. आप उसके किए गए कार्यों के कारणों का मूल्यांकन करेंगे
D. आप उसे अतिरिक्त गृह कार्य (Homework) देंगे

57. आप उस छात्र को कैसे संबोधित करना पसंद करेंगे, जिसने अपना गृह कार्य पूरा नहीं किया है?

A. तुम इसे कब पूरा करने जा रहे हो?
B. तुमने इसे नहीं किया है। कोशिश करो।
C. तुमने इसे क्यों पूरा नहीं किया?
D. आप इसे अब तुच्छ मानना उचित समझेंगे।

58. स्कूलों का संबंध बच्चों के विकास से होना चाहिए, इसमें शामिल किया जाना चाहिए–

A. बच्चों में ज्ञान प्राप्त करने की भावना
B. बच्चों में जीवन कौशल प्राप्त करने की भावना
C. राष्ट्र की जरूरत के अनुरूप कौशल प्राप्त करने की भावना
D. स्वस्थ व्यक्ति की जरूरत के अनुरूप कौशल प्राप्त करने की भावना

59. भारत में पूर्ण साक्षरता की उपलब्धि प्राप्त न होने के मुख्य कारण क्या हैं?

A. कोष की कमी
B. कोष के उपयोग की अक्षमता
C. सही सुविधाओं की कमी
D. लक्ष्य प्राप्ति के लिए इच्छा शक्ति का अभाव

60. स्कूलों में 'PTA' (Parent-Teacher-Association) का उद्देश्य क्या है?

A. बच्चों को नियंत्रण में रखना
B. शिक्षा में चिकित्सा संबंधी कार्यों के लिए अतिरिक्त कोष का संग्रह

C. स्कूलों द्वारा झेले जाने वाली समस्याओं को बांटने के लिए
D. स्कूल के कार्यक्रमों में सुधार में शामिल होने के लिए

61. आपके प्रश्न का उत्तर छात्र आंशिक रूप से सही देता है, तब आप उसे क्या करेंगे?
A. आगे कोशिश के लिए कहेंगे
B. सहारा देंगे
C. प्रश्न को पुनः रखेंगे
D. सही सूचना के लिए

62. स्कूल को समाज का प्रतिनिधि कहा जा सकता है, यदि–
A. वह ज्ञान का प्रसारण करे
B. वह अधिकार और कर्त्तव्य की शिक्षा दे
C. वह परंपरा और मूल्यों का ज्ञान बांटे
D. वह अनेकानेक गतिविधियों को संगठित करे

63. पारंपरिक स्कूल और खुला शिक्षण स्कूल में मौलिक अंतर क्या है?
A. पहला पद्धति के अनुरूप होता है
B. दूसरा सांस्कृतिक मूल्यों को पुष्ट नहीं करता है
C. दूसरा आधुनिक मुख बंधनी का उपयोग करता है
D. पहला व्यक्तिगत संबंधों को साथ लेकर चलता है

64. स्कूल को जाना जाता है एक ..... समूह, जो कि सामाजीकरण प्रतिनिधि के रूप में संबद्ध है–
A. प्राथमिक B. द्वितीयक
C. पूरक D. तृतीयक

65. नीचे दिए गए वाक्यों में से कौन-सा सही नहीं है?
A. जीवन-कौशल की प्राप्ति प्रौढ़ता का अंग है
B. जीवन-कौशल की प्राप्ति सामाजिक क्रिया का अंग है
C. जीवन-कौशल प्रत्यक्षतः सांचा है
D. जीवन कौशल ज्ञान प्राप्ति है

66. एक छात्र अपनी समस्या शिक्षक के साथ बांटना चाहता है। ऐसा करने के लिए वह शिक्षक के घर जाता है। ऐसी स्थिति में शिक्षक को क्या करना चाहिए?
A. उसे छात्र को अपने घर से चले जाने के लिए कहना चाहिए
B. छात्र के माता-पिता से मिलकर उसे मदद पहुंचाना चाहिए
C. जरूरी मदद देकर मानसिक संबल प्रदान करना चाहिए
D. कभी भी घर न आने की चेतावनी देनी चाहिए

67. यदि एक छात्र लिखावट के मूल्यांकन में आप पर पक्षपात का आरोप लगाता है तो आप उससे कैसे निपटेंगे?
A. उसके आरोप अस्वीकार कर देंगे
B. दंड देने का तरीका अपनाएंगे
C. उसके पक्ष को सही ढंग से रखने की कोशिश करेंगे
D. उसके उत्तर पत्रक एवं कुछ अन्य उत्तर पत्रकों को दिखाएंगे

68. स्कूल कार्यकर्ताओं को सौंपी गई सबसे महत्त्वपूर्ण जिम्मेवारी है:
A. समाज की मांग के अनुसार बच्चों की आवश्यकता को समायोजित करना
B. बच्चों को समाज की मांग के अनुरूप समायोजित करना
C. सामाजिक आशा के अनुरूप मानव प्रकृति को बदलना
D. बच्चों को समाज को परिवर्तित करने के लिए तैयार करना

69. छात्र के साथ एक अच्छा संबंध विकसित करने के क्रम में, एक शिक्षक को चाहिए- (सबसे महत्त्वपूर्ण गतिविधि का चयन करें)–
A. अपने छात्रों से प्यार करे
B. सभी के साथ दोस्ताना संबंध रखे
C. व्यक्तिगत ध्यान दे
D. अच्छा संवाद कायम करे

70. वह सबसे अच्छा कारण क्या है, जिससे एक शिक्षक अपने पूरे छात्रों से आदर पा सकता है?
A. वह नए तरीकों को क्लास में व्यावहारिक रूप दे
B. वह नोट्स को क्लास में सुनाए
C. वह पुस्तक को पढ़े एवं वर्णन करे
D. वह गृह कार्य न दे

71. छात्रों के बीच नैतिक मूल्यों का विकास बहुत महत्त्वपूर्ण है। आप ऐसा करने के लिए क्या करेंगे?
A. संबद्ध कार्य से नैतिक मूल्य को बढ़ाएंगे
B. भाषण आदि का आयोजन करेंगे
C. नैतिक मूल्यों से संबद्ध कहानियों का प्रदर्शन करेंगे
D. अपने आपको रोल मॉडल के रूप में प्रस्तुत करेंगे

72. शिक्षण सहायता उपयोगी है, क्योंकि वे–
A. शिक्षक के काम में मदद करते हैं
B. सभी चेतना को सक्रिय करते हैं

C. छात्र को सचेष्ट बनाने में मददगार हैं
D. पढ़ाई को और अर्थपूर्ण बनाते हैं

73. शिक्षक का क्लास-रूम का व्यवहार अच्छा होना चाहिए, क्योंकि—
   A. यह एक उदाहरण रहेगा
   B. छात्र अधिक सचेष्ट होंगे
   C. वातावरण पढ़ाई में सहायक होगा
   D. छात्र इसकी प्रशंसा करेंगे

74. आपकी एक क्लास है, जो ऊँचाई के लिहाज से बहुत बेमेल है। आपको बैठने की व्यवस्था की अनुमति देनी चाहिए—
   A. जोकि आकस्मिक हो
   B. छोटे छात्र को वैसी जगह व उस ढंग से बैठाना चाहिए कि वे आसानी से क्लास की गतिविधि को देख सकें
   C. जोकि पूरी ऊँचाई पर आधारित हो
   D. लंबे छात्र क्लास की एक पंक्ति में हों

75. निम्न में से कौन-सा एक क्लास-रूम परीक्षा में चोरी का सही कारण नहीं हो सकता है?
   A. अध्ययन में घोर आलस
   B. माता-पिता का अच्छे अंकों के लिए दबाव
   C. असफल होने का भय
   D. आत्मसम्मान

76. शैक्षणिक विशिष्टता की मांग के इस युग में, स्कूलों में खेलकूद को शामिल किया जाना एक प्रकार से है—
   A. समय की बर्बादी
   B. बहुत अधिक समय लेकर शैक्षणिक कार्यों से दूर रहना
   C. आराम के लिए समय देना
   D. व्यक्ति के समन्वित विकास के लिए जरूरी

77. निम्न में से कौन-सा एक जोड़ा विजातीय है?
   A. फ्रोबेल — खेल विधि
   B. मारिया मॉण्टेसरी — विविध विचार
   C. केलर — सहकारी शिक्षण
   D. गांधीजी — अजान बाहु

78. जिस समय शिक्षा 'वृत्त' की अवधारणा पर आधारित था, निम्न में से कौन-सा एक इसे करने के लिए अच्छा तरीका था?
   A. वृत्त का चित्र प्रस्तुत करना
   B. विविध प्रकार के वृत्तों का चित्र प्रस्तुत करना
   C. वृत्तों और दीर्घवृत्तों का चित्र प्रस्तुत करना
   D. वृत्तों और बहुभुजी आकृति का चित्र प्रस्तुत करना

79. शिक्षा बहुत प्रभावी होगी, यदि शिक्षक—
   A. अपनी अभिलाषा उद्देश्यपूर्ण बनाएं
   B. विषय में परिपूर्ण हों
   C. विविध प्रकार के निर्देशक उपायों का उपयोग करें
   D. अपना उद्देश्य प्रारंभ में ही स्पष्ट कर दें

80. भारत जैसे लोकतांत्रिक देश में, स्कूलों को केंद्रित होना चाहिए—
   A. उन लक्षणों को विकसित करने में जिसे प्रतिदिन सहना पड़ता है
   B. समुदाय को पोषित करने वाले मूल्यों की शिक्षा पर
   C. शैक्षणिक उत्कृष्टता तैयार करने में
   D. अच्छे नागरिक के लक्षणों को विकसित करने में

भाग-ब

खण्ड-V: विषयगत सक्षमता

(i) विज्ञान

81. बरसात के दिनों में कपड़े जल्दी नहीं सूखते, क्योंकि इन दिनों—
   A. आर्द्रता अधिक होती है
   B. आर्द्रता कम होती है
   C. तापमान अधिक होता है
   D. वातावरणीय दाब ऊँचा रहता है

82. जूल मात्रक है—
   A. बल
   B. शक्ति
   C. ऊर्जा
   D. दाब

83. एक औसत आदमी की ध्वनि-श्रवण की सीमा है—
   A. 20 Hz से 20 KHz
   B. 2 Hz से 20 Hz

C. 2 Hz से 20 KHz
D. 2 KHz से 20 KHz

84. ट्राइटियम है एक–
A. हाइड्रोजन का आइसोबार
B. हाइड्रोजन का आइसोटाप
C. हीलियम का आइसोबार
D. हीलियम का आइसोटाप

85. निम्न में से कौन-सा आयन स्टोमेटा (Stomata) के खुलने और बंद होने की क्रिया को नियंत्रित करता है?
A. Na^+ B. K^+
C. Ca^{++} D. इनमें से कोई नहीं

86. निम्न में से किस पर धनात्मक (+) और ऋणात्मक (–) का चिह्न नहीं होता है?
A. प्रतिरोधक B. आमीटर
C. वोल्टमीटर D. बैटरी

87. प्रकाश-संश्लेषण की क्रिया है–
A. कैटाबोलिक क्रिया (Catabolic Process)
B. एनाबोलिक क्रिया (Anabolic Process)
C. एम्फीबोलिक क्रिया (Amphibolic Process)
D. उपरोक्त सभी

88. सामने रखी हुई वस्तु का सीधा परंतु छोटा प्रतिबिंब बनाने वाले दर्पण को कहते हैं–
A. नतोदर दर्पण (Concave Mirror)
B. समतल दर्पण (Plain Mirror)
C. उन्नत्तोदर दर्पण (Convex Mirror)
D. नतोदर एवं उन्नतोदर दर्पण (Concave & Convex Mirror)

89. वातावरणीय दाब को मापने वाले यंत्र को कहते हैं–
A. पाइरोमीटर B. थर्मोपाइल
C. बैरोमीटर D. मैनोमीटर

90. सूर्यास्त के समय सूर्य का रंग नारंगी होता है, इसका कारण है–
A. प्रकाश का परावर्तन
B. प्रकाश का अपवर्तन
C. प्रकाश का विवर्तन
D. प्रकाश का ध्रुवीकरण

91. NaOH के सांद्रघोल में नीला लिटमस पत्र को डालने पर इसका रंग हो जाएगा–
A. लाल B. गुलाबी
C. नारंगी D. नीला

92. निम्न में से विजातीय को अलग करें–
A. Fermentation
B. Aerobic Respiration
C. Anaerobic Respiration
D. Breathing

93. हाइपरटोनिक घोल की तुलना में हाइपोटोनिक घोल होता है–
A. अधिक सान्द्र
B. कम सान्द्र
C. दोनों की सान्द्रता बराबर
D. कुछ कहा नहीं जा सकता

94. 'वोल्ट' मात्रक है–
A. आवेश B. धारा
C. प्रतिरोध D. विभवान्तर

95. 1 ओम और 2 ओम वाले दो प्रतिरोधकों को एक बैटरी से श्रेणी में जोड़ा जाता है तथा 2 ओम वाले प्रतिरोधक से 2 एम्पीयर की धारा प्रवाहित की जाती है तो 1 ओम वाले प्रतिरोधक से प्रवाहित होने वाली धारा होगी–
A. 0.5 एम्पीयर B. 1 एम्पीयर
C. 2 एम्पीयर D. 4 एम्पीयर

96. निम्न में से किसको मिलाने से पानी में pH का मान कम हो जाएगा?
A. कॉस्टिक सोडा
B. खाने वाला सोडा
C. नमक
D. हाइड्रोक्लोरिक अम्ल

97. 'Tumours' का अध्ययन करने वाले विज्ञान की शाखा को कहते हैं–
A. Osteology B. Anatomy
C. Oncology D. Urology

98. न्यूमोनिया रोग का सम्बन्ध है–
A. लिवर से B. फेफड़ों से
C. मसूड़ों से D. गुर्दों से

99. 'डेसीबल' मात्रक है–
A. समय
B. दूरी
C. ध्वनि की तीव्रता
D. ऊर्जा

100. निम्न में से किसकी आवृत्ति सबसे अधिक होती है?
A. ऊष्मा तरंग
B. ध्वनि तरंग
C. पराबैंगनी किरणें
D. गामा किरणें

(ii) गणित

101. $\frac{a\sqrt{a}+b\sqrt{b}}{(\sqrt{a}+\sqrt{b})(a-b)}+\frac{2\sqrt{b}}{\sqrt{a}+\sqrt{b}}-\frac{\sqrt{ab}}{a-b}$ का मान होगा–
A. a
B. 1
C. $\sqrt{ab}$
D. $\sqrt{a}+\sqrt{b}$

102. 35 लीटर के मिश्रण में दूध और पानी का अनुपात 5 : 2 है। यदि मिश्रण में 5 लीटर दूध और मिला दिया जाए तो मिश्रण का अनुपात होगा–
A. 3 : 1
B. 1 : 3
C. 2 : 3
D. 3 : 2

103. एक आदमी 4 किमी. प्रति घंटा की रफ्तार से चलता है तो वह अपने कार्यालय 5 मिनट की देरी से पहुंचता है यदि वह 5 किमी. प्रति घंटा की रफ्तार से चलता है तो कार्यालय निर्धारित समय से 4 मिनट पहले पहुंच जाता है, तो कार्यालय और उसके घर की बीच की दूरी है–
A. 5 कि॰मी॰
B. 4 कि॰मी॰
C. 3 कि॰मी॰
D. 2 कि॰मी॰

104. यदि $5^{x-2}.\ 3^{2x-3} = 135$, तो x = ?
A. 0
B. 1
C. 2
D. 3

105. किसी मूलधन पर 4% वार्षिक की दर से 4 साल का ब्याज उसी मूलधन पर 5% वार्षिक की दर से 3 साल के ब्याज से ₹ 90 अधिक है तो मूलधन बतायें।
A. ₹ 6000
B. ₹ 7200
C. ₹ 7500
D. ₹ 8000

106. एक व्यापारी अपनी वस्तु की कीमत को लागत मूल्य से 30% अधिक पर निर्धारित करता है तथा इसके बाद ग्राहक को 10% की छूट देता है तो उसे प्रति वस्तु ₹ 25.50 का लाभ होता है। वस्तु का लागत मूल्य क्या है?
A. ₹ 150
B. ₹ 200
C. ₹ 175
D. ₹ 250

107. चीनी की कीमत में 25% की वृद्धि हो जाने पर एक उपभोक्ता अपने उपभोग में कितनी कमी करे कि उसका खर्च पूर्ववत् रहे?
A. 10%
B. 20%
C. 5%
D. 15%

108. ₹ 6500 कुछ व्यक्तियों में बराबर-बराबर बांटे जाते हैं यदि 15 व्यक्ति और आ जाते हैं तो प्रति व्यक्ति को ₹ 30 कम मिलते हैं। प्रारंभ में कुल व्यक्ति कितने थे?
A. 65
B. 60
C. 50
D. 40

109. दो आदमी और छः लड़के एक काम को चार दिन में करते हैं तथा चार आदमी और तीन लड़के उसी काम को चार दिन में करते हैं। एक आदमी उस काम को कितने दिनों में करेगा?
A. 36 दिन
B. 24 दिन
C. 16 दिन
D. 12 दिन

110. यदि sin A = 24/25 तो tan A + sec A का मान क्या होगा यदि $0° < A < 90°$?
A. 49
B. 25
C. 24
D. 7

111. यदि $\tan A = n \sin B$ तथा $\sin A = m \sin B$, तो $\cos^2 A$ का मान होगा–
A. m^2/n^2
B. $m^2 \times n^2$
C. $m^2 - n^2$
D. $m^2 + n^2$

112. एक पहाड़ी के शिखर का मीनार के तल से उन्नयन कोण 60° तथा मीनार के शिखर का पहाड़ी के तल से उन्नयन कोण 30° है। यदि मीनार की ऊँचाई 50 मी. है तो पहाड़ी की ऊँचाई कितनी होगी?
A. 100 मी.
B. 125 मी.
C. 150 मी.
D. 200 मी.

113. यदि लोहे के एक तार को वर्ग के रूप में बनाया जाता है तो इसका क्षेत्रफल 121 वर्ग सेमी. होता है। यदि उसी तार को वृत्त के रूप में बनाया जाए तो उसका क्षेत्रफल होगा–

A. 88 वर्ग सेमी. B. 142 वर्ग सेमी.
C. 154 वर्ग सेमी. D. 212 वर्ग सेमी.

114. शीशे का एक घन, जिसका एक किनारा 44 सेंमी है, से 4 सेंमी व्यास वाली कितनी गोली बनाई जा सकती हैं?

A. 2541 B. 847
C. 1270 D. 363

115. एक बेलन के आधार की त्रिज्या तथा ऊँचाई का अनुपात 2 : 3 है। यदि बेलन का घनत्व 1617 सेंमी^{3} है तो बेलन की सतह का क्षेत्रफल होगा–

A. 575 सेंमी^{2} B. 770 सेंमी^{2}
C. 1205 सेंमी^{2} D. 1500 सेंमी^{2}

116. निम्न आंकड़े की माध्यिका होगी–

25, 34, 31, 23, 22, 26, 35, 26, 20, 32

A. 25.5 B. 26
C. 26.5 D. 25

117. दस व्यक्तियों के औसत भार में 3 कि॰ग्रा॰ की कमी हो जाती है यदि इस समूह के एक व्यक्ति को जिसका भार 80 कि॰ग्रा॰ है, एक नए व्यक्ति से प्रतिस्थापित किया जाता है तो नए व्यक्ति का भार है–

A. 70 कि॰ग्रा॰ B. 60 कि॰ग्रा॰
C. 50 कि॰ग्रा॰ D. 73 कि॰ग्रा॰

118. K का मान ज्ञात करें यदि बिन्दु A (K, 1), B (2, 1) तथा C (5, –1) एक रैखिक हों–

A. 4 B. 3
C. 2 D. 1

119. एक श्रेणी $a, a + d, a + 2d,$ ..... जो कि A.P. में है, का सामान्य अन्तर (Common difference) क्या होगा यदि 20वां पद 18वें पद से 10 अधिक हो?

A. +4 B. –4
C. –5 D. +5

120. दो पासे एक साथ उछाले जाते हैं, तो कम से कम कुल 10 आने की प्रायिकता क्या होगी?

A. 5/12 B. 1/6
C. 5/6 D. 1/12

(iii) सामाजिक विज्ञान

121. श्रीरंगपटनम की संधि टीपू सुल्तान और ..... के बीच हुई थी।

A. कार्नवालिस B. क्लाइव
C. वारेन हेस्टिंग्स D. वेलेजली

122. 150 BC का बेसनगर स्तंभ लेख किस धार्मिक परम्परा से संबंधित है?

A. पान्चिका तथा हरिति B. पशुपति
C. कृष्ण-वासुदेव D. शक्ति

123. 'Water Hyacinth' क्या है?

A. बीज
B. औषधीय पौधा
C. सजावटी पौधा
D. इनमें से कोई नहीं

124. निम्न में से किस विधेयक को राष्ट्रपति की अनुमति के बिना संसद में प्रस्तुत नहीं किया जा सकता है?

A. साधारण विधेयक
B. वित्तीय विधेयक
C. संविधान संशोधन विधेयक
D. इनमें से कोई नहीं

125. भारत में संविधान संशोधन प्रक्रिया ली गई है–

A. कनाडा से B. USA से
C. स्विट्ज़रलैंड से D. द॰ अफ्रीका से

126. भारतीय रेलवे ने यात्रियों की सुविधा के लिए निम्न में से किससे समझौता किया है?

A. BOB कार्ड B. सिटी बैंक कार्ड
C. SBI कार्ड D. इनमें से कोई नहीं

127. निम्न में से कौन-सा बैंक World Local Bank के रूप में अपने आप को प्रचारित करता है?

A. सिटी बैंक B. HSBC
C. ICICI बैंक D. ABN एमरो बैंक

128. शान्त घाटी स्थित है–

A. तमिलनाडु में B. केरल में
C. असम में D. अरूणाचल प्रदेश में

129. निम्न में से कौन राष्ट्रीय जनसंख्या नीति 2000 का लक्षण नहीं है?

A. छोटा परिवार के प्रचार के लिए पंचायत तथा जिला परिषद् को पुरस्कार देना
B. दो बच्चे वाले परिवार को प्रोत्साहन
C. गरीबी रेखा से नीचे वाले को स्वास्थ्य बीमा योजना
D. गर्भपात पर रोक

130. 'हूंज दिल्ली दूर अस्त' कथन किसका है?

A. निजामुद्दीन औलिया B. फरीद
C. नसीरूद्दीन D. इनमें से कोई नहीं

131. निम्न में से कौन-सा अधिनियम था जिसमें सर्वप्रथम भारत में उत्तरदायी सरकार की स्थापना की चर्चा की गई थी?

A. इंडियन कौंसिल एक्ट, 1892
B. इंडियन कौंसिल एक्ट, 1909
C. गवर्नमेंट ऑफ इंडिया एक्ट, 1919
D. गवर्नमेंट ऑफ इंडिया एक्ट, 1935

132. निम्न में से किस राज्य में क्रोमाइट प्रचुरता से पाया जाता है?

A. महाराष्ट्र B. मध्य प्रदेश
C. उड़ीसा D. कर्नाटक

133. असम का मानस अभ्यारण्य प्रसिद्ध है–

A. भालू के लिए B. बाघ के लिए
C. जंगली गधे के लिए D. पक्षियों के लिए

134. निम्न में से किसकी शुरूआत राज्य सभा में हो सकती है?

A. धन विधेयक पर चर्चा
B. नये अखिल भारतीय सेवा का गठन
C. न्यायाधीशों की नियुक्ति
D. इनमें से कोई नहीं

135. निम्न में किस मद के लिए कर्जे की मांग सर्वाधिक होती है?

A. उपभोक्ता वस्तुओं की खरीद
B. निजी आवास की खरीद
C. कॉर्पोरेट व्यवसाय
D. कृषि कार्य

136. निम्न में से किस गवर्नर जनरल पर उसके कार्यों के लिए इंग्लैंड में महाभियोग चलाया गया था?

A. वेलेजली B. बैंटिंक
C. कार्नवालिस D. वारेन हेस्टिंग्स

137. नेशनल स्टॉक एक्सचेंज की स्थापना हुई थी–

A. जुलाई, 1992 B. जुलाई, 1993
C. जुलाई, 1994 D. जुलाई, 1995

138. गोदावरी क्षेत्र में सातवाहन साम्राज्य का मुख्य नगर था–

A. प्रतिस्थान B. अरिकामेडु
C. कोक्काहाई D. मास्की

139. निम्न में से कौन मुगल निर्माण कला की विशेषता नहीं है?

A. संगमरमर द्वारा सजावट
B. जीवित चीजों का चित्रण
C. फूलपत्ती
D. इनमें से कोई नहीं

140. 'जया' निम्न में से किसकी किस्म है?

A. गेहूँ B. धान
C. बाजरा D. कपास

(IV) ENGLISH

141. Choose the word opposite in meaning to 'Dormant' —

A. Inert B. Deaf
C. Indulgence D. Active

142. Choose the word opposite in meaning to 'Malignant'—

A. Virulent B. Benign
C. Prudent D. Swallow

143. The word 'Tacit' means—
    A. Formal   B. Fear
    C. Silent   D. Celestial

144. The word 'Enunciate' means—
    A. Matter   B. Express
    C. Evil   D. Detest

145. 'One who is well-versed in the science of languages is called a—
    A. Philosopher B. Theologist
    C. Philologist D. Zoologist

146. 'A person who abstains from all kinds of alcoholic drinks' is called a—
    A. Drunkard   B. Angler
    C. Teetotaller D. Heretic

147. Choose the correctly spelt word—
    A. Coloqial   B. Coloquial
    C. Colloqial   D. Colloquial

148. Choose the misspelt word—
    A. Perceive   B. Believe
    C. Relieve   D. Receive

149. Choose what expresses the meaning of the phrase 'a black sheep'—
    A. Stranger
    B. Convict
    C. Gentleman
    D. A family member one disapproves of

150. Choose what expresses the meaning of 'pull the wool over one's eye'—
    A. Delay   B. Encourage
    C. Suppress   D. Deceive

151. Choose the passive voice of—'Who ate my cheese?'
    A. By whom is my cheese being eaten?
    B. By whom was my cheese eaten?
    C. By whom will my cheese be eaten?
    D. By whom was my cheese been eaten?

152. Choose the indirect speech of—My father said, 'Study hard'—
    A. My father scolded me to study hard
    B. My father asked me to study hard
    C. My father requested me to study hard
    D. My father said that I must study hard

153. Choose the most appropriate word to fill in the blank in the sentence—
    My father is angry ..... me.
    A. On   B. With
    C. In   D. None of these

154. Choose the most appropriate word to fill in the blank in the sentence—
    Trust ..... God, and do your duty.
    A. Of   B. With
    C. In   D. On

155. Who wrote the poem 'Tintern Abbey'?
    A. Keats   B. Shelley
    C. Wordsworth   D. Byron

156. Who wrote the novel 'A Tale of Two Cities'?
    A. Austen   B. Dickens
    C. Hardy   D. Bronte

157. Who wrote the play 'All's well that ends well'?
    A. Brecht
    B. Eugene O'Neill
    C. Shaw
    D. William Shakespeare

158. Farmer Boldwood and Sergeant Troy are characters in the novel—
    A. The Mayor of Casterbridge
    B. Far from the Madding Crowd
    C. The Return of the Native
    D. Tess of the d' Urbervilles

159. Robert Browning was a poet of which period in literature?
    A. Age of Reason
    B. Romantic Period
    C. Victorian Period
    D. Modern Period

160. Which of the following is not a language skill?
    A. Reading   B. Writing
    C. Thinking   D. Speaking

(v) हिन्दी

निर्देश (प्र.सं. 161 से 165): *नीचे दिए गए गद्यांश को ध्यान से पढ़िए और बाद में पूछे गए प्रश्नों के उत्तर दीजिए।*

अंग्रेजों के पदार्पण के पश्चात् भारत की शिक्षा-पद्धति में आमूल-चूल परिवर्तन आया। उसका उद्देश्य शासन-व्यवस्था को चलाने के लिए कम खर्च पर क्लर्क पैदा करना था। मैकाले का कहना था– "हमें भारतीय लोगों के एक ऐसे वर्ग के निर्माण का भरसक प्रयत्न करना है जो हमारे और उन करोड़ों लोगों के बीच, जिन पर हम शासन करते हैं, दुभाषिये का काम कर सकें। हम ऐसे वर्ग का निर्माण करें जो रंग और रक्त में भले ही भारतीय हो, किन्तु रुचियों, विचारों, नैतिक मूल्यों और बौद्धिक दृष्टिकोण आदि में पूर्णरूपेण अंग्रेज़ हों।" मैकाले का स्वप्न साकार हो गया। प्रचलित शिक्षा-पद्धति लॉर्ड मैकाले द्वारा मुखरित उद्देश्य की पूर्ति में शत-प्रतिशत सफल रही है किन्तु अंग्रेज़ों की राजनैतिक कूटनीति का रोना रोने में भारत का कल्याण नहीं होगा। हमें स्वतंत्र भारत की परिस्थितियों और आवश्यकताओं के अनुरूप शिक्षा-प्रणाली को ढाल लेना चाहिए।

शिक्षा का वास्तविक उद्देश्य चरित्र को उन्नत करके जीव को उच्च आदर्शों से प्रेरित करना तथा व्यक्तित्व का सन्तुलित और समन्वित विकास करना है। विद्यार्थियों में निरन्तर बढ़ती हुई अनुशासनहीनता, उद्दण्डता, उच्छ्रंखलता और प्रशासनिक भ्रष्टाचार इस बात का प्रत्यक्ष प्रमाण है कि वर्तमान शिक्षा चरित्र-निर्माण और व्यक्तित्व के सन्तुलित और समन्वित विकास में असफल रही है। आज की खर्चीली शिक्षा जनसामान्य के पहुँच से दूर होती जा रही है। मुंशी प्रेमचन्द ने कहा था—खर्चीली शिक्षा कभी चरित्रवान् व्यक्ति पैदा नहीं कर सकती। कितना अच्छा हो कि 'पढ़ो और कमाओ' की योजनाएँ प्रचलन में आएँ।

161. मैकाले का कौन-सा स्वप्न साकार हुआ?
- A. ब्रिटिश साम्राज्य की स्थापना करना
- B. अंग्रेज़-भक्त क्लर्कों को पैदा करना
- C. अंग्रेज़ी पढ़ाकर विचारशील युवक तैयार करना
- D. भारतीयों को अपनी प्राचीन महत्ता और गौरव का विस्मरण कराना

162. आमूल-चूल परिवर्तन का अर्थ क्या है?
- A. आंशिक घटा-बढ़ी करना
- B. रसोई के चूल्हों में परिवर्तन
- C. प्रारम्भ से अन्त तक बदलाव लाना
- D. शासन-पद्धति में परिवर्तन लाना

163. स्वतंत्र भारत में शिक्षा का उद्देश्य निम्नलिखित में से सर्वाधिक महत्त्वपूर्ण कौन-सा है?
- A. नेतृत्व की शिक्षा देना
- B. व्यक्तित्व का समन्वित विकास करना
- C. बेरोजगारी दूर करना
- D. भ्रष्टाचार-उन्मूलन करना

164. किन लोगों को 'काले अंग्रेज' कहा जाता है?
- A. ऐसे भारतीय जो बौद्धिक दृष्टिकोण में अंग्रेजों जैसे हैं
- B. अफ्रीका के निवासी लोग
- C. दक्षिण भारतीय लोग
- D. अनुशासनहीन उच्छ्रंखल नवयुवक

165. जीवन को प्रेरित करने वाले उच्च आदर्श कौन-से हैं?
- A. रुचियों, विचारों और नैतिक मूल्यों में अंग्रेजों की तरह बनें
- B. देश-प्रेम और नैतिकता को जीवन में अपनाएँ
- C. शिक्षा को कम खर्चीला बनाएँ
- D. धर्मनिरपेक्ष शिक्षा-व्यवस्था अपनाएँ

निर्देश (प्र.सं. 166 से 180): *निम्नलिखित प्रत्येक प्रश्न के साथ-साथ चार-चार विकल्प दिए गए हैं। उनमें से सही विकल्प चुनिए।*

166. ब्रज और अवधी किस काल में काव्य की प्रमुख भाषाएँ थीं?
- A. वीरगाथा काल
- B. रीतिकाल
- C. छायावादी युग
- D. भक्तिकाल

167. 'कबीर' किस भाषा के कवि माने जाते हैं?

A. पूर्वी हिन्दी B. मागधी
C. सधुक्कड़ी D. भोजपुरी

168. 'जिसके बिना काम न चले' इस अर्थ में कौन-सा शब्द उपयुक्त है?
A. अनिवार्य B. अविकल
C. अनिर्धार्य D. अपरिहार्य

169. कौन-सी वर्तनी शुद्ध है?
A. सुश्रूषा B. शुश्रूषा
C. शुस्रूषा D. षुश्रूसा

170. सौप्रस्थानिक-कार्यक्रम कौन-सा होता है?
A. विदाई समरोह B. स्वागत समारोह
C. अलंकरण समारोह D. श्रद्धांजलि कार्यक्रम

171. इनमें से कौन-सा शब्द शुद्ध नहीं है?
A. उज्ज्वल B. महात्म्य
C. स्वास्थ्य D. उपलक्ष्य

172. अति + अधिक मिलकर बनता है—
A. अत्याधिक B. अतीधिक
C. अत्यधिक D. अत्यधीक

173. 'आर्जव' किस मूल शब्द से बना है?
A. अर्जन B. आरजू
C. अर्ज D. ऋजु

174. 'खाला जी का घर' इस मुहावरे का अर्थ है—
A. आसान काम
B. कठिन काम
C. व्यर्थ की जगह
D. आराम करने का स्थान

175. 'मूर्धा' का विशेषण कौन-सा शब्द है?
A. मूर्ध्नि B. मूर्धन्य
C. मूर्धण्य D. मूर्धेय

176. निम्नलिखित में से अव्ययीभाव समास का उदाहरण कौन-सा पद है?
A. राजभाषा B. पशु-पक्षी
C. गाँव-गाँव D. देहलता

177. राम नाम मणि दीप धरि, जीह देहरी द्वार।
तुलसी भीतर-बाहिरौ, जो चाहसि उजियार।।
इस दोहे में कौन-सा अलंकार है?
A. रूपक B. उपमा
C. उत्प्रेक्षा D. श्लेष

178. निम्नलिखित वाक्यों में से कौन-सा वाक्य शुद्ध है?
A. आपके एक-एक शब्द प्रभावशाली होते हैं।
B. मैंने उसकी पुस्तक सधन्यवाद लौटा दी।
C. घर पर सब कुशल है।
D. मैंने आज जाना है।

179. 'आज के पाथे आज नहीं जलाए जाते' इस लोकोक्ति का क्या भाव है?
A. हाथ पर सरसों नहीं जमती
B. हर कार्य में धैर्य चाहिए
C. आज बोया बीज भविष्य में वृक्ष बनकर फल देता है
D. जल्दी का काम शैतान का होता है

180. 'हनुमान-चालीसा' किसकी रचना है?
A. हनुमान प्रसाद पोद्दार
B. महाकवि भूषण
C. महावीर प्रसाद
D. तुलसीदास

उत्तरमाला

1	**2**	**3**	**4**	**5**	**6**	**7**	**8**	**9**	**10**
C	D	A	D	A	C	C	A	A	A
11	**12**	**13**	**14**	**15**	**16**	**17**	**18**	**19**	**20**
D	A	C	A	A	B	C	A	D	A
21	**22**	**23**	**24**	**25**	**26**	**27**	**28**	**29**	**30**
B	B	D	B	D	D	B	B	A	C
31	**32**	**33**	**34**	**35**	**36**	**37**	**38**	**39**	**40**
D	C	A	C	B	A	A	B	C	B
41	**42**	**43**	**44**	**45**	**46**	**47**	**48**	**49**	**50**
A	D	D	B	A	D	A	D	B	B

51	52	53	54	55	56	57	58	59	60
B	B	D	C	C	C	C	B	D	D
61	62	63	64	65	66	67	68	69	70
B	D	D	B	A	C	D	B	C	A
71	72	73	74	75	76	77	78	79	80
D	D	C	B	D	D	D	B	C	D
81	82	83	84	85	86	87	88	89	90
A	C	A	B	B	A	C	C	C	C
91	92	93	94	95	96	97	98	99	100
D	A	B	D	C	D	C	B	C	D
101	102	103	104	105	106	107	108	109	110
B	A	C	D	D	A	B	C	B	D
111	112	113	114	115	116	117	118	119	120
A	C	C	A	B	B	C	C	D	D
121	122	123	124	125	126	127	128	129	130
A	A	A	B	D	C	B	B	D	A
131	132	133	134	135	136	137	138	139	140
C	C	B	B	C	D	A	A	B	B
141	142	143	144	145	146	147	148	149	150
D	B	C	B	C	C	D	A	D	D
151	152	153	154	155	156	157	158	159	160
B	B	B	C	C	B	D	B	C	C
161	162	163	164	165	166	167	168	169	170
B	C	B	A	B	D	C	D	A	A
171	172	173	174	175	176	177	178	179	180
B	C	A	D	B	C	A	B	C	D

कुछ चुने हुए प्रश्नों के व्याख्यात्मक उत्तर

12. $2 \times 5 = 10$, $10 \times 5 = 50$,
$50 \times 10 = 500$, $500 \times 50 = 25000$

19. शेष सभी में पहले में दूसरे को रखा जाता है।

20. शेष सभी 'J' के समान व्यंजन हैं जबकि 'A' स्वर है।

21. शेष सभी पूर्ण वर्ग हैं।

22. शेष सभी में नीचे की आकृति ऊपर वाली आकृति की दर्पण आकृति है।

23. शेष सभी में सरल रेखा मध्य आकृति के दोनों तरफ है।

24. शेष सभी में दोनों पत्ते एक ही स्थान पर जुड़े हुए नहीं हैं।

30. शेष सभी महीने 31 दिन के होते हैं।

92. किण्वन में कार्बनिक पदार्थों का एन्जाइम संबंधी परिवर्तन होता है जबकि शेष तीनों में एन्जाइम संबंधी परिवर्तन नहीं होता है।

95. श्रेणीक्रम में धारा सभी प्रतिरोधों से एक समान गुजरती है।

102. 35 लीटर मिश्रण में दूध की मात्रा $= 35 \times \dfrac{5}{7} = 25$ लीटर

वास्तविक मिश्रण में पानी की मात्रा
$= 35 - 25 = 10$ लीटर

नये मिश्रण में दूध की मात्रा $= 25 + 5 = 30$ लीटर
एवं नये मिश्रण में पानी की मात्रा $= 10$ लीटर
अतः नये मिश्रण में दूध तथा पानी का अनुपात

$= \dfrac{30}{10} = \dfrac{3}{1}$.

103. माना कि दूरी x किमी.

तब, $\dfrac{x}{4} - \dfrac{x}{5} = \dfrac{9}{60}$

$\Rightarrow \dfrac{5x - 4x}{20} = \dfrac{9}{60}$

$\Rightarrow 5x - 4x = \dfrac{9 \times 20}{60}$

$\Rightarrow x = 3$ किमी.

105. माना कि राशि ₹ x है।

तब,

$\dfrac{x \times 4 \times 4}{100} - \dfrac{x \times 3 \times 5}{100} = 80$

$\Rightarrow \dfrac{4x}{25} - \dfrac{3x}{20} = 80$

$\Rightarrow \dfrac{16x - 15x}{100} = 80$

$\Rightarrow x = ₹\ 8000$

106. माना   क्रयमूल्य = ₹ 100

तब, अंकित मूल्य = 130

तथा   विक्रय मूल्य = $130 \times \dfrac{90}{100} = 117$

लाभ = 117 – 100 = 17

यदि लाभ ₹ 17 है तब क्रय मूल्य = 100

तथा यदि लाभ 25.50 है तब क्रय मूल्य

$= \dfrac{25.50 \times 100}{17} = ₹\ 150.$

107. खर्च में कमी $= \left(\dfrac{25}{125} \times 100\right)\%$

$= 20\%.$

113. माना कि वर्ग की भुजा = x सेमी.

तब, वर्ग का क्षेत्रफल = $x^2 = 121$

∴ $x = 11$ सेमी.

प्रश्न से,

वर्ग का परिमाप = वृत्त की परिधि

$\Rightarrow 4 \times x = 2\pi r$ (r = वृत्त की त्रिज्या)

$\Rightarrow 4 \times 11 = 2 \times \dfrac{22}{7} \times r$

$\Rightarrow r = 7$

∴ वृत्त का क्षेत्रफल = $\pi \times r^2$

$= \dfrac{22}{7} \times 7^2 = 154$ वर्ग सेमी.।

IGNOU B.Ed. प्रवेश परीक्षा, 2007

पिछले प्रश्न-पत्र (हल सहित)

भाग-अ

खंड-I : सामान्य हिन्दी बोध

निर्देश : *निम्नलिखित परिच्छेद को ध्यान से पढ़ें तथा नीचे दिए गए प्रश्नों के चार वैकल्पिक उत्तरों में से सर्वाधिक उपयुक्त उत्तर को छाँटें।*

विकसित देशों के लोगों की अपेक्षा अविकसित देशों के लोगों की सोच ग्राम्यता के उत्प्रेरकों के सम्बन्ध में एकदम भिन्न है। वहाँ यह एक प्रकार से मानव के जीवित रहने की क्रिया के लिए केवल भौतिक आवश्यकता है। तीसरी दुनिया के देशों में, जो मुख्य रूप से ग्रामीण हैं, उनका एकमात्र आधार ग्रामीण विकास ही है, जिसके द्वारा मानव जीवन को इसके वर्तमान अवमानव स्तर से ऊपर उठाया जा सकता है। उन देशों में शताब्दियों से ग्रामीण जीवन जहाँ का तहाँ खड़ा अवरोधित है। उस ग्रामीण जनसंख्या की दशाओं को सुधारने के लिए कुछ नहीं किया गया जो अन्य चार पैर वाले प्रतिरूपों की तुलना में मामूली ढंग से भिन्न है। अविकसित एवं अर्द्धविकसित देशों में अज्ञान, कुस्वास्थ्य तथा गरीबी ग्रामीण जीवन के पर्याय बन गये हैं लेकिन सबसे दुःखद स्थिति यह है कि इस प्रकार की मानव जनसंख्या ने ऐसा स्वीकार कर लिया है कि यह दुरावस्था अपरिवर्तनीय है। यह एक ऐसी स्थिति है जिसकी कोई दवा नहीं है। उनके जीवन से आशा की सभी किरणें दूर हो गयी हैं। इस प्रकार के देशों में, ग्रामीण विकास किसी प्रकार की भौतिक अथवा अभौतिक विकास के लिए अपरिहार्य शर्त है। इसलिए इन सभी देशों का प्रबुद्ध वर्ग ग्रामीण विकास के प्रश्न पर निरन्तर बढ़-चढ़कर रुचि ले रहा है।

उनके स्वतंत्रता संघर्ष की विरासत का यह एक अंग भी था। भारत जैसे देश में, इस बात को सभी जानते हैं कि स्वतंत्रता आन्दोलन में ग्रामीण विकास की कोशिश एक अविभाज्य अंग था। गाँधीजी जैसे नेताओं को भली-भाँति यह एहसास था कि वास्तविक भारत अवरोधग्रस्त ग्रामों में निवास करता है। शहर जो ज्यादातर पश्चिमी उपनिवेशवाद की उपज हैं, केवल दिखावटी दर्शनीय वस्तुएँ हैं। तब भी दो प्रकार की दुनिया थी — वह जहाँ तड़क-भड़क के जीवन वाले जो शाही रुचियों के सुविधासम्पन्न कुछ गिने-चुने सम्भ्रान्त क्षेत्रवासी रहते थे। वे क्षेत्र छोटे-छोटे टापू जैसे थे जिनको धूल-मिट्टी और गंदगी के विशाल समुद्र ने घेर रखा है और बहुसंख्यक लोग उन स्थानों का प्रतिनिधित्व करते थे।

भारत नगरों से किसी भी तरह अपरिचित नहीं रहा। प्राचीन भारत में, नगर देश के अंगभूत भाग थे जो मूलरूप से शेष सारे देश और समग्र समाज से सम्बन्धित थे। वे संस्कृति के सुमन की भाँति तथा राष्ट्र की कलात्मक उत्कृष्टता के परिचायक थे। आधुनिक नगर केवल दूसरों के शिकार करने वाले परजीवीमात्र हैं जो देश को कमजोर बना रहे हैं।

इसीलिए गाँधीजी ने 'गाँवों की ओर लौट चलो' यह ग्राम आन्दोलन प्रारम्भ किया था। उनके मतानुसार यह आन्दोलन ही भारत को स्वतंत्रता दिलवा सकता था और स्वतंत्रता को सुरक्षित रख सकता था। राष्ट्र की स्वतंत्रता के लिए अपनायी गयी उनकी रणनीति में ग्रामीण विकास गर्व का स्थान रखता था। इस प्रकार ग्रामीण विकास का उद्गम स्वतंत्रता संग्राम के मूल में सन्निहित है।

1. लोग ग्रामीण विकास में अत्यधिक रुचि ले रहे हैं क्योंकि—
   A. उन्हें इसकी अपरिहार्यता का अनुभव हो चुका है
   B. वे घोर स्वास्थ्य-समस्याओं से दुःखी हैं
   C. निकट भविष्य में कुछ भी सार्थक करना सम्भव नहीं है
   D. अब वे इसके सम्बन्ध में आशावादी हो गए हैं

2. परिच्छेद के अनुसार निम्नलिखित में से कौन-सा 'सहारा' (उत्तोलक का काम करने वाला) है?
   A. अभौतिक विकास
   B. ग्रामीण जीवन में अवरोधन
   C. ग्रामीण जनता के स्तर को ऊँचा उठाना
   D. समाज के कुछ खास वर्गों को प्रबुद्ध बनाना

3. निम्नलिखित में से लेखक की दृष्टि से कौन-सी सर्वाधिक दुःखद घटना है?
   A. ग्रामों में लोगों की अमानवीय दशा
   B. ग्रामीण लोगों में स्व की दुर्दशा की ओर से निराशावाद
   C. ग्रामीण विकास के महत्त्व का एहसास होने की कमी
   D. नगर निवासियों के द्वारा ग्रामीणजनों का शोषण

4. इस परिच्छेद के सन्दर्भ में निम्नलिखित में से कौन-सा कथन सत्य नहीं है?
   A. तीसरी दुनिया के देशों की ग्रामीण जनता की यह सोच है कि उनकी अवमानवीय स्थिति सुधर नहीं सकती।
   B. तीसरी दुनिया के देशों के लोगों का जीवन-स्तर केवल ग्रामीण विकास द्वारा उठाया जा सकता है।
   C. आधुनिक नगरों में रहने वाले अधिकांश धनाढ्य लोग वास्तव में ग्रामीण विकास के सम्बन्ध में चिन्तित हैं।
   D. किसी भी प्रकार की अन्य उन्नति और विकास के लिए ग्रामीण विकास सर्वप्रथम आवश्यक है।

5. ग्रामीण विकास को भारत के स्वातंत्र्य आन्दोलन का एक अंग समझा गया था, क्योंकि—
   A. केवल ग्रामों में ही शाही रुचि निवास करती थी
   B. देश मुख्य रूप से ग्रामों से बना था
   C. गाँधीजी पश्चिमी उपनिवेशवाद के विरुद्ध थे
   D. उस समय वास्तविक भारत ब्रिटिश हुकूमत के मातहत था

6. तीसरी दुनिया के देशों में लोगों के रहन-सहन के स्तर—
   A. बहुत शीघ्रता से सुधर रहे हैं
   B. किसी भी सुधार के लिए निरापद हैं
   C. सुधार लाने के बड़े से बड़े उपाय के बावजूद अमानवीय है
   D. एक जानवर की स्थिति से किसी भाँति अच्छे नहीं हैं

7. निम्नलिखित में कौन-सा कथन आधुनिक नगरों वाली दो विपरीत दुनिया का सबसे उपयुक्त वर्णन करता है?
   A. कुछ धनी लोग और अधिक गरीब लोग
   B. चमक-दमक का क्षेत्र और धनाढ्य लोग
   C. वाणिज्यिक तथा औद्योगिक शोषण
   D. पश्चिमी उत्पादों के संरक्षक तथा शाही रुचियों के पोषक

8. परिच्छेद के सन्दर्भ में निम्नलिखित में से कौन-सा कथन सत्य है?
   A. तीसरी दुनिया के अधिकांश देशों का त्वरित गति से नगरीकरण हो रहा है।
   B. भारत का स्वतंत्रता आन्दोलन ग्रामीण विकास का अंगभूत समझा जाता है।
   C. ग्रामीण जनता अपनी दशा सुधारने के बारे में बहुत आशावादी है।
   D. वर्तमान सन्दर्भ में अज्ञान, निर्धनता तथा रुग्ण-स्वास्थ्य ग्रामीण जीवन के अविभाज्य अंग हैं।

9. वह शब्द चुनिए जो परिच्छेद में प्रयुक्त शब्द 'मुख्य रूप से' जैसा हो।
   A. रोगी
   B. असंदिग्ध रूप से
   C. अभाव रूप से
   D. स्पष्ट रूप से दिखायी देने वाला

10. परिच्छेद में प्रयुक्त 'सुधारने के लिए' शब्द का विपरीतार्थक शब्द चुनिए।
    A. खराब होना
    B. कम होना
    C. शीघ्र पूरा करना
    D. जल्दी करना

खण्ड II: तार्किक एवं विश्लेषणात्मक चिन्तन

निर्देश (प्र.सं. 11–14): *नीचे दिए गए अवतरण को पढ़कर उसके बाद दिए गए प्रश्नों के उत्तर दीजिए।*

किसी घन की छः सतहों को लाल, सफेद, नीला, काला व हरे रंग से इस प्रकार रंगा गया है कि काला रंग ऊपरी सतह पर, हरा रंग नीचे की सतह पर तथा शेष दिए हुए क्रम में चार रंग वामावर्त दिशा में (घड़ी के उल्टे क्रम में) रंगे गए हैं। अब निम्न प्रश्नों (11–14) के उत्तर दें, यदि प्रारम्भ में लाल रंग आपकी तरफ हो।

11. यदि घन को क्षैतिज तरीके से पहले 180° घुमाया जाए और फिर नीचे से ऊपर की तरफ 180° घुमाया जाए, तो कौन

से रंग की सतह नीचे की तरफ होगी?

A. सफेद B. नीला
C. पीला D. काला

12. यदि घन को प्रारंभिक दशा से दक्षिणावर्त (दाएँ से बाएँ) क्षैतिज तरीके से 180° घुमाया जाए और फिर नीचे से ऊपर की ओर 90° घुमाया जाए, तो घन की कौन से रंग की सतह आपके सामने होगी?

A. हरा B. लाल
C. नीला D. काला

13. उपर्युक्त प्रश्न (12) में कौन से रंग की सतह आपके सामने बायीं ओर होगी?

A. लाल B. हरा
C. सफेद D. पीला

14. पीले, हरे और सफेद रंगों के मध्य कौन सा/से रंग होगा/होंगे?

A. लाल
B. नीला
C. लाल और नीला
D. लाल और पीला

निर्देश (15-18): *नीचे दिए गए चित्र में चाय पीने वालों को वर्ग, कॉफी पीने वालों को त्रिभुज, ठण्डा पेय पीने वालों को वृत्त द्वारा दर्शाया गया है। चित्र के अध्ययन के आधार पर प्रश्नों (15-18) के उत्तर दीजिए।*

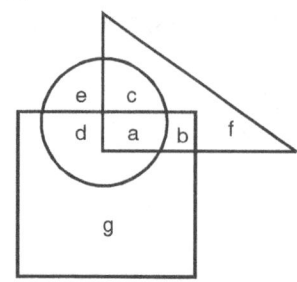

15. ठण्डा पेय न पीने वाले वे व्यक्ति जो चाय तथा कॉफी पीते हैं, किस अक्षर द्वारा प्रदर्शित किए गए हैं?

A. a B. b
C. c D. d

16. कॉफी न पीने वाले वे व्यक्ति जो चाय तथा ठण्डा पेय पीते हैं, किस अक्षर द्वारा प्रदर्शित किए गए हैं?

A. a B. b
C. c D. d

17. चाय, कॉफी तथा ठण्डा पेय पीने वाले व्यक्ति, किस अक्षर द्वारा प्रदर्शित किए गए हैं?

A. a B. b
C. c D. d

18. ठण्डा पेय तथा कॉफी पीने वाले व्यक्ति जो चाय नहीं पीते हैं, किस अक्षर द्वारा प्रदर्शित किए गए हैं?

A. a B. b
C. c D. d

निर्देश (19-22): *निम्नलिखित प्रश्नों में एक अधूरी शृंखला (जिसमें एक रिक्त स्थान है) दी गई है। दिए गए विकल्पों में से लुप्त संख्या (सर्वाधिक उपयुक्त) ज्ञात करें।*

19. 1, 4, 8, 11, 15 ? , 22

A. 19 B. 18
C. 17 D. 20

20. 1, 4, 9, 16 ?

A. 23 B. 24
C. 25 D. 30

21. 1, 3, 7, 15, 31, ?

A. 62 B. 63
C. 61 D. 71

22. 1, 2, 6, 24 ?

A. 120 B. 144
C. 30 D. 140

निर्देश (23-26): *नीचे दिए गए प्रत्येक प्रश्न में पाँच चित्र दिए गए हैं जिनमें पहला मुख्य संदर्भित चित्र है। शेष चार चित्रों में से एक ऐसा है जो अन्य तीन तथा मुख्य चित्र से भिन्न है। इस भिन्न चित्र की पहचान करें।*

सन्दर्भ चित्र **उत्तर चित्र**

23.

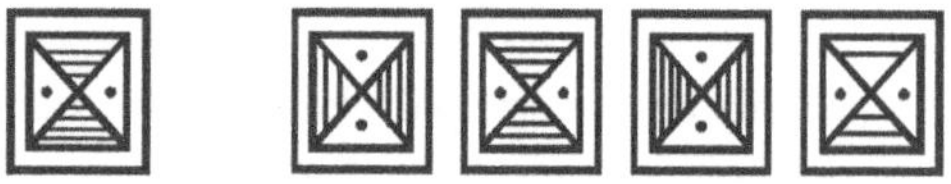

A B C D

24.

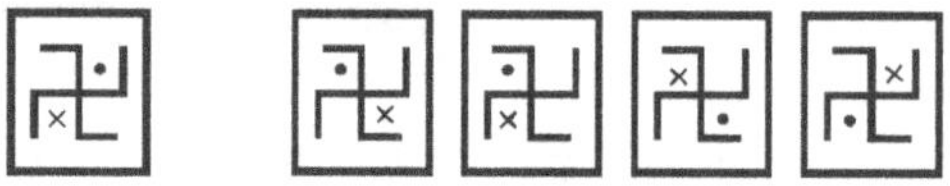

A B C D

25.

1400
1800
1000
2000
2200

A B C D

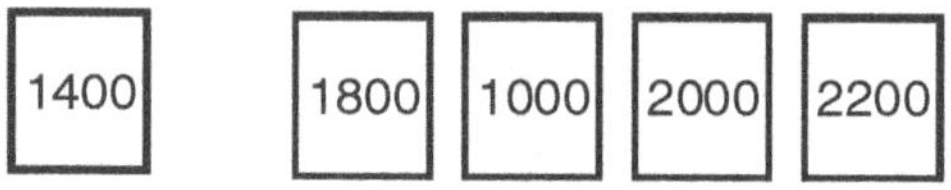

26.

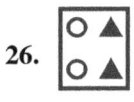

A B C D

निर्देश (प्र. सं. 27-30) : *निम्नलिखित प्रश्नों में पहले दो कथन दिए गए हैं और फिर उनसे निकाले गए दो निष्कर्ष दिए गए हैं। यह मानते हुए कि पहले दिए गए दोनों कथन (चाहे जैसे भी बेतुके क्यों न हों) सही हैं, आपको यह बताना है कि कौन-से निष्कर्ष दिए गए कथनों से तार्किक रूप से निकाले गए हैं। दिए गए विकल्पों में से सर्वाधिक उपयुक्त विकल्प का चयन करें।*

27. सभी बालक छात्र नहीं हैं।
कुछ छात्र नौकरी नहीं करते हैं।
निष्कर्ष :
I. कुछ बालक नौकरी नहीं करते हैं।
II. कुछ नौकरी करने वाले बालक नहीं हैं।
A. केवल I सही है
B. केवल II सही है
C. I व II दोनों सही हैं
D. I व II दोनों में से कोई भी सही नहीं है

28. सभी पशु कुत्ते हैं।
सभी बिल्लियाँ पशु हैं।
निष्कर्ष :
I. सभी बिल्लियाँ कुत्ते हैं।
II. सभी कुत्ते बिल्लियाँ हैं।
A. केवल I सही है
B. केवल II सही है
C. I व II दोनों सही हैं
D. I व II दोनों में से कोई भी सही नहीं है

29. सभी कुर्सियाँ कलम हैं।
सभी कलम पेन्सिल हैं।
निष्कर्ष :
I. कुछ पेन्सिल कुर्सियाँ हैं।
II. सभी कुर्सियाँ पेन्सिल हैं।
A. केवल I सही है
B. केवल II सही है
C. I व II दोनों सही हैं
D. I व II दोनों में से कोई भी सही नहीं है

30. कोई भी मानव पशु नहीं है।
कुछ पशु बुद्धिमान हैं।
निष्कर्ष :
I. कुछ मानव बुद्धिमान नहीं हैं।
II. कुछ बुद्धिमान जीव मानव हैं।
A. केवल I सही है
B. केवल II सही है
C. I व II दोनों सही हैं
D. I व II दोनों में से कोई भी सही नहीं है

खण्ड III: शैक्षिक एवं सामान्य चेतना

निर्देश : *सही उत्तर चुनिये।*

31. भारतीय राष्ट्रीय कांग्रेस की प्रथम महिला अध्यक्ष थीं–
A. सुचेता कृपलानी
B. राजकुमारी अमृत कौर
C. ऐनी बेसेंट
D. सरोजिनी नायडू

32. भारत में सबसे प्राचीन शिलालेख किस भाषा में थे?
A. प्राकृत B. पाली
C. संस्कृत D. ब्राह्मी

33. भारत में किस गवर्नर जनरल के काल में रेलवे सेवा प्रारम्भ हुई थी?
A. कर्जन B. डलहौजी
C. हार्डिंग D. रिपन

34. एक एथलीट को त्वरित स्फूर्ति के लिए क्या देना चाहिए?
A. कार्बोहाइड्रेट्स B. प्रोटीन
C. वसा (Fat) D. विटामिन्स

35. भारत में सबसे कम वर्षा वाला स्थान है–
A. लेह B. जैसलमेर
C. बीकानेर D. जोधपुर

36. गाय का दूध किस स्रोत से समृद्ध है?
A. विटामिन A B. विटामिन B
C. विटामिन C D. विटामिन D

37. भूकम्प का मापन होता है–
A. बैरोमीटर से B. लेज़र किरणों से
C. सीस्मोग्राफ से D. अल्टीमीटर से

38. मुदालियर आयोग (1952-53) ने क्या खोलने की सिफारिश की?
A. केन्द्रीय विद्यालय
B. बहु-उद्देशीय माध्यमिक विद्यालय
C. नवोदय विद्यालय
D. व्यावसायिक संस्थान

39. सर्वप्रथम सामान्य विद्यालय प्रणाली पर किसने जोर दिया?
A. राधाकृष्णन आयोग (1949)
B. मुदालियर आयोग (1953)
C. कोठारी आयोग (1966)
D. राष्ट्रीय शिक्षा नीति (1986)

40. प्राथमिक स्तर पर अपव्यय एवं अवरोध की समस्या पर गौर करने वाली सबसे पहली कमेटी थी—
A. हर्टोग कमेटी
B. श्री प्रकाश कमेटी
C. जाकिर हुसैन कमेटी
D. राम मूर्ति कमेटी

41. 'तुम मुझे खून दो, मैं तुम्हें आजादी दूँगा'' — यह किसने कहा?
A. भगत सिंह B. चन्द्रशेखर आजाद
C. सरदार पटेल D. सुभाष चन्द्र बोस

42. निम्नलिखित में से कौन-सा पंचशील का सिद्धांत नहीं है?
A. गुट निरपेक्ष
B. शान्तिपूर्ण सहअस्तित्व
C. अन्तर्राष्ट्रीय परस्पर मामलों में दखल न देना
D. एक दूसरे की राज्य सीमाओं तथा संप्रभुता का आदर करना

43. भारत में हीरे पाये जाने का स्थान है—
A. पन्ना (मध्य प्रदेश)
B. गोलकुण्डा (आन्ध्र प्रदेश)
C. खेतड़ी (राजस्थान)
D. गुलबर्गा (कर्नाटक)

44. सरकार के नियंत्रण से पूर्णतया स्वतंत्र तथा सरकारी अनुदान न लेने वाला भारत में प्रथम, मुक्त निजी विश्वविद्यालय था—
A. बनारस हिन्दू विश्वविद्यालय
B. अलीगढ़ मुस्लिम विश्वविद्यालय
C. महिला विश्वविद्यालय, पुणे
D. विश्व भारती, शान्तिनिकेतन

45. 'पाकिस्तान पेपर्स' के लेखक हैं—
A. ब्रिगेडियर एच.एस. सोढी
B. के.के. भार्गव
C. डॉ. सादिक हुसैन
D. मणि शंकर अय्यर

46. सन् 2010 के कॉमनवेल्थ खेलों का मेजबान कौन-सा शहर बनेगा?
A. लंदन B. नई दिल्ली
C. पेरिस D. मेलबोर्न

47. निम्न में से किस वृक्ष को अपनी वृद्धि के लिए सबसे कम पानी की आवश्यकता पड़ती है?
A. बबूल B. यूकेलिप्टिस
C. आम D. अमरूद

48. बहुतायत में चाँदी किस राज्य में पायी जाती है?
A. बिहार B. तमिलनाडु
C. राजस्थान D. कर्नाटक

49. निम्नलिखित में से कौन-सा जोड़ा गलत बना है?
A. दूरदर्शन — बेयर्ड
B. ट्रांजिस्टर — शौकले
C. टाइपराइटर — शोल्स
D. थर्मामीटर — सेल्सियस

50. भारत के मुख्य चुनाव आयुक्त होते हैं—
A. संसद में चुने हुए
B. प्रधानमंत्री द्वारा नामित
C. भारत के राष्ट्रपति द्वारा नियुक्त
D. संसदीय मामलों के मंत्रालय द्वारा नियुक्त

51. महात्मा गाँधी के साथ नज़रबन्द कस्तूरबा गाँधी की मृत्यु जिस आगा खाँ महल में हुए थी, वह कहाँ है?
A. बम्बई B. पुणे
C. अहमदाबाद D. बंगलौर

52. वूलर झील किस राज्य में है?
A. उड़ीसा B. गुजरात
C. जम्मू एवं कश्मीर D. मध्य प्रदेश

53. मण्डल पंचायतों की सिफारिश की गई—
   A. अशोक मेहता कमेटी द्वारा
   B. बलवन्त राय कमेटी द्वारा
   C. नरसिंहम कमेटी द्वारा
   D. सरकारिया आयोग द्वारा

54. भारतीय संविधान कितने भागों में विभाजित है?
   A. 22
   B. 20
   C. 18
   D. 16

55. 'बाल अधिकारों' के सम्बन्ध में संयुक्त राष्ट्र-संघ के सम्मेलन के अनुसार निम्नलिखित में से कौन-सा सही नहीं है?
   A. सुरक्षित पेयजल
   B. उपयुक्त जीवन स्तर
   C. रोजगार
   D. शोषण से सुरक्षा

खण्ड IV: शिक्षण-अधिगम एवं विद्यालय

निर्देश : *सही उत्तर का चयन कीजिए।*

56. बुनियादी शिक्षा का विचार देने वाले हैं—
   A. डॉ. जाकिर हुसैन
   B. डॉ. राजेन्द्र प्रसाद
   C. महात्मा गाँधी
   D. रबीन्द्रनाथ टैगोर

57. विद्यालय में शिक्षा की गुणवत्ता का सर्वाधिक महत्त्वपूर्ण परिचायक है—
   A. विद्यालयों में आधारिक-संरचना सुविधाएँ
   B. पाठ्य-पुस्तकें तथा शिक्षण-अधिगम सामग्री
   C. कक्षाकक्ष प्रणालियाँ
   D. छात्रों की उपलब्धि का स्तर

58. छात्रों की अधिगम सम्बन्धी कठिनाइयों का सबसे अच्छा निदान है—
   A. उन्हें कठिन परिश्रम करने की सलाह दी जाए
   B. उन्हें प्राइवेट ट्यूशन करने का सुझाव दिया जाए
   C. पुस्तकालय में पर्यवेक्षित अध्ययन
   D. उपचारात्मक अध्यापन

59. सेवारत् अध्यापकों के प्रशिक्षण को प्रभावी बनाया जा सकता है—
   A. समय से पहले ही तैयार किए गए प्रशिक्षण पैकेज का प्रयोग करने से
   B. इसे आवासीय बना देने से
   C. सहभागिता उपागम का उपयोग करने से
   D. प्रशिक्षण अनुवर्ती क्रियाविधि को अभ्यास में लाने से

60. बाल-श्रम विरोधी कानून (1986)—
   A. 14 वर्ष तक की आयु के बालकों के सभी प्रकार के श्रम पर रोक लगाता है
   B. केवल जोखिमभरे कार्यों में बाल-श्रम करने को रोकता है
   C. विद्यालय के समय में बाल-श्रम पर रोक लगाता है
   D. बालकों की शिक्षा का दायित्व उनके नियोक्ताओं पर सौंप कर बाल-श्रम पर रोक लगाता है

61. जीवन में सफल होने के लिए छात्रों को क्या करने के लिए प्रोत्साहित करना चाहिए?
   A. चयनित अध्ययन
   B. आकस्मिक अध्ययन
   C. गहन अध्ययन
   D. कण्ठस्थीकरण करके सीखना

62. छात्रों की अनुपस्थिति की आदत के विषय में—
   A. प्रधानाध्यापक तथा माता-पिता को चिन्ता करनी चाहिए
   B. विद्यालय के अधिकारियों द्वारा नियमानुसार उन पर कार्यवाही करनी चाहिए
   C. अध्यापकों द्वारा इसे गम्भीरता से लेना चाहिए
   D. जो कक्षा में उपस्थित रहते हैं उन छात्रों की अपेक्षा उन्हें कम वरीयता देनी चाहिए

63. पाठ्य-सहगामी क्रियाओं का आयोजन करना किसका दायित्व होना चाहिए?
   A. प्रधानाध्यापक का
   B. इस कार्य के लिए नियुक्त अध्यापक का
   C. उन अध्यापकों का जो इसमें रुचि रखते हैं
   D. सभी अध्यापकों का

64. जो छात्र अन्य ऐसी पुस्तकों का उद्धरण देकर अन्य प्रकार से प्रश्न हल करते हैं जिन्हें अध्यापक ने निर्धारित नहीं किया है तो उन्हें—

A. हतोत्साहित करना चाहिए
B. प्रोत्साहित करना चाहिए
C. कक्षा के बाहर अध्यापक से बात करने की सलाह देनी चाहिए
D. परीक्षाओं में अच्छे अंक प्राप्त करने के लिए कक्षा के नोट्स को अपनाने की सलाह देनी चाहिए

65. अनुभवी अध्यापकों से किसी पाठ की विस्तृत पाठ-योजना की अपेक्षा नहीं करनी चाहिए क्योंकि—
A. इसके बिना ही वे अच्छा पढ़ा सकते हैं
B. जिज्ञासु छात्र बहुत ही कम होते हैं
C. यदि कोई गलती भी हो जाए तो उन्हें किसी चुनौती का सामना नहीं करना पड़ता
D. अब तक उन्होंने जो विशेषज्ञता प्राप्त की है उससे वे संक्षिप्त रूपरेखा द्वारा काम चला सकते हैं

66. शिक्षा का उद्देश्य होना चाहिए—
A. छात्रों में व्यावसायिक दक्षताओं का विकास करना
B. छात्रों में सामाजिक जागरूकता का विकास करना
C. छात्रों को परीक्षाओं के लिए तैयार करना
D. छात्रों को जीवन के लिए तैयार करना

67. गृह कार्य (Homework) जाँचने का सबसे अच्छा उपाय है—
A. प्रबुद्ध छात्रों द्वारा इसे सम्पन्न करा देना
B. कक्षा में सामूहिक रूप से उत्तरों की जाँच करा देना
C. नमूने के आधार पर इन्हें जाँच डालना
D. नियमित रूप से स्वयं अध्यापक/अध्यापिका द्वारा उनकी जाँच करना

68. छात्रों का सामयिक परीक्षण होना चाहिए ताकि—
A. छात्रों की प्रगति उनके अभिभावकों को सूचित की जा सके
B. नियमानुसार निर्धारित अभ्यास करवाया जा सके
C. छात्रों को अन्तिम परीक्षाओं के लिए प्रशिक्षित किया जा सके
D. परिणामों से प्राप्त प्रतिपुष्टि के आधार पर सुधारात्मक उपाय अपनाए जा सके

69. छात्रों के अनुत्तीर्ण होने पर समझना चाहिए कि—
A. व्यवस्था ही असफल हो गयी है
B. अध्यापक की असफलता है
C. पाठ्य-पुस्तकों की असफलता है
D. व्यक्तिगत छात्र की असफलता है

70. अध्यापकों के प्रशिक्षण की आवश्यकताओं को वास्तविक रूप से पहचाना जा सकता है—
A. उनके बारे में अध्यापकों से पूछकर
B. अध्यापकों के पर्यवेक्षकों से पूछकर
C. अध्यापकों के कार्यकलापों के रेखाचित्र का विश्लेषण करने से
D. छात्रों के निष्पत्ति प्रदत्तों का प्रभावी विश्लेषण करके

71. बीच में ही विद्यालय छोड़कर अध्ययन विरत होने की समस्या का अच्छी तरह निराकरण हो सकता है—
A. पाठ्यक्रम के भार को कम करने से
B. अध्यापकों की समानुभूति से
C. विद्यालय के आकर्षक पर्यावरण से
D. प्रोत्साहन प्रदान करने से

72. आदर्श अध्यापक वह होता है जो—
A. पूरे पाठ्यक्रम को पढ़ाता है
B. छात्रों को अधिगम में सहायता पहुँचाता है
C. मित्र, दार्शनिक तथा मार्गदर्शक होता है
D. अनुशासन रखना चाहता है

73. सार्वजनिक परीक्षा प्रणाली (Public Examination System) चलन में रहनी चाहिए क्योंकि—
A. यह तुलना के लिए अच्छी है
B. इसकी व्यापक स्वीकृति है
C. इससे विद्यालय में शिक्षण-अधिगम को उन्नत होने का अवसर मिलता है
D. अध्यापक विश्वास के पात्र नहीं हैं

74. देश में राष्ट्रीय वयस्क शिक्षा कार्यक्रम शुरू किया गया—
A. 2 अक्तूबर, 1978 से
B. 28 अक्तूबर, 1978 से
C. 2 अगस्त, 1978 से
D. 28 अगस्त, 1978 से

75. अध्यापकों के उत्प्रेरण एवं उनकी प्रतिबद्धता को विकसित किया जा सकता है—
A. उन्हें ऊँचे वेतनमान देकर
B. सेवान्तर्वर्ती प्रशिक्षण देकर
C. प्राइवेट ट्यूशन करने की स्वीकृति देकर
D. उनके परीक्षा परिणामों के आधार पर उन्हें व्यावसायिक सहारा प्रदान करके

76. विद्यालय के बाहर रह गए बच्चों की पाठ्यचर्चा के लिए आवश्यक घटक होना चाहिए–

A. साहित्यिक दक्षताएँ
B. जीवन की कुशलताएँ
C. संख्यात्मक दक्षताएँ
D. व्यावसायिक दक्षताएँ

77. करदाता प्राथमिक शिक्षा के लिए अपना योगदान अदा कर रहे हैं–

A. आयकर देकर
B. ट्यूशन शुल्क देकर
C. व्यक्तिगत ट्यूशनों के लिए धन देकर
D. शिक्षा उपकर देकर

78. बालिकाओं की शिक्षा को प्राथमिकता देनी चाहिए क्योंकि–

A. लड़कियाँ, लड़कों की अपेक्षा अधिक होशियार होती हैं
B. लड़कियाँ संख्या में लड़कों से कम हैं
C. भूतकाल में लड़कों की तुलना में लड़कियों के साथ भेदभाव किया गया है
D. केवल लड़कियाँ ही सामाजिक परिवर्तन का नेतृत्व करने में सक्षम हैं

79. सम्मिलित (Inclusive) शिक्षा की सफलता निर्भर है–

A. समुदाय के सहारे पर
B. शिक्षण-अधिगम सामग्रियों की उच्चकोटि की गुणवत्ता पर
C. पाठ्य-पुस्तकों की उत्कृष्टता पर
D. अध्यापकों में अभिवृत्यात्मक परिवर्तन पर

80. विद्यालयी शिक्षा की गुणवत्ता अत्यधिक निर्भर करती है–

A. आधारभूत सुविधाओं पर
B. वित्तीय प्रावधानों पर
C. अंतर्राष्ट्रीय सहारे पर
D. अध्यापक शिक्षा की गुणवत्ता पर

भाग—ख

खण्ड–V: विषयगत सक्षमता

(i) विज्ञान

81. निम्नलिखित में से किस रंग का तरंगदैर्ध्य सबसे कम होता है?

A. लाल B. नारंगी
C. पीला D. बैंगनी

82. एक डीजल इंजन में ईंधन किससे ज्वलित होता है?

A. स्पार्क प्लग से
B. तरल ऑक्सीजन से
C. सिलेंडर में हवा के दबाए जाने से उत्पन्न ऊष्मा से
D. आंशिक निर्वात के अंतर्गत हुए वाष्पीकरण से

83. प्लूटो के कितने चंद्रमा होते हैं?

A. कोई नहीं B. एक
C. दो D. छः

84. चंद्रमा पर किसी वस्तु का भार होगा–

A. उस वस्तु के पृथ्वी पर भार का 1/5
B. उस वस्तु के पृथ्वी पर भार का 1/6
C. उस वस्तु के पृथ्वी पर भार का 1/7
D. उस वस्तु के पृथ्वी पर भार का 1/100

85. रासायनिक द्रव्यों की जीवधारियों पर क्रिया के वैज्ञानिक अध्ययन को क्या कहते हैं?

A. फार्मेसी (औषधनिर्माण विज्ञान)
B. फार्माकोग्नोसी
C. फार्माकोलोजी (भेषजगुण विज्ञान)
D. जैवरसायन

86. दियासलाई की तिल्ली बनाने में निम्नलिखित में से किसका उपयोग होता है?

A. पोटैशियम
B. सोडियम
C. सफेद फॉस्फोरस
D. लाल फॉस्फोरस

87. फ्लैमिंग ने किस चीज की खोज की थी?

A. विटामिन ए B. वैक्सीन
C. सल्फोनैमाइड D. पेनिसिलिन

88. प्रतिदीप्तिशील नलिका के अंदर वह कौन-सा पदार्थ होता है जिससे प्रकाश उत्सर्जित होता है?

A. नाइट्रोजन B. मर्करी वाष्प
C. सोडियम सायनाइड D. वायु

89. उस जैविक प्रक्रिया का क्या नाम है जिससे जीन में परिवर्तन होते हैं?

A. अनुकूलन B. विकास
C. प्राकृतिक चयन D. उत्परिवर्तन

90. एग्रोनोमी किसके अध्ययन को कहते हैं?

A. कृषि उपयोगी पशुओं के व्यवहार
B. क्षेत्र, फसल उत्पादन तथा मृदा
C. कृषि सम्बन्धी पादपों के नाम
D. उपर्युक्त सभी

91. असमतापी प्राणी वे प्राणी होते हैं जिनका—

A. रक्त ठण्डा होता है
B. रक्त लाल न होकर नीला होता है
C. शरीर ताप आसपास के ताप के साथ परिवर्तित हो जाता है
D. शरीर ताप सदैव समान रहता है

92. मत्स्य खेती के लिए पारिभाषिक शब्द क्या है?

A. एवीकल्चर B. सेरीकल्चर
C. पिसीकल्चर D. जूकल्चर

93. आँखों का वह दृष्टि दोष क्या कहलाता है जिसके कारण व्यक्ति दूर की वस्तुओं को स्पष्ट रूप से नहीं देख पाता है?

A. हाइपरमेट्रोपिया B. लाँग साइटिडनैस
C. एस्टिग्मैटिज़्म D. मायोपिया

94. अमीबा द्वारा निम्नलिखित में से कौन-सा रोग होता है?

A. पक्षाघात B. हैजा
C. पेचिश D. टाइफाइड बुखार

95. रात के समय भूमि से समुद्र की ओर चलने वाली पवन को क्या कहते हैं?

A. सामान्य समीर B. समुद्री समीर
C. स्थली समीर D. शीत समीर

96. गिट्टी (डॉटस) को पासे (डाइस) पर इस तरीके से रखा जाता है कि किन्हीं दो विपरीत किनारों पर गिट्टियों का योग सदैव होता है—

A. 9 B. 7
C. 6 D. 8

97. यदि पृथ्वी घूर्णन नहीं करती तो—

A. कोई ऋतुएँ नहीं होती
B. पृथ्वी का आधा भाग सदैव सूर्य की ओर होता
C. उत्तरी गोलार्ध में कभी ग्रीष्म-ऋतु न होती
D. उपर्युक्त सभी

98. भू-पर्पटी पर सर्वाधिक प्रचुरता में पाया जाने वाला तत्त्व कौन-सा है?

A. ऑक्सीजन B. सिलिकॉन
C. ऐलुमिनियम D. लोहा

99. हरित क्रांति नामक शब्द का सम्बन्ध किससे है?

A. दुग्ध उत्पादन में वृद्धि
B. सब्जी उत्पादन में वृद्धि
C. कृषि में डॉ. ग्रीन की सहभागिता
D. फसल उत्पादन में वृद्धि

100. जब कोई व्यक्ति अपना रक्तदान करता है तो उसका लगभग कितना रक्त लिया जाता है?

A. 250–300 मिली. B. 1000 मिली.
C. 1–2 लिटर D. 50 मिली.

(ii) गणित

101. $\dfrac{\sqrt{\dfrac{1+a}{1-a}}+\sqrt{\dfrac{1-a}{1+a}}}{\sqrt{\dfrac{1+a}{1-a}}-\sqrt{\dfrac{1-a}{1+a}}}-\dfrac{1}{a}$ का मान है—

A. 0 B. 1
C. a D. $2+a$

102. यदि $p=x+y$ तथा $q=x-y$, तो व्यंजक $\dfrac{p+q}{p-q}-\dfrac{p-q}{p+q}$ का मान है—

A. $\dfrac{x^2-y^2}{4xy}$ B. $\dfrac{x^2-y^2}{xy}$
C. $\dfrac{x^2+y^2}{2xy}$ D. 0

103. किसी संख्या का एक-तिहाई उसकी अगली संख्या के एक सहित एक-चौथाई से बड़ा है। संख्या है–

A. 27 B. 39
C. 15 D. 18

104. जब दुहराए जाने वाले दशमलव 0.363636 ..... को सरलतम भिन्न के रूप में लिखा जाए, तो अंश और हर का योगफल होगा–

A. 135 B. 114
C. 45 D. 15

105. कुछ लोगों ने एक समान भुगतान किया और जिससे 72 रु. इकट्ठे हुए। यदि उनमें तीन व्यक्ति कम होते, तो प्रत्येक व्यक्ति को 4 रु. अधिक देने पड़ते, तो व्यक्तियों की संख्या क्या थी?

A. 12 B. 9
C. 36 D. 6

106. 61 रु. की राशि को A, B तथा C में बाँटा गया। B की अपेक्षा A दुगुना प्राप्त करता है तथा C, A और B दोनों को मिलाकर उनसे पाँच रु. कम प्राप्त करता है। C कितनी राशि प्राप्त करता है?

A. 22 रु. B. 33 रु.
C. 28 रु. D. 11 रु.

107. 2.5 का 6.4% है–

A. 16 B. 1.6
C. 0.6 D. 0.16

108. A और B की आमदनियों का अनुपात 9:7 है। उनके खर्चों का अनुपात 4:3 है। यदि उनमें से प्रत्येक व्यक्ति प्रति माह 200 रु. बचत करता है, तो A की मासिक आय कितनी है?

A. 3,600 रु. B. 1,400 रु.
C. 2,700 रु. D. 1,800 रु.

109. $2+4+6+ \ldots\ldots +98+100$ शृंखला का योगफल है–

A. 2601 B. 2550
C. 2499 D. 1545

110. यदि $\sin A = \frac{24}{25}$, तो $\tan A + \sec A$ का मान, जहाँ $\theta° < A < 90°$ है–

A. 7 B. 5
C. 1 D. $\frac{24}{7}$

111. यदि बहुपदों (Polynomials) $x^3 - 3x^2 + px + 24$ तथा $x^2 - 7x + q$ का महत्तम समापवर्तक (H.C.F.) $(x-2)$ है, तो $(p+q)$ का मान है–

A. 0 B. 20
C. – 20 D. 40

112. $\frac{3\sin 62°}{\cos 28°} - \frac{\sec 42°}{\operatorname{cosec} 48°}$ का मान है–

A. 0 B. 1
C. –1 D. 2

113. एक घन का हर कोना 50% बढ़ा दिया जाए तो घन के पृष्ठीय क्षेत्रफल में कितने प्रतिशत की वृद्धि होगी?

A. 50 B. 100
C. 125 D. 200

114. एक गोलाकार शंख का बाहर का व्यास 10 सेमी है तथा अन्दर का व्यास 8 सेमी है। शंख में रखी हुई धातु का आयतन है ($\pi = \frac{22}{7}$ प्रयोग करें)–

A. 255.6 सेमी^{3}
B. 2044.9 सेमी^{3}
C. 265.3 सेमी^{3}
D. 523.8 सेमी^{3}

115. 7 मीटर तथा 12 मीटर की ऊँचाई के दो खम्भे समतल मैदान में खड़े हैं। यदि दोनों के पैर तले के बीच की दूरी का अन्तर 12 मीटर है, तो उनके सिरों के बीच की दूरी का अन्तर है–

A. 5 मी B. 13 मी
C. 15 मी D. 20 मी

116. एक समचतुर्भुज के विकर्णों की लम्बाइयाँ 24 सेमी तथा 10 सेमी हैं। समचतुर्भुज की भुजा है–

A. 14 सेमी B. 17 सेमी
C. 13 सेमी D. 12 सेमी

117. 25 निरीक्षणों का माध्य 36 है। यदि पहले 13 निरीक्षणों का माध्य 32 है और अन्तिम 13 निरीक्षणों का माध्य 39 है, तो 13 वाँ निरीक्षण है–

A. 26 B. 25
C. 24 D. 23

118. त्रिभुज ABC की भुजाओं के मध्य-बिन्दु (1, 1), (3, –3) तथा (4, 5) हैं। त्रिभुज ABC के केन्द्रक के निर्देशांक हैं–

A. $\left(\frac{8}{3}, 1\right)$ B. $\left(\frac{8}{3}, 3\right)$

C. $\left(3, \frac{8}{3}\right)$ D. $\left(1, \frac{8}{3}\right)$

119. दो सिक्के एक साथ उछाले जाएँ तो कम-से-कम एक चित (हेड) प्राप्त करने की प्रायिकता होगी—

A. $\frac{1}{4}$ B. $\frac{3}{4}$

C. $\frac{1}{2}$ D. 1

120. एक दुर्ग में 600 मनुष्य हैं। यदि उनमें से प्रत्येक को 180 ग्राम राशन प्रतिदिन दिया जाए, तो वह राशन 25 दिन के लिए पर्याप्त है। यदि 300 मनुष्य और बढ़ जाएँ और राशन प्रतिदिन 150 ग्राम किया जाए, तो अब कितने दिन के लिए यह राशन पर्याप्त होगा?

A. 20 दिन B. 16 दिन

C. 28 दिन D. 30 दिन

(iii) सामाजिक विज्ञान

121. सन् 2004 में "हेरिटेज फाउन्डेशन एवं वाल स्ट्रीट जनरल" में प्रकाशित "इकोनामिक फ्रीडम सूची" में भारत का कौन-सा स्थान है?

A. 84 B. 71

C. 121 D. 90

122. सन् 1857 के विद्रोह के भड़कने के समय गवर्नर-जनरल कौन था?

A. डलहौजी B. केनिंग

C. कर्जन D. लॉरेंस

123. केन्द्र एवं राज्यों के राजस्व घाटे को शून्य तक करने हेतु, बारहवें वित्त आयोग ने कब तक के लिये सिफारिश की थी—

A. 2005-2006 B. 2006-2007

C. 2007-2008 D. 2008-2009

124. सन् 2005 के केन्द्रीय बजट में वित्त मंत्री ने FBT नाम के नए कर का प्रस्ताव किया था। FBT शब्द का पूरा नाम क्या है?

A. फिस्कल बेनीफिट टैक्स B. फ्रिंज बेनीफिट टैक्स

C. फिक्स्ड बेनीफिट टैक्स D. इनमें से कोई नहीं

125. फाजिल था?

A. नोबेल को मिलने वाला अतिरिक्त भुगतान

B. इक्तेदार द्वारा एक्सचेकर को अधिक मात्रा में भुगतान की गई धनराशि।

C. वेतन के मद में आवंटित धनराशि

D. उपरोक्त में से कोई नहीं

126. निम्नलिखित में से कौन-सा सांविधिक निकाय नहीं है?

A. निर्वाचन आयोग B. केन्द्रीय लोक सेवा आयोग

C. योजना आयोग D. वित्त आयोग

127. निम्नलिखित देशों में से कौन-सा देश 'करकोसर' का सदस्य नहीं है?

A. ब्रोजील B. पैरागुए

C. पेरू D. चिल

128. कौन-सा सिद्धांत जिगसा फिट के उपयोग का समर्थन करता है?

A. टाइडल परिकल्पना B. टेट्रा हेड्रल परिकल्पना

C. अपरदन का चक्र D. कान्टीनेंटल ड्रिफ्ट सिद्धांत

129. प्रसिद्ध 'टस्कारोरा द्वीप' कहां पर स्थित है?

A. यू.एस.ए. के समीप B. ऑफ जापान

C. ऑफ लक्षद्वीप D. ऑस्ट्रेलियन कोस्ट के समीप

130. सन् 2000-2002 के दौरान निम्नलिखित में से किस देश में कुशल बेरोजगारों के समग्र स्तर में अधिकतम वृद्धि हुई?

A. भारत B. चीन

C. फ्रांस D. सं.रा. अमेरिका

131. ऋग्वेद के अन्तर्गत हैं—

A. 1028 मंत्र B. 1000 मंत्र

C. 2028 मंत्र D. 1038 मंत्र

132. हिमझंझावात .... क्षेत्र की विशेषताएँ हैं।

A. भूमध्यरेखीय

B. उष्णकटिबन्धीय

C. दक्षिण ध्रुवीय (एन्टार्कटिक)

D. शीतोष्ण (टेम्परेट)

133. निम्नलिखित में से कौन-सा हड़प्पन स्थल उत्तर प्रदेश में स्थित है?

A. कालीबंगा B. बनवाली

C. आलमगीरपुर D. सुत्काजनदोर

134. प्रधानमंत्री मनमोहन सिंह ने किस राज्य के सामाजिक तथा आर्थिक विकास की दीर्घकालीन योजना बनाने के लिए एक कार्य बल का गठन किया है?

A. तमिलनाडु B. मणिपुर
C. जम्मू एवं कश्मीर D. उत्तरांचल

135. हाँगकाँग कितने द्वीपों से बना है?

A. 235 B. 245
C. 205 D. 206

136. कॉमनवेल्थ बैंक किस देश से सम्बन्धित है?

A. ऑस्ट्रेलिया B. न्यूजीलैण्ड
C. यूनाइटेड किंग्डम D. फिलीपीन

137. NIFE का सम्बन्ध किससे है?

A. एक फसल B. एक उपकरण
C. एक समुद्री जीव D. एक प्रकार की चट्टान

138. सन् 1918 में मद्रास लेबर यूनियन का प्रारम्भ किसने किया था?

A. कांजी द्वारकादास तथा उमर सोभानी
B. जी. रामनजुलु नाइडू तथा जी.सी. चेट्टी
C. टी.के. मुरलीधर तथा एच.बी. महादुवले
D. सी.के. अन्नादुराई तथा के.टी. रामचंदर

139. निम्नलिखित में से किस नदी को बहु जनसंख्या के कारण जैविक रेगिस्तान कहा जाता है?

A. ब्रह्मपुत्र B. गंगा
C. दामोदर D. यमुना

140. भागीरथी और अलकनन्दा मिलकर गंगा का निर्माण कहाँ करती हैं?

A. कर्ण प्रयाग B. देव प्रयाग
C. रुद्र प्रयाग D. गंगोत्री

(iv) ENGLISH

141. Choose the word which is opposite in meaning to the word 'Tentative'.

A. Developed B. Final
C. Immediate D. Urgent

142. Which word is opposite in meaning to the underlined word in the sentence – 'His <u>meanness</u> is proverbial?

A. Timidity B. Kindness
C. Generosity D. Pragmatism

143. Choose the synonym 'Voracious'.

A. Hungry B. Wild
C. Quick D. Angry

144. Choose the synonym of the underlined word in the sentence – 'Reading of poetry is not <u>congenial</u> to his taste.'

A. Helpful B. Preferable
C. Suited D. Beneficial

145. Choose the appropriate word that can substitute – 'Animals that can live on land as well as water.'

A. Amorphous B. Ambivalent
C. Ambiguous D. Amphibian

146. One who cannot be corrected' may be substituted by the word:

A. Incurable B. Incorrigible
C. Invulnerable D. Hardened

147. Choose the correctly spelt word.

A. Surveillance B. Survaillance
C. Surveilance D. Survellance

148. Choose the misspelt word.

A. Comment B. Appraise
C. Behaviour D. Mentenance

149. Choose what best expresses the meaning of the idiom "To meet one's Waterloo'.

A. To die fighting
B. To meet one's final defeat
C. To die an ignobale death
D. To meet a strong adversary

150. Choose the most appropriate preposition from the given four alternatives. A good judge never jumps .... the conclusion.

A. to B. at
C. on D. for

151. Choose the Passive Voice of 'Who teaches you English?'

A. English is taught by whom?

B. By whom will you be taught English?
C. By whom were you taught English?
D. By whom are you being taught English?

152. Choose the correct Indirect speech of — I said to my brother, "Let us go to some hill station for a change."
A. I permitted my brother to go to some hill station for a change.
B. I suggested to my brother that we should go to some hill station for a change.
C. I asked my brother to go to some hill station for a change.
D. I asked my brother if he would go to some hill station for a change.

153. Pick out the most appropriate word to fill in the blank in the sentence. "There is no doubt that one has to keep .... with the changing times."
A. pace   B. himself
C. aside   D. oneself

154. Choose the correct preposition to complete the sentence.
"I shall not desert you .... all the world."
A. by   B. for
C. with   D. from

155. Who wrote the poem "Rape of the Lock"?
A. Chaucer   B. Pope
C. Dryden   D. Shakespeare

156. Who wrote the novel "Sons and Lovers"?
A. Lawrence B. Austen
C. Bronte   D. Hardy

157. Who wrote the play "Man and the Superman"?
A. Shakespeare B. Eliot
C. Shaw   D. Yeats

158. The communicative approach to Language Teaching – Learning lays stress on
A. translation   B. language use
C. grammar   D. usage of structures

159. Name the author of "The Inheritance of Loss".
A. Arundhati Roy
B. Anita Desai
C. Kiran Desai
D. Simon Armitage

160. Wordsworth was a poet of which period in literature?
A. Age of Reason
B. Romantic Period
C. Victorian Period
D. Modern Period

(v) हिन्दी

निर्देश (161-165): *नीचे दिए गए गद्यांश को ध्यान से पढ़िए और बाद में पूछे गए प्रश्नों के उत्तर दीजिए।*

शिष्टजनों द्वारा अनुष्ठित आचरण मात्र कल्पना-उद्भूत सामाजिक शिष्टाचार नहीं है अपितु गंभीर वैज्ञानिक रहस्यों से ओत-प्रोत ऐसा संस्कार है जो मानव जीवन में गुणाधान प्रक्रिया को प्रशस्त करता है। भारतीय संस्कृति में शिष्टाचार का श्रीगणेश सामाजिक व्यवहार के सिंहद्वार — अभिवादन से होता है। ईश्वराभिवादन, पूज्यजनों को प्रणाम, नमस्कार, प्राञ्जलि, अञ्जलिपुट, प्रणिपात, नामोच्चारणपूर्वक नमन, प्रदक्षिणापूर्वक सम्मान तथा साष्टांग प्रणाम पर्यायभेद से अभिवादन के ही विविध रूप हैं। प्रतिदिन या विशिष्ट अवसरों पर कर्म में सफलता और दीर्घायुष्य-प्राप्ति हेतु माता-पिता तथा गुरुजनों को अभिवादन करना केवल भारतीय संस्कृति में ही विद्यमान है। अध्यात्म-विज्ञान की मान्यता है कि किसी वरेण्य व्यक्ति के आगमन पर प्राणस्पन्दन की गति ऊर्ध्वमुखी होकर ऊर्जस्वित हो जाती है। उनका आशीर्वाद प्राप्त कर प्राण ऊर्जावान् बन जाते हैं। आज अन्य क्षेत्रों की भाँति शिष्टाचार के विधि-विधान में प्रदूषण और अवमूल्यन निर्बाध गति से हो रहा है। 'हाय', 'ही', 'हलो' करने वालों को भला हाथ जोड़कर मस्तक झुकाना कैसे रास आ सकता है? त्याग-वैराग्यसम्पन्न अल्पवयस्क या वयोवृद्धों को अभिवादन करना हमारी पुरातन आचार-पद्धति है।

गद्यांश के आधार पर निम्नलिखित प्रश्न (161 से 165), संभावित उत्तर विकल्पों के साथ दिए गए हैं। सही विकल्प को चुनिए।

161. शिष्टाचार का प्रथम सोपान क्या है?
A. कुशलक्षेम पूछना
B. मुस्कराते हुए बात करना
C. अभिवादन करना
D. भेंट देना

162. गुरुजनों को अभिवादन करने का कौन-सा कृत्य विधिसम्मत नहीं है?
   A. चरण स्पर्श करना
   B. हाथ जोड़कर सिर झुकाना
   C. साष्टांग प्रणाम करना
   D. हाथ मिलाना

163. आशीर्वाद ग्रहण करने का वैज्ञानिक रहस्य क्या है?
   A. मन प्रसन्न हो जाता है
   B. प्राण ऊर्जस्वित हो जाते हैं
   C. असम्भव कार्य सम्भव हो जाता है
   D. हमारा आत्मविश्वास बढ़ता है

164. सामाजिक कुशलता प्राप्त करने का सिंहद्वार क्या है?
   A. श्रीगणेश का पूजन
   B. सहभोज का आयोजन
   C. प्रत्येक व्यक्ति को अपना गुरु मानना
   D. विधिपूर्वक यथायोग्य अभिवादन

165. 'सबहिं मानप्रद आप अमानी' का अभिप्राय है—
   A. स्वयं सम्मान की चाह न कर सबको सम्मान देना
   B. सबके मान की परवाह करने से पहले अपनी चिन्ता करना
   C. मान पाकर आपा न खोना
   D. अपने सम्मान के समान दूसरों का भी सम्मान करना

निर्देश (166-180) : निम्नलिखित प्रत्येक प्रश्न के साथ चार-चार विकल्प दिए गए हैं। सही विकल्प चुनिए।

166. मलिक मोहम्मद जायसी की 'पद्मावत' किस भाषा में है?
   A. उर्दू   B. फारसी
   C. अवधी   D. मगधी

167. संस्कृत भाषा की इनमें से कौन-सी लिपि है?
   A. देवनागरी   B. ब्राह्मी
   C. गुरुमुखी   D. शारदा

168. 'छायावाद' किस काल की प्रवृत्ति है?
   A. आदिकाल   B. भक्तिकाल
   C. आधुनिक काल   D. किसी काल की नहीं

169. कौन-सी वर्तनी शुद्ध है?
   A. श्रीहरी   B. पूज्यनीय
   C. मनःकामना   D. कवित्री

170. इनमें अशुद्ध वाक्य कौन-सा है?
   A. मैंने थोड़ी देर बाद जाना है।
   B. आप सपरिवार आमंत्रित हैं।
   C. कृपया हमारे घर आइए।
   D. आप जब भी आयें, मुझसे मिलें।

171. 'अभिमुख होने' के अर्थ में किस मुहावरे का प्रयोग है?
   A. छत्तीस का आँकड़ा होना
   B. एक और एक ग्यारह होना
   C. निन्यानवे का चक्कर
   D. तिरेसठ की तरह होना

172. उपरि + उक्त मिलकर सन्धिष्ठ पद क्या होगा?
   A. उपरुक्त   B. उपर्युक्त
   C. उपरोक्त   D. उप्रयुक्त

173. 'रसोईघर' का समास-विग्रह है—
   A. रसोई का घर   B. रसोई और घर
   C. रसोई के लिए घर D. घर की रसोई

174. निविदा किसे कहते हैं?
   A. अपील करना   B. टेण्डर
   C. विदाई-समारोह   D. प्रार्थना-पत्र

175. 'वह मेरी बात चुपचाप सुन रहा था।' इस वाक्य में रेखांकित पद क्या है?
   A. क्रिया-विशेषण   B. विशेषण
   C. संज्ञा   D. अव्यय

176. 'कण्ठ' का विशेषण होगा—
   A. कण्ठी   B. काठी
   C. कण्ठक   D. कण्ठ्य

177. तो पर वारौं उरबसी, सुनि राधिके सुजान।
    तू मोहन के उरबसी, है उरबसी-समान।।
    इस दोहे में यमक अलंकार किस शब्द के कारण है?
   A. वारौं   B. सुजान
   C. समान   D. उरबसी

178. 'विनयपत्रिका' किसकी रचना है?
   A. केशवदेव   B. तुलसीदास
   C. बिहारीलाल   D. मैथिलीशरण गुप्त

179. 'जिसने प्रणय पाथेय माना जीत उसकी ही रही' इस काव्य-पंक्ति में क्या भाव है?
   A. जीवन-संघर्ष में कायर की हार होती है
   B. निरन्तर संघर्षरत रहने वाला जीतता है
   C. प्रेमयुक्त जीवन सदा विजयी होता है
   D. प्रेम ही संघर्षपूर्ण जीवन का विरामस्थल है

180. 'यथाशक्ति' शब्द में कौन-सा समास है?
   A. अव्ययीभाव   B. तत्पुरुष
   C. कर्मधारय   D. बहुव्रीहि

उत्तरमाला

1	2	3	4	5	6	7	8	9	10
A	C	B	C	B	D	A	D	D	A
11	12	13	14	15	16	17	18	19	20
D	A	C	C	B	D	A	C	B	C
21	22	23	24	25	26	27	28	29	30
B	A	D	B	C	C	A	A	B	A
31	32	33	34	35	36	37	38	39	40
C	D	B	A	B	A	C	A	D	D
41	42	43	44	45	46	47	48	49	50
D	A	A	D	D	B	A	C	D	C
51	52	53	54	55	56	57	58	59	60
B	C	B	A	A	C	D	D	D	A
61	62	63	64	65	66	67	68	69	70
C	C	D	B	D	D	D	D	A	D
71	72	73	74	75	76	77	78	79	80
D	B	C	A	A	D	D	C	A	A
81	82	83	84	85	86	87	88	89	90
D	A	A	B	A	D	D	A	D	B
91	92	93	94	95	96	97	98	99	100
C	C	D	C	D	B	D	C	D	A
101	102	103	104	105	106	107	108	109	110
A	B	C	D	B	C	D	D	B	A
111	112	113	114	115	116	117	118	119	120
A	D	C	A	B	C	D	A	B	A
121	122	123	124	125	126	127	128	129	130
C	D	D	D	B	C	B	A	B	A
131	132	133	134	135	136	137	138	139	140
A	A	C	B	A	A	A	C	B	A
141	142	143	144	145	146	147	148	149	150
B	B	A	C	D	B	A	D	B	A
151	152	153	154	155	156	157	158	159	160
A	B	A	D	B	A	C	B	C	B
161	162	163	164	165	166	167	168	169	170
C	D	B	D	A	C	A	C	B	A
171	172	173	174	175	176	177	178	179	180
D	B	A	B	A	D	D	B	B	A

कुछ चुने हुए प्रश्नों के व्याख्यात्मक उत्तर

101. $\dfrac{\sqrt{\dfrac{1+a}{1-a}} + \sqrt{\dfrac{1-a}{1+a}}}{\sqrt{\dfrac{1+a}{1-a}} - \sqrt{\dfrac{1-a}{1+a}}} - \dfrac{1}{a}$ $= \dfrac{\dfrac{1+a+1-a}{\sqrt{1-a^2}}}{\dfrac{1+a-1+a}{\sqrt{1-a^2}}} - \dfrac{1}{a}$

$= \dfrac{2}{2a} - \dfrac{1}{a} = 0$

102. यहाँ $p = x + y$ एवं $q = x - y$

$\therefore \dfrac{p+q}{p-q} - \dfrac{p-q}{p+q}$

$= \dfrac{x+y+x-y}{x+y-x+y} - \dfrac{x+y-x+y}{x+y+x-y}$

$= \dfrac{2x}{2y} - \dfrac{2y}{2x} = \dfrac{x}{y} - \dfrac{y}{x} = \dfrac{x^2 - y^2}{xy}$

103. माना कि संख्या $= x$
और, अगली संख्या $= x + 1$
प्रश्न से, $\dfrac{1}{3}x - \dfrac{1}{4}(x+1) = 1$
$\Rightarrow 4x - 3x - 3 = 12$
$\Rightarrow x = 15$

104. माना $x = 0.363636$ ...(i)
दोनों तरफ 100 से गुणा करने पर
$100x = 36.363636....$ ...(ii)
समीकरण (ii) में से समीकरण (i) को घटाने पर
$99x = 36$
$\therefore x = \dfrac{36}{99} = \dfrac{4}{11}$
अतः अंश और हर का योगफल = 15

105. माना कि व्यक्तियों की संख्या $= x$
प्रश्नानुसार,
$\dfrac{72}{x-3} - \dfrac{72}{x} = 4$
$\Rightarrow \dfrac{72[x - x + 3]}{x(x-3)} = 4$
$\Rightarrow x^2 - 3x - 54 = 0$
$\Rightarrow (x+6)(x-9) = 0$
$x = -6$ (असम्भव) या, $x = 9$

106. माना कि B की राशि $= x$
और A की राशि $= 2x$
और C की राशि $= 3x - 5$
प्रश्न से,
$x + 2x + (3x - 5) = 61$

$\Rightarrow 6x = 66$
$\therefore x = 11$
अतः C की राशि $= 3 \times 11 - 5 = 28$ रु.

107. 2.5 का 6.4% $= \dfrac{6.4}{100} \times 2.5 = 0.16$

108. माना कि A की आय $= 9x$
और B की आय $= 7x$
पुनः A का व्यय $= 4y$
और B का व्यय $= 3y$
प्रश्न से,
$9x - 4y = 200$ ...(i)
और $7x - 3y = 200$ ...(ii)
हल करने पर $x = 200$
अतः A की आय $= 9 \times 200 = 1800$ रु.

109. यहाँ $a = 2$
$d = 2$
$t_n = a + (n-1)d$
$\Rightarrow 100 = 2 + (n-1) \times 2$
$\therefore x = \dfrac{100}{2} = 50$
$S_n = \dfrac{n}{2}\{2a + (n-1) \times d\}$
$= \dfrac{50}{2}\{2 \times 2 + (50-1) \times 2\} = 2550$

110. $\because \sin A = \dfrac{24}{25}$
$\cos A = \sqrt{1 - \sin^2 A}$
$= \sqrt{1 - \left(\dfrac{24}{25}\right)^2} = \sqrt{\dfrac{49}{625}} = \dfrac{7}{25}$
अतः $\tan A + \sec A$
$= \dfrac{\sin A}{\cos A} + \dfrac{1}{\cos A}$
$= \dfrac{1 + \sin A}{\cos A} = \dfrac{1 + \dfrac{24}{25}}{\dfrac{7}{25}} = \dfrac{49}{7} = 7$

111. चूँकि बहुपदों $x^3 - 3x^2 + px + 24$ और $x^2 - 7x + q$ का महत्तम समापवर्तक $(x - 2)$ है

अतः $x = 2$ का मान बहुपदों में रखने पर,

$$(2)^3 - 3(2)^2 + p \times 2 + 24 = 0$$
$$2p = -20$$
$$\therefore \quad p = -10$$

पुनः $(2)^2 - 7 \times 2 + q = 0$

$$4 - 14 + q = 0$$
$$\therefore \quad q = 10$$
$$\therefore \quad p + q = -10 + 10 = 0$$

112. $\dfrac{3 \sin 62°}{\cos 28°} - \dfrac{\sec 42°}{\text{cosec } 48°}$

$= \dfrac{3\sin(90° - 28°)}{\cos 28°} - \dfrac{\sec 42°}{\text{cosec }(90 - 42°)}$

$= \dfrac{3 \cos 28°}{\cos 28°} - \dfrac{\sec 42°}{\sec 42°}$

$= 3 - 1 = 2$

113. माना कि घन की प्रत्येक भुजा = x

प्रत्येक भुजा को 50% बढ़ाने पर,

नई भुजा = $x + \dfrac{1}{2}x = \dfrac{3}{2}x$

घन का पृष्ठीय क्षेत्रफल = $6x^2$

नये घन का पृष्ठीय क्षेत्रफल = $6\left(\dfrac{3}{2}x\right)^2 = \dfrac{27}{2}x^2$

पृष्ठीय क्षेत्रफल में वृद्धि = $\dfrac{27}{2}x^2 - 6x^2 = \dfrac{15x^2}{2}$

अतः प्रतिशत वृद्धि = $\dfrac{\frac{15x^2}{2}}{6x^2} \times 100 = 125$

114. गोलाकार शंख का आयतन = $\dfrac{4}{3}\pi\,(R^3 - r^3)$

दिया है $\quad R = 5$ सेमी

$r = 4$ सेमी

$$\therefore \quad V = \frac{4}{3}\pi\left[(5)^3 - (4)^3\right]$$
$$= \frac{4}{3} \times \frac{22}{7}[125 - 64]$$
$$= 255.619$$

≈ 255.62 घन सेमी

115.

AB = 7 मीटर

CD = 12 मीटर

BC = AE = 12 मीटर

DE = CD – CE

= CD – AB

= 12 – 7 = 5 मीटर

$\therefore \quad AD^2 = AE^2 + DE^2$

$= (12)^2 + (5)^2$

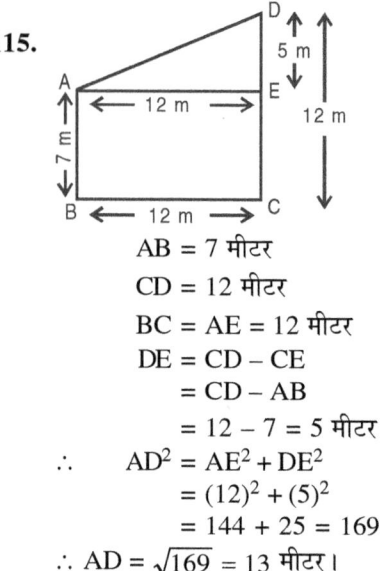

$= 144 + 25 = 169$

$\therefore$ AD = $\sqrt{169}$ = 13 मीटर।

116. यहाँ $d_1 = 24$ सेमी

$d_2 = 10$ सेमी

समचतुर्भुज की भुजा

$= \dfrac{1}{2}\sqrt{d_1^2 + d_2^2} = \dfrac{1}{2}\sqrt{(24)^2 + (10)^2}$

$= \dfrac{1}{2}\sqrt{576 + 100} = \dfrac{1}{2}\sqrt{676} = \dfrac{1}{2} \times 26 = 13$ सेमी

117. 25 निरीक्षणों का कुल योग = 25×36

= 900

प्रथम 13 निरीक्षणों का कुल योग = $13 \times 32 = 416$

अंतिम 13 निरीक्षणों का कुल योग = $13 \times 39 = 507$

अंतः 13 वां निरीक्षण का अंक

= 416 + 507 – 900

= 923 – 900 = 23

118. $\dfrac{x_1 + x_2}{2} = 1$

$\Rightarrow \quad x_1 + x_2 = 2 \qquad ...(i)$

और $\dfrac{y_1 + y_2}{2} = 1$

$\Rightarrow \quad y_1 + y_2 = 2 \qquad ...(ii)$

पुनः $\dfrac{x_2 + x_3}{2} = 3$

$\Rightarrow \quad x_2 + x_3 = 6 \qquad ...(iii)$

और $\dfrac{y_2 + y_3}{2} = -3$

$\Rightarrow \quad y_2 + y_2 = -6 \qquad ...(iv)$

$$\frac{x_3 + x_1}{2} = 4$$
$\Rightarrow \quad x_1 + x_3 = 8 \quad ...(v)$

$$\frac{y_3 + y_1}{2} = 5$$
$\Rightarrow \quad y_1 + y_3 = 10 \quad ...(vi)$

समीकरण (i), (iii) और (v), को जोड़ने पर,
$2(x_1 + x_2 + x_3) = 16$
$\therefore \quad x_1 + x_2 + x_3 = 8$
$\therefore \quad \dfrac{x_1 + x_2 + x_3}{3} = \dfrac{8}{3}$

इसी प्रकार, समीकरण (ii), (iv) और (vi) को जोड़ने पर
$2(y_1 + y_2 + y_3) = 6$
$\therefore \quad y_1 + y_2 + y_3 = 3$
$\therefore \quad \dfrac{y_1 + y_2 + y_3}{3} = 1$

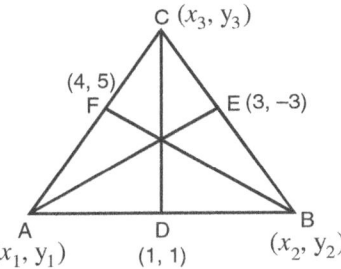

अतः त्रिभुज ABC के केन्द्रक निर्देशांक = $\left(\dfrac{8}{3}, 1\right)$.

119. $S = (HT)(HT)$
$ = (H, H)(HT), (TH)(TT)$
$n(S) = 4$
$E = (HH)(TH)(HH)$
$n(E) = 3$

∴ कम-से-कम चित (हेड) प्राप्त होने की प्रायिकता,

$$P = \frac{n(E)}{n(S)} = \frac{3}{4}$$

120. प्रत्येक आदमी का प्रतिदिन का राशन = 180 ग्राम
∴ 600 आदमियों का प्रतिदिन का राशन
$= 600 \times 180$ ग्राम

अतः 600 आदमियों का 25 दिन का राशन = $600 \times 180 \times 25 = 2700$ किग्रा

अब 300 आदमी बढ़ जाने से कुल आदमियों की संख्या
$= 600 + 300 = 900$

अतः प्रतिदिन राशन की कुल मात्रा
$= 900 \times 150$ ग्राम
$= 135000$ ग्राम
$= 135$ किग्रा

∴ दिनों की कुल संख्या = $\dfrac{2700}{135} = 20$ दिन।

पिछले प्रश्न–पत्र
(हल सहित)

IGNOU B.Ed. प्रवेश परीक्षा, 2006

भाग-अ

खंड-I : सामान्य हिन्दी बोध

निर्देशः *निम्नलिखित परिच्छेद को ध्यान से पढ़ें तथा उसके नीचे दिए गए प्रश्नों के चार वैकल्पिक उत्तरों में से सर्वाधिक उपयुक्त उत्तर को छांटे।*

शैक्षिक योजना का उद्देश्य सभी उम्र के वर्ग समूहों की कुल जनसंख्या की शैक्षिक आवश्यकताओं की पूर्ति करना होना चाहिए। निस्संदेह प्राथमिक स्तर से विश्वविद्यालयी स्तर तक शिक्षा का तीन स्तरीय पदानुक्रम परम्परागत शिक्षा की संरचना का सार भाग है तथापि हमें परिधीय शिक्षा जो उतनी ही महत्त्वपूर्ण है, की अवहेलना नहीं करनी चाहिए। आधुनिक अवस्थाओं के अंतर्गत, कार्यकर्त्ताओं को अपने उत्साह को तरोताजा करने की आवश्यकता है अथवा उन्हें एक नई दिशा में बढ़ने या अपने कौशलों को विश्वविद्यालयी प्रोफेसर के स्तर तक बढ़ाने की आवश्यकता है। सेवानिवृत और वृद्धों की भी अपनी आवश्यकताएँ होती हैं। शैक्षिक योजना ऐसी होनी चाहिए जिसमें प्रत्येक की आवश्यकताओं को ध्यान में रखा जाए। शिक्षा की हमारी संरचना इस मान्यता पर आधारित है कि शिक्षा का एक सीमावर्ती बिन्दु होता है। आजकल यह मूलभूत त्रुटि और अधिक हानिकारक बन गई है। एडगर फौरे तथा अन्य सदस्यों द्वारा रचित युनेस्को का 'लर्निंग टू बी' नामक प्रतिवेदन, जो 1973 में प्रकाशित हुआ, यह दावा करता है कि बच्चों की शिक्षा द्वारा स्व-अधिगम के विभिन्न रूपों के लिए भावी प्रौढ़ तैयार होने चाहिएँ। एक व्यवहार्य भावी शिक्षा पद्धति में ऐसे मोड्यूल होने चाहिए जिसमें विभिन्न प्रकार के प्रकार्य सम्मिलित हों और वह विविध सामाजिक अवयवों के लिए उपयोगी हों और प्रमाण-पत्रों का आधार अध्ययन अवधि न होकर निष्पादन होना चाहिए। इसकी इबारत पहले से ही दीवार पर लिखी हुई है।

इस बात या तथ्य को ध्यान में रखते हुए कि जीवन-पर्यन्त अधिगम या आजन्म शिक्षा के प्रति प्रतिबद्धता के महत्त्व को आजकल शैक्षिक रूप से विकसित देशों में भी विवेचित किया जा रहा है, परंतु इस बात की सम्भाव्यता कि यह विचार शैक्षिक चिंतन का अभिन्न अंग बन जाए बहुत दूर की बात है। क्योंकि इस दिशा में आगे बढ़ने का अर्थ है वर्तमान शैक्षिक संगठनों की पुनर्व्यवस्था से कुछ अधिक करना। कम-से-कम विभिन्न वर्गों के वयस्क अध्येताओं के लिए मुक्त विश्वविद्यालयी प्रोग्राम विकसित करके और परम्परागत महाविद्यालयों और विद्यालयों में प्रसार-सेवाएँ आरंभ करके इसका शुभारंभ किया जा सकता है। साथ ही इन संस्थाओं को चाहिए कि असंख्य सामुदायिक संगठनों, जैसे पुस्तकालय, संग्रहालय, म्युनिसिपल मनोरंजन कार्यक्रम, स्वास्थ्य सेवाएँ आदि, के साथ सहयोग करते रहें।

1. लेखक का मुख्य बल किस बात पर है?
- A. परम्परागत पद्धतियों को सुदृढ़ किया जाना चाहिए।
- B. औपचारिक शिक्षा, गैर-औपचारिक शिक्षा से अधिक महत्त्वपूर्ण है
- C. व्यक्ति को सीखना कभी बंद नहीं करना चाहिए
- D. मुक्त शिक्षा प्रणाली का कोई विकल्प नहीं है

2. निम्नलिखित में से कौन-सा कथन लेखक के प्रयोजन को वर्णित करता है?
- A. वर्तमान शैक्षिक प्रणाली की आलोचना करना
- B. वर्तमान शैक्षिक प्रणाली को मजबूत बनाना
- C. गैर-परम्परागत शैक्षिक संगठनों का समर्थन करना
- D. इनमें से कोई नहीं

3. परिच्छेद के अनुसार, वर्तमान शैक्षिक संरचनाएँ निम्नलिखित में से किसको मान्यता देती है?
- A. सभी व्यक्तियों को उनकी आवश्यकताओं के अनुसार शिक्षित किया जा सकता है
- B. वर्तमान में शैक्षिक योजना बहुत अधिक व्यवहार्य है
- C. शिक्षा एक निश्चित समय में पूर्ण होने वाली प्रक्रिया है
- D. जीवन-पर्यन्त शिक्षा (अधिगम) पर चर्चाएँ चलती रहनी चाहिए

4. दिए गए परिच्छेद के संदर्भ में निम्नलिखित में से कौन-सा सही नहीं है?
   A. जीवन-पर्यन्त शिक्षा एक आधुनिक अवधारणा है
   B. कर्मियों का ज्ञान तथा उनके कौशलों का निरंतर रूप से अद्यतन होते रहना चाहिए
   C. 'लर्निंग टू बी' नामक ग्रंथ इस बात का समर्थन करता है कि शिक्षा का एक सीमांत बिन्दु होता है
   D. विद्यालयों तथा महाविद्यालयों में भी विस्तार सेवाएँ आरंभ की जानी चाहिए

5. लेखक के अनुसार, 'जीवन-पर्यन्त शिक्षा' की अवधारणा है
   A. इतनी पुरानी जितनी परम्परागत शिक्षा होती है
   B. जो अभी भी निर्माण अवस्था में हो
   C. जो विकसित देशों में प्रचलित है
   D. जो व्यवहार्य अथवा वांछनीय न हो

6. जीवन-पर्यन्त शिक्षा को शैक्षिक संरचना के साथ समेकित करने का अभिप्राय होगा—
   A. परम्परागत विद्यालयों और महाविद्यालयों को बंद कर देना
   B. सभी औपचारिक पाठ्यक्रमों के लिए अधिक समयावधि
   C. वर्तमान शैक्षिक संगठनों का सामान्य पुनर्व्यवस्थापन
   D. इनमें से कोई नहीं

7. परिच्छेद के संदर्भ में इस वाक्य का क्या अर्थ है "इसकी इबारत पहले से ही दीवार पर लिखी हुई है"?
   A. आजकल सभी कुछ अनिश्चित है
   B. परिवर्तन पहले से ही हो चुके हैं
   C. परिवर्तन के संकेत पहले ही स्पष्ट हैं
   D. आप भविष्य को परिवर्तित नहीं कर सकते

8. निम्नलिखित में से कौन-सा शब्द परिच्छेद में प्रयुक्त 'पूर्ति करना' शब्द के अर्थ के सबसे समीप है?
   A. पहुँच   B. संपर्क करना
   C. आरंभ करना   D. संतुष्ट करना

9. परिच्छेद में प्रयुक्त 'अभिन्न' शब्द का विपरीतार्थक शब्द निम्नलिखित में से कौन-सा है?
   A. अनिवार्य   B. स्वतंत्र
   C. मुख्य या प्रधान D. लघु या अप्रधान

10. परिच्छेद में प्रयुक्त शब्द 'परिधीय' का विपरीतार्थक शब्द निम्नलिखित में से कौन-सा है?
    A. वास्तविकता   B. सैद्धांतिक सुझाव
    C. बहुत मजाकिया D. लगभग असंभव

खण्ड—II: तार्किक एवं विश्लेषणात्मक चिन्तन

निर्देशः निम्नलिखित प्रश्नों (11 से 15) में अंक अथवा अंग्रेजी वर्णों की शृंखला दी गई है। आपको लुप्त (?) अंक या वर्ण दिए गए उत्तरों में से पहचानना है ताकि इसका सम्बन्ध शेष से वही हो।

11. 1, 3, 9, ?, 81
    A. 12   B. 15
    C. 27   D. 25

12. A, E, ?, O, U
    A. F   B. I
    C. G   D. L

13. 1, 2, 6, 24, 120, ?
    A. 144   B. 480
    C. 600   D. 720

14. 37, 47, 58, ?, 79, 89
    A. 67   B. 68
    C. 69   D. 71

15. 1221, 2442, 3663, 4884, ?
    A. 5885   B. 6105
    C. 6006   D. 8448

निर्देशः निम्नलिखित प्रश्नों (16 से 20) में लुप्त स्थान (? अंकित) के लिए दिए गए विकल्पों में से उपयुक्त पद ज्ञात कीजिए।

16. LUNCH : OWQEK : : DINNER : ?
    A. HJPOIS   B. HKPPIT
    C. GKQPHT   D. GKPOHT

17. AUTHENTIC : AVTIEOTJC : : GENUINE : ?
    A. GFNUIPE   B. GFNVIOE
    C. GFNVJOE   D. GFVNOJE

18. ODOUR : ? : : SMELL : PPBOI
    A. LGLXO   B. LGKXP
    C. LALIO   D. LGMYP

19. COMMERCE : FSRSLVLO : : BEGIN : ?
    A. EHKNU   B. EIMOV
    C. EIKNU   D. EILOU

20. TREASON : ? : : REWARD : UHZDUG
    A. WUGCURQ   B. WUHDWRQ
    C. WUHDVRQ   D. WGHDVRQ

निर्देश : निम्नलिखित प्रश्नों (21 से 25) में प्रत्येक प्रश्न में दो कथन तथा दो निष्कर्ष दिए गए हैं। प्रथम दोनों कथनों को सत्य मानते हुए (चाहे ये कथन कितने ही बेतुके क्यों न हों) आप यह निर्णय करें कि कौन-से निष्कर्ष केवल दिए गए कथनों से तार्किक रूप से निकाले गए हैं। दिए गए विकल्पों में सर्वाधिक उपयुक्त विकल्प का चयन करें।

21. सभी सेब फल हैं।
    कोई भी फल सब्जी नहीं है।
    निष्कर्ष :
    I. सभी सेब सब्जियाँ हैं।
    II. सभी फल सेब हैं।
    A. केवल I सही है
    B. केवल II सही है
    C. I व II दोनों सही हैं
    D. I व II दोनों में से कोई भी सही नहीं है

22. सभी घड़ियाँ मशीन हैं।
    सभी मशीनें सजीव हैं।
    निष्कर्ष :
    I. सभी मशीनें घड़ियाँ हैं।
    II. सभी घड़ियाँ सजीव हैं।
    A. केवल I सही है
    B. केवल II सही है
    C. I व II दोनों सही हैं
    D. I व II दोनों में से कोई भी सही नहीं है

23. कुछ पक्षी गुड़िया हैं।
    सभी पशु गुड़िया हैं।
    निष्कर्ष :
    I. सभी पक्षी गुड़िया हैं।
    II. सभी पशु गुड़िया हैं।
    A. केवल I सही है
    B. केवल II सही है
    C. I व II दोनों सही हैं
    D. I व II दोनों में से कोई भी सही नहीं है

24. सभी लेन्स दर्पण हैं।
    सभी दर्पण ब्रुश हैं।
    निष्कर्ष :
    I. सभी लेन्स ब्रुश हैं।
    II. सभी ब्रुश लेन्स हैं।
    A. केवल I सही है
    B. केवल II सही है
    C. I व II दोनों सही हैं
    D. I व II दोनों में से कोई भी सही नहीं है

25. सभी पशु पक्षी नहीं हैं।
    कुछ पशु मेरुदण्डी हैं।
    निष्कर्ष :
    I. सभी पक्षी मेरुदण्डी हैं।
    II. कुछ पक्षी पशु हैं।
    A. केवल I सही है
    B. केवल II सही है
    C. I व II दोनों सही हैं
    D. I व II दोनों में से कोई भी सही नहीं है

निर्देश : निम्नलिखित प्रश्नों (26 से 30) में चार आकृतियों में तीन आपस में किसी तरह सम्बन्धित हैं, आप चौथी बेमेल आकृति को पहचानें।

26.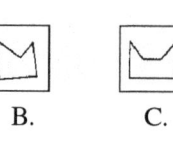
    A.   B.   C.   D.

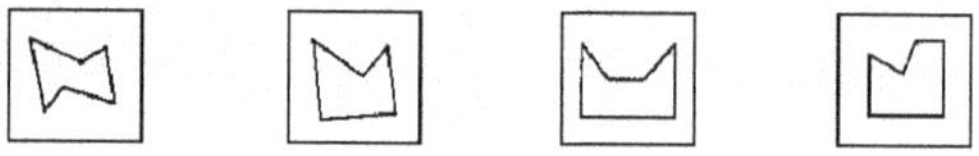

27.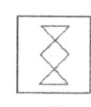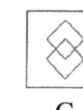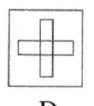
    A.   B.   C.   D.

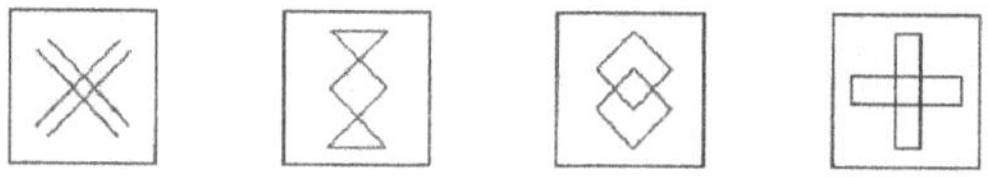

28.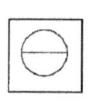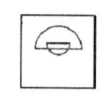
    A.   B.   C.   D.

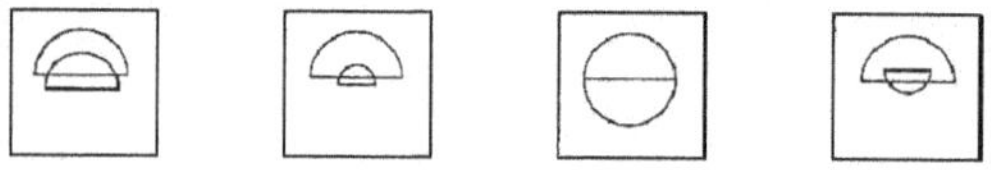

29.
    A.   B.   C.   D.

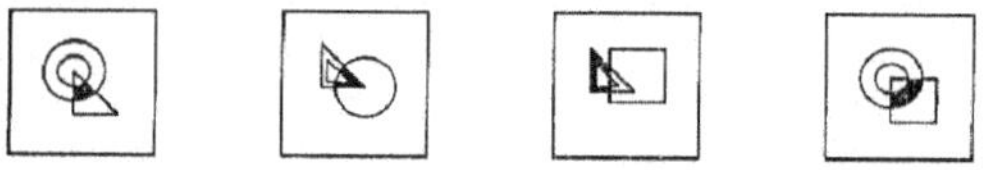

30.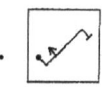
    A.   B.   C.   D.

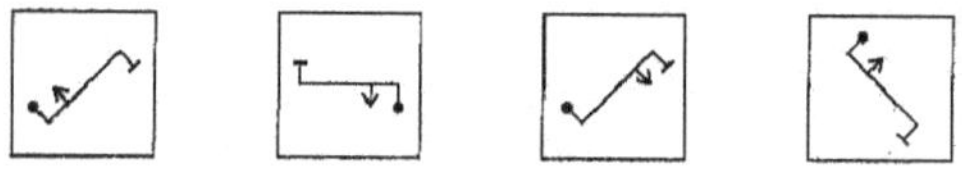

खण्ड—III: शैक्षिक एवं सामान्य चेतना

निर्देश : *सही उत्तर चुनिए।*

31. निम्नलिखित में से किसने सभी तीनों गोल मेज काफ्रेंस में भाग लिया था?

A. मदन मोहन मालवीय

B. महात्मा गांधी

C. मोहम्मद अली जिन्ना

D. डॉ. बी.आर. अम्बेडकर

32. सिन्धु घाटी सभ्यता की लिपि कौन-सी थी?

A. ब्राह्मी B. तमिल

C. खरोष्ठी D. अकोडीकृत

33. 'विंग्स ऑफ फायर' पुस्तक के लेखक कौन हैं?

A. अरुन्धती रॉय B. ए.बी. वाजपेयी

C. ए.पी.जे. अब्दुल कलाम D. वी.एस. नायपॉल

34. 'लुगानो ट्रॉफी' किस सर्वश्रेष्ठ टीम के व्यक्तियों को दी जाती है?

A. बैडमिन्टन B. पथ चलन (रोड वॉकिंग)

C. हॉकी D. क्रिकेट

35. छः वर्ष से लेकर चौदह वर्ष तक के बच्चों को शिक्षा का मौलिक अधिकार प्रदान किया गया है

A. 73वें संविधान संशोधन अधिनियम द्वारा

B. 76वें संविधान संशोधन अधिनियम द्वारा

C. 86वें संविधान संशोधन अधिनियम द्वारा

D. 93वें संविधान संशोधन अधिनियम द्वारा

36. सन् 1986 की राष्ट्रीय शिक्षा नीति सर्वेक्षण समिति के अध्यक्ष थे—

A. त्रिगुण सेन B. आचार्य नरेन्द्र देव

C. आचार्य राम मूर्ति D. के.सी. पंत

37. 'पेंटियम चिप' का निर्माण करने से कौन सम्बद्ध हैं?

A. अरुण नेत्रवल्ली B. सी. कुमार पटेल

C. विनोद धाम D. सबीर भाटिया

38. एक मोटे नीले शीशे से किसी लाल वस्तु को देखने पर वह प्रतीत होती है

A. लाल B. बैंगनी

C. हरी D. काली

39. भूवैज्ञानिक इतिहास की दृष्टि से निम्नलिखित में से कौन-से पर्वत सबसे पुराने हैं?

A. अरावली B. नीलगिरि

C. सतपुड़ा शृंखलाएँ D. विन्ध्याचल

40. संसद के दोनों सदनों के संयुक्त अधिवेशन की अध्यक्षता कौन करता है?

A. राष्ट्रपति

B. उप-राष्ट्रपति अथवा राष्ट्रपति का नामित व्यक्ति

C. प्रधानमंत्री

D. लोक सभा अध्यक्ष

41. भारत किसका सबसे बड़ा उत्पादक तथा उपभोक्ता है?

A. चावल का B. चाय का

C. दालों का D. तिलहन का

42. आस्ट्रिक परिवार की भाषाएँ कौन लोग बोलते हैं?

A. मुण्डा B. खासी और कोल

C. निकोबारवासी D. उपर्युक्त सभी

43. भारत में सबसे पहले का इंजीनियरिंग शैक्षिक संस्थान कौन-सा है?

A. आई.आई.टी. खड़गपुर

B. बी.एच.यू. (आई.टी.) वाराणसी

C. रुड़की इंजीनियरिंग कॉलेज (आई.आई.टी.) रुड़की

D. बिरला इंस्टिट्यूट ऑफ टेक्नॉलोजी एण्ड साइंस, पिलानी

44. 'फनी बोन' क्या है?

A. एक तंत्रिका B. एक मांसपेशी

C. एक रक्त-वाहिका D. एक अस्थि

45. राष्ट्रीय स्तर पर कौन-सा संगठन विद्यालयी शिक्षा तथा शिक्षक-शिक्षा से सक्रिय रूप से संलग्न है?

A. नीपा B. एन.सी.ई.आर.टी.

C. एन.सी.टी.ई. D. एन.डी.आर.आई.

46. अबुल फजल द्वारा लिखित कविता कहाँ उत्कीर्ण है?

A. फतेहपुर सीकरी

B. इबादत खाने पर

C. अमीर खुसरो के मक़बरे पर

D. सलीम चिश्ती की मजार पर

47. यह किसने कहा था कि "आपकी जो मर्जी हो कहें, भारतवासियों का स्वशासन व्यापक दृष्टि से सर्वश्रेष्ठ है"?
A. महात्मा गांधी B. गोपाल कृष्ण गोखले
C. बाल गंगाधर तिलक D. दयानन्द सरस्वती

48. शहनाई के क्षेत्र में जीवन्त व्यक्तित्व कौन है?
A. बिस्मिल्ला खान
B. बड़े गुलाम अली खान
C. पण्डित भीम सेन जोशी
D. पण्डित जसराज

49. प्रति वर्ष राष्ट्रीय विज्ञान दिवस कब मनाया जाता है?
A. 24 फरवरी B. 28 फरवरी
C. 8 मार्च D. 1 मई

50. फूलन देवी – दस्यु सुन्दरी (रानी) नामक फिल्म के निर्देशक कौन हैं?
A. इस्माइल मर्चेण्ट B. सीमा विश्वास
C. विनोद चोपड़ा D. शेखर कपूर

51. जब कोई व्यक्ति तेज प्रकाश के स्थान से किसी अन्धेरे कमरे में प्रवेश करता है, तो वह किसी वस्तु को कुछ समय तक स्पष्ट रूप में नहीं देख पाता तथा फिर धीरे-धीरे उसे दिखाई पड़ने लगता है, क्योंकि
A. आँख का तारा संकुचित हो जाता है
B. आँख का तारा फैल जाता है
C. आँख के तेजोजल की लम्बाई बढ़ जाती है
D. आँख के तेजोजल और दृष्टिपटल के बीच की दूरी बढ़ जाती है

52. पादपों का पर्यावरण के साथ सम्बन्ध बोध कराने वाली विज्ञान की शाखा कहलाती है–
A. कोशिकाविज्ञान B. शरीरक्रियाविज्ञान
C. पारिस्थितिकी D. आकृतिविज्ञान

53. जब दूध से दही बनता है तो इसमें खटास का कारण है–
A. ऐसीटिक अम्ल B. सिट्रिक अम्ल
C. लैक्टिक अम्ल D. टार्टरिक अम्ल

54. बुद्ध के अनुसार, जीवन के दुःख का अन्त किसके द्वारा सम्भव है?
A. तथागत के मार्ग का अनुसरण करने से
B. कठोर तपस्या करने से
C. त्रिपिटक के कर्मकाण्ड का अनुवर्तन करने से
D. सभी इच्छाओं का अन्त करने से

55. TRYSEM का किस अर्थ में प्रयोग होता है?
A. युवा उद्यमियों के स्वनियोजन हेतु एक प्रशिक्षण कार्यक्रम
B. ग्रामीण युवाओं के स्वरोज़गार हेतु एक प्रशिक्षण कार्यक्रम
C. नगरीय युवाओं के स्वरोजगार हेतु एक प्रशिक्षण कार्यक्रम
D. महिलाओं के स्वरोज़गार हेतु एक प्रशिक्षण कार्यक्रम

खण्ड–IV: शिक्षण अधिगम एवं विद्यालय

निर्देश : सही उत्तर का चयन कीजिए।

56. अच्छी शिक्षा की पहचान है–
A. अच्छी स्कूली सुविधाएँ
B. अच्छे अध्यापक/अध्यापिकाएँ और अच्छा स्कूली पर्यावरण
C. अच्छे मानवीय सम्बन्ध
D. अच्छे कक्षा प्रक्रम और बालकों द्वारा अच्छा अधिगम

57. बालकों पर भार का कारण है
A. भारी स्कूली बस्ते
B. अभिभावकों की उदासीनता
C. अबोधगम्यता
D. अल्प सुविधाएँ

58. अध्यापन का मुख्य लक्ष्य होना चाहिए–
A. बालकों में आत्म-विश्वास विकसित करना
B. उन्हें व्यावसायिक गतिविधियों में प्रशिक्षित करना
C. अधिगम को सुगम बनाना
D. उन्हें अगली कक्षा में प्रोन्नत करना

59. कक्षा में बालक द्वारा अनेक प्रश्न किए जाने पर, आप
A. बालक की उपेक्षा करना चाहेंगे
B. उसे शांत रहने और बाधा न पहुँचाने के लिए कहेंगे
C. कक्षा में और कक्षा से बाहर शंकाओं का समाधान करेंगे
D. बालक को कहेंगे कि वह अध्यापक/अध्यापिका से मिलने के लिए अपने अभिभावकों को बुलाए

60. भाषा अधिगम में समस्याएँ किसकी कमी के कारण उत्पन्न होती हैं?
A. अध्यापन पद्धति
B. सामग्री की उपलब्धता
C. मातृभाषा शिक्षण
D. अध्यापकों/अध्यापिकाओं की सक्षमता

61. सहपाठ्यचारी क्रियाकलाप आवश्यक है
A. बालकों का मनोरंजन करने के लिए
B. व्यक्तित्व के सामंजस्यपूर्ण विकास का संवर्धन करने के लिए
C. अंतर्वैयक्तिक सम्बन्धों को सुनिश्चित करने के लिए
D. सांस्कृतिक कार्यक्रमों के लिए बालकों की टीम की पहचान करने के लिए

62. आप एक कक्षा को पढ़ा रहे हैं और बालक आपसे अनुरोध कर रहे हैं कि उन्हें पास में सपेरे द्वारा आयोजित किए जा रहे तमाशे को देखने की अनुमति दी जाए, तब आप
A. बालकों को परामर्श देंगे और उन्हें कक्षा के कार्यकलाप में शामिल करेंगे और कार्यकलाप को रोचक बनाएँगे।
B. उन्हें 5-10 मिनट के लिए अनुमति देंगे क्योंकि अन्यथा वे पाठ में रुचि नहीं लेना चाहेंगे
C. कक्षा छोड़ना चाहेंगे और सपेरे से कहेंगे कि वह चला जाए
D. सही ढंग से व्यवहार करने के लिए उन्हें डाँटेंगे

63. प्राइवेट ट्यूशन
A. स्वीकार्य होने चाहिए क्योंकि पढ़ाई में कमजोर बालकों को इनकी आवश्यकता पड़ती है
B. स्वीकार्य होने चाहिए क्योंकि ये अध्यापक/अध्यापिकाओं की आय में अतिरिक्त वृद्धि करते हैं
C. प्रतिबंधित होने चाहिए क्योंकि ये कक्षा अध्यापन पर दुष्प्रभाव डालते हैं
D. प्रतिबंधित होने चाहिए क्योंकि ये अनाचार को प्रोत्साहित करते हैं

64. "पास-पड़ोस विद्यालय पद्धति" की संकल्पना पर किसने बल दिया?
A. राधाकृष्णन आयोग
B. मुदालियर आयोग
C. कोठारी आयोग
D. राष्ट्रीय शिक्षा नीति, 1986

65. शारीरिक दंड की अनुमति होनी चाहिए
A. अनुशासन बनाए रखने के लिए
B. सकारात्मक व्यवहार को सुदृढ करने के लिए
C. अध्यापकों/अध्यापिकाओं का सम्मान बढ़ाने के लिए
D. किसी भी परिस्थिति के अंतर्गत नहीं

66. सामान्य अध्यापन-अधिगम प्रक्रमों की गुणवत्ता सुधारने के लिए निम्नलिखित में से किसे अनुपूरक बनाया जाए?
A. अतिरिक्त अनुशिक्षण
B. नैदानिक उपचारी अध्यापन
C. ज्ञानवर्धक, कार्यक्रम
D. सेवाकालीन अध्यापक शिक्षा

67. विद्यालय आधारित मूल्यांकन किस समस्या का समाधान कर सकता है?
A. व्यापक पैमाने पर नकल का
B. विद्यार्थियों की अनुशासनहीनता का
C. अयथार्थवादी निर्धारण का
D. अध्यापक की सामाजिक प्रतिष्ठा का

68. एक सही अध्यापक/अध्यापिका वह है जो–
A. विषय को सही ढंग से पढ़ाता/पढ़ाती है
B. विद्यार्थियों को प्रेरित करता/करती है
C. विद्यार्थियों के साथ मित्रवत् व्यवहार करता/करती है
D. अनुशासनवादी होता/होती है

69. अध्यापक अभिप्रेरण का स्तर निर्भर करता है–
A. उच्च वेतनों पर
B. अधिकारी सदृश स्थिति पर
C. व्यावसायिक प्रशिक्षण पर
D. विद्यार्थियों और व्यवसाय के प्रति वचनबद्धता पर

70. स्कूलन का मुख्य उद्देश्य होना चाहिए
A. उच्च उत्तीर्ण प्रतिशतता
B. समय पर पाठ्यक्रम पूरा करना
C. बालकों का अनुशासित जीवन
D. बालकों द्वारा सक्षमताओं का अर्जन

71. एक पंथनिरपेक्ष लोकतांत्रिक देश में निम्नलिखित में से कौन-सी विद्यालयी पाठ्यचर्या शामिल नहीं होनी चाहिए?
A. धार्मिक शिक्षा
B. मूल्यों के लिए शिक्षा
C. धर्मों के बारे में शिक्षा
D. नैतिक शिक्षा

72. शुल्क वसूलने वाली संस्थाओं में समाज के कमजोर वर्गों के बीस प्रतिशत बालकों के प्रवेश के बारे में आग्रह करना

A. उचित है B. भ्रामक है
C. व्यर्थ है D. अनुचित है

73. अभिभावकों को चाहिए

A. अध्यापक/अध्यापिका के कार्य पर निगरानी रखना
B. ट्यूशनों की व्यवस्था करना
C. अपने बालक की प्रगति की समय-समय पर चर्चा करना
D. विद्यालय की गतिविधियों में हस्तक्षेप न करना

74. निजी प्रबंध वाले विद्यालयों को सामान्यतया लोग इसलिए पसंद करते हैं क्योंकि

A. वे अंग्रेजी माध्यम के विद्यालय होते हैं
B. उनमें बेहतर योग्य अध्यापक/ अध्यापिकाएँ होते/होती हैं
C. उनमें भ्रष्टाचार नहीं होता
D. वे उचित निगरानी के माध्यम से गुणवत्ता सुनिश्चित करते हैं

75. रबींद्रनाथ टैगोर ने शिक्षा में निम्नलिखित पर बल दिया–

A. सप्रयोजनता
B. पर्यावरण के साथ आंगिक संपर्क
C. पूर्णता
D. प्रासंगिकता

76. वैकल्पिक स्कूलन किनकी आवश्यकताओं की पूर्ति नहीं करता?

A. आवारा बालकों की
B. प्रवासी बालकों की
C. स्कूल के बाहर के बालकों की
D. स्कूल में पढ़ने वाले बालकों की

77. समावेशी शिक्षा शब्द का संदर्भ किससे है?

A. अनुसूचित जाति/अनुसचित जनजाति के बालकों की शिक्षा
B. अल्पसंख्यक समूहों के बालकों की शिक्षा
C. सामान्य बालकों के साथ निर्योग्यताग्रस्त बालकों की शिक्षा
D. बहुश्रेणी विन्यासों में शिक्षा

78. विद्यार्थियों का अनुत्तीर्ण होना मुख्य रूप से किस पर आक्षेप है?

A. विद्यार्थियों की बुद्धि पर
B. अभिभावकों की लापरवाही पर
C. शिक्षा पद्धति पर
D. परीक्षा के ढाँचे पर

79. शिक्षा में विद्यार्थियों की सफलता मुख्य रूप से निर्भर है–

A. गुणवत्ता शिक्षण समय पर
B. व्यय किए गए धन पर
C. बेहतर गृह सुविधाओं पर
D. ट्यूशनों पर

80. अध्यापक/अध्यापिका के रूप में आप किस कथन से सहमत नहीं हैं

A. अध्यापक/अध्यापिकाओं को समाज में उचित स्थान दिया जाना चाहिए
B. अध्यापक/अध्यापिकाओं को बालकों की असफलता के लिए उत्तरदायी नहीं ठहराया जाना चाहिए
C. अध्यापक/अध्यापिकाओं को आवर्ती प्रशिक्षण दिया जाना चाहिए
D. अध्यापक/अध्यापिकाओं को उत्कृष्ट कार्यनिष्पादन के लिए पुरस्कार दिए जाने चाहिए

भाग—ख

खण्ड–V: विषयगत सक्षमता

(i) विज्ञान

81. निम्नलिखित में से कौन-सी विद्युत-चुम्बकीय तरंगें नहीं हैं?

A. अवरक्त तरंग B. लेजर तरंग
C. पराश्रव्य तरंग D. सूक्ष्म तरंग

82. घरेलू बिजली के मीटर बिजली की खपत को किसमें रिकार्ड करते हैं?

A. वोल्ट में B. एम्पियर में
C. वॉट में D. ओह्म में

83. एक परमाणु घड़ी में समय पालन के लिए निम्नलिखित में से किसका उपयोग किया जाता है?

A. सीजियम B. हीलियम
C. प्लूटोनियम D. नाइट्रोजन

84. जब कोई वायुयान उड़ान भरता है, तो

A. इसके पंखों के ऊपरी तल का वायु दाब निचले तल के वायु दाब से कम होता है

B. इसके पंखों के ऊपरी तल का वायु दाब इसके निचले तल के वायु दाब से अधिक होता है
C. पंखों के ऊपरी और निचले तलों का वायु दाब एक-दम बराबर होता है
D. पंखों पर वायु दाब शून्य होता है

85. शुद्ध जल का pH मान होता है
   A. 7   B. 0
   C. 14   D. –1.0

86. वह पदार्थ जो जल के साथ मिलाने पर तुरंत सख्त हो जाता है, कौन-सा है?
   A. प्लास्टर ऑफ पेरिस   B. ग्रेनाइट
   C. चूना   D. सिलिका

87. एक घरेलू रेफ्रिजरेटर में ठण्डा करने के लिए सामान्यतः प्रयुक्त होने वाली गैस कौन-सी होती है?
   A. कार्बन मोनोक्साइड
   B. प्रोपेन तथा ब्यूटेन का मिश्रण
   C. हीलियम
   D. नियोन

88. मूल रूप से स्टेनलैस स्टील के निर्माण में लोहे को किसके साथ संयोजित किया जाता है?
   A. क्रोमियम   B. कार्बन
   C. मैंगनीज   D. कोबाल्ट

89. मुँह से आमाशय को जोड़ने वाली नली को क्या कहते हैं?
   A. एसोफैगस   B. ट्रैकिया (वाहिका)
   C. लैरिंक्स   D. आँत

90. DNA (डी.एन.ए.) अणुओं की आकृति कैसी होती है?
   A. मनकों की रस्सी की भाँति
   B. दोहरी कुंडली की भाँति
   C. बेलनाकार पदार्थ की भाँति
   D. उपर्युक्त में से कोई नहीं

91. अंडे के किस भाग में कोलेस्ट्रॉल होता है?
   A. अंडे के सफेद भाग में
   B. अंडे के खोल में
   C. अंडे के पीले भाग में
   D. सभी भागों में समान

92. ऐस्पिरिन किसका सामान्य नाम है?
   A. सैलिसिलिक अम्ल
   B. सैलिसिलेट
   C. ऐसीटिल सैलिसिलिक अम्ल
   D. मेथिल सैलिसिलेट

93. गैल्वेनीकरण की प्रक्रिया के दौरान, लोहे की सतह पर परत चढ़ाने वाला पदार्थ, ताकि उसे जंग से बचाया जा सके, निम्नलिखित में से कौन-सा है?
   A. गेलियम   B. ऐलुमिनियम
   C. टिन (कलई)   D. जिंक

94. भूकंपों की तीव्रता किससे मापी जाती है?
   A. ऐल्गल स्केल से   B. क्रेस्कोग्राफ से
   C. रिचर स्केल से   D. क्रिप्टोग्राफ से

95. सूर्यग्रहण होता है जब—
   A. पृथ्वी, सूर्य और चन्द्रमा के मध्य में आ जाए
   B. चन्द्रमा और पृथ्वी एक दूसरे के साथ समकोण बनाए
   C. चन्द्रमा, सूर्य और पृथ्वी के मध्य में आ जाए
   D. सूर्य, चन्द्रमा और पृथ्वी के मध्य में आ जाए

96. निम्नलिखित में से कौन-से ईंधन जीवाश्म (फॉसिल) ईंधन हैं?
   A. कोयला और बायोगैस
   B. पेट्रोलियम तथा बायोगैस
   C. बायोगैस तथा कोयला गैस
   D. कोयला, पेट्रोलियम तथा प्राकृतिक गैस

97. अंतरातारकीय बादलों का पदार्थ जो अंतरिक्ष में पाया जाता है, उसे क्या कहते हैं?
   A. आकाश-गंगा   B. तारामंडल
   C. क्वैसर्स   D. नीहारिका

98. जब किसी पदार्थ की संहति को इसके आयतन से विभाजित किया जाता है, तो उसे क्या कहेंगे?
   A. गुरुत्व   B. आपेक्षिक घनत्व
   C. विशिष्ट गुरुत्व   D. घनत्व

99. किसी जीवित व्यक्ति के शरीर से परीक्षण के लिए जब किसी ऊतक को निकाला जाता है, उस प्रक्रिया को क्या कहते हैं?
   A. ऑटोप्सी   B. नेक्रोप्सी
   C. बायोप्सी   D. हिस्टोलॉजी

100. यदि किसी लाल रंग के गुलाब का हरे प्रकाश में परीक्षण किया जाए, तो यह कैसा प्रतीत होगा?
   A. सफेद   B. काला
   C. धूसर   D. भूरा

(ii) गणित

101. $\left(a^{x-y}\right)^{x+y} \cdot \left(a^{y-z}\right)^{y+z} \cdot \left(a^{z-x}\right)^{z+x}$ का मान क्या है?

A. 0 B. 1
C. – 1 D. $x+y+z$

102. यदि $A = x - \frac{1}{x}$ तो $A - \frac{1}{A}$ का मान क्या होगा?

A. $\frac{2}{x}$ B. $\frac{2x^2-1}{x}$
C. $\frac{x^4+1-x^2}{x\left(x^2-1\right)}$ D. $\frac{x^4-3x^2+1}{x\left(x^2-1\right)}$

103. दो संख्याओं का अनुपात 3 : 4 है। यदि उनके वर्गों का योगफल 900 है, तो उनमें छोटी संख्या क्या है?

A. 18 B. 24
C. 16 D. 27

104. यदि किसी कार्य को 4 आदमी अथवा 6 लड़के 20 दिन में कर सकते हैं, तो उसी कार्य को 12 आदमी और 2 लड़के कितने दिन में करेंगे?

A. 10 दिन B. 8 दिन
C. 6 दिन D. 5 दिन

105. किसी राशि पर दो वर्ष में साधारण ब्याज तथा चक्रवृद्धि ब्याज का अन्तर 5% की दर से 2.50 रु. है। वह राशि है–

A. 2,500 रु. B. 2,000 रु.
C. 1,000 रु. D. 1,500 रु.

106. sin 60° cos 30° + cos 60° sin 30° का मान है–

A. 0 B. 1
C. $\frac{1}{2}$ D. $\frac{\sqrt{3}}{2}$

107. यदि मैं 1 किमी/घण्टा की ज्यादा तेज रफ्तार से चला होता तो मुझे 2 किमी दूरी तय करने में दस मिनट कम लगे होते। तो बताइए मेरे चलने की गति क्या है?

A. 4 किमी/घण्टा B. 3 किमी/घण्टा
C. 6 किमी/घण्टा D. 3.5 किमी/घण्टा

108. एक अर्धवृत्ताकार डिस्क का अर्धव्यास 10.5 सेमी है। डिस्क का परिमाप है–

A. 33 सेमी B. 21 सेमी
C. 44 सेमी D. 54 सेमी

109. एक समचतुर्भुज के तीन क्रमागत शीर्ष हैं– A (1, 2), B(1, 0) तथा C (4, 0). चतुर्थ शीर्ष D है–

A. $\left(\frac{5}{2}, 1\right)$ B. (2, 1)
C. (4, 2) D. (2, 4)

110. एक वर्ष पहले कोई व्यक्ति अपने पुत्र से आठ गुना बड़ा था। अब उसकी आयु अपने पुत्र की आयु के वर्ग के बराबर है। पुत्र की वर्तमान आयु है–

A. 5 वर्ष B. 6 वर्ष
C. 7 वर्ष D. 8 वर्ष

111. किसी वृत्त के बाह्य बिन्दु P से PT स्पर्शज्या (टेंजेन्ट) है तथा A और B बिन्दु पर वृत्त को PAB छेदक रेखा इस प्रकार काटती है कि PB = 12 सेमी तथा PT = 6 सेमी है। AB का माप होगा–

A. 9 सेमी B. 10 सेमी
C. 12 सेमी D. 8 सेमी

112. एक थैले में 4 लाल, 5 काली और 6 सफेद गेंदें हैं। थैले से यादृच्छिक ढंग से एक गेंद निकाली जाती है। निकाली गई लाल अथवा सफेद रंग की गेंद की प्रायिकता होगी–

A. $\frac{2}{5}$ B. $\frac{4}{15}$
C. $\frac{1}{3}$ D. $\frac{2}{3}$

113. यदि किसी समान्तर श्रेणी (AP) के चतुर्थ पद का चार गुना प्रथम पद के सात गुने के बराबर है, तो प्रथम पद और सार्व अंतर का अनुपात होगा–

A. 4 : 1 B. 1 : 4
C. 2 : 3 D. 3 : 2

114. 9 मी. ऊँचे शंकु के आधार की परिधि 44 मी. है। शंकु का आयतन है–

A. 1386 मी.^{3} B. 198 मी.^{3}
C. 154 मी.^{3} D. 462 मी.^{3}

115. शृंखला 2, 3, 2, 5, 6, 3, 4, 7, 4, 9 का बहुलक (mode) है–

A. 4.5 B. 4
C. 3 D. 3.5

116. $x^2 + x - (2k + 2)$ तथा $2x^2 + kx - 12$ का महत्तम समापवर्तक $x + 4$ है। k का मान है–
A. 0 B. 1
C. 2 D. 4

117. यदि $\sec\theta + \tan\theta = a$ तो $\dfrac{a^2 - 1}{a^2 + 1}$ किसके बराबर है?
A. $\sin\theta$ B. $\cos\theta$
C. $\operatorname{cosec}\theta$ D. $\cot\theta$

118. उस वर्ग का क्षेत्रफल क्या होगा जिसको वृत्त के अर्धव्यास r में अन्तःवृत्त बनाया जा सकता है?
A. πr^2 B. $\sqrt{2}\,r^2$
C. $4r^2$ D. $2\pi r^2$

119. दो समद्विबाहु त्रिभुजों के समान शीर्ष कोण हैं और उनका क्षेत्रफल 4 : 25 के अनुपात में है। उनकी संगत ऊँचाइयों का अनुपात है–
A. 2 : 5 B. 1 : 5
C. 2 : 1 D. 1 : 4

120. एक आयताकार कागज की लम्बाई 22 सेमी और चौड़ाई 12 सेमी है। इसकी लम्बाई से गोलाकार कागज बनाकर एक बेलन बनाया जाता है। बेलन का आयतन है–
A. 66 सेमी^{3} B. 31 सेमी^{3}
C. 132 सेमी^{3} D. 462 सेमी^{3}

(iii) सामाजिक विज्ञान

निर्देश : *दिए गए विकल्पों में से सही उत्तर चुनिए।*

121. उस व्यक्ति का क्या नाम है जिसने यह खोज की थी कि ग्रीष्मऋतु में मानसूनी हवाएँ निरन्तर अरब सागर के आर-पार बहती हैं?
A. टोलेमी B. हिपालस
C. प्लिनी D. मेगस्थनीज़

122. आर्थिक राष्ट्रवाद के अग्रणी के रूप में किसे जाना जाता है?
A. बिपिन चन्द्र पॉल B. गोखले
C. आर.सी. दत्त D. मदन मोहन मालवीय

123. विश्वव्यापी आर्थिक मन्दी के समय सन् 1929 में इलाहाबाद जनपद के किसानों की ओर से 'कर नहीं' अभियान का नेतृत्व किसने किया?
A. जवाहर लाल नेहरू B. सहजानन्द सरस्वती
C. एम.एन. रॉय D. पी.सी. जोशी

124. 'मेरा निजी विश्वास है कि कांग्रेस लड़खड़ा रही है और मेरी महती आकांक्षा है कि इसकी शान्तिपूर्ण ढंग से समाप्त करके इसकी सहायता की जाए।' यह कथन किसका है?
A. विंस्टन चर्चिल B. लॉर्ड केनिंग
C. लॉर्ड कर्जन D. मोहम्मद अली जिन्ना

125. औरंगजेब किसका विद्वान् था?
A. कविता
B. मुस्लिम धर्ममीमांसा तथा विधिशास्त्र
C. फारसी साहित्य
D. फारसी युद्धकला

126. 'ब्लू वाटर' नीति से किसका सम्बन्ध है?
A. अलबूकर्क B. डुप्लेक्स
C. डी. अलमिदा D. रॉबर्ट क्लाइव

127. 'पूर्व की रफील' किसे कहा जाता है?
A. हैरात का बिहजाद B. सैय्यद अली
C. ख्वाजा अब्दुस समद D. फारुख बेग

128. राजकोषीय नीति का सम्बन्ध किससे है?
A. निर्यात तथा आयात
B. लोक राजस्व और व्यय
C. मुद्रा निर्गम
D. जनसंख्या नियंत्रण

129. 'राज्यों का संघ' इस अभिव्यक्ति को संविधान में किस देश के संविधान से लिया गया है?
A. कनाडा B. यू.एस.ए.
C. यू.एस.एस.आर. D. जर्मनी

130. निम्नलिखित में से कौन-सा कथन 'त्रिशंकु संसद' को स्पष्ट रूप से वर्णित करता है?
A. ऐसी संसद जिसमें किसी भी दल को स्पष्ट बहुमत न मिला हो
B. प्रधानमंत्री ने त्यागपत्र दे दिया किन्तु संसद भंग नहीं हुई है

C. संसद में कार्यवाही संचालन हेतु निर्धारित संख्यापूर्ति न हो
D. लूली-लंगड़ी (लेम डक) संसद

131. फिलेडेल्फिया की ख्याति किस क्षेत्र में है?
A. जहाज निर्माण
B. दुग्धोत्पादन उद्योग
C. लोकोमोटिव (वाहन उद्योग)
D. रेशम-वस्त्रोद्योग

132. थोरियम का अग्रणी उत्पादक राज्य कौन-सा है?
A. केरल   B. बिहार
C. उड़ीसा   D. मध्य प्रदेश

133. भारत के प्राचीनतम निवासी किसे जाना जाता है?
A. मेडीटेरियनवासी   B. नेग्रीटोज़
C. नोर्डिक्स   D. मंगोलोइड्स

134. भारत में अधिकतर अवक्षेपण (प्रेसीपिटेशन) है—
A. चक्रवातीय   B. संवहनीय
C. पर्वतीय   D. तूफानी

135. पृथ्वी के उद्भव की व्याख्या करते हुए नीहारिका परिकल्पना का विचार किसने प्रस्तुत किया?
A. वेगनर   B. लाप्लास
C. कान्ट   D. जींस तथा जेफ्रेज

136. लीड्स की ख्याति किस क्षेत्र में है?
A. कपास वस्त्रोद्योग   B. लोह प्रगलन
C. फिल्मों   D. ऊनी वस्त्रोद्योग

137. योजनाबद्ध अवकाश किस समयावधि से सम्बन्धित है?
A. 1965-68   B. 1966-69
C. 1967-70   D. 1978-80

138. संसदीय प्रक्रिया में भारत का निम्नलिखित में से क्या योगदान है?
A. शून्य काल   B. कटौती-प्रस्ताव
C. स्थगन प्रस्ताव   D. गिलोटिन

139. वह एक मात्र कौन-सा यूरोपीय देश है जिसने भारतीय सूती वस्त्रों के आयात पर भारी ड्यूटी नहीं लगायी न कोई प्रतिबन्ध लगाया?
A. जर्मनी   B. फ्रांस
C. हॉलैण्ड   D. इटली

140. प्रारम्भिक अवस्था की जीवित बुद्ध कला के सम्बन्ध में वह क्या है जिसके बारे में कहा जाता है कि योरोपदेशवासी उससे प्रभावित नहीं थे?
A. अप्रतीकात्मक
B. उपाख्यात्मक
C. प्रतिमा विद्या सम्बन्धी
D. विवरणात्मक

(iv) ENGLISH

141. The synonym of the word 'infinite' is—
A. unique   B. indefinite
C. vague   D. endless

142. The word 'enjoined' in the sentence, 'Dinesh's mother enjoined him to change his ways' can be replaced by—
A. asked   B. pleaded
C. urged   D. threatened

143. The antonym of 'audacious' is—
A. timid   B. vulgar
C. low   D. incredible

144. The one-word substitute for 'A person who hates women' is—
A. Misanthropist   B. Masochist
C. Misogynist   D. Misogamist

145. Which word can fill in the blank in the sentence: The prolonged illness left him totally _____
A. enervated   B. invalid
C. indisposed   D. healthy

146. Pick out the most appropriate pair of words to fill in the blanks in the sentence—
We must prevent endangered wild animal species from becoming _____ in order that our future generations may _____ the great diversity of human life.
A. rare _____ escape
B. extinct _____ enjoy
C. outdated _____ know
D. powerful _____ notice

147. Choose the correct of the idiom—
Hobson's choice
   A. feeling of insecurity
   B. accept or leave the offer
   C. excellent choice
   D. no choice at all

148. Choose the correct meaning of the idiom underlined in the sentence—
In almost every meeting, Rakesh tries to rule the roost.
   A. to make friends
   B. to remain aloof
   C. to become popular
   D. to dominate

149. Choose the meaning of the underlined phrase in the sentence—
He has been working on and off for several years on this project.
   A. at intervals
   B. rarely
   C. painstakingly
   D. continuously

150. Pick out the meaning of the underlined phrase in the sentence—
I must take exception to your remark.
   A. accept gladly
   B. consider carefully
   C. object to
   D. ignore

151. Pick out the most appropriate phrase to fill in the blank in the sentence—
He managed to ___ in the examination.
   A. get out
   B. get up
   C. get through
   D. get on

152. The sentence, 'You must look into this matter.' is in Active voice. Pick out the correct sentence in Passive voice.
   A. This matter has been looked into by you.
   B. This matter may be looked into by you.
   C. This matter should be looked into by you.
   D. This matter will be looked into by you.

153. The sentence, 'Do you communicate with others?' is in Active voice. Pick out the correct sentence in Passive voice.
   A. Are others communicated with by you?
   B. Are others being communicated with by you?
   C. Were others being communicated with by you?
   D. Have others been communicated with by you?

154. She asked the teacher, "Is tomorrow a holiday?" is in Direct speech. Choose the correct sentence in Indirect speech.
   A. She asked the teacher whether it was a holiday the next day.
   B. She asked the teacher whether it is a holiday the next day.
   C. She asked the teacher whether it was a holiday tomorrow.
   D. She asked the teacher whether it is a holiday tomorrow.

155. Rashmi told Amit, "I bought a car yesterday," is in Direct speech. Choose the correct sentence in Indirect speech.
   A. Rashmi said to Amit that I have bought a car the previous day.
   B. Rashmi told Amit that she had bought a car the previous day.
   C. Rashmi said to Amit that she had bought a car the previous day.
   D. Rashmi told Amit that she had bought a car yesterday.

156. Choose the correctly spelt word—
   A. Embarasment
   B. Embarassment
   C. Embarrasment
   D. Embarrassment

157. Choose the wrongly spelt word—
   A. Believe
   B. Relieve
   C. Grieve
   D. Decieve

158. The poem *Ode on Intimations of Immortality* was written by—
   A. William Wordsworth
   B. Thomas Grey
   C. Lord Byron
   D. Alfred Tennyson

159. The novel *Woothering Heights* was written by—
   A. Thomas Hardy
   B. Charlotte Bronte
   C. Emily Bronte
   D. Joseph Conrad

160. The play *Desire under the Elms* was written by—
   A. William Shakespeare
   B. Hendrick Ibsen
   C. Bernard Shaw
   D. Eugene O'Neill

(v) हिन्दी

प्रश्न संख्या 161 से 165 के लिए निर्देशः *दिए गए गद्यांश को ध्यान से पढ़िए और बाद में पूछे गए प्रश्नों के उत्तर दीजिए।*

मानव-जीवन के सौ वर्षों को चार भागों में बाँटा गया है। वास्तव में सम्पूर्ण जीवन सतत प्रयत्न करते हुए व्यक्तित्व का विकास करने के लिए है। व्यक्तित्व के विकास की दिशा अवस्था के अनुसार बदलती है। विशेष प्रकार की योग्यताओं को विकसित करने के लिए अनुकूल वातावरण की आवश्यकता पड़ती है। आश्रम-व्यवस्था के अनुसार जीवन-भर श्रम करते हुए मानव अधिकाधिक सफलता प्राप्त कर सकता है। जीवन का प्रथम आश्रम ब्रह्मचर्य अधिक से अधिक ज्ञान करने के लिए था। ब्रह्मचर्याश्रम में जो ज्ञान प्राप्त किया जाता है उसी की मात्रा के अनुरूप जीवन की सफलता होती है। इसी के बल पर गृहस्थाश्रम में वह अधिक से अधिक धन कमा कर लोक-कल्याण कर सकता है। मनुष्य की आध्यात्मिक प्रवृत्तियाँ स्वान्तः सुखाय होती हैं। इनके द्वारा वह वानप्रस्थ और संन्यास में शान्ति प्राप्त करता है।

गद्यांश के आधार पर निम्नलिखित प्रश्न (161 से 165), संभावित उत्तर विकल्पों के साथ दिए गए हैं। सही विकल्प को चुनिए।

161. वास्तव में सम्पूर्ण जीवन किसलिए है?
A. सतत प्रयत्न करते हुए व्यक्तित्व के विकास के लिए
B. श्रम करते हुए सफलता प्राप्त करने के लिए
C. अधिक से अधिक धन कमाने के लिए
D. अधिक से अधिक ज्ञान प्राप्त करने के लिए

162. व्यक्तित्व के विकास की दिशा कैसे बदलती है?
A. योग्यताओं के विकास के अनुसार
B. अनुकूल वातावरण के अनुसार
C. अवस्था के अनुसार
D. सतत प्रयत्नों के अनुसार

163. प्राप्त ज्ञान की मात्रा के अनुरूप क्या होता है?
A. जीवन की सफलता   B. सुख की प्राप्ति
C. धन की प्राप्ति   D. शान्ति की प्राप्ति

164. लोक-कल्याण कब अधिक किया जा सकता है?
A. ब्रह्मचर्याश्रम में   B. वानप्रस्थ में
C. गृहस्थाश्रम में   D. संन्यास में

165. मनुष्य शान्ति किसके द्वारा प्राप्त करता है?
A. ज्ञान के द्वारा
B. धन के द्वारा
C. लोक-कल्याण के द्वारा
D. आध्यात्मिक प्रवृत्तियों के द्वारा

प्रश्न संख्या 166 से 180 के लिए निर्देशः *निम्नलिखित प्रत्येक प्रश्न के साथ चार-चार विकल्प दिए गए हैं। सही विकल्प चुनिए।*

166. अवधी किस क्षेत्र के आसपास बोली जाती है?
A. मथुरा   B. लखनऊ
C. जयपुर   D. भरतपुर

167. हिन्दी साहित्य के आदि काल का दूसरा नाम क्या है?
A. वीरगाथा काल   B. भक्ति काल
C. सूफी काल   D. रीति काल

168. कौन-सी वर्तनी शुद्ध है?
A. अभियुत्त   B. अबियुक्त
C. अभियुक्त   D. अभियूत्त

169. इनमें सही वाक्य क्या है?
A. सभी विद्यार्थियों की इच्छा होती है कि अधिक अंक प्राप्त करें।
B. अधिक अंक प्राप्त करने की इच्छा सभी विद्यार्थियों में होती है।
C. सभी विद्यार्थियों की इच्छा अधिक अंक प्राप्त करने की होती है।
D. सभी विद्यार्थी अधिक अंक प्राप्त करने की इच्छा करते हैं।

170. "एक थैली के चट्टे-बट्टे होना" का क्या अर्थ है?
A. चट्टे-बट्टे एक थैली में होना
B. सभी का एक जैसा होना
C. एक वर्ग के लोगों की हानि होना
D. सबको मिल कर काम करना

171. पीताम्बर शब्द का अर्थ है–
A. पीला आम   B. पीले मुख वाला
C. पीला रंग   D. पीले कपड़े वाला

172. लिपिक किसे कहते हैं?
A. जो टंकण कार्य करता है
B. जो क्लर्क है
C. जो रंग-रोगन करता है
D. जो लीपने का कार्य करता है

173. ''सम्प्रदान'' कारक का चिह्न है–
A. में, पै, पर B. के लिए
C. को D. का, के, की

174. निम्नलिखित शब्दों में कौन-सा शब्द 'नृपति' का पर्यायवाची नहीं है?
A. भूपति B. महीपति
C. कुलपति D. राजा

175. ''लम्बोदर'' में कौन-सा समास है?
A. अव्ययीभाव B. बहुव्रीहि
C. कर्मधारय D. द्वन्द्व

176. ''पावक'' शब्द का सन्धि-विच्छेद है–
A. पा + वक B. पाव् + अक
C. पौ + अक D. पा + आवक

177. ''कमर टूट जाना'' का अर्थ है–
A. कमर की हड्डी टूटना
B. घबरा जाना
C. असफल होना
D. शक्ति या साहस न रहना

178. ''कामायनी'' किस लेखक की कृति है?
A. सुमित्रानन्दन पंत
B. महादेवी वर्मा
C. जयशंकर प्रसाद
D. हरिवंश राय बच्चन

179. ''भारत की प्राचीनतम लिपि ब्राह्मी मानी जाती है''– यह किस प्रकार का वाक्य है?
A. संयुक्त B. सरल
C. साधारण D. मिश्र

180. बतरस लालच लाल की मुरली धरी लुकाई।
सौंह करैं, भौंहनि हंसैं, देन कहैं नट जाँइ।।
यहाँ "नट" शब्द का क्या अर्थ है?
A. नाटक करना B. छिप जाना
C. मना करना D. झगड़ा करना

उत्तरमाला

1	**2**	**3**	**4**	**5**	**6**	**7**	**8**	**9**	**10**
C	B	A	C	B	D	C	D	B	A
11	**12**	**13**	**14**	**15**	**16**	**17**	**18**	**19**	**20**
C	B	D	B	B	C	B	A	D	C
21	**22**	**23**	**24**	**25**	**26**	**27**	**28**	**29**	**30**
D	B	D	A	B	B	A	C	C	C
31	**32**	**33**	**34**	**35**	**36**	**37**	**38**	**39**	**40**
D	D	C	B	D	C	B	D	A	D
41	**42**	**43**	**44**	**45**	**46**	**47**	**48**	**49**	**50**
B	D	A	A	B	B	C	A	B	D
51	**52**	**53**	**54**	**55**	**56**	**57**	**58**	**59**	**60**
B	C	C	D	B	C	C	C	C	D
61	**62**	**63**	**64**	**65**	**66**	**67**	**68**	**69**	**70**
B	A	C	D	D	D	C	B	D	D
71	**72**	**73**	**74**	**75**	**76**	**77**	**78**	**79**	**80**
A	A	C	D	A	D	C	C	A	B
81	**82**	**83**	**84**	**85**	**86**	**87**	**88**	**89**	**90**
C	C	A	A	A	A	D	A	A	B
91	**92**	**93**	**94**	**95**	**96**	**97**	**98**	**99**	**100**
C	C	D	C	C	D	D	D	C	B
101	**102**	**103**	**104**	**105**	**106**	**107**	**108**	**109**	**110**
B	D	A	C	C	B	B	D	C	C
111	**112**	**113**	**114**	**115**	**116**	**117**	**118**	**119**	**120**
C	A	A	D	A	B	A	D	A	D

121	122	123	124	125	126	127	128	129	130
B	C	B	C	B	A	A	B	A	A
131	132	133	134	135	136	137	138	139	140
A	B	B	C	B	D	B	A	C	C
141	142	143	144	145	146	147	148	149	150
D	D	A	C	A	B	D	D	A	C
151	152	153	154	155	156	157	158	159	160
C	C	A	A	B	D	D	A	C	B
161	162	163	164	165	166	167	168	169	170
A	C	A	C	D	B	A	C	B	B
171	172	173	174	175	176	177	178	179	180
D	B	B	C	B	C	D	C	B	C

कुछ चुने हुए प्रश्नों के व्याख्यात्मक उत्तर

11. व्याख्या:
$1 \times 3 = 3$
$3 \times 3 = 9$
$9 \times 3 = 27$
$27 \times 3 = 81$

12. सभी स्वर हैं।

13. 1, 2, 6, 24, 120, **720**,
    ×2 ×3 ×4 ×5 ×6

14. 37, 47, 58, **68**, 79, 89,
    +10 +11 +10 +11 +10

15. 1221, 2442, 3663, 4884, **6105**,
    ×2 ×3 ×4 ×5

16. L U N C H   D I N N E R
    +3 +2 +3 +2 +3   +3 +2 +3 +2 +3 +2
    O W Q E K   G K Q P H T

17. A U T H E N T I C   G E N U I N E
    ↓+1 ↓+1 ↓+1 ↓+1   ↓+1 ↓+1 ↓+1 ↓
    A V T I E O T J C   G F N V I O E

18. S M E L L   O D O U R
    +3 ↓ ↑ ↓ ↑   +3 ↓ ↑ ↓ ↑
    P P B O I   L G L X O

19. C O M M E R C E   B E G I N
    +3 +4 +5 +6 +7 +8 +9 +10 +3 +4 +5 +6 +7
    F S R S L Z L O   E I L O U

20. R E W A R D   T R E A S O N
    +3↓ ↓ ↓ ↓ ↓ ↓   +3↓ ↓ ↓ ↓ ↓ ↓
    U H Z D U G   W U H D V R Q

21.

    A = सेब, F = फल, V = सब्जी

22.

    W = घड़ियाँ, M = मशीनें, LB = सजीव प्राणी

23.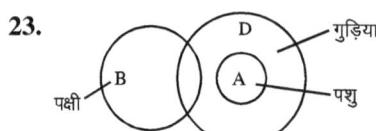

    सभी पशु गुड़िया हैं।
    अनुमान कुछ गुड़िया पशु हैं।

24.

    L = ताल, M = दर्पण, B = ब्रश

25.

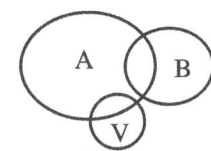

A = पशु, B = पक्षी, V = मेरुदंडी

26. इसके केवल पाँच चेहरे हैं।

28. इसमें ओवरलेपिंग नहीं है।

29. बाहरी भाग रंगयुक्त है।

101. $a^{(x-y)(x+y)} \cdot a^{(y-z)(y+z)} \cdot a^{(z-x)(z+x)}$

$a^{x^2-y^2} \cdot a^{y^2-z^2} \cdot a^{z^2-x^2}$

$a^{(x^2-y^2)+(y^2-z^2)+(z^2-x^2)}$

$a^0 = 1$

102. $A = x - \frac{1}{x}$

$$A - \frac{1}{A} = \left(x - \frac{1}{x}\right) - \frac{1}{\left(x - \frac{1}{x}\right)}$$

$$= \frac{\left(x - \frac{1}{x}\right)^2 - 1}{x - \frac{1}{x}} = \frac{\left(x^2 - 2 + \frac{1}{x^2}\right) - 1}{x - \frac{1}{x}}$$

$$= \frac{x^2 + \frac{1}{x^2} - 3}{\frac{x^2-1}{x}} = \frac{\frac{x^4+1-3x^2}{x^2}}{\frac{x^2-1}{x}}$$

$$= \frac{x^4+1-3x^2}{x^2} \cdot \frac{x}{x^2-1}$$

$$= \frac{x^4-3x^2+1}{x(x^2-1)}$$

103. $\frac{x}{y} = \frac{3}{4}$ $\quad\therefore\quad x = \frac{3y}{4}$

$$x^2 + y^2 = 900$$

$$\left(\frac{3y}{4}\right)^2 + y^2 = 900$$

$$\frac{9y^2}{16} + y^2 = 900$$

$$25y^2 = 900 \times 16$$

या, $y^2 = \frac{900 \times 16}{25}$

या, $y = \sqrt{\frac{900 \times 16}{25}}$

$$= \frac{30 \times 4}{5} = 24$$

$$x = \frac{3 \times 24}{4} = 18$$

104. 4 आदमी = 6 लड़के

1 आदमी = $\frac{6}{4}$ लड़के

12 आदमी = $\frac{6}{4} \times 12 = 18$ लड़के

12 आदमी + 2 लड़के = 18 लड़के + 2 लड़के = 20 लड़के

$\therefore$ 6 लड़के कार्य को 20 दिन में करते हैं।

$\therefore$ 1 लड़का कार्य को 20×6 दिन में करता है।

$\therefore$ 20 लड़के कार्य को $\frac{20 \times 6}{20}$ दिन में करते हैं।

= 6 दिन

105. $\left[x\left(1 + \frac{5}{100}\right)^2 - x\right] - \frac{x \cdot 5 \cdot 2}{100} = 2.50$

$$\Rightarrow \left[x\left(\frac{21}{20}\right)^2 - x\right] - \frac{x}{10} = 2.50$$

$$\Rightarrow \left[\frac{441x}{400} - x\right] - \frac{x}{10} = 2.50$$

$$\Rightarrow \frac{441x - 400x}{400} - \frac{x}{10} = 2.50$$

$$\Rightarrow \frac{41x}{400} - \frac{x}{10} = 2.50$$

$$\Rightarrow \frac{41x - 40x}{400} = 2.50$$

या, $x = 2.50 \times 400 = 1000$ रुपये।

106. Sin 60° Cos 30° + Cos60° Sin 30°

$$\frac{\sqrt{3}}{2}\cdot\frac{\sqrt{3}}{2}+\frac{1}{2}\cdot\frac{1}{2}=\frac{3}{4}+\frac{1}{4}=\frac{3+1}{4}=\frac{4}{4}=1$$

107. माना, चाल = x किमी. प्रतिघण्टा

$$t_1 = \frac{\text{दूरी}}{\text{चाल}} = \frac{2}{x}h$$

अगर चाल = $(x + 1)$ किमी. प्रतिघण्टा

$$t_2 = \frac{2}{x+1}h \qquad ...(i)$$

प्रश्नानुसार,

$$t_2 = \left(\frac{2}{x}-\frac{10}{60}\right)h \qquad ...(ii)$$

समीकरण (i) एवं (ii) से

$$\frac{2}{x+1}=\frac{2}{x}-\frac{1}{6} \qquad \frac{2}{x}-\frac{2}{x+1}=\frac{1}{6}$$

$$\frac{2x+2-2x}{x(x+1)}=\frac{1}{6}$$

या, $\frac{2}{x(x+1)}=\frac{1}{6}$ या, $x^2+x=12$

या, $x^2+x-12=0$ या, $x^2+4x-3x-12=0$

या, $x(x + 4) - 3(x + 4) = 0$

या, $(x-3)(x+4)=0$

$\therefore$ $x = 3$ किमी./घंटा

108. अर्धव्यास = 10.5 सेमी

अर्धवृत्ताकार डिस्क का परिमाप = $(\pi r + 2r)$

$= \frac{22}{7}\cdot 10.5+2\times 10.5$

$=$ 33 + 21 = 54 सेमी।

109.

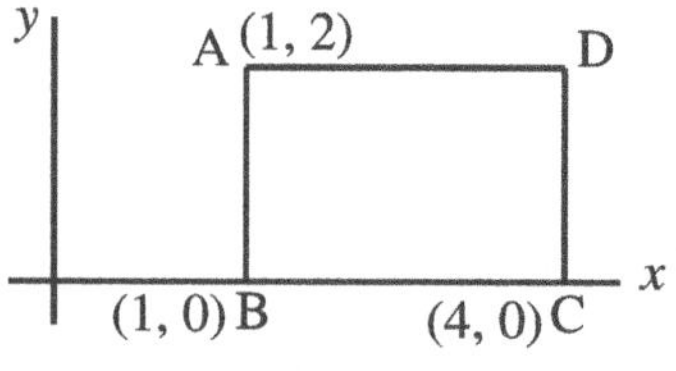

A (1, 2)
D
(1, 0) B
(4, 0) C

$\therefore$ D $\rightarrow$ (4, 2)

110. $(F-1) = 8(s-1)$

$\therefore$ $F-1 = 8s-8$

$\therefore$ $8s-F = 7 \qquad ...(i)$

अब $F = s^2$,

इस मान को समीकरण (i) में रखने पर

$8s - s^2 = 7$

या, $s^2-8s+7 = 0$

या, $s^2-s-7s+7 = 0$

या, $s(s-1)-7(s-1) = 0$

या, $(s-7)(s-1) = 0$

$\therefore$ $s = 7$ या 1

लेकिन यह 1 वर्ष नहीं हो सकता है क्योंकि 1 वर्ष की स्थिति में यह शर्त्त पूरा नहीं करता है।

111.

A
B

$PA \cdot PB = PT^2$

$PA = \frac{6\times 6}{3} = 12$ cm.

112. लाल एवं सफेद रंग के गेंदों की संख्या = 10

कुल गेंदें = 15

निकाली गयी लाल अथवा सफेद रंग की गेंद की प्रायिकता

$= \frac{10}{15}=\frac{2}{5}$

113. किसी समानान्तर श्रेणी का n वाँ पद,

$a_n = a+(n-1)d$

जहाँ a = प्रथम पद तथा d पदांतर है।

$a_4 = a+(4-1)d$

$a_4 = a+3d$

प्रश्नानुसार,

$4(a+3d) = 7a$

या, $4a + 12d = 7a$ या, $3a = 12d$

$a = 4d$

$\therefore$ प्रथम पद तथा पदांतर का अनुपात

$\Rightarrow \frac{a}{d}=\frac{4d}{d}=4:1$

114. शंकु का आयतन = $\frac{1}{3}\pi r^2 h$

$2\pi r = 44$

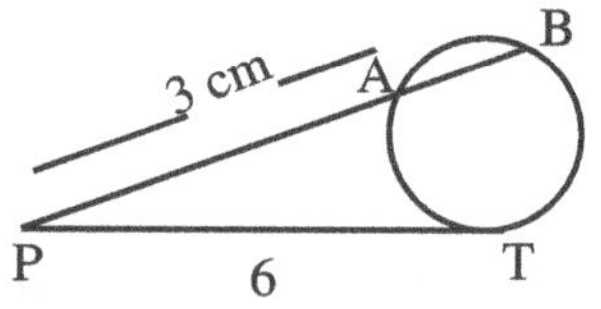

$$\therefore r = \frac{44}{2} \cdot \frac{7}{22} = 7$$

$$\therefore \text{आयतन} = \frac{1}{3} \cdot \frac{22}{7} \times 7 \times 7 \times 9 = 462 \text{ मी}^3$$

117.
$$\frac{\tan^2\theta + \tan^2\theta + 2\sec\theta \cdot \tan\theta}{1 + \tan^2\theta + \tan^2\theta + 2\sec\theta \cdot \tan\theta + 1}$$

$$= \frac{2\tan^2\theta + 2\sec\theta \cdot \tan\theta}{2 + 2\tan^2\theta + 2\sec\theta \cdot \tan\theta}$$

$$= \frac{2\dfrac{\sin^2\theta}{\cos^2\theta} + 2 \cdot \dfrac{\sin\theta}{\cos^2\theta}}{2 + \dfrac{2\sin^2\theta}{\cos^2\theta} + \dfrac{2\sin\theta}{\cos^2\theta}}$$

$$= \frac{2\sin^2\theta + 2\sin\theta}{\cos^2\theta} \times \frac{\cos^2\theta}{2\cos^2\theta + 2\sin^2\theta + 2\sin\theta}$$

$$= \frac{2\sin^2\theta + 2 \cdot \sin\theta}{2 + 2\sin\theta}$$

$$= \frac{\sin^2\theta + \sin\theta}{1 + \sin\theta} = \sin\theta$$

118.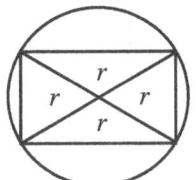

वर्ग का क्षेत्रफल $= \dfrac{1}{2}$ (विकर्ण)^2

$= \dfrac{1}{2}(2r)^2 = \dfrac{1}{2} \cdot 4r^2 = 2r^2$

119.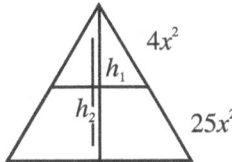

$$\frac{A^1}{A^2} = \frac{4x^2}{25x^2} = \left(\frac{h_1}{h_2}\right)^2 \quad \frac{h_1}{h_2} = \sqrt{\frac{4x^2}{25x^2}} = \frac{2x}{5x} = \frac{2}{5}$$

120. बेलन का आयतन $= \pi r^2 h$

$2\pi r = 22$

$\therefore r = 22 \cdot \dfrac{7}{22} \cdot \dfrac{1}{2} = \dfrac{7}{2}$ $\therefore \pi r^2 h = \dfrac{22}{7} \times \dfrac{7 \times 7}{2 \times 2} \times 12$

$= 462$ सेमी^{3}

पिछले प्रश्न–पत्र
(हल सहित)

IGNOU B.Ed. प्रवेश परीक्षा, 2005

भाग-अ

खंड-I : सामान्य हिन्दी बोध

निर्देशः *निम्नलिखित परिच्छेद को ध्यान से पढ़ें तथा प्रत्येक प्रश्न के अन्त में दिए गए चार विकल्पों में सर्वोत्तम विकल्प की पहचान करें।*

टिकट संकलन एक ऐसा शगल है जिसमें व्यक्ति डाक-टिकटों का संग्रह तथा उनका अध्ययन करता रहता है। यह शौक़ (शगल) वास्तव में संभावनाओं से भरे एक होनहार भविष्य की ओर ले जा सकता है। डाक-टिकट संग्रह कर एक नौसिखिया भी अपने सामान्य ज्ञान, भूगोल संबंधी ज्ञान तथा अपनी प्रेक्षण शक्ति का विकास कर सकता है। वह दूसरे देशों की ओर ध्यान देना, उन्हें देखना आरंभ कर देता है और इस प्रकार जिज्ञासु बन जाता है। अपनी जिज्ञासा को संतुष्ट करने के लिए वह अपने सहपाठियों, अपने अध्यापकों व माता-पिता से उन देशों के विषय में प्रश्न पूछना आरंभ कर देता है। शीघ्र ही वह विश्व-भर के देशों में प्रयुक्त मुद्राओं का पता लगा लेता है और उन कुछ चीजों से, जो डाक-टिकटों पर दृश्यमान होती हैं, अपना मन बहलाता है और खुश हो जाता है।

उदाहरण के लिए, ब्रिटेन की टिकटों पर कभी इस देश का नाम नहीं लिखा जाता है। परंतु कभी-कभी उनके अभिकल्प के आवसरिक भाग के रूप में इंग्लैंड, स्काटलैंड, उत्तरी आयरलैंड, तथा वेल्ज, जिनके मिलने से संयुक्त राज्य ब्रिटेन बना है, के प्रतीक चिह्न सम्मिलित कर लिए जाते हैं। कुछ टिकटों पर ऐसे मानचित्र भी पाए जाते हैं, जिनमें वे भू-भाग सम्मिलित कर लिए जाते हैं, जिनका दावा कुछ अन्य देश या व्यक्ति करते हैं। डाक-टिकट-संग्रही इस बात को भी देखता है कि कुछ देशों के टिकट अन्य देशों के टिकटों की तुलना में अधिक रुचिकर होते हैं। उदाहरण के लिए फ्रांस, ब्राज़ील, वियतनाम तथा भारत के टिकट अधिक सुंदर और ज्ञानवर्द्धक होते हैं। कुछ टिकट संग्रही एक देश या एक महाद्वीप के टिकट संकलन/संग्रहण में विशेषज्ञता प्राप्त करते हैं। कुछ अन्य ऐसे होते हैं जो एक विषय विशेष संबंधी टिकटों का संकलन करते हैं, जैसे फूल, जानवर, प्राकृतिक परिदृश्य या ख्याति प्राप्त व्यक्ति। चाहे आप इस विषय के विशेषज्ञ हों, नौसिखिया हों, या कुछ भी हाथ लग जाए उसे संकलित करने वाले हों; इतना निश्चित है कि इस शगल से बहुत-कुछ सीखने को मिल सकता है।

कई बार ऐसा भी देखा गया कि टिकटों के कुछ फलक (काग़ज़) ग़लत रूप में मुद्रित हो गए और इससे पूर्व कि ग़लती का पता चला उन्हें बेच दिया गया। ऐसी टिकटें बहुधा, विचित्र वस्तुओं की श्रेणी में गिनी जाने लगती हैं और इस कारण अत्यधिक मूल्यवान समझी जाती हैं। यदि भाग्य साथ दे तो ऐसे टिकट संग्रही को अप्रत्याशित लाभ मिल जाता है।

1. प्रथम परिच्छेद में आए शब्द "जिज्ञासु" का निकटतम अर्थ है—

A. कौतुहल　　B. सतर्क
C. संबद्ध　　D. संगठित

2. इस पाठ्यांश में निम्नलिखित में से टिकट संकलन के लाभों के रूप में किसका ज़िक्र **नहीं** किया गया है?

A. व्यक्ति की प्रेक्षण शक्ति का विकास हो जाता है
B. यदि भाग्य साथ दे तो व्यक्ति एकदम धनवान बन सकता है
C. व्यक्ति विभिन्न देशों के विषय में जान लेता है
D. कुछ व्यक्ति विचित्रताओं के शौक़ीन बन जाते हैं

3. टिकट संग्रही दूसरे देशों की मुद्राओं के विषय में शीघ्रता से जान लेता है क्योंकि—

A. वह जिज्ञासु है
B. टिकट का मूल्य वर्ग टिकट पर ही मुद्रित होता है
C. वह प्रश्न पूछता रहता है
D. प्रत्येक टिकट पर इसके देश का नाम होता है

4. इस पाठ्यांश के अनुसार नौसिखिया वह व्यक्ति होता है—

A. जिसने हाल में ही टिकट संग्रहण का कार्य आरंभ किया हो

B. जिसे सभी प्रकार की टिकटों के संग्रहण का चाव रहता हो
C. जो टिकटों के संबंध में बहुत सारे प्रश्न पूछता हो
D. जो टिकट संग्रही बनने के विषय में सोच रहा हो

5. कोई टिकट संग्रही कुछ देशों के टिकटों को अधिक रुचिकर पाता है, क्योंकि
A. टिकटों के अभिकल्प (डिज़ाइन) अलग-अलग होते हैं
B. वे अधिक ज्ञानप्रद होती हैं और आकर्षक भी
C. उनकी मुद्रण प्रक्रिया भिन्न होती है
D. वे विचित्र वस्तु का रूप ले सकती हैं

6. निम्नलिखित में से किस देश की डाक-टिकटें अन्य देशों की डाक- टिकटों से सर्वथा भिन्न हैं?
A. भारत B. ब्राज़ील
C. फ्रांस D. ब्रिटेन

7. कुछ टिकटें 'अनोखी' (विचित्र) वस्तुएँ बन जाती हैं क्योंकि
A. सभी लोग उन्हें चाहते हैं
B. उनका मूल्य निर्धारण ग़लत हो जाता है
C. वे दोषपूर्ण होती हैं
D. उनका अभिकल्प विचित्र होता है

8. ब्रिटिश टिकटों पर उनके अभिकल्प के भाग के रूप में.....इंगलैंड, स्काटलैंड, उत्तरी आयरलैंड तथा वेल्ज का प्रतीक चिह्न होता है।
A. सदैव
B. बिरले ही
C. अवसरिक रूप में
D. कदापि नहीं

9. टिकट संकलनकर्ताओं की दृष्टि में....., ...तथा.....देशों के डाक-टिकट अपेक्षाकृत अधिक लोकप्रिय होते हैं।
A. फ्रांस, मोनाको, ब्राज़ील
B. इंग्लैंड, वियतनाम, भारत
C. भारत, फ्रांस, मोनाको
D. फ्रांस, ब्राज़ील, भारत

10. जो टिकट संग्रही विशेषज्ञता प्राप्त करना चाहते हैं, निम्नलिखित में से किस प्रकार की टिकटों का संकलन **नहीं** करते?
A. एक ही मूल्य वर्ग की टिकट
B. एक ही देश की टिकट
C. एक ही महाद्वीप की टिकट
D. मात्र फूल वाली टिकट

खंड-II : तार्किक एवं विश्लेषणात्मक चिन्तन

11. शृंखला में अगली संख्या कौन-सी होगी?
8, 15, 29, 57, ?
A. 99 B. 113
C. 103 D. 101

12. विलुप्त संख्या बताइए।

35	(78)	40
45	(97)	35
25	(?)	30

A. 66 B. 56
C. 67 D. 71

13. यदि $8 \div 5 = 6425$
$9 \div 6 = 8136$
तो $4 \div 3 = ?$
A. 4421 B. 1690
C. 1609 D. 4381

14. यदि MOZART = 30; PICASSO = 35 तो REMBRANDT = ?
A. 40 B. 45
C. 50 D. 65

15. यदि HYDERABAD शब्द को कूट भाषा में IZEFSBCBE के रूप में लिखा जाता है तो AMRITSAR शब्द को कैसे लिखा जाएगा?
A. BNTHUTBS B. BNSJUTBS
C. BLQHSRBT D. CNSFUTBS

16. हेमंत, चितरंजन से बड़ा है। विकास श्रीधर से बड़ा है। मल्लिका विकास जितनी बड़ी तो नहीं है परंतु चितरंजन से बड़ी है। श्रीधर जितना बड़ा नहीं है। सबसे छोटा कौन है?
A. हेमंत B. चितरंजन
C. श्रीधर D. मल्लिका

17. निम्नलिखित में विलुप्त ज्ञात कीजिए।
ACEG : DFHJ : : QSUV : ?
A. TVXY B. MNPR
C. OQST D. KMNP

निर्देश (प्रश्न 18 से 19): *निम्नलिखित कथनों को ध्यान से पढ़िए।*
(1) सभी P तथा X, N हैं।

(2) P के अतिरिक्त सभी N, X हैं।
(3) कोई P, M नहीं हैं।
(4) कोई R, N नहीं हैं।
(5) सभी M या तो X हैं या R।
(6) कोई Q, X नहीं हैं।

18. यदि उपर्युक्त सभी छः कथन सत्य हों तो निम्नलिखित कथनों में से कौन-सा कथन अनिवार्य रूप से सत्य होगा?
    (i) कोई R, P नहीं हैं।
    (ii) कुछ X, P हैं।
    (iii) कुछ X, M हैं।
    A. केवल (i)
    B. केवल (i) तथा (ii)
    C. केवल (i) तथा (iii)
    D. (i), (ii) तथा (iii), सभी तीनों

19. उपरोक्त अवस्थाओं के कारण नीचे दिए गए कथनों में से कौन-सा कथन अनिवार्यतः असत्य होगा?
    A. कोई Q, P नहीं हैं
    B. कुछ Q न तो N हैं और न ही R हैं
    C. कुछ R, X हैं
    D. सभी R, M हैं

20. नीचे दिए गए शब्द युगल में एक विशेष संबंध है। प्रश्न में दिए गए विकल्पों में से उस युगल को बताइए जिसमें इसी प्रकार का संबंध हो जैसा कि नीचे दिए गए युगल में है।
    हर्षोन्माद : विषाद
    A. बधाई : अवसर   B. परिश्रमी : सफल
    C. माप : मापनी   D. मानमर्दन : उत्कर्षण

21. निम्नलिखित में से कौन-सा विषम है?
    A. ANW   B. DPU
    C. GRT   D. JTQ

निर्देश (प्रश्न 22 से 23): विलुप्त संख्या ज्ञात कीजिए।

22.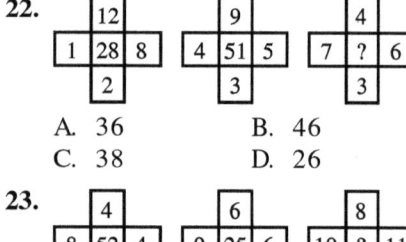
    A. 36   B. 46
    C. 38   D. 26

23.

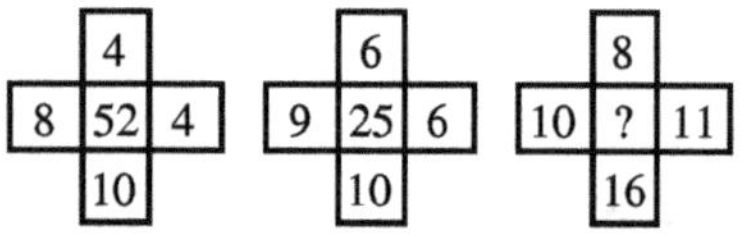

A. 29   B. 27
C. 31   D. 35

24. एक बिल्कुल नई मोटर साइकिल की कीमत 40,000 रु. है। वर्ष के अंत में इसका मूल्य वर्ष के आरंभ के मूल्य का 4/5 हो जाता है। यदि यह मोटर साइकिल तीन वर्ष पुरानी हो जाए, तो इसका मूल्य क्या होगा?
    A. 16,000 रु.   B. 25,600 रु.
    C. 20,480 रु.   D. 24,820 रु.

25. निम्नलिखित में से कौन-सा दिए गए शब्दों का सार्थक क्रम है?
    1. निर्वाचित   2. नामजदगी
    3. मतदान   4. शपथ-ग्रहण
    5. प्रचार
    A. 52134   B. 52314
    C. 25314   D. 23154

निर्देश (प्रश्न 26 से 30): क्रम में अगली आकृति कौनसी होगी?

26.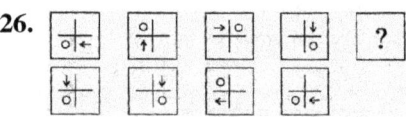
    A.   B.   C.   D.

27.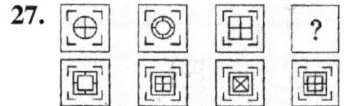
    A.   B.   C.   D.

28.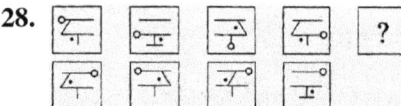
    A.   B.   C.   D.

29.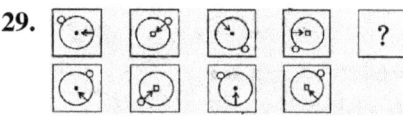
    A.   B.   C.   D.

30.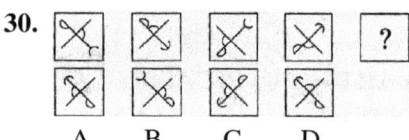
    A.   B.   C.   D.

खंड-III : शैक्षिक एवं सामान्य चेतना

निर्देशः *निम्नलिखित में सही उत्तर बताइए।*

31. मल्टीमीडिया किसका संयोजन है?
- A. वीडियो, ऑडियो तथा आलेखीय प्रस्तुतीकरण
- B. पाठ्यांश, चलचित्र तथा ध्वनि प्रस्तुतीकरण
- C. डेस्कटॉप, एनीमेशन तथा आलेखीय प्रस्तुतीकरण
- D. उपर्युक्त में से कोई नहीं

32. तारों के टिमटिमाने का कारण है–
- A. टिंडल प्रभाव
- B. ब्राउनियन गति
- C. आवर्तन
- D. परावर्तन

33. स्वंतत्रता प्राप्ति के पश्चात् प्रथम शिक्षा आयोग का नाम था–
- A. राष्ट्रीय शिक्षा आयोग
- B. माध्यमिक शिक्षा आयोग
- C. आचार्य नरेंद्र देव समिति
- D. विश्वविद्यालय शिक्षा आयोग

34. 'सभी के लिए शिक्षा' (एजुकेशन फॉर ऑल) को एक आंदोलन के रूप में एक सम्मेलन के द्वारा प्रेरित प्रवर्तित किया गया। यह सम्मेलन किस देश में हुआ था?
- A. बांग्लादेश B. थाईलेंड
- C. ब्राज़ील D. भारत

35. 'सप्त भगिनी' (सेवन सिस्टर्स) शब्द का प्रयोग किसके लिए किया जाता है?
- A. हिन्दू देवियाँ
- B. उत्तर पूर्वी राज्य
- C. दक्षिणी नदियाँ
- D. उत्तरी पर्वत शृंखलाएँ

36. 'जजंतरम ममंतरम नामक फिल्म किस पर आधारित है?
- A. दी अरेबियन नाइट्स
- B. रॉबिन्सन क्रूसो
- C. गुलीवर्स ट्रैवल्स
- D. जातक कहानियाँ

37. 'विज़न 2020' नामक पुस्तक के लेखक कौन हैं?
- A. वी॰ एस॰ नाइपॉल
- B. ए॰ बी॰ वाजपेयी
- C. अरुणधति रॉय
- D. अब्दुल कलाम

38. केबल टी॰ वी॰ प्रणाली के संदर्भ में *CAS* का अर्थ है–
- A. प्रतिबंधित पहुँच प्रणाली
- B. नियंत्रित पहुँच प्रणाली
- C. प्रतिबंधित स्वचालित प्रणाली
- D. केन्द्रीय स्वचालित प्रणाली

39. हॉटमेल वेबसाइट का आरंभ किसने किया?
- A. अज़ीम प्रेमजी
- B. विनोद खोसला
- C. सबीर भाटिया
- D. नारायणमूर्ति

40. विज़डेन का शताब्दी का भारतीय क्रिकेट खिलाड़ी का पुरस्कार किसको दिया गया?
- A. सुनील गावस्कर
- B. जी॰ विश्वनाथ
- C. कपिल देव
- D. सचिन तेंदुलकर

41. निम्नलिखित में से किस राज्य की साक्षरता दर उच्चतम है?
- A. मिज़ोरम B. असम
- C. मेघालय D. महाराष्ट्र

42. किस देश की राष्ट्रीय मुद्रा 'रुपया' **नहीं** है?
- A. नेपाल B. पाकिस्तान
- C. श्रीलंका D. बांग्लादेश

43. मधुमेह (डायबिटीज़ मेलिटस) किस कारण से होती है?
- A. इंसुलिन स्तर कम होने से
- B. इंसुलिन स्तर बढ़ने से
- C. ग्लूकैगॉन के कम होने से
- D. ग्लूकैगॉन के बढ़ने से

44. प्रकाश-संश्लेषण प्रक्रिया में निम्नलिखित में से कौन-सा परिवर्तन होता है?
- A. ऊष्मा ऊर्जा से गतिज ऊर्जा
- B. ताप ऊर्जा से विद्युत्-चुम्बकीय ऊर्जा
- C. ताप ऊर्जा से रासायनिक ऊर्जा
- D. विद्युत्-चुम्बकीय ऊर्जा से रासायनिक ऊर्जा

45. मथुरा कला विद्यापीठ किससे प्रभावित हुआ?
A. अमरावती कला विद्यापीठ से
B. गांधार कला विद्यापीठ से
C. चोल कला विद्यापीठ से
D. नाथद्वारा कला विद्यापीठ से

46. भारतीयों में सबसे अधिक पाया जाने वाला रक्त समूह कौन-सा है?
A. बी+ B. ए बी–
C. ओ+ D. ए बी+

47. निम्नलिखित में से कौन-सा युग सबसे प्राचीन है?
A. क्रिश्चियन B. शक
C. हिज़री D. विक्रमी

48. किसी भवन की ऊँचाई किससे मापी जाती है?
A. फैदोमीटर B. सीस्मोग्राफ
C. सेक्सटैंट D. उर्पयुक्त में से कोई नहीं

49. निम्नांकित ऐतिहासिक व्यक्तित्वों में से कौन-सा क्रम सही है?
A. शिवाजी → शेरशाह सूरी → टीपू सुल्तान → महाराजा रणजीत सिंह
B. शेरशाह सूरी → शिवाजी → टीपू सुल्तान → महाराजा रणजीत सिंह
C. शेरशाह सूरी → शिवाजी → महाराजा रणजीत सिंह → टीपू सुल्तान
D. शिवाजी → शेरशाह सूरी → महाराजा रणजीत सिंह → टीपू सुल्तान

50. वह संस्था जो भारत में अध्यापक शिक्षा के स्तर व मानदंड निर्धारित करने के लिए जिम्मेदार है, उसे कहा जाता है–
A. एन॰ सी॰ ई॰ आर॰ टी॰
B. यू॰ जी॰ सी॰
C. एन॰ सी॰ टी॰ ई॰
D. एन॰ आई॰ ई॰ पी॰ ए॰

51. निम्नलिखित में से वह कौन-सी बात है जिसे युनेस्को द्वारा स्थापित 'इक्कीसवीं शताब्दी के लिए शिक्षा आयोग' ने अपनी अनुशंसाओं में शिक्षा के स्तंभों में सम्मिलित **नहीं** किया है?
A. कमाने के लिए सीखना (लर्निंग टु अर्न)
B. जानने के लिए सीखना (लर्निंग टु नो)
C. साथ रहने के लिए सीखना (लर्निंग टु लिव टुगैदर)
D. जीवन के लिए सीखना (लर्निंग टु बी)

52. किशोरी अमोनकर को उनके किस क्षेत्र में योगदान के लिए जाना जाता है?
A. चित्रकारी B. चलचित्र
C. नृत्य D. गायन

53. शिक्षा के माध्यम के रूप में अंग्रेजी को भारत में कब सम्मिलित किया गया था?
A. 1838 B. 1853
C. 1835 D. 1883

54. लोक सभा अध्यक्ष (स्पीकर) का निर्वाचन किसके द्वारा किया जाता है?
A. प्रत्यक्ष जनता द्वारा
B. लोक सभा के सभी सदस्यों द्वारा
C. संसद के सभी सदस्यों द्वारा
D. संसद में बहुमत दल के सदस्यों द्वारा

55. विश्वभर में पाँच जून किस लिए जाना जाता है?
A. मानवाधिकार दिवस
B. विश्व अशक्तता दिवस
C. विश्व अध्यापक दिवस
D. विश्व पर्यावरण दिवस

खंड-IV : शिक्षण-अधिगम एवं विद्यालय

56. एक अच्छा अध्यापक वह होता है–
A. जो बच्चे के व्यक्तित्व को इस प्रकार ढाल देता है जैसे कुम्हार बर्तन को
B. जो बच्चे के मस्तिष्क को ज्ञान से परिपूर्ण कर दे
C. जो बच्चे की देखभाल ऐसे करता है जैसे माली पौधों की करता है
D. जो बच्चे का निरंतर नियंत्रण व प्रेक्षण करता रहता है

57. यह विचार 'शैक्षिक संस्थाओं को यदि पूर्ण रूप से नहीं तो पर्याप्त रूप से आत्मनिर्भर होना चाहिए', निम्नलिखित में से किसने दिया था?
A. श्री अरविंद
B. स्वामी विवेकानंद

C. महात्मा गांधी
D. स्वामी दयानंद

58. भवन निर्माण श्रमिकों के बच्चों के लिए शिक्षा के विशेष कार्यक्रम आयोजित करना निम्नलिखित में से किसके अंतर्गत आता है?
A. औपचारिक शिक्षा
B. गैर-औपचारिक शिक्षा
C. अनौपचारिक शिक्षा
D. विशेष शिक्षा

59. निम्नलिखित में से अधिगम का सर्वाधिक उपयुक्त विवरण कौन-सा है?
A. यह आदतों के निर्माण की प्रक्रिया है
B. यह नई परिस्थितियों से निपटने का कौशल है
C. यह समस्या समाधान में श्रम व समय का मितव्यय प्रभावी कौशल है
D. यह वह संचेतना है जो व्यक्ति समस्या समाधान के पश्चात् प्राप्त करता है

60. विद्यालयों का संबंध मानव विकास से है जिसमें ऐसे वरण सम्मिलित हैं जिनका संबंध है–
A. लम्बे व स्वस्थ जीवन बिताने से
B. ज्ञानार्जन से
C. एक उत्तम जीवन के लिए आवश्यक संसाधनों की उपलब्धता से
D. उपर्युक्त सभी

61. शिक्षण शास्त्र से अभिप्राय है–
A. शिक्षण विज्ञान
B. अधिगम की कला
C. संप्रेषण विज्ञान
D. आत्मसातकरण की कला

62. एक अध्यापक के लिए सर्वाधिक महत्त्वपूर्ण कार्य है–
A. विद्यार्थियों को सत्य के दर्शन कराना
B. कठिनाइयों का निवारण करना
C. उन्हें (विद्यार्थियों को) सत्यान्वेषण के लिए तैयार करना
D. सतत रूप से उपलब्धि के उच्चतर स्तरों की अपेक्षा करना

63. मूल्याश्रित व्यवहार के प्रोत्साहन के लिए निम्नलिखित में से सर्वाधिक प्रभावी संयोजन कौन-सा है?
A. अनुदेश व चयनित पाठ्यवस्तु का अध्ययन
B. आदर्श, उदाहरण तथा चिंतन की स्वतंत्रता का प्रदर्शन

C. उदाहरण तथा प्रेरक वातावरण
D. उदाहरण, प्रेरक वातावरण तथा आत्म-चिंतन

64. विद्यालयों में पाठ्य-सहगामी कार्य-कलापों का प्रयोजन है–
A. विद्यार्थियों के आत्मविश्वास को बढ़ाना
B. उनकी प्रतिस्पर्धात्मक भावना को बढ़ाना
C. विद्यार्थियों की अधिगम अनुभूतियों की संवृद्धि
D. शैक्षिक कार्य में विश्राम प्रदान करना

65. एक अध्यापक की सर्वाधिक स्वीकार्य धारणा निम्नलिखित में से कौन-सी है?
A. एक सत्तावादी
B. एक लोकतांत्रिक कार्यकर्ता
C. कृपालु व्यक्ति
D. ज्ञानवान परन्तु निष्क्रिय व्यक्ति

66. यदि आप देखते हैं कि एक सामान्य बच्चा कक्षा में अनियमित ढंग से व्यवहार कर रहा है तो ऐसी अवस्था में आप क्या करना चाहेंगे?
A. तत्काल उसकी खिंचाई करेंगे
B. कक्षा के उपरांत बच्चे से बात करेंगे
C. बच्चे को कहेंगे कि वह कक्षा से बाहर जाए
D. उसकी ओर ध्यान ही नहीं देंगे

67. कक्षा में अध्यापन प्रक्रिया में सर्वाधिक स्वीकार्य चरणों का क्रम क्या है?
A. अभिप्रेरणा — प्रस्तुतीकरण — निदर्शन — पुनरावृत्ति
B. अभिप्रेरणा — प्रस्तुतीकरण — पुनरावृत्ति — निदर्शन
C. प्रस्तुतीकरण — अभिप्रेरणा — पुनरावृत्ति — निदर्शन
D. प्रस्तुतीकरण — अभिप्रेरणा — निदर्शन — पुनरावृत्ति

68. एक सामान्य, आधुनिक विद्यालय का सरोकार निम्नलिखित में से किससे **नहीं** है?
A. बच्चे के मानसिक स्वास्थ्य से
B. बच्चे की शैक्षिक उपलब्धियों से
C. बच्चे के धार्मिक पक्षों से
D. अध्येता के शारीरिक स्वास्थ्य से

69. 'अधिगम में बच्चे को उसके स्वतंत्र मन से कार्य करने देना चाहिए।' इस कथन का समर्थन किसने किया?
A. रविन्द्रनाथ टैगोर
B. महात्मा गांधी
C. स्वामी विवेकानंद
D. श्री अरविंद

70. विद्यालयी पाठ्यचर्या में खेल और शारीरिक कार्यकलापों का मुख्य प्रयोजन क्या होता है?
A. कक्षा कार्य की नीरसता से अल्प विराम
B. सभी विद्यार्थियों में स्वास्थ्य संचेतना को प्रोत्साहन
C. विद्यालय के नाम और उसकी प्रतिष्ठा का उत्थान
D. खेलों में प्रतिस्पर्धा योग्यता का पोषण

71. आपकी कक्षा के बाहर कुछ शोर हो रहा है। ऐसी अवस्था में निम्नलिखित में से आप क्या करना चाहेंगे?
A. अपनी आवाज़ को ऊँचा कर देंगे
B. बच्चों को कहेंगे कि वे चुपचाप अपना दिया गया कार्य करते रहें
C. कार्य बंद कर देंगे तथा विद्यार्थियों को, जब तक शोर समाप्त नहीं हो जाता, विश्राम करने को कहेंगे
D. कमरे की खिड़कियाँ और दरवाजे बंद कर देंगे और उनको कुछ लाभदायक बातें लिखवाएँगे

72. अधिगम में आगमनात्मक उपागम का अर्थ है–
A. बच्चे को नए विषय में दीक्षित करना
B. विशिष्ट अनुदेश के द्वारा अध्यापन
C. व्यक्तिगत अधिगम की बजाए समूह अधिगम
D. उदाहरणों की सहायता से सामान्यीकरण करना

73. विद्यालय में 'पैरन्ट टीचर असोसिएशन' (पी॰टी॰ए॰) का उद्देश्य है–
A. विद्यार्थियों को नियंत्रण में रखना
B. अध्येताओं को सुविधाएँ प्रदान करने के लिए अतिरिक्त धन संग्रह करना
C. विद्यालय के सम्मुख आने वाली समस्याओं में भागीदार होना
D. अभिभावकों की इच्छानुसार पाठ्यचर्या में परिवर्तन लाना

74. प्राकृतिक विज्ञान और सामाजिक विज्ञान की तुलना करते समय निम्नलिखित में से कौन-सा कथन स्वीकार्य **नहीं** है?
A. दोनों प्रकार के विषयों का विचारात्मक क्षेत्र भिन्न है
B. प्राकृतिक विज्ञान द्वारा प्रदत्त विचार शंका-रहित होते हैं
C. सामाजिक विज्ञान की अपेक्षा प्राकृतिक विज्ञान के प्रदत्त अधिक भविष्यवाची होते हैं
D. प्राकृतिक विज्ञान निश्चयात्मक होते हैं जबकि सामाजिक विज्ञान दिशासूचक होते हैं

75. भाषा के सीखने में निम्नलिखित में से कौन-सा क्रम उपयुक्त है?
A. श्रवण — बोलना (कथन) — लेखन — वाचन
B. कथन — श्रवण — लेखन — वाचन
C. श्रवण — कथन — वाचन — लेखन
D. श्रवण — वाचन — कथन — लेखन

76. किसकी अनुशंसाओं के पश्चात् 10 + 2 विद्यालयी शिक्षा प्रणाली को स्वीकार किया गया था?
A. मुदालियर आयोग
B. कोठारी आयोग
C. राधाकृष्णन आयोग
D. 1986 की राष्ट्रीय शिक्षा नीति

77. "इस बात पर कि नए अधिगम को पूर्व प्राप्त ज्ञान तथा अन्य विषयों से सहसंबंधित किया जाना चाहिए" किसने बल दिया था?
A. रविन्द्रनाथ टैगोर (शांति निकेतन)
B. जे. कृष्णामूर्ति (ऋषि घाटी)
C. महात्मा गांधी (मूल शिक्षा)
D. ऐनी बेसेंट

78. दंड का मुख्य प्रयोजन होना चाहिए–
A. बच्चे को डराना कि वह गलती की पुनरावृत्ति न करे
B. दूसरों को डराने के लिए कि वे गलती दोबारा न करें
C. कानून या नियम की रक्षा करने के लिए
D. गलती करने वाले विद्यार्थी को सुधारने के लिए

79. एक अध्यापक के रूप में आप निम्नलिखित में से किससे सहमत **नहीं** हैं?
A. कुछ अर्थों में विद्यालय को परिवार का विस्तार होना चाहिए
B. विद्यालय एक लघु समुदाय की तरह होना चाहिए
C. विद्यालय को सामाजिक प्रभावों से पूर्णतः बचाना चाहिए
D. विद्यालय ऐसा स्थान हो जहाँ बच्चों की क्षमताओं को विकसित किया जाता है

80. परीक्षा प्रणाली को सुधारने की सर्वोत्तम विधि है–
A. कोई परीक्षा ही न ली जाए
B. केवल आंतरिक मूल्यांकन हो
C. केवल बाह्य आकलन हो
D. आंतरिक मूल्यांकन तथा बाह्य आकलन एक दूसरे के संपूरक के रूप में हों

भाग—ख

खण्ड–V: विषयगत सक्षमता

(i) विज्ञान

81. निम्नलिखित में आनुवंशिक सूचना के वाहक हैं—
    A. प्रोटीन
    B. लिपिड तथा खनिज
    C. न्यूक्लिक अम्ल
    D. कार्बोहाइड्रेट

82. पवन की गति का मापक क्या है?
    A. ऐनिमोमीटर
    B. हाइड्रोमीटर
    C. बैरोमीटर
    D. हाइग्रोमीटर

83. रेबीज नामक रोग का कारणोत्पादक जीवाणु कौन-सा है?
    A. जीवाणु (बैक्टीरियम)
    B. विषाणु (वायरस)
    C. फफूँदी (फंगस)
    D. शैवाल (ऐल्गी)

84. निम्नलिखित में से कौन-सा पादप उत्पाद **नहीं** है?
    A. कपास
    B. लाख
    C. सन
    D. चीनी

85. रुधिर में उपस्थित कौन-सा विटामिन थक्का बनाने (ब्लॉटिंग) में महत्वपूर्ण भूमिका निभाता है?
    A. विटामिन A
    B. विटामिन D
    C. विटामिन E
    D. विटामिन K

86. आहार में स्टार्च का पाचन निम्नलिखित में से किसमें आरंभ होता है?
    A. जिगर (यकृत्)
    B. आमाशय
    C. आंत्र (आँत)
    D. मुँह

87. रासायनिक रूप से विटामिन C को क्या कहा जाता है?
    A. ऐस्कॉर्बिक अम्ल
    B. ऐस्पार्टिक अम्ल
    C. सिट्रिक अम्ल
    D. टार्टरिक अम्ल

88. निम्नलिखित में से कौन-से विकिरण सर्वाधिक वेधनकारी होते हैं?
    A. एक्स-किरणें
    B. एल्फा-किरणें
    C. बीटा किरणें
    D. गामा किरणें

89. एक परमाणु जिसका इलेक्ट्रॉनिक विन्यास 2, 8, 8 है, उसकी संयोजकता होगी—
    A. – 1
    B. शून्य
    C. + 1
    D. + 8

90. निम्नलिखित में से कौन-सा तत्व सर्वाधिक संख्या में यौगिकों का निर्माण करता है?
    A. हाइड्रोजन
    B. ऑक्सीजन
    C. सिलिकॉन
    D. कार्बन

91. निम्नलिखित गैसों में से किस गैस का घनत्व सबसे कम है?
    A. आर्गन
    B. हीलियम
    C. ऑक्सीजन
    D. नाइट्रोजन

92. Ni^{++} के निर्माण में निकेल—
    A. दो इलेक्ट्रॉन प्राप्त करता है
    B. दो इलेक्ट्रॉनों का ह्रास करता है
    C. दो प्रोटॉनों का ह्रास करता है
    D. दो प्रोटॉन प्राप्त करता है

93. यदि किसी धात्विक ऑक्साइड की 8.0 ग्राम मात्रा को अपघटित करने पर 1.6 ग्राम ऑक्सीजन प्राप्त होती हो, तो उस धातु का तुल्यांकी भार क्या होगा?
    A. 8
    B. 16
    C. 32
    D. 64

94. A गोला B गोले को आकर्षित करता है तथा C गोले को भी आकर्षित करता है। B गोला C गोले को विकर्षित करता है। यदि C गोला ऋणावेशित हो, तो इससे यह निष्कर्ष निकलता है कि—
    A. A गोला धनावेशित है
    B. A गोला ऋणावेशित है
    C. A गोला या तो धनावेशित है या उस पर कोई भी आवेश नहीं है
    D. A गोला या तो ऋणावेशित है या उस पर कोई भी आवेश नहीं है

95. बिजली की घरेलू खपत का आकलन किया जाता है—
    A. जूल में
    B. वाट में
    C. किलोवाट/घंटा में
    D. किलोवाट घंटों में

96. यदि जल से भरे एक तालाब की वास्तविक गहराई 8 मीटर हो, तो उसकी आभासी गहराई कितनी होगी?
    A. 2 मीटर
    B. 3 मीटर
    C. 6 मीटर
    D. 8 मीटर

97. वे किरणें जो वैद्युत अथवा चुम्बकीय क्षेत्र में किसी से भी विक्षेपित **नहीं** होती, कहलाती हैं—
    A. एल्फा किरणें
    B. बीटा किरणें
    C. गामा किरणें
    D. धन (पॉजिटिव) किरणें

98. हरे प्रकाश से टकराने के पश्चात् एक धात्विक तल इलेक्ट्रॉन उत्सर्जित करता है परंतु पीले प्रकाश से टकराने पर कोई इलेक्ट्रॉन उत्सर्जित नहीं होता। निम्नलिखित में से किस रंग के प्रकाश से टकराने पर वह तल इलेक्ट्रॉन उत्सर्जित करेगा?
    A. नीला प्रकाश
    B. लाल प्रकाश
    C. अवरक्त प्रकाश
    D. ऊष्मा किरण

99. दो कुण्डलियों को श्रेणीक्रम में संयोजित करने पर उनका संयोजित प्रतिरोध 12 ओम होता है परंतु यदि उनको समांतर क्रम में जोड़ दिया जाए तो प्रतिरोध 3 ओम रह जाता है। उनके अलग-अलग प्रतिरोध क्या होंगे?
    A. 4 ओम, 8 ओम
    B. 6 ओम, 6 ओम
    C. 9 ओम, 3 ओम
    D. 10 ओम, 2 ओम

100. पृथ्वी के व्यास में से जाता हुआ एक सुराख खोद कर उसमें एक पत्थर छोड़ दिया जाता है। जब पत्थर पृथ्वी के केन्द्र में होगा तो उसमें—
    A. त्वरण होगा
    B. गतिज ऊर्जा होगी
    C. स्थैतिज ऊर्जा होगी
    D. कोई ऊर्जा नहीं होगी

(ii) गणित

101. यदि $4x^3 + 3x^2 + 2x + 4$ को $x + 1$ से विभाजित किया जाए तो शेष होगा—
    A. 3
    B. 1
    C. –1
    D. –13

102. 150 का 20% उतना ही होगा जितना कि—
    A. 75 का 10%
    B. 300 का 40%
    C. 75 का 40%
    D. 225 का 30%

103. किसी वस्तु के मूल्य पर लगातार 10% तथा 20% की छूट दी गई। बताइए कुल छूट कितने % के बराबर होती यदि उसे एक ही बार दे दिया जाता—
    A. 30%
    B. 32%
    C. 25%
    D. 28%

104. $x : y :: m : n$ वही है जो—
    A. $x : n :: y : m$ है
    B. $x : n :: m : y$ है
    C. $x : m :: y : n$ है
    D. $x : m :: n : y$ है

105. $(a^4 - b^4)$ तथा $(a^2 - b^2)^2$ का लघुत्तम समापवर्त्य होगा—
    A. $(a^2 - b^2)$
    B. $(a^2 - b^2)^2$
    C. $(a^2 - b^2)^2 (a^4 - b^4)$
    D. $(a^2 - b^2)^2 (a^2 + b^2)$

106. वह समीकरण कौन-सा होगा जिसके मूल समीकरण $x^2 + 3x + 2 = 0$ के मूलों से आधे होंगे?
    A. $2x^2 + 3x + 1 = 0$
    B. $2x^2 + 3x - 1 = 0$
    C. $x^2 + 6x + 8 = 0$
    D. $x^2 + 6x - 8 = 0$

107. बिंदुओं (1, 2) तथा (1, –1) के मध्य दूरी होगी—
    A. $\sqrt{13}$
    B. 3
    C. 1
    D. $\sqrt{5}$

108. दिया गया कोई अनुक्रम एक समांतर श्रेढ़ी में है। यदि इस अनुक्रम का प्रथम पद 5 हो और सामान्य अंतर 4 हो, तो इस अनुक्रम का दसवाँ पद होगा—
    A. 45
    B. 41
    C. 35
    D. 31

109. पीटर के वेतन से उसकी वर्ष 2002-2003 की वार्षिक आय 3,20,000 रु. है। विनिर्देशित रूप में वह 50,000 रु. की बचत करता है। बचत के आधार पर उसे आयकर में राहत कितनी मिलेगी?
    A. 10,500 रु.
    B. 10,000 रु.
    C. 7,500 रु.
    D. कुछ भी नहीं

110. यदि मूलधन P हो और इस पर प्रति x महीनों के पश्चात् r की दर से चक्रवृद्धि ब्याज मिलता हो, तो y वर्षों के पश्चात् कुल धनराशि कितनी हो जाएगी?
    A. $P\left(1 + \dfrac{r.x}{100}\right)^{xy}$
    B. $P\left(1 + \dfrac{r.x/12}{100}\right)^{12y/x}$

C. $P\left(1+\frac{x/12}{r.100}\right)^{12y/x}$

D. $P\left(1+\frac{r.x}{100}\right)^{12x/y}$

111. मोहन की आयु सोहन की आयु से तीन गुनी है और राम, सोहन से 6 वर्ष बड़ा है। यदि राम की आयु 24 वर्ष हो, तो मोहन की आयु कितनी है?

A. 6 वर्ष B. 10 वर्ष
C. 54 वर्ष D. 90 वर्ष

112. किसी त्रिभुज की भुजाएँ 3 सेमी, 4 सेमी तथा 5 सेमी हैं, तो इस त्रिभुज का क्षेत्रफल होगा–

A. 6 सेमी^{2} B. 12 सेमी^{2}
C. 15 सेमी^{2} D. 20 सेमी^{2}

113. यदि दो समबाहु त्रिभुजों के शीर्ष कोण बराबर हों तथा इनके क्षेत्रफलों का अनुपात 9 : 16 हो, तो इनकी ऊँचाइयों का अनुपात होगा–

A. 4 : 3 B. 3 : 4
C. 16 : 9 D. 9 : 16

114. एक चक्रीय चतुर्भुज के सम्मुख कोणों का योग कितना होगा?

A. 360° B. 90°
C. 180° D. कोई निश्चित नहीं

115. 5 सेमी भुजा वाले एक वर्ग के अंदर एक अंतर्वृत्त खींचा गया है। तो बताइए वर्ग के परिमाप तथा वृत्त की परिधि क अनुपात कितना होगा?

A. 10 : 10 π B. 4 : π
C. 5 π D. 120 : 6.25 π

116. $\frac{\text{cosec A}}{\text{cosec A} - 1} + \frac{\text{cosec A}}{\text{cosec A} + 1}$ बराबर है

A. 1 B. $\sec^2 A$
C. $\text{cosec}^2 A$ D. $2\sec^2 A$

117.

x	0	1	2	3	4	5	6	7	8
बारंबारता	1	9	26	59	72	52	29	7	1

उपर्युक्त बंटन की माध्यिका होगी–

A. 3 B. 4
C. 59 D. 72

118. लोहे के तीन घनों को जिनकी भुजाओं की लम्बाइयाँ क्रमशः 3 सेमी, 4 सेमी व 5 सेमी थीं पिघलाकर एक नया घन बना दिया। नए घन की भुजा कितनी लंबी होगी?

A. 4 सेमी B. 6 सेमी
C. 12 सेमी D. 20 सेमी

119. एक शंकु जिसकी ऊँचाई 10 सेमी तथा आधार की त्रिज्या 4 सेमी थी, को आधार से ऊपर 5 सेमी की ऊँचाई पर आधार के समांतर एक तल द्वारा दो भागों में बाँट दिया गया। तो बताइए इस छोटे शंकु तथा पूर्ण अविभाजित (मूल) शंकु के आयतनों में क्या अनुपात होगा?

A. 1 : 2 B. 1 : 4
C. 1 : 8 D. 3 : 4

120. एक ठोस गोले की त्रिज्या r सेमी है। यदि इस गोले को दो समान भागों में बाँट दिया जाए तो इन दोनों भागों का कुल पृष्ठ क्षेत्रफल कितना होगा?

A. $8\pi r^2$ वर्ग सेमी
B. $5\pi r^2$ वर्ग सेमी
C. $4\pi r^2$ वर्ग सेमी
D. $6\pi r^2$ वर्ग सेमी

(iii) सामाजिक विज्ञान

121. महात्मा बुद्ध ने अपना प्रथम धर्मोपदेश किस स्थान पर दिया था?

A. लुम्बिनी B. सारनाथ
C. वाराणसी D. गया

122. मैगस्थनीज़ ने निम्नलिखित में से किसके शासन काल में भारत का भ्रमण किया?

A. हर्ष B. अशोक
C. चंद्रगुप्त मौर्य D. कनिष्क

123. *आइन-ए-अकबरी* का लेखक कौन था?

A. फरिश्ता B. बदाऊंनी
C. बीरबल D. अबुल फजल

124. इब्न बतुता ने किसके शासन काल में भारत का भ्रमण किया?

A. बलबन B. अलाउद्दीन खिलजी
C. रज़िया D. मुहम्मद बिन तुगलक

125. पानीपत का तीसरा युद्ध किन-किन के बीच लड़ा गया?
A. अंग्रेजों तथा मराठों के बीच
B. मराठों तथा राजपूतों के बीच
C. अफगानियों तथा सिखों के बीच
D. मराठों तथा अफगानियों के बीच

126. भारत छोड़ो आंदोलन का आरंभ कब हुआ?
A. 1930 B. 1940
C. 1942 D. 1946

127. 1905 में बंगाल का विभाजन किसने किया?
A. लार्ड कर्ज़न B. लाड वैलेजली
C. हेस्टिंग्स D. रिपन

128. निम्नलिखित में से कौन-सी नदी हिमालय से **नहीं** निकलती?
A. सरयू B. अलकनंदा
C. मंदाकिनी D. नर्मदा

129. निम्नलिखित में से कौन-सा उद्यान एशियाई शेरों के निवास के रूप में जाना जाता है?
A. गिर राष्ट्रीय उद्यान
B. दूधवा राष्ट्रीय उद्यान
C. कान्हा राष्ट्रीय उद्यान
D. कॉर्बेट राष्ट्रीय उद्यान

130. वह कौन-सा राज्य है जिसके बीच से कर्क रेखा गुजरती है?
A. जम्मू तथा कश्मीर B. बिहार
C. हिमाचल प्रदेश D. झारखंड

131. निम्नलिखित में से कौन-सी नदी उड़ीसा में डेल्टा बनाती है?
A. कृष्णा B. महानदी
C. गोदावरी D. कावेरी

132. कौन-सा राज्य लाल मिर्च का अग्रणी उत्पादक है?
A. पंजाब B. कर्नाटक
C. पश्चिम बंगाल D. आंध्र प्रदेश

133. रानी गंज किस चीज के लिए प्रसिद्ध है?
A. लौह अयस्क B. कोयला
C. मैंगनीज D. अभ्रक

134. स्वतंत्रता, समानता, तथा बंधुत्व संबंधी आदर्श जिन्हें भारतीय संविधान की प्रस्तावना में प्रतिष्ठापित किया गया है, किसकी प्रेरणा के फलस्वरूप अंगीकार किए गए थे?
A. रूसी क्रांति
B. अमरीकी स्वतंत्रता की घोषणा
C. संयुक्त राष्ट्र का घोषणा पत्र
D. फ्रांसीसी क्रांति

135. भारत के राष्ट्रपति निम्नलिखित में से क्या हैं?
A. राष्ट्राध्यक्ष
B. सरकार प्रमुख
C. राष्ट्राध्यक्ष तथा सरकार प्रमुख, दोनों
D. उपर्युक्त में से कोई नहीं

136. भारत के उपराष्ट्रपति का निर्वाचन कैसे होता है?
A. प्रत्यक्ष रूप से जनता द्वारा
B. उसी निर्वाचन मंडल द्वारा जो राष्ट्रपति का निर्वाचन करता है
C. एक संयुक्त बैठक में लोक सभा तथा राज्य सभा के सदस्यों द्वारा
D. केवल राज्य सभा के सदस्यों द्वारा

137. निम्नलिखित में से किसने प्रधानमंत्री का पदभार **नहीं** संभाला?
A. जगजीवन राम
B. मोरारजी देसाई
C. चंद्रशेखर
D. (A) तथा (C) दोनों

138. भारत की राजभाषा कौन-सी है?
A. अंग्रेजी B. हिन्दी
C. तमिल D. उर्दू

139. 42वें संविधान संशोधन के द्वारा–
A. प्रथम बार मौलिक कर्तव्यों को लागू किया गया
B. निदेशक सिद्धांतों को वादयोग्य बनाया गया
C. प्रारंभिक शिक्षा को मौलिक अधिकार का दर्जा दिया गया
D. इनमें से कुछ नहीं हुआ

140. प्रथम लोक सभा अध्यक्ष कौन थे?
A. हुकुम सिंह
B. जी॰ एस॰ ढिल्लों
C. अनंतस्वायानम अयंगर
D. जी॰ वी॰ मावलंकर

(iv) ENGLISH

Directions (Qs. 141-142): *Fill in the blanks in the following sentences by selecting the most appropriate alternative from amongst the four choices given.*

141. If you drink too much it will..... your judgement.
   A. impede
   B. impair
   C. impose
   D. impel

142. She always insisted on the need to..... between ends and means.
   A. analyse
   B. define
   C. distribute
   D. distinguish

Directions (Qs. 143-144): *In the following groups of words only one is spelt correctly. Select the correct one.*

143. A. Gratutious
   B. Gratutous
   C. Gratuitous
   D. Greatutous

144. A. Sychology
   B. Sykology
   C. Psychology
   D. Psykology

Directions (Qs. 145-146): *In the following questions, out of four alternatives, choose the one which can be substituted for the given sentence.*

145. Study of the relations of living things to environment—
   A. Biology
   B. Physiology
   C. Geology
   D. Ecology

146. A person who believes that everything happens is for the good—
   A. Pessimist
   B. Optimist
   C. Sadist
   D. Masochist

Directions (Qs. 147-148): *Given below are the four parts of a complete sentence. Mark the part which contains an error.*

147. A. The number of people
   B. applying were so large
   C. that the college had to
   D. stop issuing application forms.

148. A. Drawing water from the well
   B. is preferable
   C. than depending on
   D. the erratic water supply.

Directions (Qs. 149-150): *Choose the appropriate set from those given below to fill in the blanks in the following sentences.*

149. Hundreds students competed ..... one another..... a single scholarship.
   A. with, over
   B. with, for
   C. among, over
   D. between, for

150. We went.....the room and sat down ..... a sofa.
   A. to, in
   B. into, on
   C. from, upon
   D. in, on

151. Choose the correct direct form of the given indirect sentence.
   The teacher told me that if I did not work, I would fail.
   A. The teacher told me that, "If I do not work I will fail."
   B. The teacher said to me, "If you do not work you will fail."
   C. The teacher warned me, "If you do not work you will be failed.
   D. The teacher told me, "If you will not work you will fail."

152. Choose the word from the words given below which can substitute the underlined words in both the given sentences:
   I. His <u>understanding</u> of the subject was really good.
   II. Mohan had to <u>hold on to</u> the handle of the door with all his strength.
   A. make
   B. pull
   C. seize
   D. grasp

Directions (Qs. 153-154): *In the following items. Choose the correct meaning of the given phrase/idiom from the given alternatives.*

153. Make hay while the sun shines
   A. Do your work during the day time
   B. Make the best use of an opportunity
   C. Make money while in power
   D. Take advantage of your position

154. A left handed compliment
A. Insincere praise
B. Genuine praise
C. Well deserved praise
D. Approval

Directions (Qs. 155-156): *Choose the word that is opposite in meaning to the underlined word in the given sentences.*

155. The culprit <u>accepted</u> his crime.
A. refused B. challenged
C. denied D. repulsed

156. Anirudh drove to the place through a <u>circuitous</u> route.
A. short B. roundabout
C. obvious D. direct

Directions (Qs. 157-158): *Choose the word which is nearest in meaning to the bold word from the words given below.*

157. He is **deluding** himself with false hopes.
A. satisfying B. entertaining
C. misleading D. assuring

158. He cast a **cursory** glance over the papers before signing them.
A. short B. eager
C. hurried D. inquisitive

159. Given below is an active sentence. Choose the passive form of the sentence from the alternatives given below :
The Constituent Assembly's Drafting Committee prepared the Constitution.
A. The Constitution was prepared by the Constituent Assembly's Drafting Committee
B. The Constitution prepared by the Constituent Assembly's Drafting Committee
C. The Constituent Assembly's Drafting Committee was prepared by Constitution
D. The Constituent Assembly's Drafting Committee was prepared by the Consitution

160. Choose the correct tense of the verb in the given sentence from the options given below:
Our beloved India had become independent in 1947.
A. Simple Past
B. Past Continuous
C. Past Perfect
D. Past Perfect Continuous

(v) हिन्दी

निर्देश: *दिए गए गद्यांश को ध्यान से पढ़िए और बाद में पूछे गए प्रश्नों (161 से 165) के उत्तर दीजिए।*

विद्या और राजनीति सगी बहनें हैं। दोनों का पृथक् रहना कठिन है। दोनों के स्वभाव भिन्न हैं, किन्तु लक्ष्य एक है। व्यक्ति और समाज को अधिक से अधिक सुख पहुँचाना दोनों का लक्ष्य है। संसार का इतिहास इस बात का साक्षी है कि जब भी किसी राष्ट्र में क्रांति का बिगुल बजा तो वहाँ के छात्र मात्र द्रष्टा नहीं रहे अपितु उन्होंने क्रान्ति की बागडोर संभाली। परतंत्रता काल में स्वातंत्र्य के लिए और वर्तमान काल में भ्रष्टाचारी सरकारों के उन्मूलन के लिए भारत में छात्रशक्ति ने अग्रसर होकर क्रान्ति का आह्वान किया। इण्डोनेशिया और ईरान में छात्रों ने सरकार का तख़्ता ही पलट दिया। बांग्लादेश को अस्तित्व में लाने में ढाका विश्वविद्यालय के विद्यार्थियों का योगदान भुलाया नहीं जा सकता।

गद्यांश के आधार पर निम्नलिखित प्रश्न (161 से 165), उत्तर विकल्पों के साथ दिए गए हैं। सही विकल्प को चुनिए।

161. निम्नलिखित में कौन सा कथन सही **नहीं** है?
A. विद्या और राजनीति सहोदरा है
B. दोनों की प्रकृति समान है
C. दोनों का उद्देश्य एक है
D. दोनों परस्पर सहयोगी हैं

162. संसार का इतिहास साक्षी है कि छात्र–
A. राष्ट्र में क्रांति के दर्शक रहे
B. क्रांति के कारण बने
C. क्रांति में खड़े हो गए
D. क्रांति में अग्रणी रहे

163. छात्रों ने संघर्ष किया–
A. परतंत्रता के लिए
B. स्वतंत्रता के लिए
C. भ्रष्टाचार मिटाने के लिए
D. सरकारें गिराने के लिए

164. कई देशों में क्रांति का श्रेय किसको जाता है?
A. विद्यार्थियों को B. सामान्य जनता को
C. उद्योगपतियों को D. राजनीतिज्ञों को

165. छात्रों ने आह्वान किया–
A. शान्ति का B. शक्ति का
C. अहिंसा का D. क्रान्ति का

निर्देश (प्रश्न 166 से 180): *प्रत्येक प्रश्न के उत्तर के रूप में चार-चार विकल्प दिए गए हैं। सही विकल्प को चुनिए।*

166. खड़ी बोली किस क्षेत्र के आसपास बोली जाती है?
A. लखनऊ B. दिल्ली
C. पटना D. नागपुर

167. तुलसीदास ने किस भाषा में लेखन किया था?
A. अवधी B. ब्रज
C. भोजपुरी D. मैथिली

168. कौन-सी वर्तनी शुद्ध है?
A. चर्तुवेदी B. चतुरवेदी
C. चतुर्वेदी D. चुतुर्वेदि

169. इनमें सही वाक्य क्या है?
A. अपना पत्र के नीचे नाम लिख दो
B. नीचे पत्र के अपने नाम लिख दो
C. नीचे अपना पत्र के नाम लिख दो
D. पत्र के नीचे अपना नाम लिख दो

170. अपने मुँह मियाँ मिट्‌ठू बनने का क्या अर्थ है?
A. मीठी-मीठी बात करना
B. अपनी प्रशंसा करना
C. अपने तोते की प्रशंसा करना
D. मीठी वस्तुएं एकत्रित करना

171. केसरी शब्द का अर्थ है–
A. शेर B. केसर का तेल
C. पगड़ी D. शिखर

172. जो मुकदमा करता है उसे कहते है–
A. अभियुक्त B. प्रतिवादी
C. वादी D. नियोगी

173. अधिकरण कारक का चिह्न है?
A. का, के, की B. को
C. के लिए D. में, पर

174. मधुकर का समानार्थक क्या है?
A. शहद B. भ्रमर
C. रीछ D. रोटी

175. यथाशक्ति में कौन-सा समास है?
A. अव्ययीभाव B. बहुव्रीहि
C. कर्मधारय D. द्वन्द्व

176. नीरव में कौन-सी सन्धि है?
A. स्वर सन्धि B. व्यंजन सन्धि
C. विसर्ग सन्धि D. दीर्घ सन्धि

177. 'हथेली पर सरसों जमाना' का अर्थ क्या है?
A. जादू दिखाना
B. काम झटपट कर लेना
C. अच्छी खेती करना
D. असंभव कार्य कर लेना

178. "भारत-भारती" के लेखक कौन हैं?
A. सुब्रह्मण्य भारती B. मैथिलीशरण गुप्त
C. अयोध्यासिंह उपाध्याय D. जय शंकर प्रसाद

179. "हमारे जीवन का उद्देश्य है कि दूसरों की सहायता करें।" यह किस प्रकार का वाक्य है?
A. संयुक्त B. सरल
C. साधारण D. मिश्र

180. "लाली मेरे लाल की....." यहाँ लाल से क्या अभिप्राय है?
A. बेटा B. कीमती पत्थर
C. ईश्वर D. मनुष्य

उत्तरमाला

1	**2**	**3**	**4**	**5**	**6**	**7**	**8**	**9**	**10**
A	D	B	C	B	D	D	C	D	A
11	**12**	**13**	**14**	**15**	**16**	**17**	**18**	**19**	**20**
B	B	C	B	B	C	A	A	C	D
21	**22**	**23**	**24**	**25**	**26**	**27**	**28**	**29**	**30**
D	B	A	C	C	D	A	D	C	B

31	**32**	**33**	**34**	**35**	**36**	**37**	**38**	**39**	**40**
A	C	D	D	B	C	D	A	C	C
41	**42**	**43**	**44**	**45**	**46**	**47**	**48**	**49**	**50**
A	D	A	C	B	A	D	D	B	C
51	**52**	**53**	**54**	**55**	**56**	**57**	**58**	**59**	**60**
C	D	C	B	D	D	C	C	C	B
61	**62**	**63**	**64**	**65**	**66**	**67**	**68**	**69**	**70**
A	C	B	C	B	B	A	C	A	B
71	**72**	**73**	**74**	**75**	**76**	**77**	**78**	**79**	**80**
D	D	C	B	B	D	C	D	C	D
81	**82**	**83**	**84**	**85**	**86**	**87**	**88**	**89**	**90**
C	A	A	B	D	D	A	D	B	D
91	**92**	**93**	**94**	**95**	**96**	**97**	**98**	**99**	**100**
B	B	B	A	C	A	C	A	C	D
101	**102**	**103**	**104**	**105**	**106**	**107**	**108**	**109**	**110**
B	C	D	C	D	A	B	B	D	B
111	**112**	**113**	**114**	**115**	**116**	**117**	**118**	**119**	**120**
C	A	B	C	B	D	B	B	C	D
121	**122**	**123**	**124**	**125**	**126**	**127**	**128**	**129**	**130**
B	C	D	D	D	C	A	D	A	D
131	**132**	**133**	**134**	**135**	**136**	**137**	**138**	**139**	**140**
B	D	B	D	C	C	A	B	A	D
141	**142**	**143**	**144**	**145**	**146**	**147**	**148**	**149**	**150**
B	D	C	C	D	B	B	C	B	D
151	**152**	**153**	**154**	**155**	**156**	**157**	**158**	**159**	**160**
B	D	B	A	C	D	C	C	A	C
161	**162**	**163**	**164**	**165**	**166**	**167**	**168**	**169**	**170**
A	D	B	A	D	B	A	C	D	B
171	**172**	**173**	**174**	**175**	**176**	**177**	**178**	**179**	**180**
C	C	D	B	A	C	D	A	A	A

कुछ चुने हुए प्रश्नों के व्याख्यात्मक उत्तर

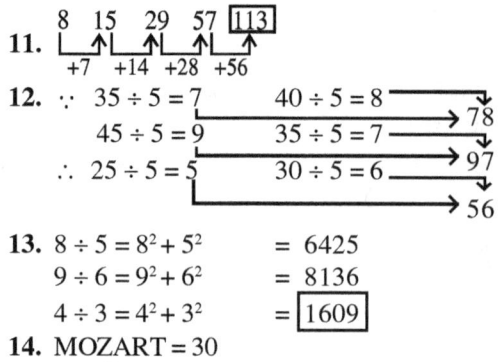

11. 8 → 15 → 29 → 57 → [113]

+7, +14, +28, +56

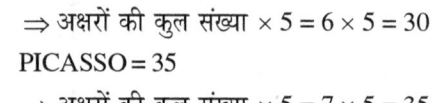

12. ∵ 35 ÷ 5 = 7, 40 ÷ 5 = 8 → 78

45 ÷ 5 = 9, 35 ÷ 5 = 7 → 97

∴ 25 ÷ 5 = 5, 30 ÷ 5 = 6 → 56

13. $8 \div 5 = 8^2 + 5^2 = 6425$

$9 \div 6 = 9^2 + 6^2 = 8136$

$4 \div 3 = 4^2 + 3^2 = \boxed{1609}$

14. MOZART = 30

⇒ अक्षरों की कुल संख्या × 5 = 6 × 5 = 30

PICASSO = 35

⇒ अक्षरों की कुल संख्या × 5 = 7 × 5 = 35

REMBRAMDT = ?

⇒ अक्षरों की कुल संख्या × 5 = 9 × 5 = [45]

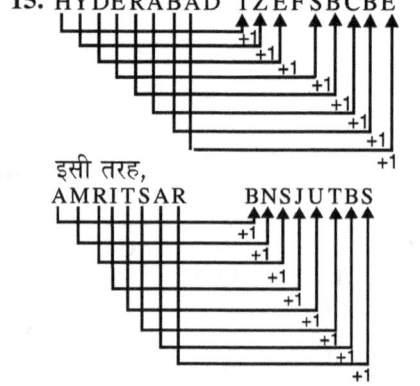

15. HYDERABAD IZEFSBCBE

इसी तरह,

AMRITSAR BNSJUTBS

16. हेमंत > चितरंजन I
विकास > श्रीधर II
विकास > मल्लिका > चितरंजन III
चितरंजन > श्रीधर IV
सारे समीकरणों को एक करने पर
हेमंत > विकास > मल्लिका >
चितरंजन > श्रीधर
फलतः श्रीधर सबसे छोटा है।

17. चूंकि

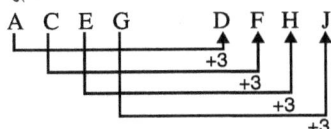

+3
+3
+3
+3

इसी तरह,

Q S U V T V X Z
+3
+3
+3
+3

22. $1 \times 12 + 8 \times 2 = 12 + 16 = 28$
$9 \times 4 + 5 \times 3 = 36 + 15 = 51$
$7 \times 4 + 6 \times 3 = 28 + 18 = \boxed{46}$

24. पहले वर्ष के अंत में मूल्य होगा
$= 40000 \times \frac{4}{5} = 32000$
दूसरे वर्ष के अंत में मूल्य होगा
$= 32000 \times \frac{4}{5} = 25600$
इसी तरह,
तीसरे वर्ष के अंत में मूल्य होगा
$= 25600 \times \frac{4}{5} = 20480$

101. माना, $x + 1 = 0$
$\therefore x = -1$
अब x का मान समीकरण में रखने पर
$4x^3 + 3x^2 + 2x + 4$
$= 4(-1)^3 + 3(-1)^2 + 2(-1) + 4$
$= -4 + 3 - 2 + 4 = 1$

102. 150 का 20% $= \frac{20}{100} \times 150 = 30$
और 30 = 75 का 40%

103. माना कि कीमत = 100 रु.
$\therefore$ पहला बट्टा $= 100 \times \frac{90}{100}$
= 90 रु.
दूसरा बट्टा $= 90 \times \frac{80}{100}$
= 72 रु.
कुल बट्टा = 100 – 72
= 28 रु.
$\therefore$ कुल छूट 28% के बराबर है।

105. माना, $P(x) = a^4 - b^4$
$= (a^2)^2 - (b^2)^2$
$= (a^2 + b^2)(a^2 - b^2)$
और $z(x) = (a^2 - b^2)^2$
$P(x)$ और $z(x)$ का महत्तम समापवर्त्तक $= a^2 - b^2$
$\therefore$ $P(x)$ और $z(x)$ ल॰ स॰

$= \dfrac{P(x) \times Z(x)}{P(x) \text{ और } Z(x) \text{ का म॰ स॰}}$

$= \dfrac{(a^2+b^2)\,(a^2-b^2)\,(a^2-b^2)^2}{a^2-b^2}$

$= (a^2 - b^2)^2\,(a^2 + b^2)$

108. समांतर श्रेणी के सूत्र से,
n वाँ पद $= a + (n-1)\,d$
$= 5 + (10-1)\,4$
$= 5 + 36 = 41$

111. $\because$ राम की आयु = 24 वर्ष
$\therefore$ सोहन की आयु = 18 वर्ष
प्रश्नानुसार,
मोहन की आयु सोहन से 3 गुनी है।
$\therefore$ मोहन की आयु 54 वर्ष है।

112. दिए हुए आंकड़ों से त्रिभुज एक समकोण त्रिभुज है क्योंकि
$3^4 + 4^2 = 5^2$
$\therefore$ समकोण त्रिभुज का क्षेत्रफल
$= \frac{1}{2} \times$ आ॰ $\times$ ऊं॰
$= \frac{1}{2} \times 3 \times 4 = 6$ सेमी^{2}

114. चक्रीय चतुर्भुज के सम्मुख कोणों का योग 180° होता है।

115. ABCD एक वर्ग है जिसकी प्रत्येक भुजा की लम्बाई 5 सेमी है।

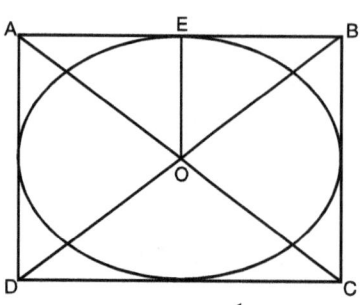

$\therefore$ वर्ग का क्षेत्रफल $= \frac{1}{2} \times$ (विकर्ण)^2

= भुजा × भुजा

$\Rightarrow \frac{1}{2}$ (विकर्ण)$^2 = 5 \times 5$

$\Rightarrow$ विकर्ण $= \sqrt{50}$

तथा $EB = \frac{5}{2}$

$\therefore \frac{\text{वर्ग का परिमाप}}{\text{वृत की परिधि}} = \frac{5 \times 4}{2.\pi.\frac{5}{2}} = \frac{4}{\pi}$

116. $\frac{\text{cosec A}}{\text{cosec A} - 1} + \frac{\text{cosec A}}{\text{cosec A} + 1}$

$\Rightarrow \frac{\text{cosec A(cosecA} + 1) + \text{cosec A(cosec A} - 1)}{\text{cosec}^2 \text{ A} - 1}$

$\Rightarrow \frac{\text{cosec}^2\text{A} + \text{cosec A} + \text{cosec}^2\text{A} - \text{cosecA}}{\text{cosec}^2 \text{ A} - 1}$

$\Rightarrow \frac{2 \text{ cosec}^2\text{A}}{\text{cosec}^2 \text{ A} - 1} \Rightarrow \frac{2 \text{ cosec}^2\text{A}}{\cot^2 \text{A}}$

$\Rightarrow \frac{2 \text{ cosec}^2\text{A}}{\frac{\text{Cos}^2\text{A}}{\text{Sin}^2/\text{A}}}$

$\Rightarrow \frac{2 \text{ Cosec}^2\text{A. Sin}^2\text{A}}{\text{Cos}^2 \text{ A}}$

$\Rightarrow \frac{2 \text{ Cosec}^2\text{A.} \frac{1}{\text{Cosec}^2\text{A}}}{\text{Cos}^2 \text{ A}} = \frac{2}{\text{Cos}^2 \text{ A}} = 2 \text{ Sec}^2 \text{ A}$

117.

x	बारम्बारता	संचयी बारम्बारता
0	1	0
1	9	10
2	26	36
3	59	95
4	72	167
5	52	219
6	29	248
7	7	255
8	1	256

$N = 256$

माध्यिका $= \left(\frac{N+1}{2}\right)$ वें पद का मान

$= \frac{256+1}{2} = 128.5$

माध्यिका का मान वर्ग 4 में आता है इसलिए माध्यिका 4 होगा।

118. छोटे घनों का कुल आयतन

$= 3^3 + 4^3 + 5^3 = 27 + 64 + 125 = 216$

प्रश्न से,

बड़े घन का आयतन = छोटे घनों का कुल आयतन

(बड़े घन की भुजा)^3 = 216

$\therefore$ बड़े घन की भुजा $= (216)^{1/3} = 6$ से॰ मी॰

119. बड़े शंकु का आयतन $= \frac{1}{3} \pi r^2 h = \frac{1}{3} \pi .4^2. 10$

तथा छोटे शंकु का आयतन

$= \frac{1}{3} \pi r^2 h \qquad = \frac{1}{3} \pi 2^2.5$

$\therefore \frac{\text{छोटे शंकु का आयतन}}{\text{बड़े शंकु का आयतन}} = \frac{\frac{1}{3}\pi.2^2.5}{\frac{1}{3}\pi.4^2.10} = 1:8$

120. दो अर्द्धगोले का सम्पूर्ण पृष्ठ क्षेत्रफल

$= 2 \times 3 \pi r^2$

$= 6 \pi r^2$

पिछले प्रश्न–पत्र
(हल सहित)

IGNOU B.Ed. प्रवेश परीक्षा, 2004

भाग-अ

खंड-I : सामान्य हिन्दी बोध

निर्देशः *निम्नलिखित लेखांश को ध्यान से पढ़िए और नीचे प्रत्येक प्रश्न में दिए गए चार विकल्पों में से सर्वोत्तम उत्तर को लिखिएः*

साहस-कर्म वह ओज या जोश है जो व्यक्तियों को संकटमय कार्य करने के लिए प्रेरित करता है, क्योंकि साहस-कर्म का अर्थ है ऐसे कार्य पर आगे बढ़ने की तत्परता जिसमें जोखिम भरा हो। तथापि साहस-कर्म की यह भावना सतर्कतापूर्ण व्यवहार से नियंत्रित की जा सकती है। जब हमारे विचारों में प्रथमतः सुरक्षा की भावना हो तो बहुधा यह सतर्कता हमें संभावित संकटों के प्रति चेतावनी देती है। फिर भी कुछ व्यक्तियों में साहस की यह प्रवृत्ति इतनी शक्तिशाली हो सकती है कि आत्म-परिरक्षण की आद्य मूल प्रवृत्ति को भी पराजित कर देती है और उन्हें असम्भव को प्राप्त करने के लिए प्रेरित करती है।

यह आवश्यक नहीं होता कि साहसिक कार्य सदैव सफल हों। इतना आवश्यक है कि साहसिक कार्य उत्साह से प्रेरित हों। वस्तुतः वीरतापूर्ण कार्य की असफलता भी प्रायः हमारे हृदय को इतने गहन रूप से प्रभावित कर सकती है कि जितनी उसकी सफलता भी नहीं कर पाती। अदम्य रूप से परिश्रम करते हुए, घने कोहरे के बीच माउंट एवरेस्ट के शिखर की ओर बढ़ते हुए मेलोरी तथा इर्विन (जो कभी लौट कर न आ सके) का वह दृश्य हमें उस स्थिति से कहीं अधिक प्रेरित करता है जिसमें वे अपने लक्ष्य को प्राप्त कर पाते। संकट भरे उद्यम में प्राप्त सफलता से प्रायः भौतिक पुरस्कार की प्राप्ति हो जाती है, परन्तु एक तेजस्वी या चमत्कारपूर्ण असफलता उससे कहीं अधिक सम्मान या श्लाघा प्राप्त कराती है।

आज तक कोई भी ऐसा व्यक्ति देखने में नहीं आया है जिसने कभी डर को न जाना हो, परन्तु व्यक्ति का साहस अथवा शौर्य जितना विशुद्ध होगा उतना ही कम उसका जीवन भययुक्त होगा। जब हम उन व्यक्तियों की कल्पना करते हैं जो ख़तरे की ज़रा भी परवाह किए बिना अपने साहस-कर्म में आगे बढ़ते हैं, हमें याद रहे कि उनके शरीर भी प्राण-पीड़ा के प्रति उतने ही संवेदनशील होते हैं, जितने कि हमारे तथा उनके मन भी उन्हीं दुश्चिंताओं से व्यथित रहते हैं जिनसे हम सब। यदि वास्तविक साहस-कर्म की प्राप्ति हमारा लक्ष्य है तो हमें अपने अंदर चल रहे विराट युद्ध को लड़ना पड़ेगा और भूख, जीवन के प्रति अनुराग, घर का आकर्षण तथा अपने प्रियजनों के प्रति लगाव पर विजय प्राप्त करनी होगी।

1. लेखक के अनुसार, साहस-कर्म की मनोवृत्ति निम्नलिखित में से किससे अभिलक्षित होती है?
- A. सदैव तत्पर रहना
- B. जोखिम उठाने की उत्सुकता
- C. सुरक्षा का ध्यान
- D. संभाव्य संकट

2. इस लेखांश के अनुसार–
- A. कुछ व्यक्ति अपने जीवन को घोर संकट में डाल कर भी साहस-कर्म की ओर अग्रसर रहते हैं
- B. कुछ व्यक्ति अनावश्यक रूप से असंभव का प्रयास करते हैं
- C. कुछ व्यक्ति इतने दृढ़ निश्चयी होते हैं कि वे सोचते हैं कि कुछ भी असंभव नहीं है
- D. केवल दु:साहसी व्यक्ति ही असंभव का प्रयास करते हैं

3. परिच्छेद 2 में आए *"वीरतापूर्ण कार्य"* का प्रासंगिक अर्थ है
- A. एक वीरतापूर्ण परियोजना
- B. एक कठिन साहसिक कार्य जिसमें पर्याप्त रूप में साहस या उत्साह की आवश्यकता हो
- C. एक शौर्यपूर्ण कार्य जो असफल होना लगभग निश्चित है
- D. ऐसा साहस-कर्म जो सही शूरवीरों को आकर्षित कर सके

4. परिच्छेद 2 में आए शब्द "दृश्य" को किस शब्द से प्रतिस्थापित किया जा सकता है?

A. स्वप्न　　B. प्रतिमा

C. दिव्य-दर्शन　　D. प्रतिबिंब

5. *अदम्य रूप से परिश्रम करते हुए* ... मेलोरी तथा इर्विन ...। इस वाक्य में रेखांकित शब्दों का निकटतम अर्थ है–

A. निराशाजनक रूप से परिश्रम करते हुए

B. निरंतर रूप से प्रयास करते हुए शिखर पर विजय-प्राप्ति

C. बिना विश्राम किए अथक प्रयास करते हुए

D. बिना हिम्मत हारे बहुत देर तक परिश्रम करते हुए

6. लेखक की इच्छा है कि वाचक समझें कि–

A. मेलोरी तथा इर्विन शिखर पर पहुँच तो गए परंतु केवल साहसी प्रयत्न के बाद

B. मेलोरी तथा इर्विन बहादुर अवश्य थे परन्तु उनके भाग्य में असफलता ही लिखी थी

C. यद्यपि मेलोरी तथा इर्विन मृत्यु को प्राप्त हो गए, परन्तु उनका प्रयास वास्तव में महान था

D. चूंकि मौसम अत्यधिक खराब था अतः मेलोरी तथा इर्विन को अपने प्रयास को त्याग कर बेस कैंप में लौट आना चाहिए था

7. लेखक की मान्यता है कि "तेजस्वी या चमत्कारपूर्ण असफलता उससे कहीं अधिक सम्मान या श्लाघा प्राप्त कराती है" क्योंकि–

A. अत्याधिक कठिनाइयों के होते हुए भी यह मानव उत्साह का निदर्शन है

B. यह बच्चे तथा बड़े दोनों को प्रेरित करती है

C. यह दर्शाती है कि असफलता का भी सफलता के प्रति योगदान होता है

D. यह स्थापित करती है मनुष्य अपने सर्वोत्तम क्षणों में भी असुरक्षित होता है

8. इस पाठ्यांश के अनुसार, वास्तविक रूप से साहसी व्यक्ति–

A. किसी ख़तरे की परवाह नहीं करता

B. सुगमता से भय की अभिव्यक्ति नहीं करता

C. भय अभिव्यक्ति नहीं कर सकता

D. न हुआ है न होता है

9. लेखक के अनुसार, सही रूप में साहसी–

A. अपने शरीर और आत्मा के प्रति संवेदनशील होते हैं

B. किसी अन्य व्यक्ति की भांति ही महसूस करते हैं

C. अतिमानव बन जाते हैं

D. अपने शरीर और मन को नियंत्रित कर लेते हैं

10. लेखक इस बात का समर्थन करता है कि वास्तविक साहस-कर्म की प्राप्ति के लिए हमें पहले–

A. अपने अंदर युद्ध छेड़ना पड़ेगा

B. अपने संवेदनाओं व भावनाओं पर विजय पानी होगी

C. अन्य व्यक्तियों से ऊपर उठना पड़ेगा

D. वास्तविक रूप में वीर बनना पड़ेगा

खंड-II : तार्किक एवं विश्लेषणात्मक चिन्तन

11. प्रश्नवाचक-चिह्न के स्थान पर उक्त क्रम में कौनसी संख्या होगी?

68, 64, 32, 28, 14, 10, 5, ?

A. 1　　B. 2

C. 3　　D. 4

12. निम्नलिखित संख्या क्रम में अग्रिम संख्या कौन-सी होगी?

5, 10, 20, 40, 80, ?

A. 100　　B. 120

C. 140　　D. 160

13. 2000 का 60% का 40% का 25% का 10% का 50% कितना होगा?

A. 100　　B. 50

C. 10　　D. 6

14. इस शृंखला की अन्तिम संख्या को पूर्ण कीजिए–

3, 6, 9, 12, 15, 18, 21, 24, 2_

A. 7　　B. 3

C. 6　　D. 8

15. –4 से लेकर +4 तक की सभी पूर्ण संख्याओं को गुणा कीजिए। प्राप्त गुणनफल है–

A. – 576　　B. + 576

C. 0　　D. +144

16. जब तापमान 0° तथा 100° सेल्सियस होता है, तो फारेनहाइट में वह क्रमशः 32° तथा 212° होता है। जब तापमान 104° फारेनहाइट में है, तो वह सेल्सियस में कितना होगा?

A. 38°　　B. 40°

C. 42°　　D. 39°

17. जब मैं घर से चला तो मेरे स्कूटर की पेट्रोल-टंकी $\frac{4}{5}$ भरी हुई थी। जब मैंने दो लीटर पेट्रोल इस्तेमाल कर लिया तो उस हालत में पेट्रोल-टंकी $\frac{2}{3}$ भरी रह गई। स्कूटर की पेट्रोल-टंकी में कितने पेट्रोल भरने की क्षमता है?

A. 15 लीटर B. 10 लीटर
C. 12 लीटर D. 8 लीटर

18. 4 बन्दरों में से प्रत्येक बन्दर चार-चार केले 4 मिनट में खाते हैं। 8 बन्दर प्रत्येक चार-चार केले खाने में कितने मिनट का समय लेंगे?

A. 8 मिनट B. 6 मिनट
C. 4 मिनट D. 2 मिनट

19. मेरे थैले में कुछ कमीजें हैं। उनमें से छः आधी बाँहों की हैं तथा आठ में बटन लगे हैं और तीन बिना कॉलर की हैं व दो नीली हैं। मेरे थैले में कम से कम कुल कितनी कमीजें हैं?

A. 19 B. 8
C. 14 D. 10

20. निम्नलिखित कूट पदों से क्या संदेश प्राप्त होता है?
TCHLI USEIC SLAUS EECCL RUEET

A. CLUE is clear B. This is a secret
C. Lies are classic D. Use lesser chilli

21. SOAP : TPBQ : : FOAM : ?

A. GPBN B. HARD
C. DROP D. ENAL

22. निम्नलिखित शब्द युग्म के सम्बन्ध को बताने वाले सही शब्द युग्म को छाँटिए:

जल : प्यास

A. रस : फल B. भोजन : भूख
C. केक : चूल्हा D. दूध : गाय

23. यदि SCHOOL को कूट पद में LOOHCS लिखते हैं, तो TEACHER को कूट पद में कैसे लिखेंगे?

A. CHEATER B. RECHEAT
C. RETEACH D. REHCAET

24. यदि UJH पद का कूटानुवाद (डीकोडिंग) THE है, तो कौन-से पद का कूटानुवाद QQVMYOVV होगा?

A. ADVANCED B. POSITION
C. QUESTION D. GOODNESS

25. ताश के पत्तों की गड्डी में संख्या वाले पत्तों का कुल मूल्य क्या होगा?

A. 55 B. 52
C. 204 D. 220

26. कोई भाई अपने छोटे भाई के बारे में कहता है कि "दो वर्ष पूर्व मैं अपने भाई से तीन गुनी अधिक आयु का था। तीन वर्ष में मैं अपने भाई से दुगुनी आयु का हो जाऊँगा।" इस समय उनकी आयु क्या है?

A. 21 वर्ष, 9 वर्ष
B. 24 वर्ष, 10 वर्ष
C. 17 वर्ष, 7 वर्ष
D. 8 वर्ष, 4 वर्ष

27. एक व्यक्ति का जन्म 29 फरवरी, 1944 को हुआ था। वह सन् 2000 में 55 वर्ष का हो गया। उसके कितने जन्म-दिन उस समय तक हो गए?

A. 14 B. 15
C. 55 D. 56

28. रवि, शशि, सूरज और तारा ने समुद्र के किनारे से कुछ शंख चुने। रवि ने शशि से 7 अधिक चुने और तारा ने सूरज से 9 कम तथा सूरज ने रवि से एक अधिक चुना। सबसे कम संख्या में शंख किसने चुने?

A. रवि B. शशि
C. सूरज D. तारा

29. मेरे बटुए में 135 रु. हैं। फिर भी 100 रु. के नोट को तोड़ने के लिए उतनी संख्या में छोटे नोट नहीं हैं। इसे संभव बनाने के लिए मेरे पास होना चाहिए एक और

A. 20 रु. का नोट
B. 1 रु. का नोट
C. 10 रु. का नोट
D. 100 रु. का नोट

30. अधिकतर बच्चे जो झुग्गी-झोंपड़ी में रहते हैं, स्वास्थ्य की दृष्टि से कमज़ोर होते हैं। इसलिए बिट्टू और छोटी, ये दो झुग्गी-झोंपड़ी में रहने वाले बच्चे, स्वस्थ नहीं हो सकते। यह निष्कर्ष–

A. पूर्णरूपेण सत्य है
B. पूर्णरूपेण असत्य है
C. के सत्य होने की सम्भावना है
D. के असत्य होने की सम्भावना है

खंड-III : शैक्षिक एवं सामान्य चेतना

31. 'सभी के लिए शिक्षा' अभियान कार्यक्रम है—
   A. विश्व बैंक का
   B. एन॰सी॰ई॰आर॰टी॰ का
   C. भारत सरकार के मानव संसाधन विकास मंत्रालय का
   D. यूनीसेफ का

32. आचार्य राममूर्ति समिति ने किसकी संस्तुतियों की पुनर्वीक्षा की थी?
   A. कोठारी आयोग, 1964-66
   B. राधाकृष्णन आयोग, 1948
   C. राष्ट्रीय शिक्षा नीति, 1986
   D. मुदालियर आयोग, 1952

33. यशपाल समिति किसके लिए संस्तुति करने के सम्बन्ध में जानी जाती है?
   A. विज्ञान का शिक्षण
   B. मूल्यों का शिक्षण
   C. बच्चों पर से पाठ्यक्रम का भार कम करना
   D. भारतीय इतिहास और संस्कृति का शिक्षण

34. भारत के संविधान के अनुसार, किसी भी नागरिक को किसी ऐसी शिक्षा संस्था में जो राज्य द्वारा पोषित है अथवा राज्य के कोष से सहायता प्राप्त है, प्रवेश देने से निम्नलिखित आधारों पर मना नहीं किया जा सकता—
   A. धर्म
   B. जाति
   C. भाषा
   D. धर्म, नस्ल, जाति, भाषा अथवा इनमें से कोई

35. जब अंग्रेज़ भारत में आए उस समय भारत में प्रचलित भारतीय (देशी) शिक्षा व्यवस्था के लिए 'एक सुन्दर वृक्ष' की सूक्ति किसके द्वारा प्रयुक्त की गई?
   A. रबीन्द्र नाथ टैगोर   B. महात्मा गांधी
   C. ऐनी बेसेन्ट   D. अरविन्द

36. अभी हाल में भारतीय संविधान में किया गया संशोधन निम्नलिखित में से किसको प्रदान करने के लिए किया गया है?
   A. प्राथमिक शिक्षा को मूलभूत अधिकार बनाने के लिए
   B. यदि बच्चे विद्यालय नहीं जाएं तो उन्हें दण्ड देने के लिए
   C. बच्चों के लिए प्राइवेट स्कूल खोलने की अनुमति के लिए
   D. स्कूली शिक्षा केवल लड़कियों के लिए अनिवार्य बनाने के लिए

37. लड़कियों को शिक्षित करना चाहिए ताकि—
   A. उन्हें आर्थिक स्वाधीनता प्राप्त हो
   B. वे अपने बच्चों का लालन-पालन भली प्रकार कर सकें
   C. समाज में अग्रसर होने में वे अपने पतियों की सहायता कर सकें
   D. उनके वैयक्तिकता व व्यक्तित्व का पूर्णरूपेण विकास हो सके

38. पोलिया की दवा (ड्रॉप्स)—
   A. 5 से 10 वर्ष के आयु वर्ग के बच्चों के लिए है
   B. 5 वर्ष से कम आयु के बच्चों के लिए है
   C. गाँवों और झोपड़-पट्टी में रहने वाले बच्चों के लिए है
   D. पोलियो रोग से पीड़ित बच्चों के लिए है

39. भारत के राष्ट्रपति डॉ॰ ए॰पी॰जे॰ कलाम किस पुस्तक के लेखक हैं?
   A. रिवर ऑफ फायर (River of Fire)
   B. डिस्कवरी ऑफ इण्डिया (Discovery of India)
   C. माई एक्सपेरीमेन्ट्स विथ मिसाइल्स (My Experiments with Missiles)
   D. विंग्स ऑफ फायर (Wings of Fire)

40. सत्यजीत रे की प्रसिद्धि मुख्य रूप से उनकी किस कला के कारण है?
   A. फिल्में   B. कहानियाँ
   C. कविताएँ   D. नाटक

41. विजय तेंदुलकर किस रूप में विख्यात हैं?
   A. उपन्यासकार   B. क्रिकेट खिलाड़ी
   C. नाटककार   D. हॉकी खिलाड़ी

42. 'ऑपरेशन सर्प विनाश' का प्रयोजन है—
   A. जंगलों में जहरीले सर्पों को मारना
   B. सर्प दंश की चिकित्सा के लिए दवा तैयार करना
   C. कैंसर की चीरफाड़ के लिए शल्यक्रिया का विधान करना
   D. जम्मू और कश्मीर से आतंकवादियों को निकाल-बाहर करना

43. 'एन फ्रैंक - द डायरी ऑफ ए यंग गर्ल (Anne Frank — The Diary of a Young Girl)' एक ऐसी पुस्तक है जिसमें दर्ज है–
A. नात्ज़ी, अडोल्फ हिटलर के अधीन यहूदियों का जीवन
B. स्टालिन द्वारा साइबेरिया ले जाए गए रूसी लोगों का जीवन
C. इटली में मुसोलिनी के शासन की कहानी
D. इंग्लैण्ड में विक्टोरिया युग का जीवन

44. 'काला सोना' है–
A. कोयला B. पेट्रोल
C. एक रत्न D. काली मिर्च

45. 'अरेबिक' अंकों के नाम से जाने वाले आधुनिक अंकों के आविष्कर्ता हैं–
A. अरब के लोग B. यूनान (ग्रीस) के लोग
C. भारतीय D. फारसी लोग

46. जून सन् 2003 के ऑस्ट्रेलिया और पाकिस्तान के विरुद्ध त्रिकोणीय टूर्नामेन्ट में कप जीतने वाली भारतीय हॉकी दल के कप्तान का नाम था–
A. धनराज पिल्लै B. बलजीत सिंह ढिल्लन
C. गगन अजीत सिंह D. जुगराज सिंह

47. सलमान रश्दी को किस पुस्तक के कारण फ़तवा दिया गया?
A. *मिडनाइट्स चिल्ड्रिन (Midnight's Children)*
B. *द सैटेनिक वर्सेज़ (The Satanic Verses)*
C. *शेम (Shame)*
D. *द मूर्स लास्ट साय (The Moor's Last Sigh)*

48. डेविड बेकहम किसलिए प्रसिद्ध है?
A. टेनिस चैम्पियन B. हॉलीवुड अभिनेता
C. कम्प्यूटर अभियंता D. फुटबॉल खिलाड़ी

49. सन् 1979 में कौन-सी अधिक संक्रामक बीमारी को समूल नष्ट करने की घोषणा की गई थी?
A. मलेरिया B. प्लेग
C. चेचक D. छोटी माता

50. उस अन्तरिक्ष यान का नाम क्या था जिसमें कल्पना चावला ने अपनी अन्तिम यात्रा की?
A. कोलम्बिया B. वोयेज़र
C. डिस्कवरर D. सोयूज़

51. ईरान, अफगानिस्तान, चीन और भारत की सीमाओं से लगा कौन-सा देश है?
A. इराक B. पाकिस्तान
C. नेपाल D. कज़ाकिस्तान

52. तेनज़िंग और हिलैरी एवरेस्ट की चोटी पर कब पहुँचे?
A. 29 मई, 1947 B. 29 मई, 1953
C. 29 मई, 1959 D. 29 मई, 1973

53. एम॰एफ॰ हुसैन एक सुविख्यात ..... हैं।
A. लेखक B. चित्रकार
C. शिल्पकार D. फिल्म निर्देशक

54. यूरोपीय संघ की मुद्रा कहलाती है–
A. मार्क B. क्रोनर
C. यूरो D. रूबल

55. 'देवदास' नामक फिल्म किस लेखक के उपन्यास पर आधारित है?
A. शरत् चन्द्र चटर्जी B. बंकिम चन्द्र
C. महाश्वेता देवी D. रबीन्द्र नाथ टैगोर

खंड-IV : शिक्षण-अधिगम एवं विद्यालय

56. अच्छा अध्यापक वह है–
A. जो छात्रों द्वारा पूछे गए सभी प्रश्नों का उत्तर दे देता है
B. जो छात्रों को उत्तर प्राप्त करने का स्थान बता देता है
C. जिसके छात्रों को कोई भी प्रश्न पूछने की आवश्यकता नहीं होती
D. जो चाहता है कि बच्चे उतना ही सीखें जितना वह पढ़ाता है

57. इग्नू की स्थापना किसके द्वारा की गयी?
A. विश्वविद्यालय अनुदान आयोग द्वारा
B. इन्दिरा गांधी द्वारा
C. संसद के अधिनियम द्वारा
D. भारतीय विश्वविद्यालयों के परिषद् द्वारा

58. कक्षा में पूर्ण शान्ति होना किसका आवश्यक सूचक है?
A. अध्यापन अच्छा है
B. कक्षा प्रबन्ध ठीक है
C. बच्चों का अध्यापक के दण्ड का भय है
D. छात्रों में रुचि की कमी है

59. बच्चे तब अच्छा सीखते हैं जब—
    A. उन्हें गलतियों पर हमेशा दण्ड मिले
    B. अच्छी निष्पत्ति के होने पर प्रशंसा मिले
    C. पुरस्कार एवं दण्ड के बारे में निश्चय की स्थिति न हो
    D. उन्हें पूर्णतः स्वतंत्र छोड़ दिया जाए

60. 'आमोद-प्रमोद युक्त सीखने' के आन्दोलन का आधार है यह सिद्धान्त—
    A. विद्यालय के अधिगम में छात्र प्रसन्नता का अनुभव करें
    B. शिक्षा का मुख्य उद्देश्य मनोविनोद होना चाहिए
    C. खेल द्वारा सीखने की विधि से सारा शिक्षण होना चाहिए
    D. जो कुछ भी चाहें, उसे करने के लिए बच्चे स्वतंत्र होने चाहिए

61. विद्यालय को चाहिए कि—
    A. समाज उससे जो कुछ कराना चाहे उसका अनुसरण करे
    B. सरकार के नियमों का दृढ़ता से पालन करे
    C. माता-पिता जिससे प्रसन्न रहें हमेशा वही कार्य करे
    D. ठीक दिशा में समाज का मार्गदर्शन करे

62. कक्षा में अध्यापक को शिक्षण करते हुए आगे बढ़ते जाना चाहिए जब निम्नलिखित उसके पढ़ाए हुए को समझ गए हैं—
    A. सभी विद्यार्थी   B. सबसे होशियार विद्यार्थी
    C. सामान्य विद्यार्थी   D. कमजोर विद्यार्थी

63. एक अध्यापक परीक्षा में छात्रों को नकल करने से किस प्रकार प्रभावी ढंग से हतोत्साहित कर सकता है?
    A. सख्ती से निरीक्षण करके
    B. नकल करने पर सख्त दण्ड विधान द्वारा
    C. 'ईमानदारी' को एक महत्त्वपूर्ण गुण के रूप में मन में बैठाकर
    D. जो नकल करते हैं उनका बलपूर्वक सामाजिक बहिष्कार करने से

64. 'शिक्षा-मित्र' या 'सरस्वती पुत्र' पदों का प्रयोग किसके लिए हुआ है?
    A. ऐसे व्यक्ति जिनमें सामान्य तथा अध्यापक शिक्षा की उच्च कोटि की योग्यता है
    B. निर्धनों में शिक्षा के प्रसार के लिए कार्यरत् गैर-सरकारी संगठन
    C. अभिभावक-शिक्षक संघ के सदस्यगण
    D. मुख्य रूप से ग्रामीण क्षेत्रों में प्राथमिक विद्यालयों में अध्यापन करने हेतु समुदाय द्वारा नियुक्त व्यक्तियों के लिए

65. नर्सरी विद्यालयों को चाहिए—
    A. प्रतिष्ठाप्राप्त विद्यालयों में प्रवेश के लिए बच्चों को तैयार करें
    B. लिखने, पढ़ने और हिसाब-किताब करने (तीनों R) के लिए बच्चों का नियमित अनुदेशन करना
    C. येन-केन प्रकारेण बच्चों को काम में लगाए रखना और शरारत से बचाकर रखना
    D. बच्चों का सर्वांगीण व स्वाभाविक विकास करने की दिशा में कार्य करना

66. 'अध्यापक सशक्तिकरण' का वास्तविक अर्थ है—
    A. अध्यापकों को यह अधिकार देना कि वे क्या और कैसे पढ़ाएँ - इसका निश्चय कर सकें
    B. छात्रों को अनुशासित रखने का पूर्ण अधिकार
    C. विद्यालय प्रशासन हेतु स्वतंत्रता
    D. अध्यापकों को अधिक वेतन देना

67. पर्यावरण की दृष्टि से, छात्रों का विद्यालय बस्ता बना होना चाहिए—
    A. चमड़े का   B. प्लास्टिक का
    C. कैन्वस का   D. फर का

68. प्राथमिक विद्यालय में मध्याह्न भोजन देना चाहिए—
    A. सभी बच्चों को
    B. गरीबी रेखा के नीचे जो बच्चे हों, उन्हें
    C. कमजोर स्वास्थ्य वाले बच्चों को
    D. केवल लड़कियों को

69. एन.सी.ई.आर.टी. ने प्राथमिक कक्षाओं के लिए कौन-सा नया विषय हाल में प्रारम्भ किया है?
    A. नैतिक शिक्षा
    B. सामाजिक अध्ययन
    C. स्वस्थ एवं उत्पादक जीवन की कला
    D. पर्यावरण सम्बन्धी अध्ययन

70. विद्यालयों में "कार्यानुभव" का मुख्य उद्देश्य है—
    A. मांसपेशियों को सुदृढ़ बनाना
    B. समय को सार्थक ढंग से बिताना
    C. शारीरिक श्रम हेतु आदर का भाव विकसित करना
    D. जीविका हेतु व्यवसाय की तैयारी करना

71. कम्प्यूटर साक्षरता का अर्थ है—
    A. कम्प्यूटर के उद्भव और उपयोग के बारे में ज्ञान होना
    B. कम्प्यूटर प्रोग्राम तैयार करने की निपुणता
    C. कम्प्यूटर की मरम्मत करने का ज्ञान
    D. कम्प्यूटर के प्रयोग का सामान्य कौशल प्राप्त करना

72. भारत में औपचारिकेतर शिक्षा का प्रयोग निम्नलिखित में से किस आयु वर्ग की साक्षरता के लिए किया गया है?
- A. 35 वर्ष की आयु से ऊपर के वयस्कों के लिए
- B. केवल 15–35 वर्ष आयु वर्ग के लिए
- C. केवल 6–14 वर्ष आयु वर्ग के लिए
- D. 6–14 वर्ष तथा 15–35 वर्ष आयु वर्गों के लिए

73. यदि कोई विद्यार्थी अध्यापक से अभद्रता से बात करता है, तो अध्यापक को चाहिए कि–
- A. विद्यार्थी से और अधिक अभद्रता से पेश आए
- B. प्रधानाचार्य को विद्यार्थी की शिकायत करे
- C. उससे बात करना बंद कर दे
- D. शांत रहे और उसे बाद में शांति से समझाए

74. विकलांग बच्चों के साथ किस प्रकार का व्यवहार किया जाना चाहिए?
- A. उन्हें सामान्य विद्यालयों तथा सामान्य बच्चों से दूर रखा जाए
- B. सामान्य बच्चों की भांति उन्हें भी अवसर दिए जाएं
- C. उन्हें एक ज़िम्मेदारी समझ कर दया की भावना से उनकी सहायता की जाए
- D. विशेष सुविधाएं प्रदान कर उन्हें सामान्य विद्यालयों में समाकलित किया जाए

75. किसी विद्यालय की प्रभाविता का सबसे अच्छा आकलन कैसे किया जाता है?
- A. लोक परीक्षाओं में विद्यार्थियों के परीक्षा परिणामों से
- B. व्यवसाय मार्केट में उसके विद्यार्थियों की सफलता से
- C. अच्छे इंसान बनाने संबंधी प्रयत्नों से
- D. उच्च अध्ययनों में उसके विद्यार्थियों की उपलब्धि से

76. वैज्ञानिक अभिवृत्ति का विकास बच्चों में हो सकता है केवल–
- A. विज्ञान विषयों के अध्ययन से
- B. प्रौद्योगिकी साधनों के प्रयोग से
- C. किसी विषय के अध्यापन के समय जिज्ञासा तथा खोजपरक मनोवृत्ति के उत्प्रेरण से
- D. सामान्य तौर पर प्रायोगिक कार्य करने से

77. विद्यार्थियों में प्रतिस्पर्धा की भावना–
- A. उन्हें बेहतर उपलब्धि कराती है
- B. उनमें ईर्ष्या की भावना उत्पन्न करती है
- C. मानसिक तनाव उत्पन्न करती है
- D. एक अस्वस्थ व्यक्तित्व का विकास करती है

78. यदि किसी अध्यापक का कोई सहकर्मी उसके सामने तो उसकी बड़ाई करे परन्तु पीठ पीछे बुराई करता फिरे तो उस अध्यापक को चाहिए–
- A. वह भी उसकी बुराई करे
- B. उसके साथ लड़ाई-झगड़ा करे
- C. वह जो कहता रहे उसकी अवहेलना करे और उससे थोड़ी दूरी रखे
- D. उसके साथ सामान्य सम्बन्ध बनाए रखे

79. क्रियाकलाप-केन्द्रित विद्यालय वह होता है जिसमें
- A. सिद्धांत के पश्चात् अभ्यास कराया जाता हो
- B. प्रायोगिक क्रियाकलाप समस्त अधिगम का आधार होता है
- C. बच्चे मात्र निष्क्रिय श्रोता नहीं होते
- D. बच्चे शारीरिक कार्य करते हैं

80. प्राइवेट ट्यूशन वांछनीय **नहीं** होते क्योंकि–
- A. माता-पिता की दृष्टि में अध्यापक का सम्मान खो जाता है
- B. कक्षा अध्यापन पर उसका विपरीत प्रभाव पड़ता है
- C. उनसे अध्यापकों को जो आय होती है उसके वे अधिकारी नहीं होते
- D. स्व-अध्ययन के संदर्भ में इससे बच्चे आश्रित व बेपरवाह हो जाते हैं

भाग—ख

खण्ड–V: विषयगत सक्षमता

(i) विज्ञान

81. निम्नलिखित में से कौन-सा मिश्रण है?
- A. चीनी
- B. वायु
- C. साधारण लवण (सोडियम क्लोराइड)
- D. द्रव ऑक्सीजन

82. सामान्य ताप व दाब (NTP) पर 1 लीटर ऑक्सीजन में होते हैं
- A. $22.4 \times 6.02 \times 10^{23}$ अणु
- B. 6.02×10^{23} अणु
- C. 0.602×10^{23} अणु
- D. $\frac{6.02 \times 10^{23}}{22.4}$ अणु

83. यदि किसी त्रिसंयोजक धातु की 9 ग्राम मात्रा का संयोजन 8 ग्राम ऑक्सीजन के साथ किया जाता है, तो इस धातु का परमाणु भार होगा–

A. 9 B. 18
C. 27 D. 36

84. इंसुलिन है एक–

A. विटामिन
B. प्रतिजैविक (एंटीबायोटिक)
C. हॉर्मोन
D. प्रतिरोधी (एंटीसैप्टिक)

85. हीरा तथा ग्रेफाइट कार्बन के दो रूप हैं। ये हैं–

A. समावयव (आइसोमर)
B. अपररूप (एलोट्रोप)
C. समस्थानिक (आइसोटॉप)
D. समदाब रेखा (आइसोबार)

86. बीटा किरणें होती हैं–

A. उच्च गति इलेक्ट्रॉन
B. उच्च गति न्यूट्रॉन
C. उच्च गति प्रोटॉन
D. दोहरे आयनीकृत हीलियम परमाणु

87. भारी जल का संघटन कौन-सा है?

A. H_2O B. D_2O
C. $(H_2O)_2$ D. $2H_2O$

88. आनुवंशिक सूचना किसमें संचित रहती है?

A. DNA में
B. RNA में
C. राइबोसोम में
D. अंतर्द्रव्यी जालिका (एंडोप्लाज़्मिक रेटिकूलम) में

89. प्रोटीन किससे बनते हैं?

A. वसा अम्लों से B. शर्करा से
C. न्यूक्लीक अम्लों से D. ऐमीनो अम्लों से

90. परजीवियों को किसकी उपस्थिति से अभिलक्षित किया जाता है?

A. जड़ तंत्र
B. पर्णहरित के बिना पत्ते
C. वेलामेन जड़ (Velamen root)
D. हौस्टोरिया (Haustoria)

91. प्रकाश-संश्लेषण के दौरान निम्नलिखित में से कौन-सा पदार्थ बनता है?

A. कार्बोहाइड्रेट B. प्रोटीन
C. वसा D. ऐमीनो अम्ल

92. केंचुए में किसका अभाव होता है?

A. प्रजनन तंत्र B. आहार नाल
C. उत्सर्जन तंत्र D. स्पष्ट सिर

93. pH पद किसकी ओर संकेत करता है?

A. किसी विलयन में NaCl की सांद्रता
B. हाइड्रोजन आयनों की सांद्रता
C. किसी विलयन में H_2O की सांद्रता
D. किसी विलयन में शर्करा की सांद्रता

94. निम्नलिखित में से किसका संबंध 'दूरी' अथवा 'इसके माप' से **नहीं** है?

A. माइक्रोमीटर B. प्रकाश वर्ष
C. एंग्स्ट्रॉम D. हर्ट्ज़

95. जब किसी वस्तु पर एक एकसमान बल लगाया जाए, तो यह गति करेगी–

A. एकसमान गति से B. एकसमान वेग से
C. एकसमान त्वरण से D. एकसमान संवेग से

96. यदि दो समान बलों का परिणामी बल उनमें से एक बल के समान है, तो उनके मध्य कोण होगा–

A. $0°$ B. $60°$
C. $90°$ D. $120°$

97. जब कोई वस्तु ऊपर की ओर जा रही हो तो उस पर लगने वाला गुरुत्वाकर्षण त्वरण होगा–

A. ऊपर की ओर निर्दिष्ट B. नीचे की ओर निर्दिष्ट
C. कुछ नहीं D. क्षैतिज रूप से निर्दिष्ट

98. बर्फ का एक टुकड़ा पानी से भरे एक गिलास में तैर रहा है। जब वह बर्फ का टुकड़ा पिघल जाएगा तो जल स्तर–

A. बढ़ जाएगा
B. नीचे हो जाएगा
C. किसी भांति प्रभावित नहीं होगा
D. पहले नीचे होगा तथा फिर बढ़ जाएगा

99. यदि पृथ्वी के वायुमण्डल में कोई भी प्रकीर्णन कण न हों, तो आकाश का रंग कैसा होगा?

A. नीला B. काला
C. सफेद D. हरा

100. यदि किसी तार की लम्बाई तथा अनुप्रस्थ-काट क्षेत्र दोनों को दुगुना कर दिया जाए, तो इस तार का प्रतिरोध किस प्रकार परिवर्तित होगा?

A. आधा हो जाएगा B. दुगुना हो जाएगा
C. वही रहेगा D. चार गुना हो जाएगा

(ii) गणित

101. यदि a तथा b कोई दो क्रमिक पूर्णांक हों और $ab \neq 0$ हो, तो $a + b$ संख्या होगी—
A. सम
B. शून्य
C. विषम
D. उपर्युक्त में से कोई नहीं

102. 36 का 8% किस संख्या का 72% है?
A. 324 B. 50
C. 16 D. 4

103. $\dfrac{3}{\sqrt{8}+\sqrt{5}}$ निम्नलिखित में से किसके समान है?

A. $\sqrt{8} - \sqrt{5}$ B. $3(\sqrt{8} - \sqrt{5})$
C. $\dfrac{3(\sqrt{8} - \sqrt{5})}{13}$ D. $\dfrac{\sqrt{8} - \sqrt{5}}{13}$

104. $m : n$ का अनुपात किसके समान है?
A. $m + x : n + x$ B. $m^2 : n^2$
C. $mp : nq$ D. $mx : nx$

105. $12 (x^3y^3)^4$, $16 (x^4y^4)^2$ तथा $24 (x^3y^3)^3$ का महत्तम समापवर्त्य है
A. $12 x^3y^3$ B. $4 x^8y^8$
C. $24 x^{12}y^{12}$ D. $48 x^{12}y^{12}$

106. वह द्विघाती समीकरण कौन-सा है जिसके मूल $x^2 + 5x + 6 = 0$ के मूलों से दुगुने परन्तु विपरीत चिह्न वाले हों?
A. $x^2 - 10x - 24 = 0$
B. $x^2 + 10x + 24 = 0$
C. $x^2 - 10x + 24 = 0$
D. $x^2 + 10x - 24 = 0$

107. यदि किसी आयत की लम्बाई तथा चौड़ाई में प्रत्येक को 100% बढ़ा दिया जाए, तो उसका क्षेत्रफल बढ़ जाएगा—
A. 100% B. 200%
C. 300% D. 400%

108. किसी पासे को एक बार उछाला जाता है। इसके 2 या 3 के गुणज के रूप में आने की प्रायिकता होगी
A. 1/2 B. 1/3
C. 2/3 D. 5/6

109. कोई धनराशि चक्रवृद्धि ब्याज की दर पर 8 वर्ष में दुगुनी हो जाती है। कितने समय में यह राशि 8 गुनी हो जाएगी?
A. 16 वर्ष B. 24 वर्ष
C. 32 वर्ष D. 64 वर्ष

110. नकद भुगतान करने पर एक ब्रीफकेस 1000 रु. में मिल सकता है या फिर 600 रु. नकद भुगतान और 6 महीने के पश्चात् 420 रु. देने पर मिल सकता है। बताइए कि 20 रु. की अतिरिक्त राशि निम्नलिखित में से किस राशि पर ब्याज है।
A. 1000 रु. पर 6 महीने का
B. 600 रु. पर 6 महीने का
C. 420 रु. पर 6 महीने का
D. 400 रु. पर 6 महीने का

111. दो वर्ष पहले एक व्यक्ति की आयु अपने पुत्र की आयु से 6 गुनी थी। 18 वर्ष बाद उसकी आयु अपने पुत्र की आयु की दुगुनी हो जाएगी। उनकी वर्तमान आयु है—
A. 32 वर्ष, 7 वर्ष
B. 34 वर्ष, 9 वर्ष
C. 36 वर्ष, 11 वर्ष
D. 38 वर्ष, 13 वर्ष

112. समीकरण $(a - b) x^2 + 2 (a + b) x + q (a - b)^{-1} = 0$ के मूल समान होंगे, यदि q का मान होगा—
A. $a^2 + b^2$ B. $(a + b)^2$
C. $a^2 - b^2$ D. $(a - b)^2$

113. ABC एक समबाहु त्रिभुज है जिसकी भुजा 4 सेमी है तथा D, E, F क्रमशः BC, CA तथा AB भुजाओं के मध्य बिन्दु हैं। इस प्रकार DEF एक त्रिभुज बनेगा। यदि P, Q, R त्रिभुज DEF की तीनों भुजाओं के मध्य बिन्दु हों, तो इस प्रकार बना त्रिभुज PQR होगा—
A. समद्विबाहु त्रिभुज
B. समकोण त्रिभुज
C. समबाहु त्रिभुज
D. उपरोक्त में से कोई नहीं

114. एक सम षट्भुज में विकर्णों की संख्या होगी—
A. 6 B. 2
C. 12 D. 9

115. AOB तथा COD किसी वृत्त के दो लम्बवत् व्यास हैं। P बिन्दु OA पर स्थित है। यदि CP को आगे बढ़ा दिया जाए तो वह वृत्त को X पर मिलती है, तो बताइए निम्नलिखित में कौन-सी बात सही है?

A. $\angle CPO = \frac{1}{2} \angle ODX$

B. $\angle CPO = \angle ODX$

C. $\angle CPO = 2 \angle ODX$

D. उपर्युक्त में से कोई नहीं

116. यदि $\cos\theta = \frac{2a}{1+a^2}$ तथा θ एक न्यून कोण हो, तो cosec θ का मान होगा–

A. $\frac{1-a^2}{1+a^2}$ B. $\frac{1+a^2}{2a}$

C. $\frac{2a}{1-a^2}$ D. $\frac{1+a^2}{1-a^2}$

117. एक व्यक्ति जिसकी लम्बाई 1.5 मीटर है 31.5 मीटर ऊँची मीनार से $30\sqrt{3}$ मी. की दूरी पर खड़ा है। मीनार के शिखर का व्यक्ति के सिर से उन्नतांश कोण होगा–

A. 30° B. 45°

C. 60° D. 90°

118. निम्नलिखित बंटन का माध्य होगा:

x	10	15	20	25
बारंबारता	2	3	3	2

A. 225 B. 22.5

C. 175 D. 17.5

119. किसी गोदाम की लम्बाई, चौड़ाई तथा ऊँचाई का अनुपात 6 : 5 : 4 है। यदि गोदाम का कुल पृष्ठीय क्षेत्रफल 592 मी² हो, तो उसकी चौड़ाई होगी–

A. 10 मी. B. 12 मी.

C. 20 मी. D. 8 मी.

120. यदि एक वृत्ताकार शंकु की त्रिज्या को आधा कर दिया जाए तथा उसकी ऊँचाई को 4 गुना कर दिया जाए, तो नवनिर्मित शंकु का आयतन पहले शंकु के आयतन की अपेक्षा होगा–

A. आधा B. दुगुना

C. चार गुना D. अपरिवर्तित

(iii) सामाजिक विज्ञान

121. कौटिल्य द्वारा रचित *अर्थशास्त्र* नामक पुस्तक किस विषय से संबंधित है?

A. धर्म से

B. राज्य के सिद्धान्त व रीतियों से

C. राजा के कर्त्तव्य से

D. विदेश नीति से

122. अकबर के दरबार में प्रसिद्ध गायक कौन था?

A. बीरबल B. टोडरमल

C. तुलसीदास D. तानसेन

123. औरंगजेब ने शिवाजी को किस स्थान पर बंदी बनाया था?

A. आगरा B. पूना

C. दिल्ली D. लाहौर

124. राज्य अपहरण नीति का सिद्धांत किसने प्रतिपादित किया?

A. हेस्टिंग्स B. कैनिंग

C. डलहौज़ी D. वैलेज़ले

125. आनंदमठ का लेखक कौन था?

A. शरत् चन्द्र

B. बंकिम चन्द्र चट्टोपाध्याय

C. रबीन्द्र नाथ टैगोर

D. ईश्वर चन्द्र विद्यासागर

126. भारत के स्वतंत्रता संग्राम में "करो या मरो" का नारा किसने दिया था?

A. महात्मा गांधी B. जवाहर लाल नेहरू

C. बाल गंगाधर तिलक D. सुभाष चन्द्र बोस

127. आर्य समाज की स्थापना किसने की थी?

A. गोपाल कृष्ण गोखले B. बाल गंगाधर तिलक

C. स्वामी श्रद्धानन्द D. स्वामी दयानन्द सरस्वती

128. सूर्य के निकटतम कौन-सा ग्रह है?

A. पृथ्वी B. बुद्ध

C. प्लूटो D. शनि

129. निम्नलिखित में से हमारे देश में सर्वाधिक पुरानी चट्टान कौन-सी है?
    A. हिमालय
    B. शिवालिक
    C. सिंधु-गांगेय मैदान
    D. अरावली

130. चम्बल नदी किन राज्यों से बहती है?
    A. उत्तर प्रदेश, मध्य प्रदेश, राजस्थान
    B. मध्य प्रदेश, गुजरात, उत्तर प्रदेश
    C. राजस्थान, मध्य प्रदेश, बिहार
    D. मध्य प्रदेश, आंध्र प्रदेश, उत्तर प्रदेश

131. भारत की निम्नलिखित में से कौन-सी नदी पश्चिम की ओर बहती है?
    A. गोदावरी
    B. कावेरी
    C. नर्मदा
    D. कृष्णा

132. $23\frac{1}{2}°$ उत्तर अक्षांश रेखा को किस नाम से पुकारा जाता है?
    A. कर्क रेखा
    B. मकर रेखा
    C. विषुवत्-रेखा
    D. उपर्युक्त में से कोई नहीं

133. निम्नलिखित में से कौन-सा पश्चिमी तट का मुख्य बंदरगाह **नहीं** है?
    A. कोचीन
    B. हल्दिया
    C. नया मैंगलोर
    D. मुम्बई

134. भारत का संविधान कब लागू हुआ?
    A. 26 जनवरी, 1952
    B. 15 अगस्त, 1947
    C. 26 नवम्बर, 1949
    D. 26 जनवरी, 1950

135. भारत के राष्ट्रपति का चुनाव लड़ने के योग्य होने के लिए प्रत्याशी की आयु कितनी होनी चाहिए?
    A. 35 वर्ष से अधिक
    B. 60 वर्ष से अधिक
    C. 55 वर्ष से अधिक
    D. संविधान में कोई आयु सीमा निर्धारित नहीं की गई है

136. भारत में सशस्त्र सेनाओं का सर्वोच्च कमांडर (सेनापति) कौन होता है?
    A. प्रधान मंत्री
    B. संघ रक्षा मंत्री
    C. थल-सेनाध्यक्ष
    D. राष्ट्रपति

137. निम्नलिखित में से किसको लोक सभा का अभिरक्षक कहा जाता है?
    A. प्रधानमंत्री
    B. लोक सभा का अध्यक्ष
    C. विपक्ष का नेता
    D. सत्ता दल का मुख्य सचेतक

138. वित्त विधेयक को निम्नलिखित में से किसमें प्रवर्तित किया जा सकता है?
    A. केवल राज्य सभा में
    B. केवल लोक सभा में
    C. लोक सभा तथा राज्य सभा दोनों में
    D. उपरोक्त में से किसी में नहीं

139. भारत के सर्वोच्च न्यायालय की स्थापना की गई—
    A. संविधान द्वारा
    B. भारतीय स्वतंत्रता अधिनियम, 1947 के अन्तर्गत
    C. 1950 में संसद के अधिनियम द्वारा
    D. भारत सरकार अधिनियम, 1935 के अंतर्गत

140. भारत में किसी राज्य का राज्यपाल किस प्रकार नियुक्त होता है?
    A. राज्य विधान मंडल द्वारा निर्वाचित
    B. प्रधानमंत्री द्वारा मनोनीत
    C. राष्ट्रपति द्वारा नियुक्त
    D. संसद द्वारा निर्वाचित

(iv) ENGLISH

Directions (Qs. 141 to 142): *Fill in the blanks in the following sentences by selecting the most appropriate alternative from amongst the four choices given.*

141. I tried to him good advice, but he ..... to listen.
    A. prevented
    B. avoided
    C. refused
    D. denied

142. I am given to ..... that you want to be a doctor.
    A. learn
    B. understand
    C. think
    D. predict

Directions (Qs. 143-144): *In the following groups of words only one is spelt correctly. Select the correct one.*

143. A. Tentamount B. Tantemount
C. Tantamount D. Tentemount
144. A. Reminescent B. Riminescent
C. Reminiscent D. Riminisent

Directions (Qs. 145-146): *In the following questions, out of four alternatives, choose the one which can be substituted for the given phrase.*

145. To examine one's own thoughts and feelings—
A. Meditation
B. Introspection
C. Retrospection
D. Reflection

146. A child of unusual or remarkable talent—
A. Prodigy B. Diligent
C. Freak D. Scholar

Directions (Qs. 147-148): *Given below are the four parts of a complete sentence. Mark the part which contains an error.*

147. A. The tallest
B. of the two trees
C. fell during
D. the storm yesterday

148. A. Two solutions to the traffic problem
B. have been put forward
C. but neither
D. have been tried

Directions (Qs. 149-150): *Choose the appropriate set of prepositions from those given below to fill in the blanks in the following sentences.*

149. He took advantage ..... my ignorance but gained nothing ..... the end.
A. with; in B. against; at
C. of; in D. from; for

150. His teacher went ..... endless troubles to prepare him ..... the test.
A. over; before B. over; against
C. through; in D. through; for

151. Choose the correct direct form of the given indirect sentence—
Radha asked me why I was late.
A. Radha said to me, "Why are you late?"
B. Radha said to me, "Why was I late?"
C. Radha said to me, "Why am I late?"
D. Radha said to me, "Why were you late?"

152. Choose the word from the words given below which can substitute the underlined words in both the given sentences:
I. Some of the edible oils <u>have</u> a high cholesterol content.
II. The forest authorities have failed to <u>control</u> poaching in that area.
A. contain B. suppress
C. restrain D. possess

Directions (Qs. 153-154): *In the following items choose the correct meaning of the given phrase/idiom.*

153. To bury the hatchet—
A. to quarrel over small things
B. to destroy
C. to make up a quarrel
D. to repair costly furniture

154. A bolt from the blue—
A. a great calamity
B. a strange event
C. a painful event
D. an unexpected and unwelcome event

Directions (Qs. 155-156): *Choose the word that is opposite in meaning to the bold word in the given sentences.*

155. Now-a-days the market is full of **spurious** drugs.
A. costly B. powerful
C. effective D. genuine

156. We have to fight against **dog-matism** and fanaticism.
A. open-mindedness B. clarity
C. freedom D. tolerance

Directions (Qs. 157-158): *Choose the word which is nearest in meaning to the bold word from the words given below.*

157. A **conscientious** worker is always admired by everyone.
A. obedient B. sincere
C. skilful D. careful

158. Dr. S.Radhakrishnan has written and **erudite** commentary on the Bhagwad Gita.
A. scholarly B. inspiring
C. effective D. perfect

159. Given below is an active sentence. Choose the passive form of the sentence from the alternatives given below :

Subhash Chandra Bose formed the Indian National Army for the liberation of his beloved motherland, India.

A. The Indian National Army was formed by Subhash Chandra Bose for the liberation of his beloved motherland, India
B. The Indian National Army formed Subhash Chandra Bose for the liberation of his beloved motherland, India
C. Subhash Chandra Bose was formed the Indian National Army for the liberation of his motherland, India
D. The Indian National Army for the liberation of his motherland, India formed by Subhash Chandra Bose

160. Choose the correct tense of the verb in the given sentence from the options given below:
The Constitution of India had come into force from 26th January, 1950.

A. Simple Past
B. Past Continuous
C. Past Perfect
D. Past Perfect Continuous

(*v*) हिन्दी

निर्देश : *दिए गए गद्यांश को ध्यान से पढ़िए और बाद में पूछे गए प्रश्नों (161 से 165) के उत्तर दीजिए।*

मनुष्य जीवन में अधिकतर समय और शक्ति पैसा अर्जित करने में ख़र्च हो जाते हैं। आख़िर मनुष्य द्रव्यार्जन के लिए इतनी दौड़ धूप क्यों करता है? इस प्रश्न का सीधा उत्तर है कि जीवन के लगभग सभी भौतिक सुख सम्पत्ति की सहायता से ही प्राप्त होते हैं। इसमें कोई संदेह नहीं कि मनुष्य की भौतिक आवश्यकताओं को पूरा किया जाना आवश्यक है। भौतिक आवश्यकताओं की पूर्ति और जीवन के सर्वांगीण विकास में बहुत घनिष्ठ संबंध है। न केवल मनुष्य के सर्वोमुखी विकास के लिए अपितु उसके जीवन-धारण के लिए भी न्यूनतम अर्थ की आवश्यकता होती है। इस न्यूनतम अर्थ का भी अभाव हो तो मनुष्य को रोटी और कपड़े की चिन्ता सताती है। उसका अधिकतर समय और शक्ति इनकी व्यवस्था करने में समाप्त हो जाएंगे। जीवन का सुख और सन्तोष उसके लिए दुर्लभ हो जाएंगे।

गद्यांश के आधार पर निम्नलिखित प्रश्न (161 से 165), उत्तर के विकल्पों के साथ दिए गए हैं। सही विकल्प को चुनिए।

161. व्यक्ति अपना अधिकतर समय व्यतीत करता है–

A. सर्वोन्मुखी विकास में
B. द्रव्यार्जन में
C. भौतिक सुख-प्राप्ति में
D. पैसा खर्च करने में

162. मनुष्य धन कमाता है ताकि–

A. सम्पत्ति जुड़ सके
B. भौतिक सुख मिल सके
C. सुख और सन्तोष मिले
D. सर्वांगीण विकास हो

163. भौतिक आवश्यकताओं की पूर्ति का घनिष्ठ संबंध है–

A. पैसा कमाने से
B. जीवन-धारण से
C. सर्वांगीण विकास से
D. रोटी और कपड़ा से

164. मनुष्य की शक्ति प्रायः व्यय होती है–

A. मौलिक आवश्यकताओं की पूर्ति में
B. दौड़-धूप में
C. जीवन-धारण में
D. सुख-सम्पत्ति कमाने में

165. इस गद्यांश का उपयुक्त शीर्षक है–

A. जीवन का उद्देश्य
B. धनार्जन का महत्त्व
C. सर्वांगीण विकास
D. भौतिक सुख

निर्देश (प्रश्न 166 से 180): *प्रत्येक प्रश्न के उत्तर के रूप में चार-चार विकल्प दिए गए हैं। सही विकल्प को चुनिए।*

166. ब्रज भाषा का विकास किस भाषा से हुआ?

A. अर्धमागधी
B. शौरसेनी
C. पालि
D. पैशाची

167. तुलसीदास ने किस ग्रंथ की रचना की?

A. उत्तर रामचरित
B. बालचरित
C. तुलसी रामायण
D. रामचरितमानस

168. कौन-सी वर्तनी शुद्ध है?

A. आर्शीवाद
B. आशिर्वाद
C. आशीर्वाद
D. आर्शिवाद

169. "सीता हँसती है।" वाक्य में कौन-सी क्रिया है?

A. अकर्मक
B. द्विकर्मक
C. विकर्मक
D. संकर्मक

170. "नौ दो ग्यारह होना" का अर्थ है–

A. सही गणित करना
B. नौ जमा दो ग्यारह होना
C. जल्दी-जल्दी करना
D. भाग जाना

171. करण कारक के लिए प्रयोग होता है–

A. से (पृथक् होना)
B. के लिए
C. से (द्वारा)
D. का, के, की

172. "यामा" किस लेखक की कृति है?

A. सुभद्रा कुमारी चौहान
B. महादेवी वर्मा
C. हरिवंश राय बच्चन
D. सूर्यकान्त त्रिपाठी निराला

173. तत्पुरुष समास में कौन-सा पद प्रधान होता है?

A. पूर्वपद
B. अन्यपद
C. उभयपद
D. उत्तरपद

174. सही वाक्य क्या है?

A. लड़कियों को रस्सी से बांधकर लकड़ियों को दे दो।
B. रस्सी से बांधकर लड़कियों को लकड़ियाँ दे दो।
C. लकड़ियों को रस्सी से बांधकर लड़कियों को दे दो।
D. लकड़ियाँ लड़कियों को रस्सी से बांधकर दे दो।

175. माता-पिता में किस समास का प्रयोग है?

A. बहुव्रीहि
B. द्वन्द्व
C. द्विगु
D. कर्मधारय

176. यदि + अपि = यद्यपि में कौन-सी सन्धि है?

A. यण्
B. गुण
C. वृद्धि
D. दीर्घ

177. तीव्र का विलोम क्या है?

A. तेज़
B. धीमा
C. मन्द
D. जल्दी

178. उर्मिला उपन्यास के लेखक कौन हैं?

A. जयशंकर प्रसाद
B. इलाचन्द्र जोशी
C. सुदर्शन
D. प्रेमचन्द

179. "जैसे उड़ि जहाज को पंछी फिरि जहाज पर आवै" यहां पंछी का अर्थ है–

A. पक्षी
B. यात्री
C. मन
D. नाविक

180. "राम से बैठा न गया" यहाँ कौन-सा वाच्य है?

A. भाववाच्य
B. कर्मवाच्य
C. कर्तृवाच्य
D. मिश्रवाच्य

उत्तरमाला

1	**2**	**3**	**4**	**5**	**6**	**7**	**8**	**9**	**10**
B	C	B	C	B	C	A	A	D	B
11	**12**	**13**	**14**	**15**	**16**	**17**	**18**	**19**	**20**
A	D	D	A	C	B	A	C	B	C
21	**22**	**23**	**24**	**25**	**26**	**27**	**28**	**29**	**30**
A	B	D	B	D	C	A	D	B	C
31	**32**	**33**	**34**	**35**	**36**	**37**	**38**	**39**	**40**
D	C	C	D	C	A	D	B	D	A
41	**42**	**43**	**44**	**45**	**46**	**47**	**48**	**49**	**50**
A	D	A	A	C	A	B	D	B	A
51	**52**	**53**	**54**	**55**	**56**	**57**	**58**	**59**	**60**
B	B	B	C	A	B	C	A	C	A
61	**62**	**63**	**64**	**65**	**66**	**67**	**68**	**69**	**70**
D	A	C	D	D	A	C	A	D	B
71	**72**	**73**	**74**	**75**	**76**	**77**	**78**	**79**	**80**
D	B	D	D	C	C	A	D	B	D
81	**82**	**83**	**84**	**85**	**86**	**87**	**88**	**89**	**90**
B	B	C	C	B	A	B	A	D	D

91	92	93	94	95	96	97	98	99	100
A	D	B	D	C	D	B	B	B	C
101	102	103	104	105	106	107	108	109	110
C	D	A	D	B	C	C	C	B	D
111	112	113	114	115	116	117	118	119	120
A	B	C	D	B	D	A	D	A	D
121	122	123	124	125	126	127	128	129	130
B	D	A	C	B	A	D	B	D	A
131	132	133	134	135	136	137	138	139	140
C	A	B	D	A	D	B	B	D	C
141	142	143	144	145	146	147	148	149	150
C	A	C	C	B	A	A	D	C	D
151	152	153	154	155	156	157	158	159	160
A	A	C	D	D	A	B	A	A	C
161	162	163	164	165	166	167	168	169	170
B	B	C	A	B	B	D	C	A	D
171	172	173	174	175	176	177	178	179	180
C	B	D	C	B	A	C	B	C	B

कुछ चुने हुए प्रश्नों के व्याख्यात्मक उत्तर

11. 68　64　32　28　14　10　5　1
    　−4　÷2　−4　÷2　−4　÷2　−4

12. 5　10　20　40　80　160
    　×2　×2　×2　×2　×2

13. 2000 का $\dfrac{60}{100} \times \dfrac{40}{100} \times \dfrac{25}{100} \times \dfrac{10}{100} \times \dfrac{50}{100} = 6$

14. 3　6　9　12　15　18　21　24　27
    3×1　3×2　3×3　3×4　3×5　3×6　3×7　3×8　3×9

15. −4 से लेकर +4 तक सभी पूर्ण संख्याओं का गुणा = 0
    $-4 \times -3 \times -2 \times -1 \times 0 \times 1 \times 2 \times 3 \times 4 = 0$

16. $\dfrac{C}{100} = \dfrac{F-32}{180}$ अर्थात् $\dfrac{C}{100} = \dfrac{104-32}{180}$ अर्थात्
    $\dfrac{C}{100} = \dfrac{72}{180}$ अर्थात् $C = \dfrac{72 \times 100}{180} = 40$

18. 4 बन्दरों को केला खाने में जितना समय लगेगा उतना ही बन्दरों को
    ∴ 8 बन्दर प्रत्येक चार-चार केले खाने में 4 मिनट समय लेंगे

19. 2 | 6, 8, 3, 2
    2 | 3, 4, 3, 1
    2 | 3, 4, 3, 1
    　 | 1, 2, 1, 1
    ∴ थैले में कम से कम कमीजें = 2 × 2 × 2 = 8

20. TCHLI, USEIC, SLAUS, EECCL, RUEET
    — Lies are classic

21. S O A P : T P B Q : :
    +1, +1, +1, +1
    F O A M : G P B N
    +1, +1, +1, +1

22. जिस प्रकार प्यास का सम्बन्ध जल से है, उसी प्रकार भूख का सम्बन्ध भोजन से होगा।

23. T E A C H E R → R E H C A E T
    उल्टे क्रम में लिखने से कूट का पट प्राप्त होता है।

24. U J H T H E इसी प्रकार
    −1, −2, −2

    Q Q V M Y O V V
    −1↓ −2↓ −3↓ −4↓ −5↓ −6↓ −7↓ −8↓
    P O S I T I O N

26. माना की छोटे की आयु = x वर्ष
    बड़े की आयु = y वर्ष
    प्रश्न से,
    $3(x - 2) = y - 2$

या $3x - y = 4$ ...(i)

दूसरी शर्तानुसार,

$2(x + 3) = y + 3$

या $2x - y = -3$ ...(ii)

समी॰ (i) से (ii) घटाने पर,

$3x - y = 4$
$2x - y = -3$
$\underline{-\quad +\quad\quad +}$
$x = 7$

x का मान समीकरण (i) में रखने पर,

$3x - y = 4$
$3 \times 7 - 4 = y$
$21 - 4 = y$
$\therefore\quad y = 17$ वर्ष

$\therefore$ 17, 7 वर्ष

27. चूंकि व्यक्ति का जन्म लीप ईयर में हुआ है, अतः उसका जन्म-दिन हमेशा लीप ईयर में ही होगा। 1944 से 2000 तक, 14 लीप ईयर होंगे। अतः 14 बार उसके जन्म-दिन मनाए जाएंगे।

28. सूरज ⎤
    रवि ⎦ 1
    ⎤
    ⎦ 7 9
    शशि ⎤
    तारा ⎦

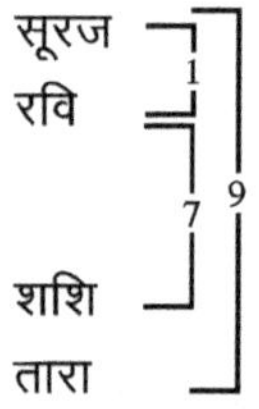

अतः सबसे कम संख्या में शंख, तारा ने चुने।

29. $(135 + 1) = 136 - 100 = 36$ यानि $\sqrt{36} = 6$, यानि 1 रु॰ का नोट

101. a एवं b क्रमिक पूर्णांक हैं
    अतः यदि $a = 2x$
    $b = 2x + 1$
    $\therefore a + b = 2x + 2x + 1 = 4x + 1$
    $+ 1$ यह दर्शाता है कि संख्या विषम होगी

102. 36 का 8% = x का 72%
    या, 36 का $\dfrac{8}{100}$ = x का $\dfrac{72}{100}$
    या, $x = \dfrac{36 \times 8}{100} \times \dfrac{100}{72}$ $\therefore x = 4$

103. $\dfrac{3}{\sqrt{8} + \sqrt{5}}$

अंश एवं हर में $(\sqrt{8} - \sqrt{5})$ से गुणा करने पर

$= \dfrac{3}{\sqrt{8} + \sqrt{5}} \times \dfrac{\sqrt{8} - \sqrt{5}}{\sqrt{8} - \sqrt{5}}$

$= \dfrac{3(\sqrt{8} - \sqrt{5})}{(\sqrt{8})^2 - (\sqrt{5})^2}$

$[a^2 - b^2 = (a + b)(a - b)]$

$= \dfrac{3(\sqrt{8} - \sqrt{5})}{8 - 5}$

$= \dfrac{3(\sqrt{8} - \sqrt{5})}{3} = \sqrt{8} - \sqrt{5}$

104. $m : n$

$\dfrac{m}{n}$ हमेशा इसी अनुपात में रहेगा, यदि अंश एवं हर को समान अंक से गुणा किया जाए अर्थात्

$\dfrac{m.x}{n.x}$ या, $mx : nx$

105. $12 (x^3 y^3)^4 = 12 \cdot x^{12} \cdot y^{12}$
    $16 (x^4 y^4)^2 = 16 \cdot x^8 \cdot y^8$
    $24 (x^3 y^3)^3 = 24 \cdot x^9 \cdot x^9$
    12, 16 एवं 24 का म॰स॰ = 4
    एवं $x^{12} y^{12}$, $x^8 y^8$ एवं $x^9 y^9$ का म॰स॰ = $x^8 y^8$
    $\therefore$ म॰स॰ = $4 x^8 y^8$

106. $x^2 + 5x + 6 = 0$ का मूल

$x = \dfrac{-b \pm \sqrt{b^2 - 4ac}}{2a}$

$= \dfrac{-5 \pm \sqrt{5^2 - (4 \times 1 \times 6)}}{2 \times 1}$

$= \dfrac{-5 \pm \sqrt{25 - 24}}{2}$

$\alpha = \dfrac{-5 + \sqrt{1}}{2} = \dfrac{-5 + 1}{2} = \dfrac{-4}{2} = -2$

$\beta = \dfrac{-5 - \sqrt{1}}{2} = \dfrac{-5 - 1}{2} = \dfrac{-6}{2} = -3$

$x^2 - 10x + 24 = 0$ के मूल

$$x = \frac{-(-10) \pm \sqrt{(-10)^2 - (4 \times 1 \times 24)}}{2 \times 1}$$

$$= \frac{10 \pm \sqrt{100 - 96}}{2}$$

$$\alpha = \frac{10 + \sqrt{4}}{2} = \frac{10 + 2}{2} = \frac{12}{2} = 6$$

$$\beta = \frac{10 - \sqrt{4}}{2} = \frac{10 - 2}{2} = \frac{8}{2} = 4$$

107.

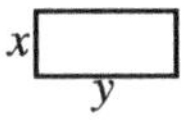

माना, लं॰ $= x$

चौ॰ $= y$

क्षे॰ $= xy$

लम्बाई एवं चौड़ाई 100% बढ़ाने पर

लम्बाई $= 2x$

चौड़ाई $= 2y$

$\therefore$ क्षेत्रफल $= 2x \times 2y = 4xy$

क्षेत्रफल में वृद्धि $= 4xy - xy = 3xy$

$\because$ वृद्धि% $= \frac{3xy \times 100}{xy} = 300\%$

108. पासे में 2 या 3 के गुणज $\rightarrow$ 2, 3, 4 एवं 6

अर्थात् संभावना $\rightarrow$ 4

कुल अंक = 6

प्राथमिकता $= \frac{4}{6} = \frac{2}{3}$

109. मिश्रधन = मूलधन $(1 + r)^{\text{समय}}$

$2P = P(1 + r)^8$

$2 = (1 + r)^8$ अर्थात् दुगुना होता है, 8 वर्ष में 8 गुनी होगी,

$2^3 = [(1 + r)^8]^3$

$8 = (1 + r)^{24}$ $\therefore$ समय = 24 वर्ष

110. ब्रीफकेस का मूल्य = 1000 रु॰

नकद भुगतान = 600 रु॰

शेष रकम = 400 रु॰ [1000 – 600]

समय = 6 महीने

6 महीने के बाद भुगतान = 420 रु॰

$\therefore$ ब्याज = 420 – 4000 = 20 रु॰

$\therefore$ 20 रु॰ की अतिरिक्त राशि, शेष रकम 400 रु॰ पर 6 महीने का ब्याज है।

112. $(a - b)x^2 + 2(a + b)x + q(a - b)^{-1} = 0$

मूल समान होंगे यदि,

$b^2 - 4ac = 0$

या, $b^2 = 4ac$

या, $[2(a + b)]^2 = 4 \times (a - b).$ $[q(a - b)^{-1}]$

या, $4(a + b)^2 = 4(a - b)\, q \, \frac{1}{(a - b)}$

या, $q = (a + b)^2$

113.

D

— 4 cm —

AB = AC = BC = 4 cm

$$\frac{AB}{2} = \frac{AC}{2} = \frac{BC}{2} = \frac{4}{2} = 2 \text{ cm}$$

$\therefore$ AF=BF=AE=EC=BD=DC=2

एवं; AC ∥ FD (समबाहु Δ के दो भुजाओं के मध्य
BC ∥ EF बिन्दुओं को मिलाने वाली रेखा, तीसरे भुजा के समानान्तर
AB ∥ DE एवं आधी होती है)

$\therefore$ FD = DE = EF = 2 cm

इसी प्रकार, PQ = QR = PR = 1 cm

$\therefore$ त्रिभुज, समबाहु त्रिभुज होगा।

114.

D

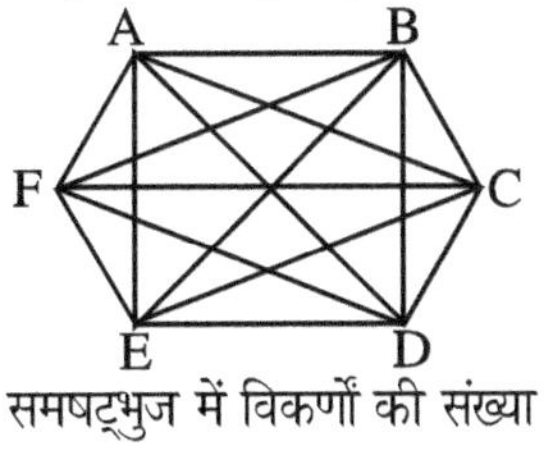

समषट्भुज में विकर्णों की संख्या = 9

(AE, AD, AC, BF, BE, BD, FC, EC, FD)

115. Δ CPO एवं $\Delta C \times \Delta$ में,

$\angle COP = \angle CxD = 90°$

[व्यास द्वारा वृत्त की परिधि पर बनाया गया कोण, समकोण होता है]

$\angle PCO = \angle xCD$

D

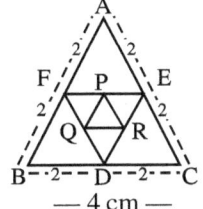

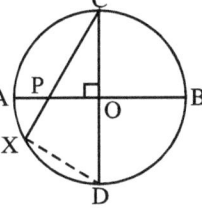

∴ तीसरा कोण, ∠CPO = ∠CDX होगा
[∵ त्रिभुज के तीनों कोणों का योग 180° होता है]
∴ ∠CPO = ∠CDX = ∠ODX

116. Cosec θ

$= \dfrac{1}{\sin θ} = \dfrac{1}{\sqrt{1-\cos^2 θ}}$

$= \dfrac{1}{\sqrt{1-\left(\dfrac{2a}{1+a^2}\right)^2}}$

$= \dfrac{1}{\sqrt{1-\dfrac{4a^2}{1+a^4+2a^2}}}$

$= \dfrac{1}{\sqrt{\dfrac{1+a^4+2a^2-4a^2}{1+a^4+2a^2}}}$

$= \dfrac{1}{\sqrt{\dfrac{1-2a^2+a^4}{1+2a^2+a^4}}}$

$= \dfrac{1}{\sqrt{\left(\dfrac{1-a^2}{1+a^2}\right)^2}} = \dfrac{1}{\dfrac{1-a^2}{1+a^2}} = \dfrac{1+a^2}{1-a^2}$

117.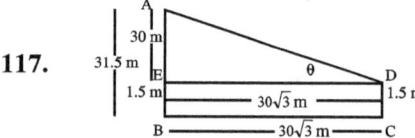

$\tan θ = \dfrac{AE}{DE}$

$\tan θ = \dfrac{30}{30\sqrt{3}} = \dfrac{1}{\sqrt{3}}$

or $\tan θ = \dfrac{1}{\sqrt{3}}$ or $\tan 30°$

$= \dfrac{1}{\sqrt{3}}$ ∴ θ = 30°

118.

x	बारंबारता (f)	fx
10	2	20
15	3	45
20	3	60
25	2	50
	10	175

माध्य $= \dfrac{175}{10}$ 17.5

119.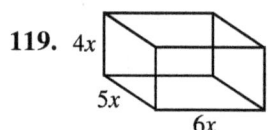

लं॰ : चौ॰ : ऊँ॰ = 6 : 5 : 4
लम्बाई   = 6x
चौड़ाई   = 5x
ऊँचाई   = 4x

कुल पृष्ठीय क्षेत्रफल

= 2 (लं॰ × चौ॰ + लं॰ × ऊँ॰ + चौ॰ × ऊँ॰)

या, 592 = 2 (6x . 5x + 6x . 4x + 5x . 4x)

या, $\dfrac{592}{2} = 30x^2 + 24x^2 + 20x^2$

या, $296 = 74 x^2$ या, $x^2 = \dfrac{296}{74}$

∴ $x^2 = 4$ ∴ $x = 2$

∴ चौड़ाई = 5x = 5 × 2 = 10 m

120.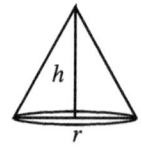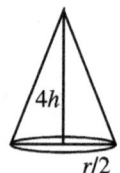

$\dfrac{\text{पहले शंकु का आयतन}}{\text{नवनिर्मित शंकु का आयतन}}$

$= \dfrac{\dfrac{1}{3} π r^2 h}{\dfrac{1}{3} π \left(\dfrac{r}{2}\right)^2 4.h} = \dfrac{r^2 h}{\dfrac{r^2}{4} . 4h} = \dfrac{1}{1}$

∴ पहले शंकु का आयतन = नवनिर्मित शंकु का आयतन

www.ingramcontent.com/pod-product-compliance
Lightning Source LLC
Chambersburg PA
CBHW062127160426
43191CB00013B/2221
* 9 7 8 9 3 5 0 1 2 5 1 7 5 *